INTRODUCTION TO THE THOUGHT
AND THEORY OF
THE ANALECTS OF CONFUCIUS

《论语》思想学说导论

唐代兴 唐梵凌 著

上海三联书店

孔子以前的文化与思想像旷野的奔流，浩荡又壮丽，它是古中国政治、社会、信仰的支柱。到了春秋时代这支柱本身起了变化，引起变化的主要原因，外部的是由于政治权力的分化，内在的是因信仰重心的坠落。二者互为因果，又使这两种趋势日益增强。前一趋势导致不断的战争和暴乱，于是交通开辟，商业亦渐兴起；后一趋势导致宗教的转化和人文思想种子的散布。这就是孔子崛起前社会文化的概略景象。在这个时代有两项重大的要求：一是社会秩序的重建，其中包括政治领导中心的重振和社会的贫富问题；二是个人内心生活的调理，其中包括道德规范的确立和社会秩序在人性中的基础问题。孔子前或和他同时富有人文思想的政治人物已开始面对这些问题，稍晚兴起的诸子仍然是或多或少、或深或浅，在这个时代内外双重的问题的挑战下发展出他们自己的思想。孔子是在他前后的人物中最具代表性的一个，因为他对当时的问题认识很深，在处理个别的问题上，他不一定能对每一个问题都处理得比别人好，比别人更有效，但没有一个人能像他关心全面性的问题。晚于他的诸子，不论是赞成他或反对他，也没有一个不受他的影响。认同和责难，都把焦点集中于孔子，适足以证明他已开始居于思想史的中心地位和文化思想的代表。

——韦政通：《中国思想史》

目 录

第 3 篇 《论语》导读通览

第4篇　《论语》精读示释

导论 研讨《论语》的方法论

内容摘要 研究经典，需要对其方法的遵循。以此看《论语》，它蕴含研究的宏观方法和微观方法。前者主要指《论语》思想产生的时代视野-认知方法、返本开新的损益方法和以“事件为本体”的经验讲述方法；后者首先指《论语》的文化语境、文本语境、篇章语境的还原方法，其次指《论语》内容的后证法、前证法、同证法和自证法。后证法指以后世观念及研究成果为依据证明前人成果的得失，这是研究《论语》时最需慎用的方法；前证法指运用孔子生活时代之前的典籍来证明《论语》思想；同证法指运用孔子同时代文献来求证《论语》思想。自证法指以《论语》自身内容来证明或澄清《论语》思想的方法。

观古今中外，文明之根扎于传统，每一当世文明都须从传统中吸取思想、精神和方法的营养。进入后环境时代的当代中国，其再造文明的源泉仍然是本土中国的本土传统。本土传统的主体是儒学，儒学的直接源头是孔学，呈现孔学的权威经典是《论语》。对《论语》的研究几千年不绝如缕，其具体内容不断获得新颖性呈现，但其思想和学说整体仍处于迷雾之中，形成这种状况之一重要原因，是研究方法所形成的视域禁锢。赫伯特·芬格莱特在《孔子：即凡而圣》中指出“我竭力避免引入诠释的材料，我们知道，这些材料是后世中国人的注释或评论。在我看来，在中国‘诸子’辈出的时代，形形色色的中国哲学思想的交融互补，似乎很快就赋予孔子的思想学说一种不同的性质和特征。当然，我这种纯化孔子的企图和努力不可能完全成功，而只能取得一定程度的成功。因为我们所有的文本和解读，都不可避免地受到了历史上各种注释、评论、编撰者的选择和十足的意识形态的影响。”[①]芬格莱特警示我们：《论语》研究呈现或潜伏的所有问题，可能与研究方法有关。芬格莱特的研究特别“避免引入诠释材料”的努力，是回归《论语》还原孔学的探索，这种探索的成功或许涉及整个儒学史甚至中华本土传统史的修正，这是因为“在中国传统中，人们总是不断地借助于圣人孔子的权威，掩盖了与孔子的学说有重大差别的变革学说；借助于促进传统价值连续性的风俗，从而把自己的学说说成是孔子的学说。例如，在《论语》里，孔子一再避免涉及形而上学问题，但深刻的形而上学著作《中庸》仍然以孔子的名义，将自己归属于孔子。《荀子》也打过孔子的旗帜，而事实上，它代表的是远离孔子学说的一种激进理论。西汉著名的儒家学者董仲舒，与其说是孔子或者先秦儒家的代表，还不如说是西汉调和折衷各学的巨擘。”[②]其实，《孟子》《礼记》《孔子家语》《孔子世家》等被后世放心大胆用来研究《论语》的“经典材料”，也存在类似“陷阱”。如果在研究方法上划一条界，谨慎使用那些后来形成的材料，最大可能回归《论语》复活孔子学说本身，孔学不仅与荀学、董学之间存在根本性区别，与孟学的区别也会豁然呈现。由此拓展开去，汉学、宋学与孔学之间根本路线不同，亦会泾渭分明。

1.《论语》产生的三维视野

> 一个走大道之路的学者，一个真正的思想者或者说思想家，必须具备三维视野，即历史视野、现实视野和未来视野。要获得这样的三维视野，必须首先涵养关怀品质，培育关怀精神，生成关怀能力，即拥有对历史的关怀，对现实的关怀，对未来的关怀。这种基于关怀而形成的三维视野，落实在对具体对象、问题的思考和探究过程中，它就变成了最实际的宏观方法。具体地讲，这种视野和关怀表现在历史的维度上，是以反思的方式呈现；表现在现实的维度上，是以检讨的方式呈现；表现在

① [美]赫伯特·芬格莱特：《孔子：即凡而圣》，彭国翔、张华译，江苏人民出版社，2002年，第4页。

② [美]郝大维、安乐哲：《孔子哲学思微》，蒋弋为、李志林译，江苏人民出版社，2012年，第14页。

基于现实的困境而指向未来可能性的维度上，是以建构的方式呈现。[①]

如上三维所形成的宏观视野，应该是任何思想学问的创造或研究所必备的。但是，创造思想学问与研究思想学问之间应有区别：创造思想学问，必伴随方法的创建；研究思想学问，既涉及对方法的创建，也涉及对所研究的思想学问本身蕴含的方法的挖掘与运用。只有以挖掘和运用方法的方式研究思想学问，将会尽可能接近研究对象本身。

> 研究论语之法，汉儒与宋儒不同。汉儒所重者，名物之训诂，文字之异同；宋儒则否，一以大义微言为主。惜程朱一派好排斥异己，且专宣传孔氏所不言之理学，故所得殊希。陆王派虽无此病，然援儒入墨，其末流入于狂禅，亦非正轨。**故论语一书，其中未发之覆正多。**……论语一书，言训诂者则攻宋儒，言义理者则攻汉学。平心论之，汉儒学有师承，言皆有本，自非宋儒师心自用者所及。《集注》为朱子一生精力所注，其精细亦断非汉儒所及。盖义理而不本于训诂，则谬说流传，贻误后学；训诂而不求之义理，则书自书，我自我，与不读同。[②]

程树德所论至为中肯。大体说来，秦以降，《论语》研究可大致归于汉学和宋学两大路子，前者之法训诂考据，后者之法义理诠释。二者虽截然对立，但结果趋同，那就是偏离《论语》本身。面对这种情况，或许语言本身可为之提供解释路径。语言，既可表达思想，也可遮蔽思想，更是思想创造的自身方式，此三者构成语言的"能指"三维。当此三维"能指"功能向"所指"实现时，就使语言本身获得情境定义的双重语义指涉，即**语词**语义和**生存**语义，前者乃语言的**形式**语义，后者即语言的**本体**语义。在具体语境中，语言的语词语义构成其生存语义的载体并成为体认、理解其生存语义的路径，语言的生存语义构成语词语义的本体内容并赋予其语词语义的思想深度和认

---

① 唐代兴：《生态化综合：一种新的世界观》，中央编译出版社，2015 年，第 5 页。

② 程树德：《论语集释》，上，中华书局，2017 年，第 4 - 5 页。

知张力。

以此观《论语》研究，汉学的训诂方式，重在于语言的形式语义诠释，这种方式一旦被推向极端，则热衷于考据“名物”“制度”“文字异同”而成为程氏所讲的“书自书，我自我，与不读同”；宋学的义理方式，重在生存语义阐发，但因其“师心自用”而达于极端时，就会出现观念先行与任性：“一部论语中，何尝有一个‘理’字？而《集注》释天为即理也，释天道为天理；又遇《论语》凡有‘斯’字或‘之’字，悉以‘理’字填实之，皆不勉强人就我，圣人胸中何尝有此种理障耶？”①

研究《论语》，要避免如此诠释弊病，其前提是回到《论语》本身，获得《论语》本身的视野，它敞开为认知、思想、存在三维度。

《论语》的认知视野，表征为特定的认知疆域。由于“子不语：怪、力、乱、神”（《述而》），《论语》所涉限于**人伦**与**政治**，这一认知疆域自然限定了《论语》所思考者，不外人性、正名、仁、礼、乐、学而、中庸等内容。将这些内容贯穿起来构成思考整体的那个概念，应该是“君子”：《论语》使用频率最高的词是“君子”，凡86章并出现107次，它构成《论语》的主题概念。“依照传统的说法，儒学具有修己和治人的两个方面，而这两个方面又是无法截然分开的。但无论是修己还是治人，儒学都以‘君子的理想’为其枢纽的观念：修己即所以成为‘君子’；治人则必须先成为‘君子’。从这一角度说，儒学事实上便是‘君子之学’。”②

君子学说构成《论语》的思想**疆界**，其实践展开是修治：其君子所修，内容是仁，基本方式是学而，目标是使人自具**成己**之德；其君子所治，内容是政务（大而言之治理邦国，具体讲治化民人），工具是礼法，目标是实现**“社会秩序的重建”**和**“个人内心生活的调理”**③：重建社会秩序的基本方式是“正名分”，调节个人内心生活的基本方式是通过教化恢复“中庸之德”（《雍也》）。二者形成合力所达到的境界，就是乐。

《论语》是以仁、礼、乐为核心范畴，从修仁出发习礼，最后达成作为个体

---

① 程树德：《论语集释》，上，中华书局，2017年，第6－7页。

② 余英时：《现代儒学的回顾与展望》，生活、读书、新知三联书店，2013年，第271页。

③ 韦政通：《中国思想史》，上册，上海书店出版社，2003年，第43页。

主体的**成己之乐**和作为社会主体的**成人之乐**，构成"以仁入礼达乐"的思维-认知路径。这一思维-认知路径向上展开，开出《论语》的道德哲学；向下展开，形成《论语》的君子学说。后者敞开伦理和政治两个维度，形成君子伦理学和君子政治学：前者围绕君子如何**成己**展开，形成以"君子人格"为主题的君子德性理论；后者围绕君子如何**成人**展开，形成以"修德取位"和"以德正位"为主题的君子事功理论。[①] 其动力来源是自然主义人性论，基本路径是"学而时习之"，根本方法是中庸道德。

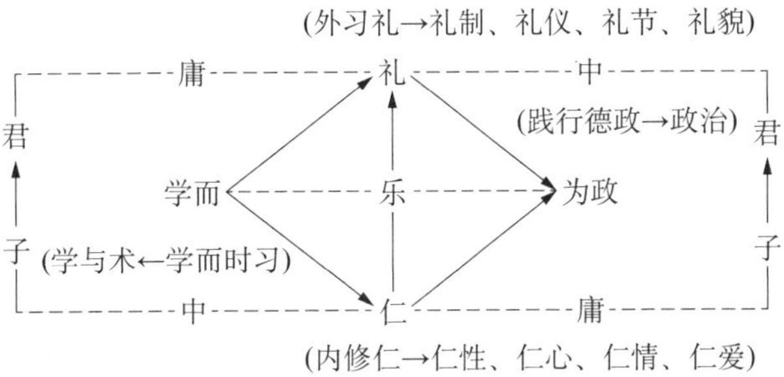

［导论 1　《论语》学说的内在逻辑］

上图乃《论语》的思想视野。考察这一视野何以如此形成？必然牵涉孔子作为思想家的存在论视野：

> 孔子以前的文化与思想像旷野的奔流，浩荡又壮丽，它是古中国政治、社会、信仰的支柱。到了春秋时代这支柱本身起了变化，引起变化的主要原因，外部的是由于政治权力的分化，内在的是因信仰重心的坠落。二者互为因果，又使这两种趋势日益增强。前一趋势导致不断的战争和暴乱，于是交通开辟，商业亦渐兴起；后一趋势导致宗教的转化和人文思想种子的散布。这就是孔子崛起前社会文化的概略景象。在这个时代有两项重大的要求：**一是社会秩序的重建，其中包括政治领导中心的重振和社会的贫富问题；二是个人内心生活的调理，其中包**

① 唐代兴、程碧英：《试论孔子的君子学说》，《中国社会科学院研究生院学报》2018 年第 2 期，第 21 - 31 页。

> **括道德规范的确立和社会秩序在人性中的基础问题。** 孔子前或和他同时富有人文思想的政治人物已开始面对这些问题，稍晚兴起的诸子仍然是或多或少、或深或浅，在这个时代内外双重的问题的挑战下发展出他们自己的思想。孔子是在他前后的人物中最具代表性的一个，因为他对当时的问题认识很深，在处理个别的问题上，他不一定能对每一个问题都处理得比别人好，比别人更有效，**但没有一个人能像他关心全面性的问题。** 晚于他的诸子，不论是赞成他或反对他，也没有一个不受他的影响。认同和责难，都把焦点集中于孔子，适足以证明他已开始居于思想史的中心地位和文化思想的代表。(黑体引者加)①

孔子之所以成为其时代思想的代表和"思想范式的创造者"②，是因为生活于春秋晚期的孔子，面对周"宗法世卿之衰"和"周政尚文之弊"③，为探求拯救之道而重新检视历史，发现历史本身是发展的，这就是"周监于二代"。然而，代表最高文明的周道为何会衰微呢？"信而好古"的孔子发现，创造和支撑"郁郁乎"周代文明的精英即君子阶层消隐，周道衰微本质上不是周政衰微，而是周之文道衰微。所以孔子充分运用"天子失官，学在四夷"的社会条件，选择培养治国安邦的社会精英以实现再造周道("从周")的理想，开辟"以仁入礼"的**文道救世**路径。

要言之，《论语》本身所透露出来的认知视野、思想视野和存在视野，整合构成研究《论语》的必备宏观方法。

2.《论语》产生的时代认知

基于如上视野，研究《论语》的基本努力，是实现时代性认知和思想的回归。

认知回归《论语》产生的时代　《论语》产生的时代，有二义，一是指《论语》编纂的时代；二是指《论语》内容、思想、主张以及由此形成学说框架和精神结构所产生的时代。回归《论语》产生的时代认知，主要指回归其思想产

---

① 韦政通：《中国思想史》，上册，上海书店出版社，2003年，第43页。

② [德]雅斯贝尔斯：《大哲学家》，李雪涛主译，社会科学文献出版社，2006年，第43页。

③ 萧公权：《中国政治思想史》，上册，商务印书馆，2013年，第75页。

生的时代文化，时代氛围、时代精神，这是真实理解《论语》思想和主张的必要方法前提。比如，《论语》中使用频率最高的概念为什么是“君子”？进而，《论语》学说为何可用“君子之学”来概括？一旦如此追问时就会发现：第一，“信而好古”的孔子崇周，是因为周之“郁郁乎文”，但其盛大文明却来源于“周监于二代”，并以文质彬彬的君子阶层为支柱。周道衰微的根本原因是支撑周文明的君子阶层弱化及其解构，其根本力量却是横流的利欲。要谋求解决，既不能走管仲“富国强兵”的刑赏之路，也不能走老子“弃圣绝智”的无为之道，只能走君子重建之道，因为使“民无知无欲”的无为之道，违背人性和生命法则，不可能行得通；刑赏之道赏争，会膨胀性地扭曲人性，导致各种形式的争夺与战争。重建君子社会之道，是化治民人、再造人性，消灭战争，重构社会秩序和调节人的心理生活的根本治策。第二，要重建君子社会，必须培养君子，输送治国安邦的社会精英，“天子失官，学在四夷”（《左传·昭公十七年》）为其提供了必须的社会土壤；已有的《诗》《书》《礼》《乐》等典籍为其提供了培养的内容。第三，“信而好古”的孔子必要有文道救世的理想、“一以贯之”的执着和返本开新认知体系。惟有三者合于《论语》，其“君子”主题才得确立和彰显。

不仅如此，一旦回到《论语》思想产生的时代，了解这个时代的基本问题、文化氛围和精神、伦理、道德取向，就会客观地厘清《论语》中礼与仁之间的本来关系，解决孔学到底以仁为主还是以礼为主的问题。萧公权在《中国政治思想史》中考证，“今存比较可信之古籍记载周政者，鲜为仁义之言，如《诗》雅、颂称周先王之德，绝无‘仁’字，《尚书》‘今文’诸篇亦不言仁。”[①]“仁”的思想只出现于崇尚宽简仁政的殷商社会，“孔子既为殷遗之后，且又好古敏求，于殷政宽厚之传说，亦必深晓。周政尚文，制度虽备，而究不能久远维持，至春秋而有瓦解之势，孔子或深睹徒法不能自行之理，又有取于周之完密而思有以补救之。故于殷政宽简之中，发明一仁爱之原则，乃以合之周礼，而成一体用兼具之系统，于是从周之主张始得一深远之意义，而孔子全部政治思想之最后归宿与目的，亦于是成立。此最后目的之仁，即由孔子

---

① 萧公权：《中国政治思想史》，商务印书馆，2013年，第68页。

述其所自得于殷者而创设，故仁言始盛于孔门。”①萧公所论，甚合史实。尚文之周礼要重新焕发秩序社会和调理人的内心生活的功能，需要殷政宽简之仁的激活，以形成“体用兼具”体系。然而，仁与礼，何者为体？何者为用？这要从三个方面看，首先，礼是周文之表征，它落实为社会制度和行为规范；仁是殷政对人和生命的基本看待，它构成政治制度的灵魂，落实为个体主体的价值核心。其次，具体到《论语》君子理想，礼表征为文，仁表征为质，只有“文质彬彬，然后君子。”(《雍也》)其三，有文，大而言之有礼，并不一定有仁；但有仁，其言行必然有礼。所以，仁才是礼之体，礼乃仁之用。并且，仁与礼的体用关系，本质上是一种生成关系。以此审视《论语》，无论君子修治，还是再造君子社会以文道救世，其基本路径都是“以仁入礼”，这符合《论语》中孔子返本开新的历史发展观和方法论思想：返本，就是回到殷之宽简仁政；开新，就是运用仁来重新激活周礼，使之达到“文质彬彬”。

回到《论语》产生的时代，是正确理解《论语》基本思想何以生成的关键。比如《论语》中孔子为何要反复讲君臣礼道？以及君子去留必要以“道”为准则？由于我们未及严肃地思考这两个问题，在阅读“君君，臣臣，父父，子子”时，只要完整齐景公问政的语境，就不会武断地将其定义为等级、服从、专制：“齐景公问政于孔子。孔子对曰：‘君君，臣臣，父父，子子。’公曰：‘善哉！信如君不君，臣不臣，父不父，子不子，虽有粟，吾得而食诸？’”(《颜渊》)如果再联系“定公问：‘君使臣，臣事君，如之何？’孔子对曰：‘君使臣以礼，臣事君以忠。’”(《八佾》)和“邦有道如矢，邦无道如矢……。邦有道则仕，邦无道则可卷而怀之。”(《卫灵公》)“天下有道则见，无道则隐。邦有道，贫且贱焉，耻也。邦无道，富且贵焉，耻也。’”(《泰伯》)就会重新理解孔子所讲的君臣关系，不是**服从**关系，而是**道义**关系。孔子从两个方面定义了**君臣道义**关系：从大的方面定义，就是君主有道、邦国有道，将辅之；反之，将去之。从具体方面定义，君主待臣真诚且有礼有节，就忠心辅佐；反之，则可挂冠而去。孔子在君主面前如此放肆的言行，不可能在汉以来的历史中再出现。为什么？这就需要回到《论语》产生的时代：孔子所生活的时代，其基本思想风貌是

① 萧公权：《中国政治思想史》，商务印书馆，2013年，第68－69页。

自由主义。天子失官、王权衰弱、诸侯坐大,群雄并争,还有就是学在四夷,造就了这个时代的自由,提供了自由主义土壤,培育出了士君子们的自由主义思想,催生了诸子兴起:激进的法家,诸如管仲、子产等充分发挥自由主义思想鼓吹变革,励行变法;道家将自由主义思想推向极端,这就是从老子无为到庄子唯我。墨家运用自由主义思想推行非攻、兼爱、尚同、节用。孔子却充分释放自由主义思想探索"以仁入礼"的文道救世道路,其以道义为本质规定和基本价值观的君臣礼道思想,仅仅是其自由主义思想的政治学表达。如果回到《论语》产生的自由主义时代,把握其时代的自由主义思想脉搏,再回过头来理解《论语》,就会发现一个**全新**的孔学,一部**完全不同的**《论语》经典。

认知回归《论语》思想本身 回到《论语》产生的时代的实质性努力,就是回到《论语》思想本身。这需要首先正视两个基本问题:一是《论语》思想是否只是孔子的思想?二是《论语》中的孔子思想是何等性质与取向的思想?

从整体观,《论语》思想就是孔子思想;但具体论,《论语》中有一些弟子或时人的思想,这些思想是弟子或时人对孔子思想的个性理解或发挥所形成。比如孔子的"一以贯之"之道,曾子断言是忠恕(《里仁》),后人一直以曾子之言为依据认定孔子"一以贯之道"乃"忠恕",但孔子本人的思想却不能为"忠恕"所概括。比如,其"仁、智、勇"(《子罕》)三德目,不能为"忠恕"所概括;再如其"恭宽信敏惠"(《阳货》),更是"忠恕"所不能及;"忠恕"也不能概括仁,因为忠恕不过是对礼的表达,而且忠恕只表达其伦理行为要求,不能统摄孔子的学而思想、正名知识论和中庸道德。

进一步看,《论语》中孔子思想实际上呈现开放性体系:以忠恕为表征的礼的思想,以恭宽信敏惠为基本内涵的仁的思想,以中正、堂正为本质规定的中庸道德以及由此所形成的"仁智勇"三德目思想,以正名为主题的知识论思想,以"学而"为主题的教育思想等等,都是以自然主义人性论为依据和动力机制的。确实,《论语》中只有一则"性相近,习相远也"(《阳货》)的人性记载,但却体现了孔子对人性最深广的思考:"性相近",是对古代人性论思想的高度概括,人性是天赋于人的内在生命事实,既共同,更无善恶。"习相远”，是对生存敞开的人性的审思，然后揭示三个基本事实：第一，人性是人的生命存在敞开的原动力；第二，不同个体甚至不同生存境遇及其利害诉求，人性的行为表现会各不相同，善恶，不过是以人性为原动力推动人在具体生存境遇中权衡和取舍利害所表现出来的不同诉求。第三，天赋人性之所以在后天中表现得如此“相远”，其根本之因是**利欲**，因为它在实际生存运动中裹持了人性。所以，孔子对人性向善持一种存疑态度，并且认为使人性向善的光明大道是“以仁入礼”，即通过仁的涵养来形成礼，并以仁来指导规训礼，人才可真正做到“克己”成己为仁人，这就是孔子所讲“克己复礼以为仁”。克己成己以为仁人，就是克己成己为君子。所以，“君子”概念涵摄了性、仁、礼、名、学而、中庸，君子学说统摄起自然主义人性论、仁学、礼论、正名理论、学而教育、中庸道德而成为完整的孔学。严整地讲，孔学是君子学说，其“一以贯之”的那个东西并不是“忠恕”，而是**返本开新**的**历史发展观**和**以仁入礼的文道救世思想**。

理解《论语》中孔子文道救世思想，需要清楚孔子为何要提出文道救世思想？这就涉及“世”为何需要救？解决这两个问题同样需要回到孔子生活的时代。孔子生活的春秋晚期，体现三个方面的状况及倾向：一是春秋前期以“尊王攘夷”为基本取向的由霸主维持诸侯与共主之间的动态平衡框架被逐渐打破，诸侯之间战争越发频仍；二是周之繁缛的制度更加败坏，表征为礼越来越只有形式，不断丧失约束与治理功能；三是文化的衰落，首先表现在“天子失官，学在四夷”；其次表现在维持社会秩序再造社会活力的精英阶层，包括君主、贵族、士大夫的精神堕落和行为任性与放纵。面对由此三者形成的时代状况，思想家们不得不探求解救时世之策，但不同思想家设计的救世方策却大不相同，比如，比孔子早约 100 年的管仲，采取“足欲”的方策来施治；比孔子略早的老子却提出“去欲”“静心”“无为”的方策来解决时世问题；孔子却提出“修仁”“克己”“复礼”“达乐”的方策来解救时世问题。老子与孔子，二人解救时世的方策完全不同，主要基于对文明和历史的判断不同：老子认为文明是对人的堕落，所以历史始终是倒退的。孔子却认为文明创造历史，所以历史虽然要经历曲折，但始终向前发展（详述见第 4 节）。

比较地看，管仲的足欲方策体现对战争的包容与运用；老子和孔子的救世思考却体现对战争的抗拒和否定，但老子认为解决战争的永久性方案，就是去智灭欲；孔子认为解决战争的根本方策是再造“以仁入礼”的文明。如果再结合稍后于孔子的墨子，春秋时代以及延续于后来的战国时期，历史倒退论与历史发展观，以及由此形成的战争与反战，构成这个时代所有思想思潮和各种思想的源泉。仅战争与反战而言，就是当时由历史倒退论和历史发展观演绎出来的两相对峙的思想主线：以战止战的战争主义，以法家为主；反战主义却出现三大派别，以老子为首的老学，以孔子为宗的孔学，以墨子为宗的墨学，是不同形式不同取向的反战主义。老子是反战的激进主义，毁灭一切，认为已有的一切才是战争的根源；孔子是修正主义，认为只有以仁入礼才可阻止战争；墨子是实行主义，认为只有行动才可阻止战争。

概括上述，只有回归《论语》思想产生的时代，把握其时代脉搏，才可真正理解孔子以仁入礼的文道救世理想的价值与意义。

3.《论语》的经验主义方法

> 孔子把他对人类的要求，不诉之于“概念性”的“空言”，而诉之于历史实践的事迹，在人类历史实践事实中去启发人类的理性及人类所应遵循的最根源的“义法”，这便一方面决定了由他所继承的“史”的传统，不让中国文化的发展，走上以思辨为主的西方传统哲学的道路。一方面，把立基于人类历史实践所取得的经验教训，和他由个人的实践发现出生命的道德主体，两相结合，这便使来自历史实践中的知识，不停留在浅薄无根的经验主义之上；同时又使发自道德主体的智慧，不会成为某种“一超绝待”的精神的光景，或顺着逻辑推演而来的与具体人生社会愈离愈远的思辨哲学。他所成就的，乃是与自己的生命同在，与万人万世的生活同在的中庸之道。①

徐复观所论，给我们提供了理解《论语》自身方法的一个入口。

① 徐复观：《两汉思想史》，第3卷，华东师范大学出版社，2001年，第157页。

首先,《论语》作为一语行录,由"孔子应答弟子、时人"和其弟子"相与言而接闻于夫子之语"两方面内容组成:前者构成《论语》的基本内容;后者构成《论语》的拓展性内容。前者主要由两方面内容组成,一是孔子给弟子们的讲课内容;二是孔子回答弟了及时人的发问。从方法观,这两方面内容的生成性展开,既不是柏拉图的论辩式,也不是苏格拉底般的助产式,而是直述式,孔子自己将其概括为"述而不作"。这个"述而不作"的"述"有讲述、陈述、概述三种形态。比如"性相近,习相远也"(《阳货》),是孔子对古代人性思想和自己人性思考的概述;"子曰:父在,观其志。父没,观其行。……"(《学而》)是为陈述。陈述的是事实,讲述也要述事实,但却体现明确的价值判断或道理。比如"子曰:吾十有五而志于学,三十而立,四十而不惑,五十而知天命,六十而耳顺,七十而从心所欲不逾矩。"(《为政》)和"孔子谓季氏:'八佾舞于庭,是可忍也,孰不可忍也!'"(《八佾》)前者是孔子晚年讲述了自己学而成己的人生经历,算是最简单的自传;后者却以鲜明的态度讲述了鲁国贵族越制违礼的事实。

从形式观,《论语》的基本方法是陈述、概括、讲述,为表述方便,将其统称为讲述。《论语》之讲述方法源于孔子"述而不作",即既不写作,也不创造的讲述,更强调关注已有,表述追求最大程度的简化、简洁、简单。这种追求简化、简洁、简单的讲述方法能得心应手运用的前提,却是经验。所以,《论语》中讲述的内容都属于经验范畴,与柏拉图的论辩式方法、苏格拉底的助产式方法根本不同,因为后者从经验起步达于超验,往往突破经验而获得新知;与此相反,讲述方法始终从经验起步唤醒经验,实现经验的印证或再造。所以,《论语》的讲述方法具体为经验对经验的证明方法或经验对经验的再造方法,并且,这种"述而不作"的经验主义,却是建立在"信而好古"的历史主义认知论基础上的:

> 子曰:"夏礼吾能言之,杞不足征也。殷礼吾能言之,宋不足征也。文献不足故也。足,则吾能征之矣。"(《八佾》)

孔子说,"有关于夏礼,我可以断言它确实存在过,但夏人后裔聚居的杞国之礼，我却无法证实；有关于殷礼，我可以断言它也存在过，只是殷人聚居的宋国之礼，也不足以证实了。究其原因，主要是古代文字资料缺乏。如果有充分的史料，一定能够证实如上推断。”孔子认为，讲述有两种方法，一是**事实**讲述，一是**推论**讲述。这两种讲述方法既可单纯使用，也可综合运用；当然，在材料缺乏的情况下，亦可单独运用逻辑推论。虽然如此，孔子认为事实讲述是最好的方法，因为这一方法的关键是**有一分事实说一分话**。《论语》中有三方面内容孔子本该说得更多些才是，但他反而说得很少：一是天道与鬼神；二是王道和圣人；三是人性与善恶。对于天道和鬼神，除非不得已而言之，也是敷衍了事，并且行为上也是“敬鬼神而远之”（《雍也》）。至于王道和圣人，孔子只说到尧舜，而且语言极简，甚至根本不认为有圣人：“子曰：‘何事于仁，必也圣乎！尧舜其犹病诸！’”（《雍也》）子贡问仁是不是就是做到“博施于民，而能济众”，孔子却告诉他这是仁之过，并且指出两点：第一，超过仁的那种行为以及行为所达到的境界，被称之为圣；第二，这种逾仁的“圣人”行为，古今未曾有见，哪怕尧舜也未做到。历史上根本没有圣人，而且未来也不会有，所以“圣人，吾不得而见之矣，得见君子者斯可矣。”（《雍也》）孔子面对王道和圣人之如此谨慎的根本原因，是其历史主义认知形成的**严谨史实观**，这种史实观要求孔子严格遵循“一分事实说一分话”的准则。

有关于人性和善恶，孔子最该多讲，但他却说了“性相近，习相远”六个字，以至于后人以为孔子没有明确的人性论思想，其实这是对孔子的最大误解。孔子只用六个字概括其对人性的至深至广的思考，但却用了**一生努力**来探求再造“习相远”的人性，企图使之回归于共通或更“相近”，所遵循的仍然是“一分事实说一分话”的准则，因为天赋的人性是相同的，不需要多说；人性的后天表现却没有抽象，始终只是**具体事实**的讲述，比如“宰予昼寝，子曰：‘朽木，不可雕也，粪土之墙，不可圬也。于予与何诛？’”（《公冶长》）又如“季氏富于周公，而求也为之聚敛而附益之。子曰：‘非吾徒也。小子鸣鼓而攻之可也。’”（《先进》）等等，就是对“习相远”的人性的讲述、批判。这种没有抽象推论、演绎的人性论表述，在《论语》中随处可见。

认真说来，贯穿《论语》始终的历史经验主义，敞开为历史主义和经验主义两个扇面。因其历史主义和经验主义的双重激励，孔子以仁入礼的文道救世理想和返本开新的认知论，最终落实为损益方法论。《为政》第二十三章，子张提出一个十分严肃的问题：能知道十代之后的礼仪制度状况吗？孔子回答很精彩：对未来世界的知与不知，不在于所知的对象和知的行为本身，而是取决于我们求知的基本姿态。能够求知未来的正确姿态是什么呢？孔子没有说，但却通过“虽百世，可知也”的结论和达于可知的求知原理，表达出了求知的应有姿态：不只是求知未来，也包括求知任何对象，都要具有“变中不变”和“不变中变”的视野和态度。惟有在“变中求不变”，才会把握事物保持自身区别于他者而独立存在的不变因素，发现流动不居的世界背后隐藏着的亘古不变的法则。同时，惟有在“不变中求变”，才会发现自然、生命、事物的生生不息规律，领悟天下万事万物何以使自己常在的根本法则。理解、把握这一根本法则并得体地运用，就形成“损益”方法。

4.《论语》的文化语境方法

阅读《论语》必然涉及语境。所谓语境，是指语言表达思想或情感的环境，它敞开宏观与微观两个扇面。《论语》的宏观语境，是指其内容和思想生成的文化语境，它由历史朝向、传统对现实的要求性以及文化习俗、社会规范、禁忌等要素整合构成。

历史朝向　关于《论语》内容和思想的历史朝向，孔子有明确的表述：

> 子张问：“十世可知也？”子曰：“殷因于夏礼，所损益，可知也。周因于殷礼，所损益，可知也。其或继周者，虽百世，可知也。”（《为政》）
>
> 子曰：“周监于二代。郁郁乎文哉，吾从周。”（《八佾》）

孔子回答子张之问，表达明确的历史发展观。首先，历史不可能回复到过去，只能朝向未来，具有绝对的不可逆。其次，必须朝向未来的历史，以自身方式谱写承传与发展：“周监于二代”表明，殷商文明是对禹夏文明的承传和发展，周文明是对夏商文明的承传和发展，明天的文明是对今日文明的承传和发展，以至于无穷。其三，以承传和发展方式推动历史朝向未来创造更新文明，必有规律可循环，这个规律就是“损益”：损，就是削弱、消解、废弃那些当时时代所不需要的或者缺乏普遍性的落后因素；益，就是强化、放大那些具有普遍性功能且为当时时代所需要的因素，并探求和创造更新的东西。所以，历史以承传和发展方式朝向未来，既体现一种认知论，也体现一种方法论，前者是返本开新，后者乃损益。信而好古的孔子以经验为思维工具探险历史，挖掘出历史朝向未来的规律，为他展开时代性思考和培养治国安邦的君子人才提供了以历史为镜的文化语境。唯有当进入这一文化语境，才可理解《论语》的内容和思想。

传统对现实的要求性 《论语》所体现出来的历史观，蕴含独特的传统观和传统对现实的态度。

首先，传统是一种客观存在，不以人的意愿为转移。

其次，传统具有“变中不变”和“不变中变”的规律性：变者，是指缺乏普遍指涉性功能、且与其不变未来朝向不相容的那些内容，需要弱化、消解、放弃甚至革除；不变者，是指体现普遍指涉性功能且与不变的未来朝向相容的那些内容，需要保留、强化、突显，使之继续发挥其功能。这一“变中不变”和“不变中变”的传统规律，在《论语》中被孔子发现并以讲述的方式表达出来，就是“因于”和“损益”方法论，抽象地讲，就是“返本开新”的认知论。

其三，传统之所以具有“变中不变”和“不变中变”的规律，是因为第一，传统既构成了历史本身，也构成了文明本身，更构成了人本身。没有传统，每一代人都只能从动物开始，每一代人都必须重复经历“披发左衽”的生存和“自经于沟渎”的生活（《宪问》）。第二，传统是历史前进的动力和文明上升的源泉：因为传统，才保持了不变的稳定，产生了秩序、安定和安全，才有了“因”的基础和“益”的条件；因为传统，才激活了变，促进了变化、发展、前进，才有了“革”的对象和“损”的内容。

正是基于这样的传统观，“信而好古，述而不作”对于正确理解《论语》才彰显出特别的意义；面对古代历史理性地把握“能言之”与“不足征”之间的矛盾，遵循“有一分事实说一分话”的史实原则，对于深入考察《论语》的传统和历史观的巨大价值，才可得到很好的呈现。

其四，传统在“变中不变”和“不变中变”的历史发展进程中表现出来的基本形态是文物制度，它由文、物、制度三者构成。在《论语》中，表征传统的“物”，主要是服饰、礼器、丧葬、交通工具等。比如，颜回死，其父颜路“请子之车以为之椁"，孔子不许，并说出两个理由：一是"鲤也死，有棺而无椁，吾不徒行以为之椁"；二是"以吾从大夫之后，不可徒也。"（《先进》）作为传统构成内容的上下尊卑礼节，不能因为"爱颜回"甚于子而可任性地破坏。表征传统的"制度"，主要是礼制，《论语》中有大量记载，既体现了对殷礼的尊崇，更体现了对周礼的维护，意在于突出秩序。孔子对季氏"八佾舞于庭"和"相维辟公，天子穆穆。奚取于三家之堂！"（《八佾》）的愤怒，以及纵容"门人厚葬"颜回而将责任推之于"夫二三子"（《先进》）等做法，既体现对礼制传统的坚决捍卫，又流露出对变革礼制的潜在认同。但正是这些表面看来的矛盾，呈现出孔子的真实的思想。

对于表征传统的"文"，主要落实在对《诗》《书》《礼》《乐》等典籍的看待与运用上。《论语》中特别突出了《诗》和《礼》，孔子将其看成是传统之"文"的象征。首先，它是最纯正的文，因为经过严格的净化和锤炼而成，"男年六十，女年五十，无子者，官衣食之，使之民间求诗。乡移于邑，邑移于国，国以闻于天子。故王者不出牖户。"（《公羊传·宣公十五年注》）"故天子听政，使公卿至于列士献诗，瞽献曲，史献书，师箴，瞍赋，蒙诵，百工谏，庶人传语，近臣尽规，亲戚补察，瞽、史教诲，耆、艾修之，而后王斟酌焉，是以事行而不悖。"（《国语·周语上·邵公谏厉王弭谤》）既体现思想和情感的纯正："诗三百，一言以蔽之，曰思无邪。"（《为政》）更是绝对纯美和优雅："子所雅言：《诗》《书》、执礼，皆雅言也。"（《述而》）其次，《诗》和《礼》是人修德成己的最好教科书，也是君子"修德取位"和"以德正位"的最好思想资源。比如孔子教伯鱼学诗学礼，强调"不学诗，无以言"，"不学礼，无以立"，更因为只有"兴于诗，立于礼"，才可"成于乐"（《泰伯》）。其三，尤其是《诗》，不仅可以训练人博学，认知卓越，更可以培养人格完善、德性完美："小子，何莫学夫诗？诗可以兴，可以观，可以群，可以怨。迩之事父，远之事君。多识于鸟兽草木之名。"（《阳货》）

文化习俗、社会规范和禁忌对语境的构成性 文化习俗属传统的内容，它既构成对现实的要求，更具有对现实的规范功能。同样，禁忌既可是传统，更是现实规范。文化习俗、社会规范、禁忌之间的交叉融合，构成一种宏观语境。此一宏观语境成为阅读理解《论语》内容和思想之一入口。比如，孔子为何要"敬鬼神而远之"，这既是祭祀需要的庄严、神圣要求所形成的禁忌，也是相信"皇天无亲""天命自图"的周人灭商后保留了殷人敬鬼神的形式而内心只有祖宗的文化心理折射，形成鬼神要在形式上敬而在心理上"远"的文化语境。只有真正理解孔子时代的这一文化语境，才能更好地理解"敬鬼神而远之"的语义内涵。又比如，秦以降形成帝王专制的"避讳"制，至于其后不断严酷的"文字狱"和"禁用语"，既属于禁忌范畴，更属于规范范畴。但在孔子时代，这方面的禁止与规范却相对弱，这是因为孔子生活在一个自由的时代，尤其这个时代思想和言论的自由，放在中国历史长河中就特别耀眼。促成这个时代成为一个自由的时代，除了"天子失官，学在四夷"等因素外，最为重要的是这个时代**对知识的崇敬、对学问的膜拜、对思想的激赏**。这是思想自由、言论自由的两大根本条件之一，并且这个条件比另一个条件即制度条件更根本、更重要。时代的思想和言论自由构成阅读《论语》的特定文化语境。从其自由的文化语境入手，可以更好地理解孔子任意评品时人，批评权贵，包括在齐景公、鲁定公、鲁哀公、卫灵公、季康子等人面前毫无顾忌地畅言自己的执政思想、理念，并直截了当地批评或反驳对方的观点、看法。当然，《论语》中孔子一再强调要慎言、少言，但这不是出于禁忌、规训的考虑，而是相对言之正确性和实行而论。慎言，是强调言必正确；少言，是强调实行的根本性，主张少说多做、先做后说、说做一致。当然，这也是一种语境规范，它是孔子"修德取位"和"以德正位"的君子理想及要求所形成的君子语境。

5.《论语》的文本语境方法

阅读《论语》，不仅要注意其文化语境，更要把握其文本语境，包括其编纂语境、篇章语境和内容语境。

《论语》文本的编纂语境 人们一般认为《论语》的篇章杂乱，少有人关注《论语》的篇章语境问题，原因在于《论语》研究的注疏方式，不是热衷于语言的训诂，就是过度义理阐发，"历来注释《论语》皆以剖章析句为能事，罕有学者统摄诸章以探究其所在篇帙的总体意趣。"[①]黄克剑所论揭示后世基于

① 黄克剑：《论语疏解》，中国人民大学出版社，2014年，第1页。

阅读《论语》的注疏传统，将最该关注的内容忘记了。形成这种忘本逐末的研究方式之一重要原因，是《论语》内容由语录构成，完全去掉了话语的具体语境，这就形成章与章、篇与篇之间失去了形式上的语义关联和内在逻辑的显现。解决这个问题的根本方式，是还原《论语》的文本语境，但首先要还原《论语》的编纂语境。

《论语》是孔子身后由弟子编纂而成，且所编纂的内容是弟子们平日里记载夫子"述而不作"的言论或事迹。这两个特点使编纂工作必须解决两个根本性问题，首先是对众弟子汇集拢来的材料如何甄别与选择，其次对甄别、选择得来的内容遵循何种原则审定并做有序编排。邢昺为解决这两个根本性问题打开了一道门径：

> 然则夫子既终，微言已绝，弟子恐离居已後，各生异见，而圣言永灭，故相与论撰，因采时贤及古明王之语合成一法，谓之《论语》也。郑玄云："仲弓、子游、子夏等撰定。论者，纶也，轮也，理也，次也，撰也。"以此书可以**经纶世务**，故曰纶也；**圆转无穷**，故曰轮也；**蕴含万理**，故曰理也；**篇章有序**，故曰次也；**群贤集定**，故曰撰也。郑玄《周礼》注云"答述曰语"，以此书所载皆仲尼应答弟子及时人之辞，故曰语。而在论下者，必经论撰，然後载之，以示非妄谬也。(引者加粗)①

邢昺通过对"论""撰"做词义考释，揭示"经纶世务""圆转无穷""蕴含万理"②的深层语义，潜在地构成编纂选择得来的材料使之"篇章有序"如何由"群贤集定"的依据和方法。甄别的依据有二：最好是夫子的原话；即或不是夫子原话，也必须符合夫子本意。选择的依据也有二：必须是"经纶世务"的内容；并且这些内容必须体现普遍性的道理。"篇章有序"的依据亦有二：入选的内容经过安排必须产生"圆转无穷"的功能，并且不仅实现首尾

① (三国)何晏注，(宋)邢昺疏：《论语注疏》"序"，中国致公出版社，2016年，第1页。

② "蕴含万理"之"万理"，乃极言其"理"的普遍指涉性，意为普遍性的道理，亦可理解为"通行的法则"或"普遍法则"。"蕴含万理"，是指蕴含具有普遍指涉性的道理，简称为普遍性的道理或普遍法则。

响应，更能相与认证，互为解释。

邢昺发现《论语》体现明确主题的有序"篇章"结构，承载了"经纶世务"的普遍性道理。然而，《论语》"一以贯之"的主题和使其篇章"有序"的那个"序"到底是什么？邢昺无力发现，《孔子哲学思微》却做了无意识揭示：

> 在孔子思想中，影响最深远的、一以贯之的预设是：**不存在任何超越的存在或原则。这是一种强烈的内在论的先决设定**……对孔子思想作恰如其分的解释，就需要用一种内在论的语言。这种语言设定了法律、规则、原则或规范在某种意义上依赖于社会环境或自然环境。①
>
> 另一方面，孔子的哲学**是事件的本体论，而不是实体的本体论**。了解人类事件并不需要求助于"质"、"属性"或"特性"。因此，孔子更关心的是特定环境中特定的人的活动，而不是作为抽象道德的善的根本性质。但这并不意味着他仅仅把目光从道德主体转向道德主体的活动。**按照事件来刻画一个人，就不可能把主体和行动孤立起来考虑。道德主体既是自身行为的结果，又是自身行为的起因。**（引者加粗）②

以**人伦地**存在为基本取向，《论语》是"以**事件**为本体"，通过生活事件将**主体间性**的活动有机联系起来形成开放性生成的生存场，构成了"孔子应答弟子、时人，及弟子相与言而接闻于夫子之语"的社会环境和自然环境。《论语》通过"群贤集定"之智慧，最大程度地呈现这一开放性生成的思想生存场，既突出夫子"经纶世务"的普遍法则，又使其普遍法则通过有序的**人伦**生存来表达，由此使《论语》呈现如下"篇章有序"的文本结构：

《论语》文本的篇章语境　下图呈现的四维结构中，其语义内核是人性。这是因为孔子面对礼乐崩坏的社会状况，探求拯救之道就是返本开新重建君子社会，其根本前提是培养治国安邦的君子。培养君子，所面临的首要问

---

① ［美］郝大维、安乐哲：《孔子哲学思微》，蒋弋为、李志林译，江苏人民出版社，2012 年，第 5－6 页。

② ［美］郝大维、安乐哲：《孔子哲学思微》，蒋弋为、李志林译，江苏人民出版社，2012 年，第 7 页。

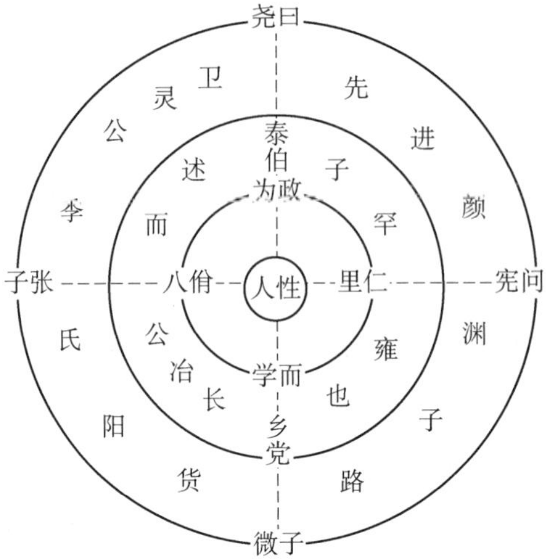

［导论2 《论语》文本结构］

题是人性问题。但人性的根本问题不是“性相近”，而是“习相远”：人性为何习相远？如何将“习相远”的人性变得更“相近”？这是《论语》思想的逻辑起点，需要引导与己志同道合的一代人学而，学而的目的是为政，即“修德取位”和“以德正位”；为政的基本任务是重建社会秩序和调节人的内心生活，因为人心泛滥，礼乐崩坏（《八佾》）。因而，“学而习时之”的首要课程是习礼，习礼才能学会和懂得如何重建社会秩序；但重建社会秩序的前提是如何有效调节人的内心生活，所以，习礼的主体性前提是修仁，修仁成己才是为政成人的正确路径和方法，这就是《里仁》。

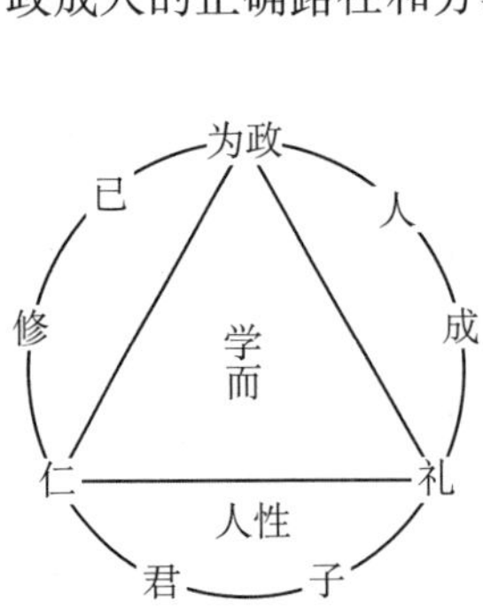

［导论3 君子修己成人进路］

综上，学而、为政、八佾、里仁，构成《论语》的核心结构，它呈现孔子君子思想的四个维度：仁、礼、为政、学而；也是孔学思想的四个基本扇面：作为道德哲学的仁学、作为政治哲学的礼论，作为政治实践论的为政和作为教育学的学而理论。

《论语》编纂以孔子君子理想为主题，学而、为政、习礼、修仁，构成培养君子的**四科目**：一部《论语》，以文道救世为指南培养为政的社会精英，学而、为政、八佾、里仁四篇正面阐述君子目标（为政治国）、君子形成要求（习礼和修仁）和君子修德取位和以德正位的方式和途径。

《论语》中的君子理论，自始至终彰显孔子的两个在当时看来非常激进即使在今天也具有革命性意义的思想；一是正面阐发古代"天下为公"的政治理想，并欲将它变成现实。二是治国安邦的人才，应该以德才为准则，而不是权力世袭。不仅如此，世间的一切都应以德才为取舍尺度。第五篇因公冶长贤所以孔子"以其子妻之"，因南容贤所以孔子"以兄之子妻之"。这种以"事件为本体"的讲述方法所要表达的基本思想是：以德才为准则是指，无论在私人生活领域还是在公共政治领域，都应该选贤不避亲疏、不讲出身，不论外在的条件。第六篇进一步阐发这一天下为公、唯德才是举的思想，并以评价仲弓为开篇说明什么叫德才是举：第一，不问出身，哪怕是出身很贱，甚至犯过罪坐过牢，只要有真德才，都应该举，都应该入朝当官，治理国家；第二，哪怕就是天子的封君，也应该由德才者当之，士君子的德才一旦达到了为政治国的水准，亦应该使其"南面"。这是孔子崇周而行返本开新之文道救世理想的最根本的思想。在这样的认识基础上，第七篇孔子自述其德才所达到的境界超过了仲弓，其所要表达的潜在意蕴非常明白，夫子之才乃"治大国如烹小鲜"之才，既然仲弓可"使南面"，那么自己更有资格如此。第八篇剔除窜入其中的有关于曾子的几章内容，是以古人之德才来比较和旁证，以为突出第七篇的内容主题。第九篇《子罕》和第十篇《乡党》，是以弟子们记述孔子如何"仁"和怎样"礼"，进一步丰富第七篇的内容。

《论语》文本的内容语境 所谓内容语境，是指《论语》中每章内容本身的生存语义自为地构筑起隐含的阅读语境。比如，"子曰：'雍也，可使南面。'"（《雍也》）孔子如是说，简直不可思议，因为在孔子之前，世袭权力才是做天子做诸侯的唯一资格，仲弓不仅没有君位继承人的资格，还是一个"犁牛之子"（《雍也》）。孔子说冉雍有资格做国君，不是以世袭权力论，而是以德才论。以德才论政，这在当时来讲既是很激进的政治主张，也是很激进的政治原则：第一，选择治国安邦者，以德性和才能为标准；第二，从政当官不是谋求私利，而是为国谋太平、为民谋福利。孔子之能够提出如此具有革命性的政治主张和政治原则，标明其返本开新的历史发展观和以仁入礼的文道救世路径，何以要具体为学而（第一篇）修仁（第四篇）成礼（第三篇）目的于为政（第二篇）。孔子如此认知、思想和主张，恰恰准确地把握住了春秋晚期诸侯兼并进一步展开将从根本上改变世袭权力制度的趋势所做出的准备性努力。

《论语》的内容语境展开两个方面，一是章与章之间形成的语境；二是各章内容本身的语境。前者如"子曰：《诗》三百，一言以蔽之，曰思无邪。"（《为政》）后人往往从文学、审美角度解此章内容，这是基于《诗经》是"第一部诗歌总集"这一先在观念所做的主观性误读。其实，联系篇章语境，此章内容被编入《为政》，决不是任意或"失误"；其次，联系上下章语境，第一章讨论为政必须以德正之；第三章讨论以德正政对治国安邦的根本性，孔子以"道之以政，齐之以德，民免而无耻"的结果来反证以德正政的优越性。而将"《诗三百》"章置于其中，意在于表达为政者如何才可做到"以德正政"，这就需要学《诗》。理由是《诗》三百篇纯正无邪，可引发人、激励人做思想情感的纯正训练。如果再运用自证法，联系《阳货》论诗"可以兴、观、群、怨"的功能，就会更明白本章的真实所指。后者如"性相近，习相远也。"（《阳货》），它本身就自设语境：孔子思考人性，从"近"和"远"两个角度入手，给我们预设了两个问题：人性之"近"或"远"，各相对什么而论？对比观之，人性相近，是相对其生成言；人性相远，是相对后天展开言。这又蕴含两个问题：第一，相近的人性如何生成？第二，相远的人性如何展开？后者有现成答案，即"习"使人性相远；这一答案为解决前一个问题提供了思路，因为"习"是后天的作为，相对后天之"习"，相近的人性只能是天赋。如果将孔子对人性的思考纳入历史进程来观照，本章中对人性的思考实际上有两部分内容：第一部分内容是对古代人性思想的总结，并认同人性天赋观；第二部分内容是拷问天赋人性的生存性敞开状态"习相远"及复杂性。孔子提出修仁习礼培养君子，就是为解决"习相远"的人性如何使之更"相近"的一种政治学、伦理学、教育学努力。

6. 前证法与同证法的互补

阅读《论语》，进入具体内容具体思想层面，单一使用语境法会显得捉襟见肘，需要综合运用证明方法。

要言之，阅读《论语》的证明方法有后证法、前证法、同证法、自证法四种。这四种证明方法中最需要慎用的是后证法。比如，就其主要论，本应将《论语》学问称为“孔学”，以与后来诸如孟学、荀学等相区别，但后人将其称之为“儒学”。这种称谓最后获得词典定义：所谓“儒学”就是“孔子及其弟子的学说，及早期儒家学说”①。《中国儒学百科全书》如此定义《论语》学说的依据，可追溯到汉代文献《淮南子》：

> 孔子修成、康之道，述周公之训，以教七十子，使有其衣冠，修其篇籍，故儒者之学生焉。(《淮南子·要略》)

《淮南子》这段文字有先秦文献的依据吗？有《论语》自身的依据吗？没有。那么，此段文字的依据是什么呢？这就要了解大一统后的汉需要一种人治主义的统治意识形态这一现实考量向何方偏向：秦亡使汉统治者害怕沾上法家，墨家兼爱非攻尚贤的思想为汉统治者畏惧，刑名家更不能用，孟子和荀子的学说能够从形式与实质两个方面为汉统治者的人治主义提供方便。但要启用孟学和荀学，绕不开孔学，因为无论孟子和荀子都明确标榜自己是孔学的正宗传人。要启用孔学，必须改造其自由主义的和唯德才是举的思想；于是就有“修成、康之道、述周公之训，以教七十子”的虚构，这种虚构的东西的持续重复，就变成了儒家的依据，人们论证孔学的源头时，《淮南子》这段文字成了“史据”。

这一例子说明运用后证法阅读《论语》潜藏着危险，稍有不慎，就会掉进其陷阱。比如，宋学对《论语》的评注性研究，往往成为后学者阅读《论语》的便捷证据，有时候却将人推向远离《论语》思想。《先进》第二十六章“子路、曾皙、冉有、公西华侍坐”而言其志，孔子点评时出人意料地赞赏“暮春者，春服既成，冠者五六人，童子六七人，浴乎沂，风乎舞雩，咏而归”的曾点。一生以培养治国安邦精英实施文道救世为己任的孔子，却特别赞许曾点那种放荡山水的个人自由主义生活情调，孔子此举有违其理想取向，到底是情境性

---

① 中国孔子基金会编：《中国儒学百科全书》，中国大百科全书出版社，1997年，第340页。

情绪触发使然？还是别有深意？后人不得而知，但宋代一些道学家却以此大发圣意，实是脱离文本语境的主观臆断：

> 孔子“与点”，盖与圣人之志同，便是尧舜气象也，诚“异三子之撰”，特行有不掩焉者，真所谓狂矣。子路等所见者小，子路只为不达“为国以礼”道理，所以为夫子笑；若知“为国以礼”之道，便却是这气象也。①
>
> 曾点见得事事物物上皆是天理流行，良辰美景，与几个好朋友行乐。他看那几个说底功名事业，都不是了。他看见日用之间，莫非天理，在在处处，莫非可乐。他自见得那“春服即成，冠者五六人，童子六七人，浴乎沂，风乎舞雩，咏而归”处，此是可乐天理。②

如果将这种“圣人”观念先行的义理阐发作为阅读理解《论语》的理据，就会造成其思想的深度曲解，这是阅读《论语》时为何要慎用后证法的理由。

所谓后证法，是指以后人的观念、后人的研究成果为依据来证明前人的思想、观念、理论的得失。这种方法得以运用的前提是所引用的材料本身经得起验证，符合被证明的对象。比如阅读《论语》时，崔述的研究成果中许多内容可以运用，而司马迁的《孔子世家》和朱熹《集注》中的许多内容运用时需要慎重辩证，因为朱熹的圣人观念和天理思想作为理证来证明《论语》中的基本思想，往往会形成反向，因为《论语》中孔子明明白白地反对圣人观念，并且，孔子也根本地罕语天道，更不知天理为何物。司马迁的《孔子世家》被崔述判为“《史记》之诬者十七八”③。钱穆也认为“余读《史记·孔子世家》最芜杂无条理。其他若《年表》，若鲁、卫、陈、蔡诸《世家》，凡及孔子，几于无事不抵牾，无语不桀违。诚如崔氏之讥，所谓自为说而自改之者。”④

《论语》中孔子应答弟子、时人及弟子相与言及接闻于夫子之语的许多言行、事件，因剥去了具体语境、具体情境以及具体经历性过程，阅读时往往

---

① 《二程集》卷十二，中华书局，1984 年，第 136 页。

② 《朱子语类》卷四十，中华书局，1986 年，第 1026 页。

③ (清)崔述：《洙泗考信录》，中华书局，1985 年，第 2 页。

④ 韩复智编：《钱穆先生学术年谱》卷一，中央编译出版社，2012 年，第 252 页。

需要背景、语境、情境的还原，这种还原工作最需要同证方法和前证方法。

所谓前证方法，是指运用孔子及弟子生活时代之前的著作、典籍来证明《论语》的内容或思想。孔子之前，已经流行的且在《论语》中提到的著作有《书》《诗》《礼》《乐》《易》。这些典籍中最没有争议的是《诗》，后世编出孔子"删《诗》三千"的故事值得存疑，理由是孔子自曰"《诗》三百，一言以蔽之，曰思无邪。"(《为政》)"学者不信孔子所自言，而信他人之言，甚矣，其可怪也。"[1]孔子时代之前的《易》，主要是指卦辞和爻辞；而《易》之于孔子生活的时代是巫书，对于不语"怪、力、乱、神"的孔子来讲，难以接受《易》，所以一部《论语》，提到《易》的文字只有一则："子曰：'加我数年，五十以学易，可以无大过矣。'"(《述而》)根据"孤例不证"的史学原则，这则关于五十而学《易》的文字，最有可能是《论语》在流传中经由某非孔学者窜入其中的。退而论之，即使是孔子自道，也是假设性的自道，其所假设的内容能否成为事实，需要后观。孔子言"加我数年，五十以学易"，说明孔子设想通过"学易无大过"的时间大致是 40 多岁，此其一；其二，孔子至于五十以后，并没有去践履"学易"，而是带着弟子游国求仕，一游就是十四年，最后在无望之中经冉求周旋疏通，季康子才安排将他迎接回鲁，时年已 68 岁(公元前 484 年)。至于逝世(公元前 479 年)，六年之中致命打击接连不断：首先是独子早丧(公元前 483 年)之痛，然后遭遇"哀公获麟"之绝望，马上遭受爱之甚于子的颜渊早亡(公元前 481 年)的悲伤，紧接着是最忠勇于他且唯一成为亦生亦友的子路不幸死亡(480 年)。可以说，子路之死摧毁了孔子活下去的最后力量，奔波一生的孔子怀着终身遗恨离开了人世(公元前 479 年)。一个连年遭遇悲痛摧残的风烛残年的老人，能否在这种状况下去学《易》？孔子既然与学易无缘，那么晚年"韦编三绝"和修订《六经》的神话，也就不存在。

除了前证法，阅读《论语》还需要同证法。所谓同证法，就是运用与孔子生活同时代的文献来求证《论语》内容和思想的方法。这类能够为阅读《论语》内容和思想提供证据的同时代的文献，严格地讲只有《左传》《国语》，当然也可宽泛推及《古竹书纪年》《老子》以及战国诸子著作，诸如《孟子》《庄

---

① 黄寿祺：《群经要略》，华东师范大学出版社，2000 年，第 68 页。

子》《荀子》《韩非子》等，其中有些内容可以作为阅读《论语》的证明材料。《论语》中的相关大事以及孔子生活的大事件，凡《左传》和《国语》有所记载者，大都可信。比如“哀公获麟”中之“获麟”可信，“孔子绝笔”则无信，因为“西狩于大野，叔孙氏之车子锄商获麟，以为不祥，以赐虞人。仲尼观之，曰：‘麟也。’然后取之。”（《左传·哀公十四年》）既然《左传》记载了孔子见所获之死麟“然后取之”事，那么孔子因此“绝笔”果有其事，就更应该有记载。但《左传》却没有这方面的记载，《国语》亦然，那只能说明孔子因见“麟”而“绝笔”，属后人杜撰，应不可信。更进一步讲，68 岁的孔子从游国的绝望中回国，不到六年时间里经历连年悲痛的打击，能完成“韦编三绝”、学《易》和修订《六经》？既然能够完成，对于这样伟大的文化工程，《左传》和《国语》应该且必须有所记载，因为对鲁国名人孔子来讲，见一只死麟并将其带走这么一件小事都被记载于史册，为何不记载孔子修订《六经》和“韦编三绝”呢？并且，晚于孔子的其他子书都记载了孔子许多内容和故事，但却没有这方面的记载，就是以孔子正宗传人自居的孟子和荀子的著作，也没做这方面的记载。其唯一解释是孔子“韦编三绝”和修订《六经》是后人基于造圣需要附加上的。再比如，阅读《论语》必然要涉及孔子求仕和出道的问题，司马迁说鲁定公九年，阳虎作乱失败，“其后定公以孔子为中都宰，一年，四方皆则之。由中都宰为司空，由司空为大司寇。”（《孔子世家》）但《左传》只记载了孔子与此相关一条信息，即阳虎败而三逃“奔晋，适赵氏。仲尼曰：‘赵氏其世有乱乎！’”（《左传·定公九年》）除此，既无孔子任中都宰以及做司空事，也无做大司寇摄相事记载，更没有孔子任大司寇七天杀少正卯事，而这些都属于朝廷大事，史官何有不记之理？史书不记，真正让人信服的解释是此类事乃后人虚构。

7. 自证方法与思想会通

英国历史学家 E. H. 卡尔指出，凡是“在解释工作上，历史学家也需要一个标准——也就是他客观性的标准，来衡量什么是重要的，什么是不重要的，这标准也必须和眼前的目的有关。”[①]这个标准从哪里去找？采取什么

① [英]E. H. 卡尔：《历史论集》，王任光译，台北幼狮书店，1968 年，第 111 页。

方式去找？历来有两条路径并由此产生两种方式，一是外求路径，从研究对象之外寻找解释的标准；另一种是内求路径，从研究对象内部寻找解释的标准。对前一条路径和方式的选择，必然看重后证法；对后一条路径和方式的选择，自然重视自证法。徐复观认为，“今日治思想史者之责任，乃在显发古人思想中所潜在之逻辑性，使其具备与内容相适应之理论结构。”①徐氏从治思想史的角度讲路径和方式以及由此形成的方法选择一定注意两个要点，一是要把握古人思想中的潜在逻辑；二是发现和把握到的这种思想的潜在逻辑一定要与理论结构本身相适应。徐氏所讲的这两点都强调其**内在性**，即从研究的对象中发现**自身的**逻辑。从所研究的对象中发现自身内在逻辑这种方法，就是自证方法。所谓自证法，就是运用文本中的材料来证明文本内容和思想的方法。

运用自证方法阅读《论语》，就是以《论语》自身内容相互求证。从《论语》中发掘内容使之构成对《论语》思想的解释依据，这需要发现《论语》内容的自洽性和其思想的逻辑完备性。反过来看，自证方法也是阅读《论语》时从《论语》内部解决其所存在的思想混乱以及所存在的矛盾、问题的澄清方法，尤其是后人不断附加到《论语》身上的重重错误观念、思想以及后世刻意圣化、夸大《论语》思想、人物或非儒家故意扭曲、贬损《论语》内容或人物的那些错误甚至荒谬的东西的澄清方法。比如“圣人”观念，《论语》涉及六章内容，其中有五章与孔子相关。

孔子曰：“君子有三畏：畏天命，畏大人，畏圣人之言。”（《季氏》）

子曰：“圣人，吾不得而见之矣，得见君子者斯可矣。”（《述而》）

子贡曰：“如有博施于民，而能济众，何如？可谓仁乎？”子曰：“何事于仁，必也圣乎！尧舜其犹病诸！”（《雍也》）

子曰：“若圣与仁，则吾岂敢。抑为之不厌，诲人不倦，则可谓云尔已矣。”（《述而》）

太宰问于子贡曰：“夫子圣者与？何其多能也。”子贡曰：“固天纵之

① 徐复观：《中国学术精神》，陈克艰编，华东师范大学出版社，2004年，第270页。

> 将圣,又多能也。”子闻之,曰:“太宰知我乎。吾少也贱,故多能鄙事。君子多乎哉?不多也。”(《子罕》)

关于圣人,孔子从一般和特殊两个方面做思考。

就前者言,孔子认为圣人不存在。孔子论“三畏”,引出“圣人”来,指出君子必须像畏天命和大人那样畏“圣人之言”。表面看孔子明确表示有圣人存在,但结合“圣人,吾不得见”和“尧舜其犹病诸”两章观,孔子只假设圣人**可能**存在,如果圣人存在,那就应该以“圣人之言”为畏。孔子明确表示,圣人实际上不存在,理由有二:首先,“信而好古”的孔子从来没有见到过圣人,并且认为自己肯定是见不到圣人的,最大愿望是有生之年能见到君子;其次,孔子认为,哪怕尧舜,也不是圣人,因为他们也没做到“博施于民,而能济众”。

就后者论,孔子否认自己是圣人。五十五岁以后游国途中的孔子已有盛名,所以有人打听他是不是圣人,弟子中也有人认为夫子该是圣人了。正是在这种生存语境中,孔子对自己做出了客观评价,明确表示自己不是圣人,并指出自己虽然不同于一般人,也就是才能多一点,并且其多出的才能也是后天训练所成,一是自己早年生活贫困,为了生计而多做“鄙事”训练出来的;二是自己敏而好学,且学之不厌而已。孔子不仅认为圣人是全能,并且认为其全能是天赋;自己之所以不是圣人,因为自己多能是后天训练和学而所成的。“孔子只希望自己是一个人,因为他知道他从来就不是圣人,但最终还是被奉为了神明,这真的是一个令人深思的发展。”①

自证的方法,就是通过自身相互印证而澄清,所以自证法的功能展开是互为确证;自证法的实质,是澄清曲解、误解或谬论。比如,人们往往根据孔子“周监于二代。郁郁乎文哉,吾从周”(《八佾》)而断定孔子是复古主义者,因为抽掉具体语境孤立地看,孔子明目张胆地宣扬“吾从周”,并旗帜鲜明地“克己复礼”;如果将“吾从周”置于孔子说此话的语境中,其本来的语义就呈现出来:孔子之所以从周的理由有二:一是周创造出了盛大的文明;二是周

---

① [德]雅斯贝尔斯:《大哲学家》,李雪涛主译,社会科学文献出版社,2006年,第106页。

的盛大文明是“监于二代”的结果。孔子从周，一是指有所损益的周文化、周文明。比如在“子谓韶：‘尽美矣，又尽善也。’谓武：‘尽美矣，未尽善也。’”（《八佾》）中，孔子直截了当地表达对武乐弘大之美中张扬的强悍之力（即流露杀伐之气）做出“未尽善”的评价，表明反对战争，反对暴力，反对武力统治的任何形式这“一以贯之”的主张，哪怕就是对所崇之周也是如此。二是指崇周“监于二代”的历史精神和理性发展观：周之盛大文明集中表现于礼；周之历史主义发展精神集中体现在保持普遍的东西使之不变、改变非普遍性的落后的东西使之不断发展。此二者融入在孔子的时代性思考中自然开出“从周”的两条线路：第一条理论的线路，是总结出“周监于二代”的历史规律，这就是“殷因于夏礼，所损益，可知也。周因于殷礼，所损益，可知也。其或继周者，虽百世，可知也。”（《为政》）由此形成返本开新的认知论和损益的方法论；第二条实践的线路，就是明确“克己复礼为仁。一日克己复礼，天下归仁焉。为仁由己，而由人乎哉？”（《颜渊》）克制不当的或过度的各种欲望，恢复礼仪文明，实现天下大仁的实践路线，一定要以返本开新的认知论为指南，以损益方法论为规范。以此观孔子的“吾从周”是复古主义吗？如果再结合孔子的君子理想和文道救世目标，由此形成“雍也，可使南面”的那种唯德才是举的思想及行为看，孔子是特别的激进主义者，因为在世袭权力和严格礼制等级传统的存在环境里，孔子的如此思想和行为，似不亚于20世纪初“五四新文化运动”的激进。

由此不难发现，自证方法之于研究《论语》的根本和重要。如能结合同证法和前证法来综合使用自证方法，会使《论语》中许多内容自呈清白，去掉后人强加的诸多扭曲和“无辜”，还《论语》本身，也是还孔子本身和孔学思想本身。所以，自证方法不是价值证明方法，而是事实澄清、观念澄清和思想澄清方法，是根本的还原方法。唯有真正的澄清，才能还原；只有在彻底澄清中还原，才有真传统可承传和发展。

第 1 篇

《论语》研读新视野

第1章 传统的误读与再造

内容摘要 19世纪以降，反传统成为新文化及其激进运动的根本标志。当生存发展遭遇文化的尴尬时，弘扬传统成为必需。弘扬传统的实质，是重续传统，这需要重新理解传统并检讨对传统的误读：传统乃无所不在且与时共存的文化进程状态，它内驻为民族国家生存奋进的方向并彰显其精神苦斗的整体风貌。反传统根源于喜新厌旧的人类本性，它生成建构起激进主义冲动、利己偏见和史实虚构这三种误读动机，形成对传统的历史性误读和异化性重建，其典型例子是汉代形成的以"三纲五常"为基本内容的礼教，最终取代了孔学传统；五四运动"打倒孔家店"，就是这种误读造成的恶果。面对如此历史境遇和现实状况，弘扬优秀文化传统，必要超越误读，这既需要开放视域，更需要重建方法。

今天，"国学热"终得正果，即弘扬优秀传统文化作为基本的文化国策得到全面确立。

弘扬优秀传统文化的实质性努力，是在历史的断裂带上重新眷顾传统。其目的有二：一是重新续接传统，为社会转型发展提供原动力；二是通过恢复古代智慧的光荣开启心智，解放思想。如汪澍白先生所论，在人类历史上"启蒙运动有两种形式：一种是'以复古为解放'的形式；另一种是反传统的形式。"[①]以反传统形式开启思想启蒙，其目的是重建传统，却**必以**误读传统

① 中国社会科学院科研局编：《五四运动与中国文化建设》，科学文献出版社，1989年，第464页。

为前提;“以复古为解放”的思想启蒙,却以再造传统为目的,亦**或可能**误读传统。所以,无论对传统的重建还是再造,都须正视误读问题。

1. 传统坚韧与生活任性

“传统”意味着什么? 要正视对传统的误读,需理解“传统”概念。所谓传统,是指穿越时空而传承下来的对人的生存和社会的变迁发挥引领或制约作用的思想、精神、道德、艺术、制度、生活方式、行为方式等等整合性生成的文化态势,简言之,传统乃无所不在且与时共存的文化进程状态。比如,追逐时尚的行为本质上是反传统的,但人们无论怎样追逐时尚,都无法完全摆脱传统。以装束为例,不管你如何大尺度地坦胸露背、亮腿露腰,但总不可能赤裸地游走于人群之中作为日常行为方式。以此观之,生活中传统无处不在;不问青红皂白地反传统,可以在形式上取得成功,在实质上却始终在收获失败或失语。这是因为传统乃文化与精神的整合进程:表面论,传统就是文化状态;本质观,传统却是精神状态。它内在地凝聚为知识、思想、信仰,亦向外固化为生存方式和生活方式。

具体看,作为传统的文化,其呈现形态乃商品、器皿、建筑、技术和宗教、神话、哲学、科学、艺术,以及更具体的禁忌、图腾、习俗等。其背后所蕴含的是制度、知识、思想、信仰。将知识、思想、信仰贯穿起来形成生生不息的整体的却是人文精神,包括承载神话和文艺的艺术精神、追问人之来龙去脉的宗教精神、探究自然宇宙的科学精神、看待自己的人本精神、缔结人伦关系的政治-伦理精神和拷问人的整体存在的哲学精神。这些精神最终通过知识、思想和信仰的方式入场,构成社会的生存方式和人的生活方式。

从发生学观,文化标志着人的诞生,传统却奠定起人的阶梯。人类就是在传统的阶梯上向上攀登,迈向更高水准的文明。传统既构成人类立足现实构筑未来的基石,也构筑起人类从现实开辟未来的真正起点。

为何会有反传统? 传统既然具有如此的奠基功能与作用,人们为何还要反传统?

首先,传统本身的惰性造就了人们对传统的反叛取向。具体地讲,基于解决生存困境和更好生活而创造出来的鲜活文化、思想、智识、方法、精神等内容,一旦经历时间的洗礼进入历史形成传统,就获得相对不变的稳定性而

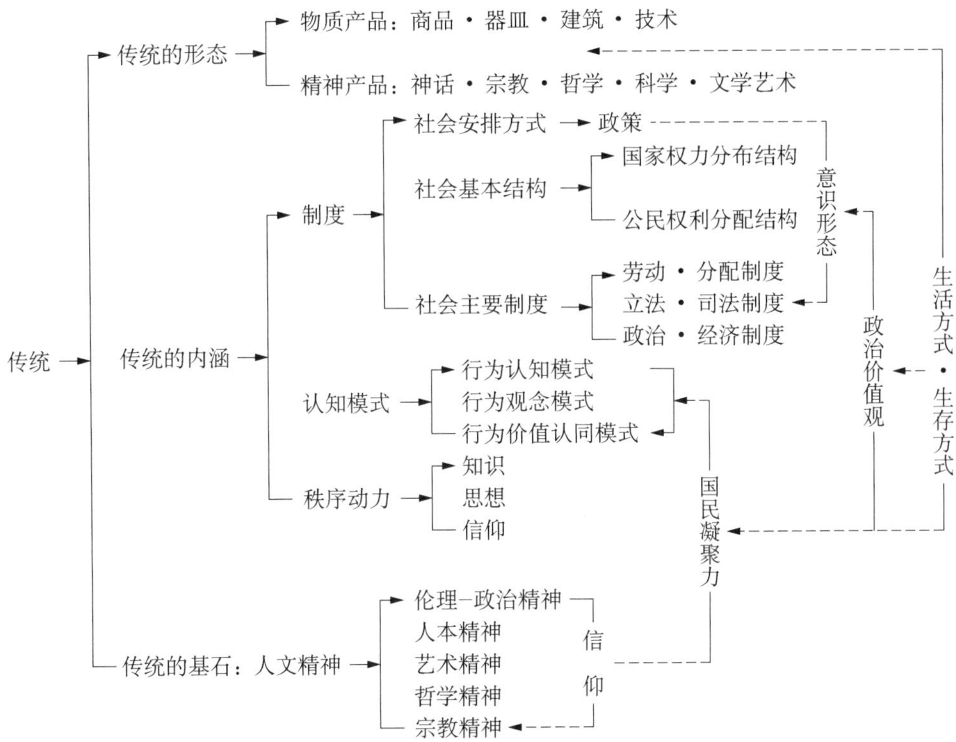

［1–1 传统的内涵构成体系］

形成固化的生存方式、认知模式以及制度结构，随着时间的推移，其中许多内容逐渐落后于变动不居的生活本身；另一方面，传统又始终具有要求持有现实的渴望，由此形成传统与现实的冲突、矛盾，为解决这种冲突和矛盾而轻装前行，**最便捷的方式**就是反传统。

其次，人的本性冲动形成对传统的偏见往往激发人们热衷于对传统的反叛。客观地看，人求生的天赋本性向生存领域敞开，形成"趋利避害"和"喜新厌旧"两种朝向：前者基于生存安全而避害逐利；后者基于生存自由而放弃已有追逐新奇。由于前者，人们往往陷入实利怪圈乐而不知所以；因为后者，人们常常责难传统而标榜时尚和革新。准此观之，喜新厌旧之冲动，构成了误读和重建传统的动力机制。

2. 误读传统的三种动机

传统本身的惰性导致对传统的反动，这属于客观型动机；因为喜新厌旧冲动所形成的反传统，却属于主观型动机。对传统的误读以及误读性重建，多源于后者。检讨传统的误读，需更多地关注后者，因为以喜新厌旧冲动为动力所形成的反传统行为，往往体现非理性的否定取向。19 世纪以降中国大陆的反传统运动可是很好的例证：胡思庸在《“五四”的反传统与当代的文化热》中指出，“可以说世界上还没有哪一个民族像我们这样，对自己的传统文化彻底批判，摧陷廓清，并且反复涤荡。”①中国大陆社会的反传统运动，主要源于三种动机。

首先，**激进主义冲动**，即源于对现实的极端不满而采取否定现实的姿态看待一切。

在人类文明史中，否定现实的方式主要有两种：一是从现实中挖掘否定的依据，以寻求重建；二是从历史中挖掘否定现实的理由，以实现破坏。激进主义冲动多采取后者，将恶劣的现实归因于历史和传统，然后采取破坏的方式来全盘否定传统。比如 19 世纪末，谭嗣同将中国两千年的政治概括为“秦政”，将两千年的学术棒之为“荀学”，是“乡愿”。20 世纪初，胡适、吴虞等人提出“打倒孔家店”，这是因为以孔子为宗所形成的文化传统，变成了鲁迅笔下的“吃人”。对于这“吃人”的传统，陈独秀主张“吾人当悍然废弃之，不当有所顾惜”②；钱玄同则认为只有“废灭汉文”，才可真正废除孔学，免中毒害。③ 抗战末期，原本对中国传统文化神往不已的闻一多，却一反常态，将儒家、道家与土匪并论，认为中国旧书中没有任何一点值得保留的东西，主张“只有在完全摧毁了中国旧东西之后，才能够有新生”④。美国学者莫里斯·梅斯纳指出，现代中国与五四时期反传统相联系有两个主要的倾向：“其一，总是把现在的问题归咎于过去的传统；其二，非常强调意识在历史上的巨大作用，因为这个论点归根到底建立在相信顽固（而有害）的‘观念’和‘传统’的决定性作用上。”⑤现实虽以过去为土壤，但现实的问题总是

---

① 胡思庸：《胡思庸文集》，河南出版社，2013 年，第 397 页。

② 《独秀文存》，安徽人民出版社，1987 年，第 678 页。

③ 钱玄同：《中国今后之文学问题》，《新青年》第 4 卷，第 4 号。

④ 余英时：《现代儒学的回顾和展望》，生活·读书·新知三联书店，2013 年，第 27 页。

⑤ 中国社会科学院科研局编：《五四运动与中国文化建设》，科学文献出版社，1989 年，第 236 页。

现实生活制造出来的，将现实的问题归罪为传统，多以主观想象为动力。洪秀全屡试科举失败，于是想象性地将其科举失败之罪记到孔子头上，以致形成后来太平天国武装力量打到哪里，就焚烧那里的孔庙、摧毁那里的孔子像。五四时期的激进者们将传统想象地定位为是"吃人"的"三纲五常"之礼教，并认为它的娘家就是"孔家店"。所以要"打倒孔家店"，更要彻底地"废弃之，而不当有所顾惜"。但事实上并非如此：

第一，传统并不只是"三纲五常"的礼教。

第二，"三纲五常"也不完全是坏东西："君为臣纲，父为子纲，夫为妻纲"是坏东西；但"仁、义、礼、智、信"却是基本的人伦，只要文明存在一天，它就有存在的价值。

第三，以"三纲五常"为基本内容的礼教体系，是以董仲舒为代表的汉代儒生共同努力的杰作，他们通过"三纲"，建立起君臣、父子、夫妻之间的臣属关系。当然，孔子也讲过君臣、父子问题：当齐景公向孔子请教为政的根本之道时，孔子告诉齐景公应该"君君，臣臣，父父，子子。"齐景公赞叹曰："善哉！信如君不君，臣不臣，父不父，子不子，虽有粟，吾得而食诸？"(《颜渊》)根据上下文语境，孔子论为政的根本之道，就是君王要成为君子，具有做君王的德性，担当君王的责任，然后才可引导臣之成为臣、父之成为父、子之成为子。在孔子的世界中，君臣之间不是**臣属**关系，而是**道义**关系，这就是"君使臣以礼，臣事君以忠。"(《八佾》)更是君有道，则助之；君无道，则去之："天下有道则见，无道则隐"(《泰伯》)；"邦有道则仕，邦无道则可卷而怀之。"(《卫灵公》)

以回归孔学的方式观之，孔学乃君子之学，它所致思的核心问题是"人如何才能成为君子"？其具体表述为：(1)什么样的生活才是君子的生活？(2)人怎样才能过上君子的生活？孔子以一生努力探究这两个基本问题，分别得出两个互为关联的结论：(1)有德性的生活，才是君子的生活；(2)不倦地"学-习"，才可自我成就君子的德性。孔子从这两个结论中提炼出两个心灵原则，即"博学内省"的知识生成原则和"修德进业"的生活践行原则。博学内省，其目的是获得仁，即修炼恭、宽、信、敏、惠五德；修德进业，就是言行守礼，即以日常方式训练敬慕贤人、孝敬父母、忠诚人事、信用朋友和节用而制欲、勤勉而慎言[①]等生活六要。如上“五德”和“六要”，是孔子为其总结和提炼出来的日用伦常。由此不难看出，“三纲五常”与孔学没有直接关联，为批判“吃人”的“三纲五常”之礼教而“打倒孔家店”，是无思想史常识的滑稽，更体现反传统的悲哀。

其次，**利己的任性和偏见。**

利己，乃人的本性，它既无可厚非，也无所谓道德。当利己牵涉出他者而产生限度问题时，道德或法律才到场：利己有限度，既合理，也合德和合法；利己无限度，既不合理，也不合德，更不合法。无限度之利己诉求，就是利己主义。利己主义偏见一旦指向传统，则必造成错误判断而形成对传统的误读。其典型例子有三：

一是对法家的偏见。此偏见情结源于汉代。司马迁在《史记》中写道：“法家不别亲疏，不殊贵贱，壹断于法，则亲亲尊尊之恩绝矣。可以行一时之计，而不可长用也。”[②]《汉书》亦曰：“法家者流，盖出于理官。信赏必罚……则无教化，去仁爱，传任刑罚，而欲以致治，至于残害至亲，伤恩薄厚。”[③]汉代史学家们对法家的看待并不符合法家本身，更不符合诸子时代的**学术常态**：在诸子时代，虽然各种学术思想、学术派别竞相发展，却没有相互仇视的偏激冲动，无论在孔学中，还是在孟学中，或者在荀学中，儒法都处于互补状态。孔子盛赞管仲的功绩是“九合诸侯，不以兵车，管仲之力也。如其仁，如其仁！”并且，“管仲相桓公，霸诸侯，一匡天下，民到于今受其赐。微管仲，吾其披发左衽矣。岂若匹夫匹妇之为谅也，自经于沟渎，而莫之知也。”[④]孔子以其仁和礼为基本框架的君子伦理作为判断尺度，来评价管仲之“仁”，不是“匹夫匹妇”之仁，而是“九合诸侯，不以兵车”的仁，亦是提升民之生存水准和德性的仁。管仲所开辟的法家之仁，是一种去私欲和去血缘宗法私德的仁，是社会公德的仁。以此观之，秦以降，儒家对法家的偏激，体现了对孔学兼容并包思想精髓的摒弃。

---

① (清)阮元校刻：《十三经注疏》，中华书局，2008年，第2457页。

② (汉)司马迁：《史记·太史公自序》，中华书局，1959年，第3291页。

③ (汉)班固：《汉书》，颜师古注，中华书局，1962年，第1736页。

④ (清)阮元校刻：《十三经注疏》，中华书局，2008年，第2511－2512页。

二是浅表化亡秦之因。自平王东迁而至秦统一六国，使持续500余年的战乱结束，实是中国社会的历史必然。或许正因为如此，秦始皇在总结何以取得最终胜利的原因时，除了宣扬武力外，却特别强调其治秦和秦强“有道”。他将其“有道”概括为三句话镌刻在石碑上：“原道至明”“体道行德”和“诛戮无道”。[①] 秦亡汉兴，拥戴新主的士大夫和士子们基于服务于时政的需要，将秦亡的根本原因概括为“暴政”，写了许多亡秦方面的讨伐文章，但这些文章大都以误读秦制的方式重新编织了秦的历史。不妨以贾谊的《过秦论》为例。在《过秦论》中，贾谊将亡秦之因概括为“不施仁义”而“酷刑法”[②]。刑法，乃刑赏之法。刑赏，是法治的实质。法家推崇刑赏主义，是国家治理的两种基本方式之一（另一种方式就是道德治理）。刑赏治国，自古而然，没有刑赏之治的国家根本不存在，即或古代中国特别强调“为政以德”，但刑赏方法仍然是国家治理“不可示人的大宝”。贾谊等人将“焚书坑儒”之罪判予“刑法”，并认为是“酷”的结果，更多了些主观上的偏激。

客观地看，亡秦的原因有许多。但最重要者有三。

首先，国家经历长期的战乱，必求统一，在“以霸称王”的战国时代，平定战乱、统一天下的唯一可行方法，只能是力征。这既是历史的规律，也是现实的铁律。远者如武王灭商而建周，经历了“血流漂杵”[③]的代价；近者如20世纪40年代后期的解放战争，都是通过力征的胜利来重建社会一统的秩序。所以从春秋至于战国，经历多年战乱其目的只有一个，就是重新统一分裂的天下，秦以力征统一六国、平息战争，应该是顺应时代要求并体现历史的必然，所以不能构成评判秦之功过的理由和依据。

其次，秦统一六国，六国虽亡，但六国之心未死，分裂和破坏统一的各方力量彼起此伏，此其一；其二，秦灭六国建立起大一统帝国后，秦王朝集中精力只做一件事，这就是将成功治理国家的经验予以强制推行，目的是使**形式**上统一的六国获得**实质**上的统一。秦始皇从四个方面推行这件事：一是按照秦制（即“商鞅量”），对帝国疆域内统一度量衡；二是统一文字、车轨、车

---

① （汉）司马迁：《史记·秦始皇本纪》，中华书局，1959年，第247、250、252页。

② （汉）贾谊：《新编诸子集成·新书校注》，阎振益、钟夏校注.中华书局，2000年，第14页。

③ 杨宽：《西周史》，上，上海人民出版社，2017年，第2页。

辙,“一法度衡石丈尺,车同轨,书同文字”①;三是推行郡县制;四是在帝国范围内强制推行法治国家的传统,使帝国成为法治国家。对如上四者的推行,按理讲,阻力最大者应该是郡县制,因为郡县制是以彻底消灭分封制为前提。但推行郡县制却阻力不大,原因是秦孝公执秦政两次实施商鞅变法,即废井田、开阡陌,实行郡县制,奖励耕织和战斗,实行连坐之法,彻底废除了封建贵族制度。秦始皇统一六国后,秦本土没有贵族,被统一后的六国贵族,朝廷中没有代言人。所以,真正阻力巨大并导致朝野震荡的是秦始皇在统一的帝国疆域内强制推行在本土实施了一百多年的法治制度。秦自孝公始至秦始皇统一六国,秦国励行法治已达135年,秦国本土形成了根深蒂固的法治传统。这一法治传统体现三个基本特点:第一,贯穿“法之不行,自上犯之”②的理念,即秦国的法治是从君王、贵族、朝臣始,而施及民众。也就是说,从君主到朝臣以及由上及下的整个政府机构、官吏必须带头守法。第二,法治面前人人平等,即“刑无等级,自卿相、将军以至大夫、庶人,有不从王令、犯国禁、乱上制者,罪死不赦。”③比如,孝公之兄太子傅公子虔复犯法,被商鞅依法实施割鼻之刑,民大悦。第三,行连坐之法:“夫妻交友不能相为弃恶盖非,而不害于亲,民人不能相为隐。上与吏也,事合而利异者也。今夫驺虞,以相监不可,事合而利同者也。”④由此三个方面,使法治的秦国真正达到了“路不拾遗,夜不闭户”。然而,要将已成传统的法治制度推向大一统后的帝国疆域内每个角落(即原来的六国),自然引发社会性恐慌。而被灭国后的六国贵族,文人,尤其是儒者,引经据典,予以反对,于是有了禁书焚书,也有了坑儒;并且秦帝国强制推行法治的举措,更成为那些颠覆秦帝国的野心家和阴谋家联络反秦的借口和凝聚力。在这种境遇下,秦始皇实施了“重典”。但历史地看,“乱世用重典”,往往成为古代史上国家治理的基本准则。

再次,经历数百年战乱而终得统一的天下,最需要休养生息,但这仅是

---

① (汉)司马迁:《史记·秦始皇本纪》,中华书局,1959年,第239页。
② (汉)司马迁:《史记·商君列传》,中华书局,1959年,第2231页。
③ (战国)商鞅:《商君书注释》,高亨注,中华书局,1974年,第351页。
④ (战国)商鞅:《商君书注释》,高亨注,中华书局,1974年,第498页。

主观的向往，现实的残酷既表现在六国蠢蠢欲动的复国阴谋与破坏，更表现在北方强悍骑马民族的侵犯，如何保卫统一成果而永保万世太平？一要平息内乱，首先需解决儒生们为亡国贵族们摇旗呐喊，遵循“乱世必用重典”的准则，于是有了“焚书”，进而引发了“坑儒”；二要不用兵车而永久性解决外患问题，在当时来讲最英明的决策就是修筑长城，将强悍的匈奴骑兵阻挡于大漠之外。但可惜的是，这对原本就被战争弄得民不聊生的百姓来讲，无疑雪上加霜。这种雪上加霜的民怨，最终被复国的贵族们所利用，从而演绎出陈胜吴广“农民起义”，亡国的贵族们重新发动争夺天下的战争，所苦的是百姓。对百姓来讲，战乱之苦远胜于服劳役之苦，这是历史事实，但持统治意识形态的史学家和儒生们却遮蔽了这一历史事实。

三是对荀学的偏见。秦以降的儒家，往往将荀子视为儒家的异类或“叛徒”，将荀学判为“乡愿”之学。这当然与荀学儒法并包有关，但其诱因仍然是“焚书坑儒”。这是因为：(1)焚书坑儒是丞相李斯的主意，李斯却是荀子的学生。(2)强秦统一六国，其根本在于彻底励行法治；要在天下全面推行法治，商君之法已不够用，必采用集法术势于一体的韩非子之法，“焚书坑儒”乃是对韩非子法治理论之特殊法理和实施原则的具体运用。然而，韩非子也是荀子的学生。荀子所培养出来的两个学生——韩非和李斯，一个从理论方法上，另一个从实施策略上将秦时的儒生推进了“水深火热”之中，并通过秦始皇而制造了使儒生们永痛的“焚书坑儒”惨案。所以，儒生们必不原谅荀子，荀子必要为此而承担其罪责。然而，秦以降的血缘宗法统治，其所做的表面文章虽是“德治”，或曰“孝治天下”；其实质功夫却是极端的刑赏之治。具体地讲，汉武帝以降的血缘宗法专制统治者，所选择的统治思想，并不是单纯的儒家思想，却是儒法一体的荀学思想，这却是历代儒家所不愿正视的事实。

第三，对史实的虚构性。

基于主观的想象或特定的观念目的，忽视史实，则构成对传统的最大误读。比如，20 世纪以来所出版的中国哲学史、思想史、政治史，确立先秦思想的起点要么以孔子肇始，要么以老子为宗。这种做法体现了对历史本身的不尊重，这种不尊重历史的做法却意外地产生了对历史的虚构。20 世纪第一本中国哲学史著作，是胡适所著的《中国哲学史大纲》，从老子开始，孔、墨依次展开。吕振羽所著的《中国政治思想史》(1949)，以老、孔、墨为序。侯外庐、杜守素、纪玄冰合著的《中国思想通史》(1949)，以孔、墨、老为序。后来者中最有影响的是冯友兰和任继愈两人，冯友兰的《中国哲学史》以孔子、邓析、墨子、杨朱、老子……为顺序编排结构；任继愈的《中国哲学史》却依老、孔、墨顺序编排。20世纪后期治中国哲学思想史最有影响者，当属台湾韦政通和大陆葛兆光，他们所著的《中国思想史》均以孔、墨、老为顺序结构。进入21世纪，冯达文编著的《新编中国哲学史》(2004)，是老、孔、墨顺序；郭齐勇编著的《中国哲学史》(2006)和范寿康编著的《中国哲学史通论》(2008)，以孔、老、墨为编排顺序。只有刘文英主编的《中国哲学史》(2002)，是管、孔、老、墨顺序。先秦思想史研究方面的著作也是如此状况，比如，党晴梵的《先秦思想史论略》(1959)、童书业的《先秦七子思想研究》(1982)、丘陶常的《先秦思想概要及选注》(1990)以及赵吉惠的《中国先秦思想史》(1988)等，都以孔、墨、老为顺序；并且这些先秦思想史专论都没有论及管仲。

就历史本身论，管仲(公元前723年—公元前645年)应是先秦第一位思想家。这是因为：(1)管仲比老子、孔子、墨子都要早；(2)管仲创建起了相对完整的思想(而不是理论)体系；(3)管仲的思想体系运用于实践并获得了巨大成功，不仅孔子等人对管仲的成就予以了客观评价："子曰：'桓公九合诸侯，不以兵车，管仲之力也。如其仁，如其仁！'"(《宪问》第16章)"子曰：'管仲相桓公，霸诸侯，一匡天下，民到于今受其赐。微管仲，吾其披发左衽矣。岂若匹夫匹妇之为谅也，自经于沟渎，而莫之知也。'"(《宪问》第17章)[①]而且齐国"稷下学宫"的学者们围绕管仲的思想展开广泛探讨，并将其研究成果以《管子》命名。

作为儒学的创始者和中国"思想范式"[②]的创建者孔子，之所以评价管仲是"大仁"，并认为"民到于今受其赐"，如果没有管仲，孔子认为恐怕自己

① (宋)朱熹集注：《四书集注》，岳麓书社，1995年，第223-224页。

② [德]雅斯贝尔斯：《大哲学家》，李雪涛等译，社会科学文献出版社，2006年，第135页。

也在过着一种野人的生活。孔子之对管仲作如此高的评价,是因为管仲实施的“富国强兵”国策,是以“富民”为先导。具体地讲,管仲“富国强兵”的治国思想具体展开为:强兵必须以富国为前提条件。为实现“富国”目的,他推行“通货积财”的改革政策;为达到“强兵”目的,他实行“作内政以寄军令”的法令。为使二者能顺利实现,他提出富民、育民和敬神明这三大治国行动纲领。管仲“富国强兵”的治国逻辑是:齐国要做到“尊王攘夷”称霸天下,必要强兵;要强其兵,必先富国;要富其国,必先富民;要富其民,必先“顺民心”:“政之所行,在顺民心;政之所废,在逆民心。”①要顺民心,就得推行“与俗同好恶”的治政方针,这就是“俗之所欲,因而予之,俗之所否,因而去之。”②

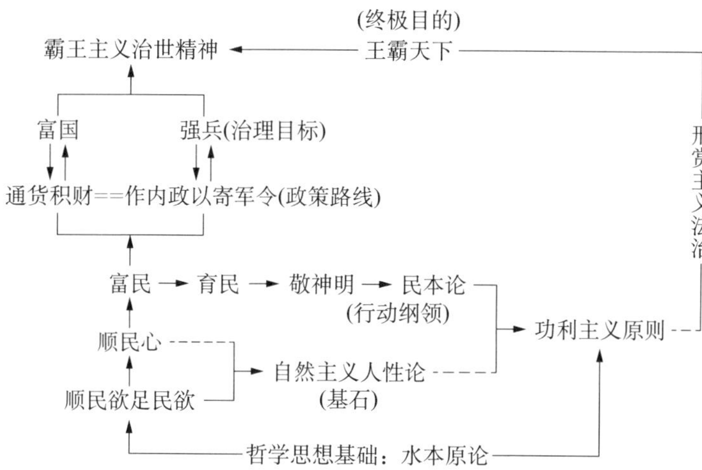

[1-2 管仲刑赏主义治国思想体系]

管仲从有关于水的生活经验和历史经验中抽象得来的水哲学思想转化为治国的政治智慧:流动不息的水保持“平澹而盈”和“卑下而居”的本性,它很柔弱,也最强大,因为水一旦汇集成江河大海,就会蓄势而发,无可阻挡。民如国家之水,其卑下而居,但他却有创发力,顺之而成,逆之则败。

① 黎翔凤、梁运华:《管子校注》,中华书局,2004年,第13页。

② (汉)司马迁:《史记·管晏列传》,中华书局,1959年,第2132页。

“是以圣人之化世也，其解在水。故水一则人心正，水清则民心易。人心正则欲不污，民心易则行无邪。是以圣人之治于世也，不人告也，不户说也，其枢在水。”①水本体论哲学，既构成管仲刑赏主义政治学和功利主义伦理学的思想基石，更是自然主义人性论的认知源泉。然而，现在流行的各种哲学史、思想史，以及政治史或伦理史，都将管仲置之度外，实令人匪夷所思。

更令人困惑的是对一些根本性的史实却以“不屑于知”以为知。比如，儒学传统实际上客观地存在着两个：一是孔学传统，它是孔子一生努力返本开新出来的道德哲学，包括“以仁入礼成乐”的“学而”理论（教育哲学）、君子知识学、仁学（伦理学）、礼论（政治哲学）和中庸方法论；二是汉儒传统，它的基本主张是“三纲五常”，其理论体系是集体创作的《礼记》，《大学》和《中庸》是其形而上学理论。汉代儒家们为将其所创造的传统与孔学连为一体，还特意编制了《孔子家语》等文本。

对传统的虚构，更可能是无意识的，但它还体现在传统本身的认知混淆。比如，人们总是将作为原儒的孔学与作为继儒的汉学看成是一个“传统”。究其实，这两个传统有根本性区别。汉以降的新儒家，除热衷于注经外，更多地解读和阐发《大学》《中庸》或孟学，对孔学却少实质性研究和系统阐发。并且，历代的新儒家多忽视对孔孟荀之思想的变异做了解。比如孔孟：孔子致力于探究“人如何成为君子”；孟子更热衷于“人如何成为圣贤”。由于新儒家们忽视这一区别，所以总是孔孟并称，表面看确实如此，因为孟子一生都在宣扬自己乃孔子的正宗传人，但实际上区别甚大。首先，孔子的思想基石是自然主义人性论；孟子的思想基石是道德人性论。其次，孔子之“仁”，是一般道德哲学命题；孟子之“仁”，更侧重于政治伦理学，即“仁政”。第三，孔子所热衷的是君子理想，因此所建构起来的君子理论，以务实的功利论为基本方法，并兼用道义论；孟子热衷于圣人理想，由此建构起来的圣人理论，却以道义论为基本方法。

3. 传统在误读中被重构

误读传统，不论有意无意，最终都重构了传统。不妨举三例以说明之。

---

① 黎翔凤、梁运华：《管子校注》，中华书局，2004 年，第 832 页。

例 1：孔子的人性思想。 汉以降，人们一方面根据子贡“夫子之言性与天道，不可得而闻也”[①]之言论而断定孔子没有人性论；另一方面又认为仁学与礼论是孔子的人性论。但客观实情是：孔子有其完整的人性论思想，[②]其仁学与礼论，仅是孔子再造人性的路径，而不是人性本身。

例 2：三纲五常。 这是汉儒以孟、荀的道德人性论为思想基石所建立起来的伦理-政治规范体系，为使它获得权威的依据，东汉经学家马融注《论语》时，对《为政》第 24 章“殷因于夏礼，所损益可知也”强附其语义曰：“所因，谓三纲五常也”。马融所注毫无依据，因为子张问夫子：“十世可知也?”其意为人间有无政治文明的规律？如果有，这种规律可否传承不息？孔子对此作出肯定回答：“殷因于夏礼，所损益，可知也。周因于殷礼，所损益，可知也。其或继周者，虽百世，可知也。”[③]并解释了作为政治文明的“礼”何以薪火传承，永不熄灭的理由，那就是它本身具有“变中不变”和“不变中变”的内在诉求和精神动力，这就是生成、传承、因革、损益。马融如此解与孔子本意相去甚远，但却使历代儒家深信不疑，因为这满足了他们的欲望，即需要这样一种使“三纲五常”有“圣人言”的依据。

例 3：孔子之“攻乎异端，斯害也已”。 根据其时代语境、篇章语境和上下文语境重新理解孔子此论，其“攻乎异端，斯害也已”的本原语义应该是：“凡是不加思索、不加辨别地攻习不同政治主张或不加思索、不予辨别地攻击不同政治主张的行为或做法，对于任何要想成为‘为政以德’的君子来讲，都是有害的”。孔子所要阐述的是一种道德容忍思想和政治学智慧，这一思想和智慧，“从正面讲，就是**慎取**，即面对任何新颖的、刺激的，甚至是有感觉的、充满诱惑或魅力的新说、新见、新观点、新主张、新思想、新理论，都不能盲目轻信，要保持客观和冷静的理解、判断、选择、取舍。从反面讲，就是**广纳**，即一切形式的小道、他技或来自各方面的不同见解、观点、主张、思想、理论、方法，都需以‘大海般浩瀚’和‘天空般广阔’的胸襟容纳，而不盲目排斥，

---

① (清)阮元校刻：《十三经注疏》，中华书局，2008 年，第 2474 页。

② 唐代兴：《孔子人性论思想生成敞开的进路》，《哲学研究》，2016 年第 6 期。

③ (清)阮元校刻：《十三经注疏》，中华书局，2008 年，第 2463 页。

不任性否定，不凭好恶而主观拒绝。”①

但自秦以降，人们将孔子之“异端”误读为与正统相对的邪说，由此重构了孔子慎取和广纳的政治学智慧和道德容忍思想，形成了正统与邪说的对立传统，并且后世各代儒家都总是自命为正统，将那些异己的认知、思想、观点或行为捧之为“邪说”。正是这种与正统生死对立的异端邪说论，构成汉以来主导中国思想、文化和意识形态的传统，并展开了绵绵不已的“内争外斗”史，比如古文经学与今文经学之争、朱熹与陆九渊之争、王阳明与朱熹之争，均属于此。但这种外斗内争的性格和品质，与孔子“攻乎异端，斯害也已”无关，更与孔学思想和精神相去甚远。

4. 走出误读才弘扬传统

误读带来对传统的重构，但却并不能消解传统本身。这是因为真正构成“传统”的东西，始终保持“变中不变”并追求“不变中变”，这是传统之为传统的根本。② 也是经历百年对传统的革命之后重新呼唤传统的到场，即弘扬中华优秀传统文化的真正基石。

弘扬优秀传统文化，既是传统指涉现实的自身要求，更是现实对传统的需要。因为“每一个文明人，不管他的意识发展程度是如何的高，但在其心理的深层，他仍然还是一个古代人。”③现实的期待指向传统，传统要能现实地到场，必要努力超越各种性质和形式的误读。超越误读，这是传统能够现实地到场的前提；再造传统，这是传统能以自身风采到场的必须方式。

超越误读，再造传统，首先需要排除各种误读编织的蛛网，验明传统的正身。

首先，传统产生于民族国家的生存奋进和精神苦斗，是其生存奋进和精神苦斗的原发成果。以此为判据，一切形式光鲜但本质上充斥利益主义的东西，都不能构成传统。

其次，传统的民族国家性决定了传统的整体性：(1)传统必须整体地呈

---

① 唐代兴：《“攻乎异端，斯害也已”的政治学智慧和道德容忍度思想》，《中国社会科学院研究生院学报》，2016年第3期。

② [美]E. 希尔斯：《论传统》，傅铿译，吕东编，上海人民出版社，1991年，第17－20页。

③ [瑞士]荣格：《寻求灵魂的现代人》，黄奇铭译，上海译文出版社2013年，第143页。

现和张扬民族国家生存奋进的方向和精神苦斗的风采;(2)传统必须贯通和整合文化、思想、精神、伦理、道德、艺术、制度等各个方面而张显共识和认同。以此为尺度,学术思想派别、学术思潮、思想运动等等,虽然必要为传统的传承和再造添砖加瓦,但它本身不能成为传统。

第三,能够从整体上呈现和表彰民族国家生存奋进方向和精神苦斗风貌的原初形态,才是传统。以此为准则,传统必须是发生学意义的,是原发性的,一切形式的继发性的或变异性的东西,均只属于对传统的传承,而不是传统本身。

以此观之,符合传统的只能是先秦文化、思想、精神、伦理、道德、艺术、制度等等所整合性生成的整体风采,它是对远古先民生存奋进和精神苦斗经历夏商周的磨砺和再打造而形成,并由此奠定了中华民族的完整文化样态、完整思想基石、完整精神风貌、完整人伦机制和道德诉求、整体的艺术形态和制度框架。诸子流派、诸子思潮,只是其传统生成的要素,而不是传统本身。汉武帝推行"罢黜百家,表彰六经"的意识形态政策,虽然激励其儒学者创造出另一个"传统",即汉代传统,但它却是对中华民族的原发性传统的主观扬弃。

超越误读,是为了再造传统。再造传统,就是使传统重新焕发自身风采。重新焕发传统的风采,应立足于未来、着眼于现实境遇,开启解决存在困境和危机的传统智慧与力量。

> 上古之世,人民少而禽兽众,人民不胜禽兽虫蛇。有圣人作,构木为巢以避群害,而民悦之,使王天下,号曰有巢氏。民食果蓏蚌蛤,腥臊恶臭而伤害腹胃,民多疾病。有圣人作,钻燧取火以化腥臊,而民说之,使王天下,号之曰燧人氏。中古之世,天下大水,而鲧、禹决渎。近古之世,桀、纣暴乱,而汤、武征伐。今有构木钻燧于夏后氏之世者,必为鲧、禹笑矣;有决渎于殷、周之世者,必为汤、武笑矣。然则今有美尧、舜、汤、武、禹之道于当今之世者,必为新圣笑矣。是以圣人不期修古,不法常可,论世之事,因为之备。宋人有耕田者,田中有株,兔走触株,折颈而死,因释其耒而守株,冀复得兔,兔不可复得,而身为宋国笑。今欲以

先王之政，治当世之民，皆守株之类也。①

上古有巢氏构木为巢、燧人氏钻燧取火，中古鲧、禹决渎，近古汤、武征伐之取得成功，是因为他们依据自身存在境遇而选择突围存在困境和生存危机的不同治理路径、策略和智慧。“宋人守株待兔”的笑话其实是最深刻的总结：每个时代都有自身的存在困境和生存危机，过去的已有智慧、经验和模式都不能构成解决当今困境和危机的现成方式。只有真实考察当今社会的实际状况，制定切实可行的措施，才可有效改变当下状况，推动社会进步。这是“圣人不期脩古，不法常可，论世之事，因为之备”的道理。

重新焕发传统的风采，就是重新发现、挖掘和弘扬传统的方法。从本质论，传统是由知识、观念、思想、精神构成，它的整体呈现形态却是方法本身。再造传统的本质，就是重新发现、挖掘、弘扬沉淀在传统中的方法论智慧，以此武装突围现实的力量。因而，再造传统，“我们的注意力必须集中在方法本身。这才是震撼古老文明基础的真正新鲜事物。”②

超越误读，再造传统，有两种基本方法：一种是史料方法；一种是史辨方法。但这两种方法都涉及材料问题，是以史料为证据来求证观点的方法。然而，史料本身就存在着历史性的真假问题。所谓“历史性的真假”，就是其材料是否符合那个特定的时代的真实。为避免历史性的真假困境，须慎重运用后证法，尝试探索综合运用前证法、同证法和自证法。

所谓后证法，就是用所证对象产生之后的材料来证明之。运用后证法之所以需要特别小心，是因为后来的材料，许多并不一定符合原意，这是因为任何理解都是“前见”性的。③ 比如，后学读《论语》，喜于朱熹《集注》，但朱熹以“圣人”“天理”释《论语》，则诸多不可采信，何也？因为“一部论语中，何尝有一个‘理’字？而集注释天道为天理；又遇论语凡有‘斯’字或‘之’字，悉以‘理’字填实之，皆不勉强人就我，圣人胸中何尝有此种理障耶？”④

---

① （清）王先慎：《诸子集成：韩非子集解》，中华书局，2006 年，第 339 页。

② ［英］怀特海：《科学与近代世界》，何钦译，商务印书馆，1989 年，第 94 页。

③ ［德］伽达默尔：《真理与方法》，洪汉鼎译，上海译文出版社，1999 年，第 261 页。

④ 程树德：《论语集释》，上，中华书局，2017 年，第 6 页。

所谓前证法、同证法、自证法，就是用所证事实或所证思想、观念产生之前或同时代的材料来证明之。比如《论语》的义理阐释，采用前证法，就是从《论语》之前的经典中找证据；采用同证法，就是从与孔子同时代的其他文献中找证据；采用自证法，就是从《论语》中找证据。对这三种方法的综合运用，最能还原传统之原初风采。

超越误读，再造传统，还需要开放性地整合视野，整体进入，整体理解，整体呈现。比如“子曰：诗三百，一言以蔽之，曰思无邪。”①人们习惯性将此圈定在文学创作或文学对思想的表达范围来理解其含义。然而，《论语》的编辑者何以将其置于《为政》篇中，使之构成《为政》第2章的内容呢？如果采取开放的姿态整体进入《论语》语境，整体把握《为政》主题及各章的语义关联，就会发现如上理解实属南辕北辙的误读。

将“为政”篇置于《论语》的大语境中来审视，此篇的主题是讨论如何治民治国，以及如何选择与运用治民治国的原则、标准、进路、方式、方法。整体观之，此篇首先讨论为政的伦理本质、主体前提和为政的实践论方法：为政者必须正，并以己正去正人、正事、正国、正天下。基于此一政治要求，人要成为正者，就必须学-习，必须接受训练与教化，其接受训练与教化的奠基内容就是《诗》，这不仅因为《诗》在当时已为六经之一，还因为《诗》是纯正无邪的，只有纯正无邪的《诗》才可将人训练为正者；更因为《诗》本身就是对古代文化提炼所形成的精华，它具有纯正的**政德**功能。比如“维是褊心，是以为刺”（《魏风·葛屦》）和“王欲玉女，是用大谏”（《大雅·民劳》）两诗，揭示《诗》的重要功能是怨刺与讽谏，而怨刺与讽谏却是《诗》之政德功能实现的具体方式。

《诗》之所以在春秋时就已享有崇高地位与权威性，首先在于文、史、哲、政、伦理道德不分的上古时代，《诗》是集诗、乐、舞、政、教、伦理、道德于一体的综合体，在当时的人们看来，《诗》并不是一部简单的诗歌总集，而是一部以政治、道德为主题的包罗万象的百科全书。其次是《诗》记载了春秋及之前高层社会和底层社会的生活，具有广泛实用的社会交流功能。孔子之论

---

① [清]阮元校刻：《十三经注疏》，中华书局，2008年，第2461页。

《诗》"可以兴、可以观、可以群、可以怨；迩之事父，远之事君。"①意在于揭示春秋时代人们对《诗》的理解，主要是从社会政治、道德义理、修身养性、认识事物等角度着眼，即颂《诗》可以学会事父、事君和认识世界；而事父、事君、认知世界，却要通过"兴、观、群、怨"方式的训练才可实现，这是因为《诗》本身是纯正的，颂《诗》就是发挥《诗》之兴、观、群、怨功能来陶冶和训练人"无邪"之纯正品质，这是意欲"为政"者必须纯正自己的修养方法。

进一步讲，正确理解《为政》篇，还须对《论语》本身有一整体的进入和把握。《论语》集中体现了孔子的君子学说。整体地进入和把握孔子的君子学说，必须关联地生成性理解和把握"性""欲""学而""中庸""仁""礼""乐""为政""孝悌"忠恕"等基本概念。概论之，"性"是其君子学说的理论基石；"欲"建构起其君子学说的两个伦理原则；"学而"开辟出其君子学说的修为道路；"中庸"是其君子学说的道德方法论。在孔子的君子学说中，"仁"是其道德哲学的核心范畴；"礼"是其政治哲学的核心范畴；"乐"是融人生哲学和审美于一体的核心范畴。孔子君子学说目的于"成己成人"："以仁入礼成乐"，是"成己成人"的认知进路；"为政"是"成己成人"的实践进路；"孝弟"和"忠恕"是"成己成人"的日常方式。

《论语》是孔学经典，亦是儒学源头智慧，它构成中华传统的基本内容。要真正超越误读而再造儒学的本原性智慧风采，还需要将孔学、孟学、荀学作为整体来审视，更需要将孔学、孟学、荀学纳入先秦这个风云变幻的时代整体以及如何可能建构起诸子盛世的历史整体来予以考量，惟有如此，才可寻找到真正超越误读，并实实在在地再造传统的正确方式，以健康地恢复和弘扬优秀传统文化。

---

① (清)阮元校刻：《十三经注疏》，中华书局，2008年，第2525页。

第 2 章　重返先秦的认知审问

内容摘要　在当代境遇中，伦理复兴乃重构国族之必然要求。这是因为凝聚中华文明并赋予民众“无伤害生存”之希望的国家伦理传统，它被近代以来的革命和斗争所解构，不断加速的工业化、城市化、现代化进程又无意地激活了人们渴望堕落之本能冲动，形成道德沉沦、美德消隐之势而人心惟危。在这种状况下，重构性地复兴国家伦理传统，必要关注先秦，因为先秦诸子共创的自由思想、自然主义人性论智慧、功利论道德原则和美德方法、“守死善道”的士大夫精神，必然成为其伦理复兴的文化源泉；先秦诸子以不同方式践行生于斯而救于斯的拯救精神、生存独立精神、真诚而虔敬的民本关怀精神和学而不辍的志业精神之再创生，当是其伦理复兴的最终希望所在。

伦理复兴，是国族重建的大问题。探讨伦理复兴，必须严肃审问其认知前提。由此构成本章致思的基本主题。

1. 何以需要伦理复兴？

讨论“伦理复兴”，须先明晰定位其概念。“复兴”不是复古，“复古”意指恢复古代的典章、制度、风尚、观念等等，恢复本身是其目的。复兴也有恢复已有之实义，但其努力目标是振兴它，使之再兴盛、更繁荣。

伦理复兴，是指使已有的伦理传统获得**重构性**振兴。伦理之所以需要复兴，是因为当代生存需要它但它却已衰落。由此，“伦理复兴”这个大词隐含着必须呈现和解决的三个问题：

(1) 这个已走向衰落的伦理是什么伦理？

(2) 这个所要复兴的伦理为何被如此衰落?

(3) 这个被衰落的传统伦理何以需要复兴?

首先看第一个问题,这个被我们所衰落的伦理,绝不是西方伦理,只能是中国伦理。因为复兴的是自己本有的东西,别人的东西为我所用,只能说借鉴、吸收或融合。

"中国伦理"既是一个呈现空间视域的概念,更是一个洋溢时间张力的大词,是中国的汉族伦理还是中国的国族伦理?是中国的现行伦理还是中国的传统伦理?客观论之,所要复兴的中国伦理只能是以汉族伦理为主导并整合其他民族伦理精华的国族伦理;并且,现行伦理是正在运作并实实在在地发挥功能的伦理,不存在还需要人为复兴的问题。所以,需要复兴的只能是中国的传统伦理。然而,对具有几千年伦理文明史的中国来讲,其伦理传统本身就存在着小与大或近与古的区分:前者是指清末民初以来所构建起来的革命伦理传统,后者指中国古代伦理传统。革命伦理传统是以阶级为界标、以斗争为基本方式,按照严格的分类学划分,它仅属于一种特定的政治伦理传统,不具有普遍指涉功能,不体现国家伦理诉求。由是之故,所要复兴的伦理只能是中国古代社会(或国家)伦理传统。

接下来看第二个问题,中国古代伦理传统为何被衰落①?

历史地看,无论是民族国家还是个体生命,都以传统为土壤,并在传统中存在、生存、发展,否则,每一代人将重新从零开始。无论哪个国度,伦理传统恰恰是整个传统的核心部分,一个民族国家如果丧失了它自身的伦理传统,它的文化传统、精神传统、文明传统就不复存在了。以此来看具有几千年传承历史的伦理传统何以会衰落呢?这是外力所为?还是自己所为?

---

① 一现象或一事物之"衰落"或"衰亡"'源于两种情况,一种是自然的过程,源于其自生成敞开的本性,比如"离离原上草,一岁一枯荣"即是,又如"人的向死而生"的衰老过程亦如此。另一种是非自然过程,其源于外力强行推动。中国国家伦理传统在"五四"以后的衰落进程,就属于这种情况,所以在行文中用一"被"字来定位其"衰落"的性质属非本性化(或者说非自身化)。因为,伦理传统中的一些具体内容可能会因不同时代而有所因革,但伦理传统的基本内容、基本思想、基本原理、基本原则、基本规范、基本智慧、基本方法始终既是普世的,又是不可衰落和衰亡的。如果这些普世的伦理传统内容衰落或消亡了,那一定是社会不正常、人心不在、人性扭曲或泯灭。"五四"以降的国家伦理传统从整体上的衰落,是各种不同的形式的激进革命运动的积极成果。

客观地看，前一种情况实属没有发生：鸦片战争以前，中国是一个高度传统的国度；19 世纪，西方列强瓜分中国最终没有成功，八国联军洗劫北京城，也只掠走奇珍异宝等器物方面的东西；日本占领中国半壁江山，却引发全民抗战并最终取得胜利，其中，国家伦理传统发挥了不可估量的凝聚力、号召力、鼓动力作用。国家伦理传统的衰落以及被遗忘，实属我们自己所为。五四运动及其持续展开所取得的最大成果有二：一是文化、思想及其政治意识形态以激进方式全面西化；二是不遗余力地批判和抛弃以儒学为主体内容的本国文明传统。20 世纪 50—70 年代的无产阶级专政运动，消灭了封资修，打倒了孔家店，几乎清除了传统伦理的所有因素，因为"革命不是请客吃饭，不是做文章，不是绘画绣花，不能那样雅致，那样从容不迫，文质彬彬，那样温良恭俭让。革命是暴动，是一个阶级推翻另一个阶级的暴烈的行动。"[①]在这种革命运动中，人沦为非人(比如"五类分子)、小爬虫，比如 1972 年的"打小爬虫"运动，多少人被当成小爬虫被活活打死。在这种革命运动中，国家伦理传统只能是"封资修"的东西，被革命的铁扫帚扫进了历史的垃圾堆。

概言之，国家伦理传统的衰落，是因为各种形式的激进的革命运动，而无论何种形式的革命运动，其直接的目标是破坏旧秩序、砸烂旧世界。但旧秩序、旧世界是以传统为土壤的，而激进的革命运动往往难以冷静地区分旧秩序、旧世界与传统的关系，并且往往将伦理传统当成了旧秩序、旧世界本身，所以，在破坏旧秩序、砸烂旧世界的激进革命运动中，国家伦理往往成为被批判、被扫除、被砸烂的首要内容。这是五四运动为何要以反传统为己任的原因，也是 20 世纪 50—70 年代为何要"斗私批修"和"批林批孔"？因为孔子不仅标志传统，而且他本身就是传统精神和灵魂，所以必须彻底地批判，通过彻底批判而彻底地埋藏；只有彻底地埋藏了伦理传统，人们才可以无任何约束地自由行事，甚至干任何坏事都不会有任何心理障碍，更不会有丝毫的心慈和手软，20 世纪 50—70 年代五类分子(即地主、富农、反革命、坏分子、右派分子的简称)的悲惨生活或可说明这一点。任何形式的激进革

---

① 《毛泽东选集》第 1 卷，人民出版社，1991 年，第 17 页

命运动，绝不能容忍孔子那套亲情伦理、君子道德，而崇尚“造反有理”，鼓励“六亲不认”，比如胡思杜、沈尹默、顾颉刚等等，就是激进革命所塑造出来的典型例子。胡思杜，胡适的小儿子，1950 年在一篇自我批判的文章中，将其父胡适说成是“一个破落官僚家庭”的子孙，一个变成“一个资产阶级分子”的柔顺人格并成为“帝国主义者的驯服工具”，并且当“人民要取得胜利的时候”，又“选择了流亡一途”的生活。胡思杜最后写道：“今天，我决心背叛自己的阶级，我感到与我父亲划清界线是很重要的……我必须与工农阶级建立紧密的关系。”[①]沈尹默，五四时北大文学教授，曾与胡适同为《新青年》的主要编辑，在批判胡适的运动中，他撰文将胡适刻画成是一个“爱出风头的人”和“趋炎附势的人”，一个“极端自以为是人”，一个“善于自吹自擂的人”，一个热衷于将贪天之功据为己有的人。沈尹默以白话运动为例证：白话运动是由陈独秀提出来的，胡适截取了陈的功劳。[②] 曾自称“胡适是我的引路人”的史学家顾颉刚，在 1951 年秋一次批判胡适的座谈会上，发言指斥“胡适是政治上的敌人，也是思想上的敌人。唯有彻底清除他散播的毒素，才尽了我们的职责”。他谴责胡适并把他变成一个“修正主义者”，痛斥这位“修正主义”老师如何窒息了他的“革命觉悟”。[③] 直到 1957 年 12 月，顾颉刚给好友辛树帜的信中还大表决心：“我该就这时痛自改造，以期在新社会中不致出格。在学问方面，我也必须丢掉胡适的‘庸俗进化论’而接受严正的马列主义的历史唯物论和辩证唯物论。”[④]

客观地审视，历史上各种形式的激进运动，虽然也创造出了许多新风尚、新思想，但所体现出来的破坏性更大，对社会文明、精神、伦理道德造成的异化性影响更严重，由此形成在破坏中异化，在异化中加速破坏，以此循环扩散，其结果是国家动荡，社会混乱，人民贫穷。正是因为如此，1978 年十一届三中全会才结束了“以阶级斗争、路线斗争为纲”，转向“以经济建设

① 格里德：《胡适与中国的文艺复兴》，鲁奇译，江苏人民出版社，2005 年，第 304 - 305 页。

② 沈尹默：《胡适这个人》，《大公报》，1951 年 12 月 16 日；《时事背景》，167 号，1952 年 3 月 25 日，第 3 - 5 页。

③ 《大公报》，1952 年 3 月 27 日；《时事背景》，182 号，1952 年 5 月 15 日，第 5 - 9 页。

④ 《顾颉刚全集》第 41 卷，中华书局，2010 年，第 280 页。

为中心”，并以“摸着石头过河”“白猫黑猫捉住老鼠才是好猫”“让一部分人先富起来”为改革开放的指导思想。

从 1978 年到今天，我们以前所未有的速度走完了西方人用近 400 年时间才走完的路，做到了西方人花了近 400 年时间才做到的事，即中国成为世界经济总量的第二大国，在这一过程中，一部分人确实先富了起来，即国家财富的 70％以上集聚在不到 0.4％的资本精英手中。不仅一部分人先富了起来，政府也全都富了起来，老百姓也在政府的发展规划中全面进入了奔“小康社会”的新时代。另一方面，经济高速增长和可持续发展，也越来越引发社会对文化、精神、思想、文明与经济同步发展的重视，包括经济越发展，物质越丰富，生活水平越提高，市场问题、社会问题越多，人的问题越严重。因为以经济建设为中心的唯经济增长观一旦被无限度地鼓动和发挥，就会导致实利追求之风，比如“竭泽而渔”的短视主义，或“只讲目的，不讲手段”或“为达目的，不择手段”的实利主义。

短视和实利之风之所以盛行，源于两个因素的激励。首先，以经济建设为中心，必然要与世界接轨而弥补工业文明的课程，但以工业化、城市化、现代化为基本诉求的工业文明，本身就体现唯经济主义追求。唯经济主义的实质是**实利主义**：首先，在唯经济主义充斥的社会中，“人与物的关系高于人与人之间的关系……这是一个决定性的转变，这一转变将现代文明与所有其他文明形式区别开来，它也符合我们的意识形态领域关于经济至上的观点。”①其次，“社会应当从属于经济，而不是经济从属于社会。在这个新领域中，道德观被经济观所替代，它‘注重收入、财富、物质的繁荣，并把它们视为社会生活的核心’。”②其三，实利主义坚信“无限丰富的物质商品可以解决所有的人类问题”③。以经济建设为中心的改革发展，往往容易落入工业文明的实利主义圈套。这是因为，社会经济健康发展必须依赖成熟的市场，成熟市场的基本标志是社会结构的契约化和社会运作方式的法治化，前者表征为市场必接受以诚信、守时、节俭为基本内容的契约精神的引导；后

① [美]大卫·格里芬：《后现代精神》，王成兵译，中央编译出版社，1988 年，第 19 页。
② [美]大卫·格里芬：《后现代精神》，王成兵译，中央编译出版社，1988 年，第 19 页。
③ [美]大卫·格里芬：《后现代精神》，王成兵译，中央编译出版社，1988 年，第 19 页。

者表征为市场必服从以平等、公正、客观为基本内容的法精神的规范。成熟市场却需要长期的思想文化精神情感价值观的社会化培育和塑造才可形成,欧洲经历从文艺复兴、宗教改革到启蒙运动再到19世纪批判现实主义,其间经历4个世纪的文化思想精神建设运动所培育起成熟的经济市场,最终仍不能幸免实利主义的侵蚀。我国1978年以来的经济改革开放,是以毅然中止“以阶级斗争、路线斗争为纲”的社会运动为起步,缺乏相应的文化思想认知基础和伦理道德土壤。所以,以经济增长为主导形态的物质文明建设与以文化、思想、认知、伦理、道德为基本内容的精神文明建设,始终处于未同步的状态。物质文明建设与精神文明建设的不同步现象,其实也有其历史惯性的推动:鸦片战争后的近代中国社会,其司空见惯的现象是“道德废,功业薄,气节丧,文章衰,礼仪廉耻何物乎?不得而知。”[①]龚自珍愤慨地将此概括为“人心惯于奢侈,风俗习于游荡。”[②]汉学家沈垚描述“今日风气,备有元,成时之阿谀,大中时之轻薄,明昌、贞佑时之苟且”,“实有书契以来所未见。”[③]“今之时势,观其外犹一浑全之器也,内之空虚,无一足以自固。”[④]整个社会从上到下“百为废弛,贿赂公行,吏治污而民气郁,殆将变。”[⑤]并且“方今良法美事,事事有名无实。譬之于人,五官犹是,手足犹是,而关窍不灵,运动皆滞。”[⑥]官僚们“廉耻道丧”,“不顾民生之艰难”,只知“终日华轩快马,驰骋于康庄。”[⑦]魏源将其概括为两个方面:一是“人心之寐患”;二是“人材之虚患”。前者表现为“以痈贻患为守旧章,以缄默固宠为保

---

① 姚莹:《师说》上,《中复堂全集》,同治六年刊本;转引自周德义:《和谐论》,湖南人民出版社,2012年,第116页。

② 《龚自珍全集》,上海人民出版社,1975年,第105页。

③ 沈垚:《与张渊甫》;转引自张岂之《近代伦理思想的变迁》,中华书局,1993年,第3页。

④ 《林则徐书简》,北京紫金城出版社,1985年,第274页。

⑤ 包世臣:《安吴四种》卷8;转引自张岂之《近代伦理思想的变迁》,中华书局,1993年,第3页。

⑥ 张穆:《海疆善后宜重守令论》,《鸦片战争时期思想史资料选辑》,中华书局,1963年,第92页。

⑦ 沈垚:《与许海樵》;转引自邵德门:《中国近代政治思想史》,法律出版社,1983年,第152页。

明哲”，“欺上压下，误国误民”[①]，“徒知侈张中华，未睹寰瀛之大”[②]，即从中央到地方，各级官员闭目塞听、愚昧无知，对现实社会危机视而不见；后者却表现为各级官僚不切实际而专务空虚，“除富贵而外不知国计民生为何事，除私党之外不知人材为何事。”[③]更可怕者，由上而下，社会各阶层皆无羞耻之心，善恶颠倒：“农工之人，肩荷背负之子则无耻，则辱其身而已；富而无耻者，辱其家而已；士无耻，则名之曰辱国；卿大夫无耻，名之曰辱社稷”，“士不知耻，为国之大耻”，如此而来，“则何以为国？”[④]

历史的惯性和现实的需求发生耦合运动，发展到一定阶段，必然要求对传统的正视和再发现。

2. 伦理复兴何以可能？

伦理复兴之时代需要，并不等于伦理就一定能够复兴。考察复兴伦理之何以可能，其实是审查伦理复兴的当代条件。

首先，伦理复兴所应该具备的基本社会条件。

1995 年，联合国秘书长加利在哥本哈根召开的社会发展世界首脑会议上指出：“当代世界正面临着社会和道德危机。”[⑤]前一种危机源于人无限度的欲望强力通过制度的暴力而加速工业化、城市化、现代化进程，将整个（自然和制度）社会推向逆生态的死境方向；后一种危机亦源于人无限度的欲望强力通过制度的暴力而自由驰骋，必然制造出社会的精神荒废。社会危机源于社会精神荒废，社会精神荒废却根源于个人精神荒废。

个人精神荒废的突出行为表现是容忍和放纵。在一个共同体中，当人们普遍容忍强权（对民权、资源、财富及人的精神、人格、信仰和做人底线）的侵噬没有限度时，人们就本能地渴望侵噬，最后是追求侵噬。所以，从容忍到渴望再到追求，这一内在精神裂变历程所指向的恰恰是对欲望的放纵。放纵的是欲望，放纵所指向的猎物却是金钱和权力。当人们普遍追逐金钱

---

① 《魏源集》，上册，中华书局，1982 年，第 66 页。
② 《魏源全集》，第 4 册，岳麓书社，2004 年，第 516 页。
③ 《魏源集》，上册，中华书局，1982 年，第 66 页。
④ 《龚自珍全集》，上海人民出版社，1975 年，第 31 页。
⑤ 桑洪臣：《世界面临社会和道德危机》，光明日报，1995 年 3 月 3 日。

和权力,并以金钱和权力为目标时,个人精神荒废必然社会化了。

从整体观,社会精神荒废的集中表现,是社会无个人和个人无社会。所谓社会无个人,是指社会的构建、秩序的生成以及国家社会的发展,个人缺位。社会无个人的基本行动方式,是从不同方面弱化、消解个人,包括意识的觉醒与思维的个性,这样一来必然形成个人无社会。所谓个人无社会,是指个人只把自己看成是孤立的、通过劳动挣钱养家糊口或者发家致富的自然人,看成与社会没有任何关系的孤立个体,没有责任感,没有担当意识,没有关怀情感。个人无社会的基本标志是"五不关心",即不关心政治,不关心社会,不关心他人,不关心环境,不关心未来;其基本价值取向是只有当下的实利欲望,只有眼前的利害诉求,没有权利意识和能力要求,没有远见与未来期待。

另一个方面,社会无个人的方式往往导致个人在更多的时候遭受伤害,包括平等的权利被侵犯和合法的利益被剥夺;个人无社会的方式又总是必然地将人引向封闭和孤立。前一种状况迫使人本能地渴求群体规范、渴望社会秩序,希望公共道德;后一种状况则又激发人本能地突破其自闭性的禁锢与孤立,期望走向他人、走进群体,获得交流与沟通。由此两个方面使伦理复兴获得了必须的社会条件。

其次,伦理复兴所应该具备的社会主体条件。

社会由个人组成,个人既是社会的缔造者,也是构成社会的主体。

作为社会主体的个人,具有共通的人性,这就是以自身之力勇往直前、义无反顾地生生朝向,它作为个体生命的原动力而彰显出生、利、爱的具体内容。由于人是个体生命,其生命存在需要资源来滋养,但滋养生命所需的资源没有现成,需要付出才可获得;而付出意味着以生命为代价。比如,你今天付出八个小时工作,是为了能够继续保有这个职业,其最终目的是为了明天有饭吃或有更好的饭吃。时间却始终是生命的刻度,你每天付出八个小时劳动换来明天生活的保障,本质上是你以自己的生命为代价来换取生命继续存在(的条件或保障)。正是因为如此,生、利、爱的人性被生存地赋予了己与他的双重内容,即生己与生他、利己与利他、爱己与爱他的对立统一，构成了完整的人性。[1]

当社会鼓励唯经济增长、物质主义、消费主义，自然会激发人更为热情地谋求己利，或者使之最大化。一旦产生这种状况，就会推动人性普遍地异化，生己与生他、利己与利他、爱己与爱他处于对立状态而难以获得统一，即使出自本能追求己利最大化的人们，也在更多的时候不得不承受来自各方面的利益损害。一旦这种状况出现并持续扩散，人们就开始自发呼唤或追求利益理性。所谓利益理性，就是你的自由止于我的鼻尖，即人人享有谋求自我利益的权利，但必须为此而担当与其权利相对等的责任。这种利益理性渴望一旦上升为普遍性要求，社会道德重建必然兴起。所以，在人类发展史上，任何时代一旦经济主义被推向极端时，必然是国家伦理复兴之时，这是人性艰难复归使然，亦是人的主体性觉醒使然。

再次，伦理复兴所应该具备的大众诉求。

源远流长的中华文明的内在凝聚力不是宗教（因为它没有本土人文宗教），而是伦理。对中华民族来讲，伦理发挥独特文明创化功能主要体现在三个方面；

一是体现为对大众生活的巨大引导规训功能。首先，“爱有差等”和“己所不欲勿施于人”的功利论道德原则，最大程度地体现了有限度的利己的普遍人性要求；其次，“己欲立而立人，己欲达而达人”和“老吾老以及人之老，幼吾幼以及人之幼”的道义论美德原则，最大程度地释放了无限度地利他的普遍人性光辉。这种有限度的利己的自我精神和无限度地利他的人性光辉，恰恰是人的本能诉求，尤其是在一个实利导向的生活环境中，人们本能地诉求传统的大众生活伦理，因为人人的生命意识中都有一种与生俱来的不被他者无理“拔毛”的防卫心理和人性诉求。

二是体现在“为政以德”的政治伦理榜样导向并赋予社会大众能够“无伤害地生存”的希望之光。

在一些人看来，“为政以德”[2]就是“以德治国”。其实这是对孔子政治

---

① 唐代兴：《生境伦理的人性基石》，上海三联书店，2013年，第177－195页。

② 杨伯峻译注：《论语译注》，中华书局，2004年，第10页。

伦理思想的曲解，即把“政”浅表地理解为“政治”。在孔子那里，“为政以德”之“政”，本义是“正”，即正直、中正、堂正、公正。所以，当季康子问孔子“什么是政”时，孔子明确地回答：“政者正也，子帅以正，孰敢不正？”[①]“政”即是“正”，它意指通过**正己来正人**。为政，就是指为人正直，站立得直，行走得端正，处事公正，让人信服，使人遵从。换言之，只有为人处事正直、中正、正派、公正、公道，才有德；有德，才使人信服；有德，才可以从政当官，因为只有当人有德时，他才可以自觉地守法度，并以守法度的方式来限制自己的私利和欲望。中华文明几千年不辍，其主要功劳不是专制，而是专制制度下相对稳定的文官系统，它是由一个个心存“为政以德”的士大夫所构成。这个士大夫集团一方面以其愚忠使帝王专制弦歌不缀，另一方面却以其德政努力，构建起了社会秩序，构筑起了道德榜样的力量，给民众以伦理生活的信心和希望。

近代以降的官僚系统得以组建的凝聚力量，既有形式上的意识形态，又有实质上的官僚利益驱动，但却缺乏“为政以德，譬如北辰，居其所，而众星共之”[②]的道德诉求和社会伦理理想，因为官员主要不是通过艰苦的“学而”修习而自我构建起“入道积德、修德进业”的为人之本和为官之本，普遍地缺乏道德榜样意识，缺乏对社会民众的伦理引导能力。民众作为个体，其合法权利和利益遭受来自各方面的伤害，同样也源于此。正是在这种状况下，人们自然期望“为政以德”的政治伦理传统的复兴，因为它能够给社会大众以“无伤害地生存”的希望。

三是士（即中国古代的“知识分子”）的使命精神和士大夫的社会责任心，既成为构筑大众生活伦理的活水源头，亦为构筑体现民权民利民享的国家伦理提供了持续不衰的动力。士和士大夫们，从年少就接受的那种“士志于道”的使命精神、“天下兴亡匹夫有责”的担当精神，以及修仁习礼、循礼齐家、治国的伦理修养、道德精神和有责任地生活自治能力，本身就构成了典范，并成为社会大众的崇敬对象。

---

① 杨伯峻译注：《论语译注》，中华书局，2004年，第129页。

② 杨伯峻译注：《论语译注》，中华书局，2004年，第10页。

在人类文明史上，英国是以传统为基础而构筑起现代宪政社会的国家。英国传统建立在其民族文化传统、习惯和治政经验基础上，以国民的修养和教养为土壤，以贵族精神为导向。沃尔特·白芝浩在《英国宪法》中指出：在英国，贵族是由历史和文明的孕育而自然形成的，所以“真正的自然的贵族是这样的阶层：在一个值得尊崇的环境中长大；从胎儿起就不曾耳濡目染任何下流、肮脏的东西；受到过如何自我尊重的教导；惯于接受公众的批评和监督；很早就知道关注公众舆沦；站得高，看得远，对在广大的社会场景中涌现出来的、比比皆是的无限错综复杂的局面能够做到洞悉表里、从大处着眼；优游沉溺于读书沉思，切磋学问；由于品质不凡，不管出现在何处，都能引起富有智慧的饱学之士的关爱和注意；习惯于在军队中指挥士卒和服从上级；被教导在追求道义、履行职责时要无所畏惧、不避艰险；出现任何失误时都必然遭受惩罚；对微不足道的过错就可能招致最严重的毁灭性后果这样的事态中，能够表现出最大程度的警觉、先见之明和审慎；能够意识到自己在同胞们最为关切的问题上，是他们的指导者；能够意识到自己是作为神与人之间的调解人在行动，并在这样的责任感的驱使下，戒慎恐惧，严于律己；能够膺任法律和正义的执行者，并因此优先纳入人类第一拯救者的行列；是高深学问，或是自由性和开放性学术的研究者；位居富裕商人之列，由其成功可以推断他们机敏而充沛的智力，并具有勤劳肯干、讲究秩序、不屈不挠、条理分明等美德，还具有关注商业正义的素养和习惯。——正是这些品质构成了我所说的自然的贵族(natural aristocracy)。没有这些人，就不会有民族和国家。”[①]这种性质和价值取向的贵族，是任何文明国家的基础和动力。中国古代社会的士和由此走向国家治理舞台的士大夫，就是这样一个贵族(即君子)阶层，这样的贵族阶层在周灭商后，周之开创者就有意识培育而形成“成康之治”的君子社会(详述见第11章)。中国古代的贵族，其实接受了类似于英国贵族的精神训练，这完全可以从《四书》中亲切地感受到这种精神训练如何可能培养起支撑国家、传承文明的精神贵族的。孔子之所以伟大，儒家之所以功业独卓，就在于它传播、发展了立国立族之士及

① [英]柏克：《自由与传统：柏克政治论文选》，蒋庆等译，商务印书馆，2001年，第89-90页。

其士大夫精神，弘扬了“君臣、父子”的身份责任精神和独立社会精神，并以“仁”和“礼”为基本内容培养出一代又一代志士仁人。然而，今日之知识阶层在经历 20 世纪 50—70 年代的文化革命运动之后，基本上失去了古代的君子人格，“士志于道”的人文精神、责任观念、担当意识更加淡漠，引导社会、开启民智、榜样大众之道德生活的意愿和努力更加微弱，沉醉于实利，甚至渴望堕落或追求堕落，自然从不同方面丧失了民众的崇敬。工具人格、实利诉求甚至势利主义，对于知识阶层来讲，已不是个别现象。这种状况却从另一个侧面构成了当代复兴伦理传统，或者更具体地讲是复兴“士志于道”的精神传统、伦理传统、道德传统，亦成为社会需要。

3. 伦理复兴的对象选择

伦理复兴，既迫切需要，又具其基本社会条件，更需要复兴内容的理性确证。一旦进入内容确证环节，就必然要面对两千多年的“古代”而在认知上务求解决如下基本问题：

1. 哪一时段的古代伦理才可构成其复兴的主要内容？

2. 那一时段的古代伦理中哪些内容才需要迫切复兴？

面对第一个问题，需要抛却个人的偏好和成见，以求得如下共识：

第一，人类智慧生成于两种基本方式，即天启和经验反思。客观论之，纯粹的天启智慧只发生在人类早年，其后，哪怕出现了天启智慧，也掺杂了经验或经验反思内容。并且，所有经验反思得来的智慧都须以天启智慧为土壤和动力，换言之，原发的天启智慧构成后天经验反思智慧的源泉。

更重要的是，经验反思所得来的智慧，既有可能是对天启智慧的重新发现和光大，也可能是对天启智慧的歪曲或异化。并且，时间越向后展开，其歪曲或异化原发的天启智慧的可能性越大，谬误可能越多。

第二，在人类智慧构成中，神话、宗教是土壤，形而上学是基础，伦理道德是核心内容。整体观之，人类伦理智慧有原生态和继生态两种形态。前者乃其天启智慧的实践形式，它是最初的契约，比如人与上帝签约，以及由此而形成的人与人签约，或可说，人与上帝签约的实际方式是人与人签约，这就是原初伦理律令，并由此形成原发性的伦理禁忌、伦理习俗。比如从生活讲，每个个体生命被作为生命种子播下以及在母体中孕育直至诞生的全过程，就是一个完成签约的过程，生命从母体脱落而诞生于世，签约结束，其后就是履约的过程，这一履约的全过程就是由生至死。抽象地看这种契约关系，既包括人与人、人与族类、人与国家的关系，但首先是人与自然、人与环境、人与血缘的关系。《虞书·舜典》曰："慎徽五典，五典既从。"①其意是说舜以其深远的智慧，慎重地赞美父义、母慈、兄友、弟恭、子孝这五种常法，并使人人都能顺从它。父义、母慈、兄友、弟恭、子孝之被称为"五典"，并人人信守它，就是因为它是天启的人伦智慧："天叙有典，敕我五典五惇哉！天秩有礼，自我五礼有庸哉！同寅协恭和衷哉！天命有德，五服五章哉！天讨有罪，五刑五用哉！政事懋哉懋哉！"②"天叙"即是上天与人间签约；天叙五典，就是上天与人间签订了五伦常，人间一切秩序都必须按照此五伦常而构建，包括日常礼仪（五礼、五服、五章）及其违反五伦常的处罚（五刑、五用），都是对其天叙五伦常的生活运用方式。与此不同，后者却在其原生态伦理智慧土壤中孕育生长出来的；并且，在其后的历史进程中，任何时代要重构符合其时代的伦理智慧，必须从其原发的天启伦理智慧土壤中吸取精神的营养，打开神喻的视域，发现创构的方法。否则，一切都将变得盲目而最终无所建树。

天启智慧，是发生在人从动物进化为人的早年阶段，因为在这个阶段，文字尚处于初创状态、文化尚未形成对人的主宰方式，人与天地、上帝和众神之间还处于直接交流状态。随后，当文字和文化发展起来，当人逐渐以文化的方式构建起人与天地、上帝和众神的交往方式时，人与天地、上帝、众神之间的交往通道就萎缩而至于最后阻塞，中国上古文化史中关于"绝地天通"的记载，恰恰是对这一历史进程的隐喻表达。由此使经验反思性智慧始终体现其无根性，即无依据性，无终极原理的引导和规范性。这也是"复兴"的神性意义：复兴，就是回到上古的天启智慧，重新接受天启智慧的洗礼，以谋求对生存智慧之根的真正续接，从而矫正经验反思智慧之片面、偏颇甚至谬误。所以，中华伦理之当代复兴应该回到先秦去，复兴华夏先祖时代的

---

① （清）阮元校刻：《十三经注疏》，中华书局，2008 年，第 125 页。
② （清）阮元校刻：《十三经注疏》，中华书局，2008 年，第 139 页。

通神智者们的天启人伦智慧。客观地讲，先秦并不属于天启时代，但先秦时代的通神智者们却对其原发的天启智慧予以了天启般的再领悟和较为系统的表述，它在事实上构成了我们领悟原发天启人伦智慧的源头性土壤。

当明确提出伦理之当代复兴应"回到先秦去"的主张时，可能会引来异议，因为汉代经学是最为人们所推崇的，且汉代经学所孕育出来的伦理纲常一直构成其后中国社会大众生活的伦理框架，并演绎出实实在在大众生活及其行为的规范体系，为什么不回到汉代去复兴汉代的伦理智慧呢？这是因为汉代所构建起来的以"三纲五常"为框架的伦理，不仅有许多内容已落后于时代了，而且其"三纲"本身体现了反人性、反伦理的倾向性。

如果从思维-认知的成熟度、思想的深刻度及其阐发的系统性等方面讲，宋代理学、明代心学应最值得关注，其伦理的当代复兴为何不回到宋明的理学和心学那里去呢？理由很简单，宋明理学和心学虽然博大精深，但它的根或者说其直接的思想源泉却是《中庸》和《孟子》，但开启形而上学道路的《中庸》和开启心学道路的《孟子》，其源泉却又在《论语》中。如果伦理之当代复兴回到宋明理学和心学去，那是舍本逐末；伦理之当代复兴回到先秦去，才是**正本清源**。

这是否可以说伦理之当代复兴就是回到孔孟去，回到先秦儒学去？或回到四书去？当提出这样的发问时，就触及到了本节所要讨论的第二个问题，即先秦伦理的哪些内容才是今天所要复兴的内容？

要严肃地讨论这个问题，同样需要抛弃偏好和成见，即应超出我们已有的研究范围、研究视野而获得一种对先秦伦理的整体观照：

首先，任何一个时代的伦理都只是**这个时代**的伦理，此一时代的结束，则意味着该时代伦理构成中的有些内容将会随其时代本身的逝去而逝去，不可再人为地强求它对另一个时代发挥其功能。因为每个时代就是我们所**身处其中**的当世，它既与我们祖辈所生活的时代直接关联，但同时又面临着祖辈们生存的时代所不曾面临的存在问题、生存困境和生活危机，因而，每一个当世都必须为全面应对当世本身的存在问题、生存困境、生活危机而努力，对已经逝去的时代生存智慧和伦理智慧的承传与运用，同样是为了能够在根本上解决当世的存在问题、生存困境和生活危机所做的**不得已的**理性选择。这种理性选择还必须有一个潜在指南的牵引，这就是未来对现实的召唤。

概括地讲，复兴先秦伦理，到底应确证哪些内容，首先需要获得现实的境遇、未来对现实的召唤和传统对现实的冲动之整合视野。

我们所面临的当世境遇，由世界风险社会、全球生态危机和社会转型发展三者构成。

世界风险社会从三个方面构成当代境遇的整体状貌，一是现代性迅速解体而后现代精神价值体系尚处于急需创建但又无所适从之中，形成价值迷茫，其存在和生存丧失方位感和方向感；二是人口日益膨胀、贫困普遍化和为摆脱贫困的非理性冲动成为世界性潮流；三是由此形成的财富争夺、资源争夺、多边关系紧张、连绵不断的区域性战争，由此三个方面的互动，形成起伏跌荡的全球市场危机。

由于世界风险社会的激励，全球性生态危机从三个方面加速扩散：一是全球化的信用危机、金融危机、经济危机、资源危机、安全危机；二是更具摧毁性的自然生态危机和社会生态危机，前者集中表现为自然失律、地球失律、气候失律，最后导致灾疫失律，具体地讲就是高寒与酷热无序交替等极端天气、极端气候日常化，大气污染常态化，雾霾气候化等等；后者表现为人性扭曲、人心失律，道德沉沦，美德消隐，暴力日益社会化和全球化，人类社会不稳定因素剧增，存在安全危机社会化、全球化。

世界风险社会和全球生态危机开启了**社会转型**之路，它的目标是重构生境主义认知体系、价值体系、伦理体系，开创生境文明，即以生境为本质规定和价值诉求的社会文明。其基本努力有四：一是需要自觉突破封闭循环式的地缘主义政治、经济、科技、文化、教育格局，探索全球生态化的政治、经济、科技、文化、教育格局；二是需要将由地球资源开拓型的硬实力竞争转向文化资源创造型的软实力竞争；三是需要全面抑制污染，推动高碳社会向低碳社会的转型，以最终解决当代社会的低碳化生存和如何根治自然失律、地球失律和气候失律之世界性难题；四是需要改变单纯的“发展才是硬道理”的发展思路，转向可持续“生存才是硬道理”，从“可持续发展”为起步，探索“可持续生存式发展”方式。

基于社会转型发展之要求，传统对现实的冲动必然要对接现实对传统的需要。换言之，就是以现实对传统的需要来涵化传统对现实的冲动，这种理性的抉择方式就是韩非子在《五蠹》篇中所讲治世大法是一个时代有一个时代的存在问题、生存困境和生活危机，旧时代的已有智慧、经验及其处理问题、困境、危机的方式方法都不能构成解决当代存在问题、生存困境、生活危机的现成手段。伦理道德也一样，时代不同了，人的存在问题、生存困境和生活危机亦有所不同，其引导、规训人的行为的共守价值系统、伦理标准及其道德原则-规范体系，同样不能一成不变地沿袭传统，只有立足于未来对现实的召唤，真实地考察当今社会的实际情况，制定出相应的且切实可行的措施，以改变、改善当今状况，推动社会进步。这就是“圣人不期脩古，不法常可，论世之事，因为之备”的道理。具备“不期脩古，不法常可，论世之事，因为之备”之态度、姿态，才构成复兴先秦伦理并确认其必须的复兴内容的选择依据。

4. 伦理复兴的内容确证

如何确证复兴的伦理内容？既涉及对先秦伦理的整体认知和客观把握，更涉及到对先秦伦理的性质定位和根本价值取向的重新体认。

过去，人们一直以“王婆卖瓜”的方式来看待并取舍先秦伦理，最终形成“见树不见林”的认知遮蔽。先秦伦理原本就是一头“大象”，诸子各家伦理均不过是其“大象”的部分而已；并且，先秦伦理作为一头“大象”，虽然各部分形体大异，但它成为一头大象的生命本性、灵魂以及如何使自身生机勃勃的生命机能，却**只是**“一个”。

客观地看，先秦伦理这头“大象”的灵魂却是**以王道为目的，以天道为依据，以民道为手段**的王道伦理，可简称为“**王德**”。从源头论，这是上古的王们巧妙运用天启的人伦智慧来修饰其虚构使之变成真实的伦理，这种修饰方法就是顾颉刚所讲的层累说：古代的历史并不是古代人的历史，而是一代代后人“层累地造成的中国古史”。这一古史观所蕴含的思想精髓恰恰体现在研究古代历史所应确立的致知方式，即“不立一真，惟穷流变”①：

① 顾颉刚：《古史辨》，第1册，上海古籍出版社，1982年，第273页。

一是“时代愈后，传说的古史期愈长”；二是“时代愈后，传说中的中心人物愈放愈大”；三是在勘探古史时，我们即使“不能知道某一件事的真确的状况，但可以知道某一件事在传说中的最早的状况。”[①]王德在源头上的虚构之所以最终变成后人心目中的绝对真实，就是因为历史本身是按照想象性生成的层累原理而构建起来的，这是我们选择并确证伦理之当代复兴的蓝图内容时，必须对先秦伦理予以性质的体认和整体的把握的认知前提。

唐代大儒韩愈率先提出儒家道统说，其后来者均以道统传承者自居而重构性阐释儒家道统源流，但这些重构性阐释无论如何翻新，其源头定格却始终未变，这就是孔子心中的王德表率“尧”，构成了千古不易的道统源头。

今天，在人们的想象中，孔子生平所见的古代文献可能比今人要多得多，但实际上也多不了哪里去。孔子只以“尧”为王德表率和源头，只表明孔子所见王德虚构的最早文字或传说，就是“尧”，这与我们今天的第一部经典《尚书》记载的完全相同。按照顾颉刚“层累地造成的中国古史”理论，时间越向后推移，有关于上古的“历史”内容就越丰富。事实上确实是如此，今天，在《书》《诗》以及《左传》《国语》之外，多了许多有关于上古的神话和传说，它们将王德虚构的历史向前推，并推出了“三皇五帝”，并且，这些虚构内容被史学家司马迁想象性地化为史信内容[②]：在《史记》的想象性描述中，中华民族的源头历史可以追溯到神农，他既是神，也是人，更是兽，是神人兽的三位一体化，这是他的不凡。正是这种不凡，使他成为上古第一位圣王，开创了神农时代。神农氏世衰，就形成诸侯相侵的局面，轩辕为此而“习用干戈”以为征，致使“诸侯咸来宾从”，惟有蚩尤暴而不从，同时炎帝虎视眈眈，因而，轩辕“修德振兵，治五气，艺五种，抚万民，度四方，教熊罴貔貅貙虎”[③]，先与炎帝三战于阪泉之野而得其志；尔后征师诸侯，与蚩尤战而擒杀其于涿鹿之野。诸侯咸尊轩辕为天子以代神农氏，是为黄帝。从黄帝始，建立起如下五帝谱系。

---

① 顾颉刚：《古史辨》，第1册，上海古籍出版社，1982年，第60页。

② （汉）司马迁：《史记》，岳麓书社，1988年，第7页。

③ （汉）司马迁：《史记》，岳麓书社，1988年，第1页。

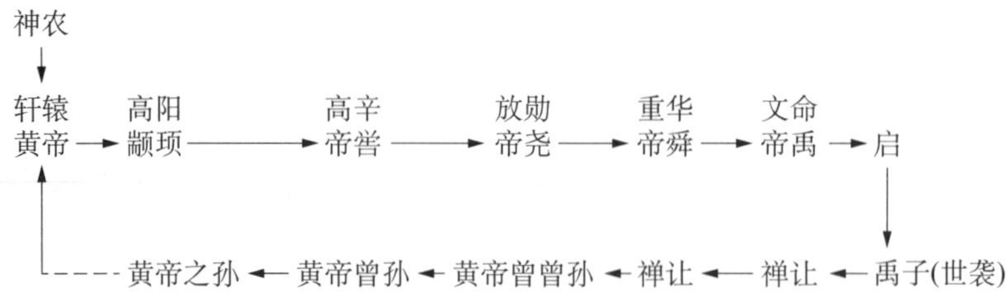

［2－1　传说中虚构的五帝谱系］

这是后世以层累方式想象性地描绘的中国上古的完整政统谱系，亦是后人所信奉的真正意义上的原初政统谱系。支撑这一正统谱系使之发挥不衰之统治功能的却是用天启人伦智慧来装裱的王德。在中国历史上，尧舜之所以是区别于一般的王，在于他们拥有非凡的德，即具有"天叙"其德于己身，这就是王德。今天所发现的最早记载王德的是公元前 1200 年左右的甲骨文，它作了如此记载："**甲午卜王贞我有德于大乙。**"《尚书》之《汤誓》《促虺之诰》《汤诰》从不同角度对此作了生动的描绘。

在后世对上古的想象性描述中，文明上升由王（即王权政治）来推动，王推动文明上升靠的是"天叙"王以德。然而在后来的史实记载中，文明总是处于滞化状态，原因在于推动文明的王权政治总是在暴力中更迭，主宰或把持政治的王大都缺乏本该有的德，哪怕就如秦皇汉武、唐宗宋祖之类"风骚"千古的帝王，也是靠非德的暴力方式抢夺得王权的。这种想象的历史与真实的历史之间的巨大反差，恰恰把一个隐秘的且从来不被或不愿被正视的事实凸显了出来：这就是为先秦诸子们所沉醉并各自从不同角度来对其进行重构性阐发的"先王之道"，原来是不断虚构的东西。由此隐秘的事实蕴含两个更为根本的问题：

第一，人们为何要虚构出一个"王德"来？

第二，先秦诸子何以要如此强化这个"王德"？

要讨论这两个问题，却需要对另两个问题的正视和谋求真正的解决：

第一个问题是王权。即王们如何保证其抢夺得来的王权不被别人所窥视和抢夺？这里涉及两个东西：一是王权是个绝好的东西：王权就是霸道，它的实质内涵是子民、疆土、财富、美女、享乐等集于一体，是人见人爱、人见人想和人见人夺的东西。二是共通人性所生发出来的共通欲望,即你想做王,其他人也有你那种做王的欲望和冲动,你可以通过暴力、屠戮抢得来的王权,其他想成为王的人同样可以采取这种方式抢夺走你手中的王权。于是,王们必须虚构一个王德来,即只有德才命完美的人,才有资格配享王德;并且,王德只能是承蒙上天意旨才可塑造而成的东西。由此虚构的王德,使许多欲抢夺王权的野心家不得不泯灭其欲望野心而被迫成为被治的臣民。

第二个问题是民德。王的职业责任,就是在抢夺得来的疆土内构建统治秩序,使自己抢夺得来的王权千秋万代永续不变。但王对统治秩序的构建相对容易,因为它可以通过暴力和谎言来强制实现,但被创构起来的统治秩序要获得持续稳定或永固,却需要解决民如何才能本能地敬王和克己地遵守王权(及制度、规则)的问题。要解决这个问题,单靠暴力和强制只能获一时之功,不能续永固之效。能够使王权获得永固之效的恰恰是王德对民的榜样力量和激励。因而,你哪怕是一个十恶不赦的恶棍,一旦不幸成了王,你也必须具备王德,成为民的榜样,塑造出民德来。然而,王们大都缺德,于是,惯常以抢夺的方式得到王权的王们,不得不考虑对王德的虚构,这一伟大的工作恰恰落实在怂恿和帮助王们抢夺天下的股肱大臣(谋士)们身上,并只能由他们来完成。

对第一个问题的认知解决为审视第二个问题提供了可能性路径:先秦诸子之所以如此热衷于以“先王之道”为准则并努力从不同方面进一步虚构“王德”,是因为通过召公、周公们所虚构起来的西周王德,竟在持续不到300年时间内就处于被消解的危机之中,而消解其虚构出来的王德权威的恰恰也是梦想着有拥有王德权威的诸侯们。庄子在《天下篇》中将周之后期的这种王德权威失落的状况概括为“道术将为天下裂”,[1]构成诸子们所面对的时代现实;要重新打造这一现实的努力,构成诸子们自觉担当的责任,并且也成为诸子们的必然的命运,或者说使命。

对于先秦诸子,后世的研究可谓汗牛充栋。但却从不同方面共同强化了一种偏见,总是将诸子们的学说、见解、思想及其救世方案,视为互不相容

---

① 《诸子集成:庄子集解》,中华书局,2006年,第216页。

的水火，以至于形成汉代的"罢黜百家"局面及其"攻乎异端"的偏激学术发展史。

后世学者们所形成的这种共同偏见，实源于对中国文化传统源头的想象性无知，即各自以其自为性张扬的狭隘视野和认知，主观地认为自己所信守的先秦一脉在其本质上不可能与他者通融，比如，后世的儒家和道家学者虽然也在许多时候大谈儒道互补，其实都是在其"术"流而不是在其"道"源上论，即儒道只是在经世致用方面互补。比如面对杨朱和墨家学说，孟子将其定性为"禽兽"的学问①，由此形成一种偏激地对待杨墨的传统。另一方面，先秦法家一直被后世视为洪水猛兽，即使在"以法治国"的今天，法家的思想仍然没有被客观地正视。这种观念盛行却得益于诸如司马迁、班固等史学家们基于王德传统而对法家的武断定性。后世对先秦诸子的这种割裂性看待，却忽视了先秦诸子们信守的共同准则和所表达的共同理想，是其"先王之道"。诸子们心中的"先王之道"，实质上是王德之道。周之后期，诸侯日渐坐大，具有更大野心的诸侯做起"挟天子令诸侯"的美梦来，王权由此下降，但审查其内在文化精神根源，却是虚构的王德衰落；王德衰落，在于王权统摄下的诸侯们发现了王德的虚构性和由此而形成的王德权威在强权面前的绝对脆弱性。然而，作为以捍卫和传承文化为己任的先秦诸子们却坚信，文明得以保持和进步的根本保证是社会有序，但其绝对前提却是民厚其德，民厚其德的前提是民固其德。什么力量可厚和能固其民德？在诸子们看来只能是王德。不管这王德源于实诚的作为还是源于对历史的虚构，只要有其发挥固厚民德的功能，它就是真实的，就应该去守护和捍卫。

然而，诸子们所信仰的王德到底由哪些具体内涵构成？这是确证伦理之当代复兴蓝图内容的关键所在。

从整体讲，文明的根乃哲学思想，它以神话和宗教为土壤。古希腊文明的根是自然哲学，由此形成以关注自然为中心的认知方式来虚构的德，只能是自然法则、自然道德。由于特定的地缘环境，中华文明的根却是政治哲学，由此形成以关注人伦为中心的认知方式来虚构的德，只能是血缘主义的

---

①《诸子集成：孟子正义》，中华书局，2006年，第269页。

王德。①

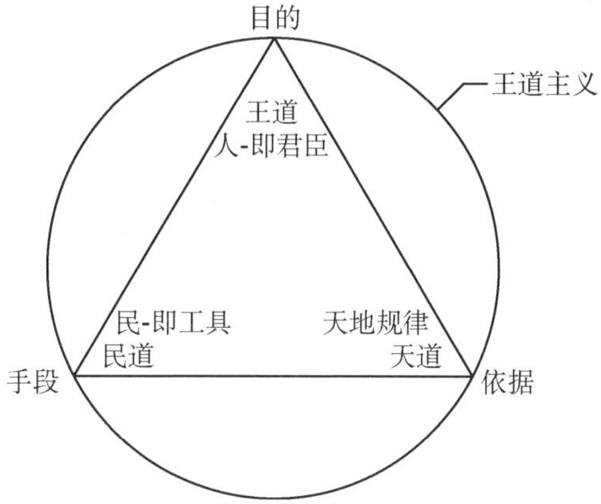

[2-2 王道主义的王德构成内涵及价值诉求]

王德是中华伦理文明的奠基性内容，它在《尚书》里面得到清晰的描述：

曰若稽古帝尧，曰放勋，钦、明、文、思、安安，允恭克让，光被四表，格于上下。克明俊德，以亲九族。九族既睦，平章百姓。百姓昭明，协和万邦。黎民于变时雍。(《尧典》)②

这是中国伦理文明的第一个奠基性神话，它产生的时间应在殷商之前，因为现在被确认为史实的《汤誓》《汤诰》中关于商为何要灭夏的唯一合法理由是夏王桀丧失王德从而导致民不聊生，成汤反桀灭夏的目的，就是重振王德。在《尧典》这个神话里，没有征服、抗衡、斗争、暴力和流血，王孤身一人，除了自我约束，既不受到挑战也不受制约，因为他为人恭敬、克己、谦逊、尊敬并关爱，这些品质体现在他对百姓的关爱如同父亲对儿女的关怀中，天下百姓和睦一定，与天地合一。

尧将其王德传递给舜："曰若稽古帝舜，曰重华协于帝。浚咨文明，温恭

① 唐代兴：《先秦思想札记》，巴蜀书社，2009年，第19-82页。

② (清)阮元校刻：《十三经注疏·尚书正义》，中华书局，2008年，第118页。

允塞，玄德升闻，乃命以位。慎徽五典，五典克従；纳于百揆，百揆时叙；宾于四门，四门穆穆；纳于大麓，烈风雷雨弗迷。”（《虞书·舜典》）[①]舜将其王德传递给禹：“德惟善政，政在养民。水、火、金、木、土、谷，惟修；正德、利用、厚生、惟和。九功惟叙，九叙惟歌。戒之用休，董之用威，劝之以九歌俾勿坏。”（《虞书·大禹谟》）[②]禹虽然开创了夏（约公元前2070—公元前1600），将王位传给自己的儿子启，开启了私天下的历史，但其王德却未能复传，最终却被汤继承了，或可说禹将其王德传递给商汤“惟皇上帝，降衷于下民。若有恒性，克绥厥猷惟后，…… 凡我造邦，无从匪彝，无即慆淫。各守尔典，以承天休。”（《汤诰》）[③]成汤又将其王德传递给文王，“文王在上，於昭于天. 周虽旧邦，其命维新。有周不显，帝命不量。文王陟降，在帝左右。……穆穆文王，於缉熙敬止。假哉天命，有商孙子。”（《诗·文王》）[④]文王将其王德传递给武王、召公、周公。其后，就是天下道术分裂，这为孟子所概括：“尧舜既没，圣人之道衰。暴君代作，坏宫室以为汙池，民无所安息；弃田以为园囿，使民不得衣食。”（《孟子·滕文公》下）[⑤]尧舜没，尧舜身体力行所构筑起来王德虽一代代传递，但总是遵循**边际递减法则**而每传必衰，直至召公周公没，这种衰退突破其临界点，于是就产生了天下道术分裂。道术分裂的实质就是王德不存。王德不存当然是指王德中断了自我传承，但其现实的标志却是王无德，王无德所引发出来的必是臣（官）无德，臣无德泛滥的必然结果是民皆无德。“尧舜既没，圣人之道衰”的另一个结果是必然呼唤拯救，由此诸子们必应运而生。“道术将为天下裂”，是诸子生得其时的土壤、环境；诸子生而逢其时的使命，就是重新弥合业已分裂的道术，使之重新统一于王德。

综上，诸子之前经由夏商西周所虚构性经营的王德，就是以王道为目的、以天道为依据、以民道为手段所构筑起来的。先秦诸子们却审世度时，

① （清）阮元校刻：《十三经注疏·尚书正义》，中华书局，2008年，第125-126页。

② （清）阮元校刻：《十三经注疏·尚书正义》，中华书局，2008年，第135页。

③ （清）阮元校刻：《十三经注疏·尚书正义》，中华书局，2008年，第162页。

④ （清）阮元校刻：《十三经注疏·尚书正义》，中华书局，2008年，第503-504页。

⑤ 《诸子集成·孟子正义》，中华书局，2006年，第264页。

将其王德一分为四，分别构筑起正宗王道论、变种王道论、民道论和天道论。

正宗的王道论，由孔子所开，子思、孟子、荀子等所因革。

变种的王道论乃霸王论，即由霸而王，它由管仲所开，李悝、吴起、商鞅、韩非等所因革。

天道论，由老子所开，文子、杨朱、庄子等因革。

民道论，由墨翟所开，禽滑离、胡非、孟胜、随巢、宋钘以及尹文、许行等因革。

先秦时代是周天子王权衰微而天下道术分裂的时代。诸子们围绕如何将分裂了的道术予以重新再造与统一而展开拯救性探索，但他们各自确立审查时代问题的出发点却不一样，形成看待天下道术分裂的视野与态度亦各有所异，自然形成其解决时代问题的方法和途径也各具个性：老子所开的天道学派，他们从自然主义出发，提出“去欲”“静心”“无为”的方案来解决“道术将为天下裂”的时代困境，并设计出实施此一方案的具体操作路径，即“贵生”“养生”“长生”。孔子所开的君子学说，习守王德的正统大道，提出“以仁入礼”的人伦主义方案来解决“道术将为天下裂”的时代困境，其具体路径是以“尊尊”和“亲亲”为准则的“仁人”主义教化。由墨子所开的墨学，却从维护平民利益的角度出发，提供一套反战主义方案来解决“道术将为天下裂”的时代状况，其具体操作路径是“兼爱”“非攻”“尚同”“非乐”。从整体观，无论是老子一派还是孔子一脉，或是墨子一学，都体现出无视人性与权力的双重现实的天真理想主义，因为老子一派宣扬的是自然主义理想，孔子一脉崇尚的是人伦主义理想，墨子一学热衷的是博爱主义理想。但在先秦这一时代舞台上，理想之于欲望横生的人性和野性无度的权力，终究不能变成普遍的现实。由管仲所开的霸王学派（即后来的法家），却以政治思想家和政治实践家的敏锐和深邃，正视人性和权力的双重现实，提出切实可行的解决天下道术分裂的时代状况的行动方案，这就是“以刑入礼”的刑赏主义行动方案。

然而，先秦诸子无论从什么角度切入，提出什么主张和解救时世的行动方案，形成什么思想派别，他们都没有抛弃上古的王德主义，并且都企图从不同角度入手来重拯上古的王德主义。并在重拯王德主义的努力中，诸子所开创出来的不同学派，又体现了各自的认知个性、思想个性、方法个性。并且，这些个性中又蕴含其共同的伦理理想、伦理思想-精神和伦理方法-准则。正是这些共同的伦理智慧财富，才构成了伦理之当代复兴的蓝图内容，即框架性或指南性内容。

第一，伦理之当代复兴的动力性内容是群己权界的自由精神。

自由是生之动力，是人伦智慧的灵魂，是学和学术的源泉。夏、商、西周三代，学和学术都在官府，这种学独于官府所体现出来的根本弊病有二：一是君有学而民无学，并且“上级有学而下级无学”；二是“有官学而无私学”，故凡“专制之时代，不独政界无自由之权也，即学界亦无自由之权。故威权极盛之世，学术皆定于一尊”。[①] 在人们看来，学术定于一尊始于汉武帝“罢黜百家”，但从史实观，汉武帝不过是启用了“周代之陈法”，即“周王用读书以愚民”：上古“官守师儒并合未歧，官学既兴，私学禁立，致所学定于一尊。虽私意不昌，道一风同，然愚民政术，已开秦政之先。”[②]西周东迁，是为春秋。春秋的社会政治和学术生态是“天子失官，学在四夷”[③]。天子丧失向邦国委派执政官员的权力，不仅导致诸侯坐大，而且导致学播民间，自由之思想自然孕育生成言论思想自由之精神：“言论思想之自由，至战国而极”[④]，它的丰硕果实非它，乃诸子诞生及其学术繁荣，思想流派纷呈。诸子诞生及学术繁荣，又推动思想自由和学术自由精神的发扬光大。秦以降，汉武帝听从董仲舒建议，启用“周代之陈法”而“罢黜百家”，开启“攻乎异端”的学术-思想逆流，以至于后来发展到全民化的“党同伐异”，民族文化、国家精神的承传基因几被坏死。所以伦理复兴回到先秦去的首要任务，是重新翻耕先秦自由思想的文化土壤，重振先秦自由思想精神和学术精神，这是先秦伦理重获当代新生的根本前提。

第二，伦理之当代复兴的奠基性内容是自然主义人性论。

---

① 刘光汉：《论古学出于史官》，《国粹学报》，第 1 年第 1 期。

② 刘光汉：《补论古学出于史官》，《国粹学报》，第 2 年第 5 期。

③ 郭丹、程小青、李彬源译注：《左传》下册，中华书局，2016 年，第 1846 页。

④ 转引罗志田：《国家与学术：清季民初关于“国学”的思想论争》，生活 · 读书 · 新知三联书店，2003 年，第 39 页。

中国最早的文化典籍《尚书》《诗经》《左传》《国语》中涉及到人性方面的思考。整体观之，《尚书》和《诗经》里面所论的人性，更多地呈现自然主义倾向；《左传》中所论的人性，主要地呈现天命主义倾向；与此不同，《国语》里面所论的人性，却体现出民道主义的基本价值取向。从春秋至于战国，有关于人性的思考也获得了因革，即对如上的人性论思想予以了时代性的整合重构，形成内涵丰富的自然主义人性论，管仲、老子、孔子、墨子、杨朱、庄子等思想家都对人性问题予以了自然主义思考，比如孔子关于“性相近，习相远”[1]的思想，既是对古代自然主义人性论思想的总结，又是对自然主义人性论思想的当世发展，即开启了后来之性善、性恶、性不善不恶等不同人性论探索。先秦诸子所承传发展的自然主义人性论思想从整体上呈现出四个特征，即天性主义、欲望主义、生机主义和适度主义。以管仲为代表的法家推崇天性主义，强调人性是天赋的自然事实，由此提出“俗之所欲，因而予之，俗之所否，因而去之”[2]的功利主义治世策略。自然主义人性思想发展到老子那里，认为人性即是欲望，其实质内容是对利益的需求与渴望，以及对损害的畏惧与企求避免或消解；同时，欲望也是生命力量向外扩张的自然敞开形式，其本能的目的却是保存生命。基于如此认知，老子提出弃欲守性的人性理论，并以此为认知基础演绎出独特的文明倒退论历史观。老子的人性论思想通过文子、杨朱和再传弟子庄子而得到承传与发展。文子提出了节欲从性的人性论，主张人应该保持或恢复人之为人的自然本性，不为富贵贫贱失其性，也不为外物诱惑害其性，应该自治性情，做到自然清静，恬淡无为，以适其性，涵养其生，保全性命。文子的节欲从性论实际上是一种适度欲望理论。这种适度欲望的人性理论所讲的适度，就是不伤自然本性，以对天赋自然本性的保全为欲望追求与满足的绝对原则(《文子·九守》)。杨朱，这个一直不被后人善待的伟大思想家和伦理学家，却提出“不拔一毫”的自然主义人性论思想，这一人性论思想的伦理实质是“你的是你的，我的是我的，不能相互侵犯”，它所表达出来的基本伦理原理，即**合理利己**的原理，

① 杨伯峻译注：《论语译注》，中华书局，2004年，第181页。
② (汉)司马迁：《史记》，岳麓书社，1988年，第492页。

这一道德原理恰恰构成人的日常生活的基本道德要求和道德规范。进一步讲，杨朱"不拔一毫"的人性论思想还揭示了一种具有普遍指涉性的生命生存原则，即轻物重生的生命原则，遵循这一人性原则的唯一目的是"全性保真"。

经验论哲学家休谟认为，"一切科学对于人性总是或多或少地有些关系，任何学科不论似乎与人性离得多远，它们总是会通过这样或那样的途径回到人性。即使数学，自然哲学和自然宗教，也都是在某种程度上依靠于人的科学；因为这些科学是在人类的认识范围之内，并且是根据他的能力和官能而被判断的。"①人性是人类精神探索的原点，是所有科学得以建立的牢固基石，更是社会政治、经济、教育、文化健康发展的最终指南。伦理复兴的奠基任务，就是为当代文明的重建提供健康的人性指南。先秦诸子所构建起来的自然主义人性论思想智慧，却为其提供了这方面的可能性。比如，今天所面临的道德沉沦、美德消隐现实，其根源是人性被物欲奴役或异化。从认知论角度讲，这恰好表明经济越发展，物质越丰富，人们对人性的认知反而更浅表，或者不愿意于知。复兴伦理，应以复兴先秦自然主义人性论思想为奠基功夫。比如，孔子的自然主义人性论思想，可以为我们重新审查各种形式的道德人性论及其所带来的危害，提供认知基础和方法论视域。再比如，老子弃欲守性的人性论思想、文子节欲从性的人性论思想，应该是医治当代人性泛滥、欲望横流的一剂良药。又比如，当代进程中如何提升根本的生命伦理认知、矫正基本的道德准则及生活方法，杨朱的合理利己和重生轻物的人性论应该是很好的思想资源。

第三，伦理之当代复兴的根本内容是功利论道德原则和方法。

过去，人们一直将功利论思想当成洪水猛兽，并将功利主义与道德对立，从根本讲，这是对伦理的历史性的无知所形成的将功利主义与实利主义、势利主义相等同的谬见。客观论之，实利主义以追求私利最大化为目的，为此可逾越任何社会规则和限制，所以，实利主义所信奉的是"只讲目的，不讲手段"和"为达目的，不择手段"。但实利主义追求私利最大化，却靠

① [英]休谟：《人性论》，关文运译，商务印书馆，1983年，第6-7页。

自己的本事、自己的能力以及自己"干任何坏事没有心理阻碍"的强力意志。与此不同，势利主义也追求私利最大化，但却要依附于强权，其所信奉的是"有奶就是娘"；与实利主义相比，实利主义更远离人性。功利主义却是合理的利己主义。西方人对功利主义的经典(即传统)规定是必须遵循两个社会原则：一是"最大多数人最大幸福"；二是"一个人只能算一个，不能算成几个"。前一个原则规定人追求己利时必须考虑他者的利益，并且主张当己利与社会公共利益发生冲突时，应以社会公共利益为重；后一个原则规定平等，其具体行为规范或利益规范是权责对等。概括地讲，功利主义就是斯图亚特·穆勒所讲的"群己权界"原则，即"我的自由止于你的鼻尖"。

功利主义思想并不是西方人的专利，它也是先秦伦理的基本思想。这一思想在法家学说和政治实践中体现得尤为充分。但不能忽略的是，功利论原则仍然构成孔学的基本道德原则，并且更构成孔子道德哲学的根本方法论。比如，爱有差等的原则和"己所不欲，勿施于人"的利害权衡准则，就是功利论道德原则：爱有差等，是功利主义道德的认知论原则；己所不欲，勿施于人，是功利主义道德的行为操作原则。中庸，却是孔子道德哲学的方法论。在过去，我们将中庸(包括对亚里士多德的"中道")理解为是美德，是道义论，其实是无知带来的认知曲解。道义论是美德方法论，美德讲无私奉献或自我牺牲：无私奉献行为必以自我损失(即放弃)即将得到的合法利益为前提条件；自我牺牲行为必以自我损失已有的合法利益为代价。美德求义，所以它必须遵循**舍利执爱的**伦理原理，而追求**个性自由**。基于此，美德行为从来不中庸，中庸的行为只能是利害权衡的道德行为，因为中庸讲的是不偏颇、不偏激、恰到好处，时中，这需要权衡，在许多时候更需要计算。孔子以降，不仅荀子的思想贯穿了很强的功利论道德智慧，而最为后世儒家所推崇的孟子，也强调功利论。在《梁惠王》上篇中，孟子与梁惠王之"利义"对话，后世的释家们往往想当然地以此为据来判定孟子伦理思想只有义而无利的立锥之地，然而，孟子与梁惠王对话的实情实境却不是如此——孟子阐发仁政的精髓，就是君王无私利，只能求公利(即义)，即君王所求之义(即公利)，就是为民谋利。所以，仁政之于君王，只能杜私利而求义；但仁政之民，则必须求利而方可"道之以德"。

功利主义并不高尚，因为功利主义讲求利己，并且遵循利己不损他或利己亦利他的道德原则；高尚的是美德，因为它追求无私奉献和自我牺牲。但功利主义却是群己权界的认知基础，是社会秩序构建的基石。以功利主义思想为指南和规范的功利论，却是基本的道德规则和道德方法论，无论对个人还是对社会组织、政府或党派团体来讲，一切求群、适群、合群的道德行为，都必须接受功利论原则的规训和功利论方法的引导。所以，伦理复兴必须以复兴先秦的功利主义思想和功利论规范和方法论，并在此基础上复兴先秦之美德伦理和道义论传统。因为，从现实及其实际操作方法角度看，我们所面临的美德消隐，实际上由道德沉沦所引发。由先秦所发展起来的功利主义思想遭受全面抑制，虽然在其沉闷的历史进程中也不乏有人意欲于振兴（比如南宋陈亮等人），但最终既没有获得理论上的影响，更没有形成生活实践上的探索。先秦以降其“经世致用”的思想往往从士-官僚和民众两个层面滑向了实利主义和势利主义的泥潭，以至于形成中国社会即无论官僚-知识阶层社会，还是民众社会，都缺乏功利主义的思想基础，功利论道德规则与道德方法，却更多地被扭曲为实利主义或势利主义，并用实利主义和势利主义来混淆或取代功利主义，社会道德生活的阵地，几乎全由实利主义和势利主义所主导。改变这一具有深厚历史土壤的社会道德状况，其必要的努力就是重新抉发先秦功利主义思想资源和功利论道德规范和方法论资源，重振功利论的社会道德。

第四，伦理之当代复兴的基本内容是士-士大夫精神。

先秦的士和士大夫，相当于近代以来西方社会所讲的“知识分子”。从中外历史观，知识分子之成为最受崇敬的阶层，不仅在于他们拥有理解、传播、解释或创造人类知识和思想的能力，其根本在于他具有规范、引导、激励民众、官员、政府及其整个社会和民族国家健康向前的力量，即在他们身上，“除了献身于专业工作以外，同时还必须深切地关怀着国家、社会以至于世界上一切有关公共利害之事，而且这种关怀又必须是超越于个人（包括个人所属的小团体）的私利之上的。所以有人指出，‘知识分子’事实上具有一种宗教承当的精神”[①]和力量，这些精神和力量可以简要地概括为：第一，为社会而活的责任力量、责任精神、责任道德；第二，为文明而生的（承传民族文化和人类文明的）使命意识、使命精神、使命责任、使命力量。知识分子的这两种责任、两种力量和两种伦理精神传统是知识分子必须具备能够成为知识分子的根底伦理精神，是其他一切品质、能力的生成母体和动力。当代社会要度过世界风险社会和全球生态危机，获得最终的生存自救，需要重建知识分子为社会而活的责任能力、为文化承传和文明而生的使命精神。这种精神和能力的重建可以通过复兴来实现。因为，诸子的伟大，不仅在于他们创造了光照千秋的学术和思想，其根本在于他们各自以终身不辍的践行，共同构筑起了士及士大夫精神，这种精神一直延续到明清（比如方孝孺、海瑞、吕留良等）和民国（比如胡适、梁漱溟、陈寅恪等）。

先秦包括诸子在内的士及士大夫精神，集中表现在如下四个方面，并构成复兴先秦士精神的下手功夫：

一是生于斯而救于斯的**拯救精神**。孔子，无论游国还是被后人虚构的晚年编著和校注文化经典，真正做到了终身不二，“守死善道”；商鞅为推动变法而最终以身护法，但却为秦国最终摧毁封建世袭制度奠定了基础，为边远的秦国最终强大并担当统一大业创建了制度的保障。孟子以帝王师自命而于诸侯间奔波不息，其人生主题仍然是以仁政思想来拯救时势；墨子及其社团的实践斗争史更是贯穿了拯救社会的大勇大义。

二是以道义为准则的**独立精神**。知识分子的独立始终相对政治才获得意义，独立于政治和强权，不做政治的工具和强权的奴隶，这是衡量有知识有文化甚至有思想的人是否是一个**真正的**士（即知识分子）的**根本**标志。文化繁荣、思想前进、科学进步的程度，取决于知识分子独立的精神的有无。知识分子独立精神的形成，取决于两点：一是明确定位自己在政治中的角色；二是始终不渝地坚守自己的人生责任和文化思想承传创新使命。这两点恰恰构成了先秦诸子的基本操守：“君臣之义，域中第一事，人伦之至大。此节一失，虽有功业作为，无足以赎其罪者。”（吕留良：《四书讲义》，第17

① 余英时：《士与中国文化》，上海人民出版社，2014年，第2页。

卷)“君臣以义合,合则为君臣,不合则可去。”(吕留良:《四书讲义》,第37卷)士-士大夫与君王之间原本是一种“道义”关系,这里的“道义”既指责任,更是游戏规则;君主以君的邦国责任、民生责任为主,并凡事去私欲、重民权、讲公理、守法则、行道德,那么就与之合作;反之,士-士大夫就规劝、引导或者拒绝合作。吕留良将此视为士-士大夫的“人伦之至大”,并认为如果丧失此气节、操守,哪怕是有再大的作为和功业,也不足以抵其罪过。士-士大夫与君主(即政治)之道义关系,是士-士大夫有德的根本标志,士-士大夫一旦模糊或抛弃了这种“道义”关系而成为奴才和工具,就是在犯罪,并且只能是永不可恕的社会-历史罪人。吕留良此论,恰恰是对先秦诸子的伦理精神传统的守护与播扬:先秦诸子们至伟的文化功业和思想成就,均来自于这种以道义为准则的独立精神,即“士志于道”的精神。这种独立精神的最早阐述者是孔子:齐景公问政,孔子告诉他,“君君,臣臣,父父,子子。”①孔子认为,最大的政治,就是君主明确自己的身份并履行好自己的责任;最根本的治理,就是君主以自己的行动为榜样引导和规范所有人各自明确自己的社会角色和责任,并履行好各自的社会角色和责任。因为,君臣不仅是上下级关系,本质上是责任关系、道义关系,而且其上下级关系是建立在道义、责任关系基础上的,如果道义、责任关系不存在了,上下级关系就可随之结束。这就是先秦士-士大夫在政治、王权甚至暴力面前所终身必守的“善道”:“笃信好学,守死善道。危邦不入,乱邦不居,天下有道则见,无道则隐。邦有道,贫且贱焉,耻也。邦无道,富且贵焉,耻也。”②复兴这一终身必守的“善道”,再造文化人的政治责任和政治道义,弘扬先秦诸子的如上伦理精神,这是伦理当代复兴的根本内容。

三是真诚而虔敬的**民本关怀精神**。孔子对民的至诚同情与理解,孟子对民生主义的仁政理想的奔走呼号,墨子以民生为第一要义所构建起来的颇具现代意义的“兼爱”“非攻”“尚同”“节俭”思想及其社会实践,以及法家们致力“富民富国”而以生命投入探索法治改革……都体现了先秦诸子真诚

① 杨伯峻译注:《论语译注》,中华书局,2004年,第128页。
② 杨伯峻译注:《论语译注》,中华书局,2004年,第82页。

虔敬的民本关怀精神。先秦诸子各自所设计的拯救业已分裂了的“天下道术”的行动方案，从不同角度切入贯穿其民本关怀主题。正是这种真诚虔敬的民本关怀意识和真情、民本关怀思考和探求精神，才坚强起诸子拯救时代的责任，并不断提升诸子承传和创新文化、学术、思想的使命。从根本讲，孔子以及诸子们终身“守死”的“善道”的完整含义有三：君臣“道义”准则及政治独立精神、真诚的民本关怀努力和文化、学术、思想的承传鼎新精神。先秦诸子“守死善道”的精神恰恰是今日文化人所根本缺乏者，其中，对民的无视、对民本的无知、对民生状况的麻木，恰恰构成了文化人渴望堕落、追求堕落的内在动因。复兴先秦伦理，必要复兴诸子真诚虔敬的民本关怀情感和精神力量。

四是学而不辍的**志业精神**，这是先秦诸子“守死善道”、成就自己的最终动力和智慧源泉。

学而精神，即是学而且不失时机地内省与践行的精神；学而不辍的志业精神，是指将学且不失时机地内省和践行（文化、学术、思想以及运用它来改变社会）作为人生事业，这种精神首先由孔子所阐发，其后孟子、荀子等人从理论认知和实践操作两个方面予以播扬，到汉代学人予以系统总结提炼为《大学》和《中庸》，并经过宋儒的努力而将其作为统编教材内容（即《四书》）而化育后人。

先秦诸子学而不辍的志业精神，首先将学而与生活、人生联系起来，使之构成一个生成构建性的整体。“学而时习之，不亦说乎？有朋自远方来，不亦乐乎？人不知而不愠，不亦君子乎？”[①]既揭示了学的视域范围，学知识、学知人（包括知他人和知自己）和学做人；也揭示了学有三乐，即知识之乐、知人之乐和做人之乐；更揭示了学与习的生成关系中所蕴含的志业原理，这就是为《中庸》所总结的博学、审问、慎思、明辨、笃行。博学，是志业精进的知识接受原理；审问，是志业精进的问题发现原理；慎思，是志业精进的自我反思原理；明辨，是志业精进的思想生成原理；笃行，是志业精进的身体力行原理。先秦诸子之志业大成，并对时代和后世产生巨大影响力，均遵循

① 杨伯峻译注：《论语译注》，中华书局，2004年，第1页。

如上五大志业精进原理而学而不辍。

先秦诸子以生命和热血、理想和人生铸造的学而不辍的志业精神，几乎被近代以来的实利主义和势利主义所消解。正是在这样一个“学而”精神和“学而”伦理的荒野上，复兴先秦诸子所创构起来的学而不辍的志业精神，才成为复兴文化人的知识分子精神和独立思想-人格的前提性工作。从根本讲，伦理复兴的本质是人的复兴。人的复兴的可能性程度，取决于作为文化人的知识分子精神和独立思想-人格的复兴。所以，复兴文化人的知识分子伦理精神和伦理理想，是构成伦理复兴的希望所在。

第3章 传统伦理的当代转换

内容摘要 当代伦理道德重构必然涉及传统伦理资源的开发与运用。开发、运用传统伦理资源，所涉及的一个前提性问题是传统伦理资源向当代有效转换如何可能？对这一前提问题的求证，既涉及到重新审查传统伦理的视域范围，也涉及到对传统伦理的实质构成内容、本质规定和价值导向的重新确认，更涉及到传统伦理资源向当代转换的原则确立与方法探讨。此三者，构成本章讨论的基本内容，并企图通过这种讨论，为传统伦理资源的当代转换提供认知视域、价值原则和宏观操作方法。

在当代社会，世界化进程几乎构成每个国家的生存主题，然而每个国家的世界化进程都是以本民族文化精神的个性化发展为根本标志。一个国家要在世界化进程中通过弘扬自己民族的文化精神个性来发展自己，则必须本民族文化传统的滋养，因为“一个民族失去了其自身的民族文化的传统，将是不可能充分吸收外来思想文化的，更不可能使自己的思想文化走在其他民族的前面。”①“西方16、17世纪以后的历史发展告诉我们，任何一个古老的文明，如不能使原有的价值系统、人格结构、生活方式激起创造性的变革，很难形成一个真正富有自由民主精神的现代化国家。”②韦政通先生所言极是，在当代的世界化进程中，中国要把自己建设成富有自由民主精神的国家，必须弘扬自己的古老文明传统。古老而灿烂的中华文明，是一种以伦

① 成中英：《中国文化的现代化与世界化》，总序，中国和平出版社，1988年，第5－6页。

② 韦政通：《伦理思想的突破》，自序，中国人民大学出版社，2005年，第1页。

理道德为基石、以政治为主导方式的文明形态，其文明传统所蕴含的价值系统、人格结构、生活方式之核心精神，是伦理理想。因而，如何弘扬中华古老文明传统的实质问题，就是传统伦理（理想、思想、精神、方法、规范）向当代生活实现如何可能？这一问题也可以简化为：当代伦理道德建设如何对待和运用自身伦理传统资源的问题？对这一问题的谋求解决，必然要牵涉出下面三个方面的内容来，并求得认知上的解决：

(1) 传统伦理的指涉范围；

(2) 传统伦理的性质定位；

(3) 传统伦理指涉当代的可能性条件。

1. 传统伦理的指涉范围

今天，我们一说传统，就会毫不犹豫地把它与孔子联系，进而将孔子与儒学联系起来，因为在人们的日常思维中，中国文化的传统就是儒学。这种看法不能说不对，但也不能说全对。因为儒学确实是中国文化传统、思想传统、伦理政治思想传统以及教育思想传统之重要内容，但儒学绝不是中国文化思想精神传统的全部。这是我们审视传统时所必须考虑的。

严格说来，传统应该有两个层面的指涉，一是古代层面的传统，一是现代层面的传统。古代与现代之分水岭，应该是推翻帝制、建立共和。在此之前是古代传统，在此之后即是现代传统。我们在这里所讲的主要指古代传统。

古代传统以秦汉以降至清代为河流，以先秦诸子为本源，以传说中的三皇五帝及夏、商、周三代为源头。在中国文化的源头上，其源头传统可以概括为“王官之学”。王官之学发展到春秋战国时代，就分为诸子百家。其实，诸子是否有“百家”并不重要，在这里只是言先秦学术之自由，学派之多，言春秋战国时代文化思想之繁荣。这些众多的学术思想流派，都不过是“王官之学”这个源头传统派生出来的。由传说中的三皇五帝及夏、再由夏而商至周所形成的“王官之学”，是对王道、民道、天道的统合之学，即以王道为目的、以民道为手段、以天道为依据所形成的核心精神框架和原初价值蓝图，构成了王官之学的基本内容。到了平王东迁之后的春秋战国时期，王官之学一分为四，形成了天道论、民道论、王道论及其变种等新传统。其中，天道论的开创者是老子，由此形成文子、杨朱、庄子等思想大家；民道论为墨子所发扬而形成墨学学派。王道论在先秦一分为二：革新自我而迎合时势的一支是霸王论，此由管仲所开创，吴起、商鞅、申不害、慎到、韩非所继之发扬；二是讲述传统的另一支是王道论，这就是后世所称的儒家，它由孔子开创，子思、孟子、荀子等承传之。因而，由三皇五帝及夏、商、周三代所形成的源头传统，发展到春秋战国时，才汇聚形成先秦这个（文化思想精神的）大本营，这个大本营，才形成真正相对定型而完整的中华文明传统源泉，它由王道论、霸王论、民道论、天道论四大学派构成，期间经历战国时期思想文化的融合，又形成许多相互交叉的分支学派。大而划之，中国的源头传统，是由"王官之学"所发展而来的王道论、霸王论、民道论、天道论四者的整合表述。

战国以降，秦统一六国建立大一统之秦王朝，其思想文化的主导，是霸王学，但并非排斥其他。因霸王学自管仲创立发展到韩非子那里，已经走向了综合之道，韩非子讲法、术、势的统一，其实已经是融进天道、民道和儒家的王道思想于其中。秦亡而继之以汉，汉初行黄老之术治天下，只是特定的时势所逼，一旦时势消解，其放任无为的黄老之术很快被抛弃而"独尊儒术"。但此时的儒，已不是孔子所讲述的纯粹的古代的王道传统了。因为，孔子所讲述的古代王道传统，经历孟子一变，强调对君主之仁的要求，突出仁政的根本性，加重民本思想的成分；再经历荀子一变，融进了霸王论之法家的精神内容；后又经历董仲舒一变，融进天道论思想精神于其中。因而，自汉武帝"罢黜百家，独尊儒术"以来，其儒术也不过是以王道论为主导，而融合贯通了天道论、民道论、霸王论于其中。

所以，当我们讲"传统伦理"时，实际上所遭遇到的是一个"大词"：传统伦理并不只是儒家伦理，而是指以天道论的道家伦理、民道论的墨家伦理、霸王论的法家伦理、王道论的儒家伦理为主要内容的整个古代伦理，当然，儒家伦理是其主导伦理。审查传统伦理向当代转换何以可能，则必须具有这样一种开放的正常姿态和范围视域，否则，就会陷入片面而流于论述的空疏之窘境。

2. 传统伦理的实质内容

一论及中国文化传统，无疑会想到"伦理本位"这个概念：中国文化是一种伦理本位的文化。有关于中国文化的伦理本位性，保守主义者认为伦理本位构成了中华文化的自身特征，是最该珍视和发扬的国粹；革命主义者则认为中国的贫穷、封闭、保守、落后，都与其文化的伦理本位相关。对中国文化的伦理本位所持的这两种看待，形成了取舍传统伦理的两种姿态。

其实，这两种看待中国文化之伦理本位的姿态都不可取，因为它们都体现其认知的偏颇与片面。客观地讲，中国文化所体现出来的伦理本位观，并不是中国文化的独有特征，而是人类世界所有文化的内在价值构成。文化的伦理本位观，不过是人类文化的基本事实。从根本讲，在社会构成中，制度、法律、道德、艺术，以及政治运作或日常生活，都应该且必须以伦理为其提供目标、原理、标准、尺度、价值导向系统和行为规范体系。所以，每种文化其实都是**以伦理为**本位的。根本的问题不在文化是不是以伦理为本位，而在于一种文化是**以什么伦理为本位**，这才是不同民族所创造的文化有其自身特征的根本缘由所在。

以此姿态来考察中国传统伦理的实质内容，应该透过其伦理本位而探查其伦理本位构成的根本依据、尺度、标准。有关于此，孔子的思想似乎给我们提供了很好的路径：

> 叶公语孔子曰："吾党有直躬者，其父攘羊，而子证之。"
>
> 孔子曰："吾党之直者异于是：父为子隐，子为父隐。直在其中矣。"①

正直是德性之一标准，也是德性之体现。但在孔子看来，人的正直与否，必须纳于具体的生存境遇之中来判断。具体的生存境遇之于人而言，即构成了内外；内外的分水岭即是家庭、家族。家庭、家族之内与家庭、家族之外，所表现出来的正直内容是完全不同的，并且也是不能混淆的。在家庭、家族之外，所遵循的正直之道是为其"证之"，即检举、告发做坏事的人，这是正直的基本姿态，也是表达正直的基本行为模式；在家庭、家族之内，所遵循的正直之道是为其"隐之"，"父为子隐，子为父隐"，这是其基本的正直姿态，

---

① 杨伯峻译注：《论语译注》，中华书局，2004 年，第 139 页。

也是其基本的正直表达行为模式。孔子这一思想与《郭店楚简·六德》所论一致:“人有六德,三亲不断。门内之治恩掩义,门外之治义掩恩。”圣、智、仁、义、忠、信,是其六德,即六大社会公理;夫妇、父子、兄弟,乃三亲,即三大亲情。三亲不断六德,讲的是情大于理:**亲情大于公理。**

情大于理,亲情大于公理,这是中国伦理的根本特质,亦是中国文化之伦理本位的内在依据、尺度、标准。

情大于理、亲情大于公理的伦理体认-判断模式,源于两性和血缘需要。两性和血缘,构成了这种伦理体认-判断模式生成的基石。而两性和血缘所构筑的是家庭、家族,情大于理、亲情大于公理的伦理体认-判断模式,恰恰是维护和强化两性关系和血缘亲情的。这是中国社会制度和精神结构的特质。思想史家韦政通指出,“我们可以说传统伦理是家族中心的,因为以村落为中心的社会,多半就是一个家族,家族的长辈为伯叔,晚辈为子侄,同辈则以兄弟相称。五伦中有三伦(父子、夫妇、兄弟)属于家族,其余君臣、朋友虽非家庭成员,但基调上完全是家庭化的。国君无异一个大家长,故有‘君父’之称,朋友间则称兄道弟,甚至四海皆兄弟。以家族为中心的伦理,特别重视的是‘情’,情是维系伦理关系的核心。”①

情构成伦理的核心和纽带,情也构成伦理的标准与尺度。因而,中国伦理特别强调“家和万事兴”,因为和生于情。中国伦理更无法解决家庭矛盾和问题,“清官难断家务事”,是其最好的概括。因而,对中国人来讲,“家和”与“家不和”,这两种情况都根源于情对伦理的主导。因为当情构成判断家庭行为的标准和尺度,家庭就变成了一个不讲理和不能讲理的地方。同时,由于以情为伦理的标准和尺度,伦理也不能解决社会行为问题。因为情、亲情,终归属于私人范畴,是私的内容;而社会问题的解决,要寻求公理。当用私情来代替公理,自然不仅什么社会问题也得不到解决,而且还制造出许多新的社会问题与矛盾来。

伦理学所为社会提供的,不仅是私德,更重要的是公德。私德是家庭道德,它可以主情,可以由情来主导,可以因家庭的不同而其行为规范有所差

---

① 韦政通:《伦理思想的突破》,自序,中国人民大学出版社,2005年,第7页。

异。公德却是社会道德，它必须主理，以理来主导。所以，公德不能以家庭为准则，也不能以家族或个人为准则，它必须以人人为准则。在公德的层面，伦理作为一种人人共守的行为准则与规则，它必须是理的，必须是理大于情，必须要由理来判断情，由理来裁决情，由理来统情。这样，公德才获得公之品性，伦理才产生出实际的功效。

3. 传统伦理的性质定位

中国传统伦理生成的实际依据、尺度和标准是情，是两性之情和血缘亲情。以此为依据、尺度和标准，构筑起了中国传统伦理的实质内容，即君臣、父子、夫妇、兄弟、朋友五伦。孟子曰："使契为司徒，教以人伦：父子有亲，君臣有义，夫妇有别，长幼有序，朋友有信。"①君臣之间有礼义之道，父子之间有骨肉之亲，夫妻之爱必内外有别，兄弟之间有尊卑之序，朋友之间有诚信之德。这就是五伦常。五伦常是人伦的五个扇面。把社会和家庭联系成一个整体，使家庭而社会，使社会而家庭，这就是梁漱溟先生所讲的中国古代社会和伦理是相重合的。孟子所论还揭示了一个历史事实，即五伦常不是先秦创造的伦理传统，而是对远古伦理传统的继承与发展。因为五伦常在夏之前的尧舜时代就有了（虽然具体内容有所不同）：舜命商之始祖后契教民以人伦，标明人类进入文明阶段的根本标志，就是其生活行为讲人伦。其实，从已有的典籍记载，人伦意识和人伦教化，从尧时就有自觉性了："克明俊德，以亲九族。九族既睦，平章百姓。百姓昭明，协和万邦。黎民于变时雍。"②尧不仅以自身之大德光照天地，而且致力于家族和睦，因为只有使家族和睦了，才能够疏通政事，协调融洽其他所有部族。由于尧之努力，为舜开辟人伦教化之德奠定了基础。"帝舜曰重华，协于帝。浚咨文明，温恭允塞，玄德升闻，乃命以位。慎徽五典，五典克従。"③这里的"五典"即父义、母慈、兄友、弟恭、子孝之五伦。舜承帝位，赞美父义、母慈、兄友、弟恭、子孝五种伦常，并命后契教化推广此五伦常。

从这里，我们看到一个为人所忽视的史实：原初的五伦常，是纯粹的家

① 杨伯峻译注：《孟子译注》，中华书局，2000 年，第 125 页。
② 周秉钧注译：《尚书》，岳麓书社，2001 年，第 1 页。
③ 周秉钧注译：《尚书》，岳麓书社，2001 年，第 7 页。

族伦理、家庭伦理，没有社会这一维度。换言之，原初的五伦常，只限于私德范畴。尧舜均属五帝之列，五帝时代是旧石器和新石器时代，这一时代又被史学家称之为神守时代，舜之传帝位于禹，是其神守时代向社稷守时代的过渡。禹传帝位给儿子启，启结束了部族联盟的生存方式而以征服之力创建起最初形态的国家——夏。夏后来为成汤所篡夺而改朝换代为殷商，再后殷商步夏之后尘而为文武所篡夺政权。自夏而周，其原初的以“父义、母慈、兄友、弟恭、子孝”为基本内容的五伦常，完成了向“君臣、父子、夫妇、兄弟、朋友”五伦常的转换。这一转换把纯粹的家庭伦理、家族伦理扩展成了融家庭、家族和社会于一体的“家庭-社会”伦理，并实现了私德与公德的混合与统一。对五伦常内容的更新和五伦常性质的重新定位的实现，之所以经历这样漫长的生活历史，说明它的自我实现和完成，是需要条件的。在这众多的条件里，最重要、最根本的条件是实现宗法制。宗法制有两项核心内容：一是必须以血缘为基石，为纽带；二是必须在血缘基石上确立起主从关系。禹废除了王者人选的推举-禅让制度，将帝位传给儿子启，由此完成了宗法制的第一块基石的奠定，启建国，由此开创了王位血缘继承制度。殷革夏命，成汤建商，却完成了第二块基石的奠定，即建立起王位继承的嫡长子（兄终弟及和父亡子承两种并行的继承制度，都必以此为准则）制度，亦主从制度。商王武丁以自己直接出身的先王为“大示”，以旁系先王为“小示”，合祭大示的宗庙为大宗，合祭小示的宗庙为小宗。其目的是明确确立大宗的主导地位。商朝末年，嫡长子制度得到巩固，嫡庶有别。

由于王权的血缘继承制度和继承之嫡长子制度的确立，为西周分封建国奠定了基石。周武王篡夺得来殷商政权，摄政王周公基于历史的教训并根据现实的需要，以血缘宗法为准则，创建“封建亲戚以藩屏周”制度，把土地和劳动力，分别封赏给与周王室关系密切的血缘家族成员，这些受封者主要是周王室的子弟及姻亲。由此建立起稳定的君臣名分，形成一种强大的统治凝聚力和威慑力。这种分封制度实际上是一种社会分配制度。这种分配制度把国家权力、社会财富和劳动力进行了垄断性分配，它使人民丧失生存资源权和独立人身权，不得不被迫隶属于受封的士、大夫、诸侯。同时，通过这种分封制度，士、大夫、诸侯一方面获得了自己的权力天空和社会资源财产，另一方面又不得不接受严格的等级限制，层层唯封赏者的权力意志是从。在周王朝，最大的权力意志者是周天子，因而最高的垄断者是周天子，他可以封赏土地、劳动力和权力给任何人，他也可以剥夺对任何人的封赏。所以，这种封赏性质的分封制度却需要一个基础，并且，这种封赏性质的分封制度也需要一种护卫方式。这个基础和护卫方式是什么呢？是道德。马克思曾指出，"财产的任何一种社会形式都有各自的'道德'与之相适应，而那种使财产成为劳动附属品的社会财产形式，绝不会制造个人的'道德限制'，而会将个人的'道德'从阶级束缚下解放出来。"①与此相反，那种使劳动者本身变成个人财产的社会分配形式，恰恰是把个人束缚在道德的锁链之中。因为道德本身就构成了这种把劳动者变成个人财产的社会分配制度的基础。由此，过去那种完全属于家庭、家族的五伦常道德，必须要适合于当前政治的需要而予以改造，形成融统家庭、家族和社会的新五伦常道德，这就是君臣、父子、夫妇、兄弟、朋友。这种道德的实质，是以两性和血缘为核心，以家庭的延续为主线，以家族、宗族的自为发展为扩张形态。因为王权最终不过是家庭、家族权力的放大形态，由家庭、家族而国家，是宗法制的展开形态，社会道德自然也是家庭、家族道德的放大而已。这是中国古代道德的本质规定，也是中国传统伦理之所以是"情大于理"和"以情主理"的根本理由所在。

> 西方人的伦理理想道德观念就与我们很不同了。最昭著的有两点：一则西方人极重对于社会的道德，就是公德，而中国人差不多不讲，所讲的都是这人对那人的道德，就是私德。譬如西方人所说对于家庭怎样，对社会怎样，对国家怎样，对世界怎样，都为他的生活不单是这人对那人的关系而重在个人对社会大家的关系。中国人讲五伦，君臣怎样，父子怎样，夫妇怎样，兄弟怎样，朋友怎样，都是他的生活单是这人对那人的关系，没有什么个人对社会大家的关系。(例如臣对君有关系的，臣对国家实在没有直接关系)这虽看不出冲突来却很重要，中国

① 《马克思恩格斯全集》，第 17 卷，人民出版社，1979 年，第 477 页。

人只为没有那种的道德所以不会组织国家。一则中国人以服从事奉一个人为道德，臣对君，子对父，妇对夫，都是如此。所谓教忠教孝是也。而西方人简直不讲，并有相反的样子，君竟可不要。大约只有对多数人的服从没有对某个人的服从，去事奉人则更无其事。这便两方大相冲突起来，也还都为他们生活的路径不同的原故。”①

梁漱溟先生此论精彩，以血缘宗法为本质规定的中国传统伦理，它所由此形成的内在价值取向或者说根本的价值导向，即是一个“私”字。中国传统伦理之私，主要展开为两个方面：一是个人生活之私，二是政治权力之私。前者表现在私德领域，后者表现在公德领域，凡事都一个“私”字了结。这个私字表现在私德领域，基本的道德要求是“父为子隐，子为父隐”；这个私字表现在公德领域，最基本的道德是忠君护主，很少忠于国家的，因为“朕即国家”，更因为“溥天之下莫非王臣，率土之滨莫非王土”。

4. 传统伦理的转换条件

当我们初步清理了传统伦理的范围、基本构成内容、本质规定和价值导向，再回过头来讨论传统伦理的当代转换时，则面临一个实质性的问题，即传统伦理向当代转换的可能性条件是什么？有关于此，韩非子有一段宏论可以给我们以启示：

上古之世，人民少而禽兽众，人民不胜禽兽虫蛇。有圣人作，构木为巢以避群害，而民悦之，使王天下，号曰有巢氏。民食果蓏蚌蛤，腥臊恶臭而伤害腹胃，民多疾病。有圣人作，钻燧取火以化腥臊，而民说之，使王天下，号之曰燧人氏。中古之世，天下大水，而鲧、禹决渎。近古之世，桀、纣暴乱，而汤、武征伐。今有构木钻燧于夏后之世者，必为鲧、禹笑矣；有决污于殷、商之世者，必为汤、武笑矣。然则今有美尧、舜、汤、武、禹之道于当今之世者，必为新圣笑矣。是以圣人不期脩古，不法常可，论世之事，因为之备。宋人有耕田者，田中有株，兔走触株，折颈而

① 梁漱溟：《东西文化及其哲学》，商务印书馆，2004年，第49页。

死，因释其耒而守株，冀复得兔。兔不可复得，而身为宋国笑。今欲以先王之政治当世之民，皆守株之类也。(《五蠹》)①

韩非子的这段话，讲的是当代与传统的构成关系，实际上也蕴含了传统向当代转换的可能性条件。

首先，一个时代有一个时代的存在境遇、生存困境，因而，过去的已有智慧、已有经验、已有模式都不能构成解决今天之生存困境的现成手段。伦理道德也一样，时代不同了，人的存在境遇和生存困境有所不同，其引导、规训人的行为的共守标准、价值导向系统、伦理原则以及规范体系，同样不能完全沿袭传统，只有真实地考察当今社会的实际情况，制定出相应的且切实可行的措施，以改变、改善当今状况，推动社会进步。这就是“圣人不期脩古，不法常可，论世之事，因为之备”的道理。具备“不期脩古，不法常可，论世之事，因为之备”的态度、姿态，这应该是传统伦理向当代转换的首要条件构成。

其次，宋人守株待兔，之所以为宋国人所笑，是在于他以过去(经历以及由经历形成的主观经验)为立足点，来考量现在应该怎样做，这是一种后视主义视域。这种后视主义视域一旦形成，就会生搬硬套已有的经历、经验、方式、方法来应付早已变化了的当下生活。所以，必然会失败、失调而为生活所弃。传统伦理的当代转换决不是传统伦理的照搬，它切忌这种后视主义视域，必须学会**立足于未来而考量现在应该怎样做**。具体地讲，我们应该着眼于未来及其发展对人、对社会的全新伦理道德要求，来考虑怎样去转换资源丰富的传统伦理，使其精华为今天的时代所用。在这里，“精华”是相对时代而论，能为时代精神所融、并能为时代所用的，就是精华；反之，可能是“糟粕”。假如这些为此一时代所弃的“糟粕”，到了彼一时代却能为其所用，那它就是彼一时代之精华。因而，具备“未来→现在”式认知视域，构成了传统伦理能够向当代转换的第二个基本条件。

5. 传统伦理的转换原理

每个时代都面临传统，每个时代都需要将传统伦理转换成当代道德内

① (清)王先慎：《诸子集成・韩非子集解》，中华书局，2006年，第239页。

容，但这种转换却需要对其转换原理的确立。传统伦理向当代转换所需确立的原理，应该具有超时空的品质，体现为所有时代所共享的特征。以此来看，重新温习夫子之论成为必须：

> 子张问："十世可知也？"子曰："殷因于夏礼，所损益，可知也；周因于殷礼，所损益，可知也。其或继周者，虽百世，可知也。"①

子张所问，是一个十分严肃的问题：十代之后的礼仪制度、伦理道德规范是可以预先知道的吗？孔子回答却很精彩：对未来世界的知与不知，不在于所知的对象和知的行为本身，而取决于我们求知的基本姿态。能够求知未来的正确姿态是什么呢？孔子没有说，但孔子却通过言说"虽百世可知"的结果和达于可知的求知原则，表达出了求知的应有姿态。这个姿态就是，不只是求知未来，也包括求知任何对象，都要具有对"变中不变"和"不变中变"的整合姿态。惟有持"变中不变"之姿态，才会把握事物保持自身区别于他者而独立存在的不变因素，才会发现流动不居的世界背后那隐藏着的亘古不变的法则。同时，惟有持"不变中变"之姿态，才会发现自然、生命、事物那勇往直前、生生不息之规律，才会领悟到天下万事万物何以使自己常在之根本法则。"变中不变"和"不变中变"，这就是自然宇宙、生命世界的总法则，理解、把握这一总法则，并运用这一总法则来指导我们的认知，它就构成了我们认知的基本原理，这个基本原理就是孔子所讲的"损益"，或者可以用冯友兰先生的话来讲叫做"因革"。孔子讲"损益"，是从遵循"变中不变"和"不变中变"的法则会必然产生某种良好的结果这一角度讲的；冯友兰讲"因革"，却是从遵循"变中不变"和"不变中变"法则所展开的行为本身方面讲的。因而，求知事物和世界之未来可能性的根本原理，应该是整合孔子的结果论和冯友兰的行为论，使之融为一体，形成"因革-损益"原理。

因革-损益原理所蕴含的第一个具体的认知原则，就是认知视域原则，即求知事物的未来可能性，必以未来为立足点来审查现在应该怎样做，更具

---

① 杨伯峻译注：《论语译注》，中华书局，2004年，第21－22页。

体地讲，就是立足于未来而确立审查事物的已有存在状态之基本态度及其价值取向。在这一视域原则规范下，遵循发现原则来审查事物本身。发现原则要求，认知的过程，首先是发现使该一事物始终保持自己之独立存在个性和特征的那些不变的、恒定因素是什么？然后去发现该一事物自身所缊含的不适应或阻碍自己继续存在发展的因素是哪些？当完成这一步骤之后，就可进入第三个环节——因革，即把标示事物本身之独立存在个性和特征的那些因素保持下来、使之继续发挥其功能，这就是“因”；将蕴含于事物中的那些不适应或阻碍自身存在发展的因素彻底消除掉，使之机能健康，这就是“革”。因革事物所达到的最后结果状态，就是使事物本身获得损益：“损”，就是把一切不利于事物健康存在与发展的因素都消解干净；“益”就是强化事物自身的不变因素，并通过这种强化行为来吸纳许多充满活力、朝气的新因素，然后将事物的不变因素与所吸纳的新因素予以个性化的整合，使之生命一体化。所以，求知事物之未来可能性的根本原则，实际上包含了四个层面的内容并展开为四个环节：

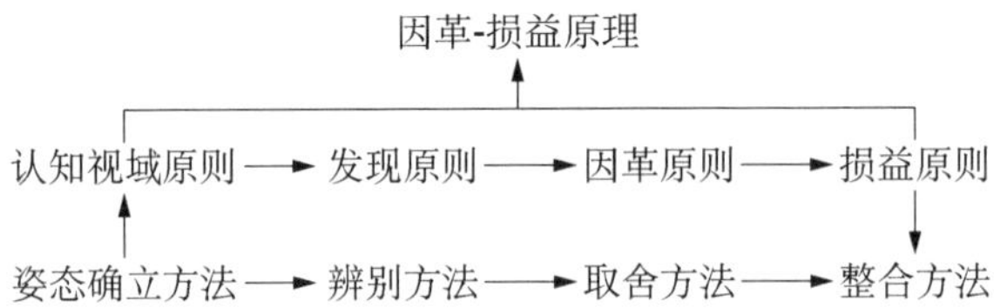

［**3－1　孔子的返本开新原则及方法体系**］

概括地讲，在因革-损益原理构成中，认知视域原则是其认知的姿态原则，发现原则是其认知的辨别原则，因革原则是其认知的取舍原则，损益原则是其认知的整合原则。因革-损益原则的具体运用与展开，就是姿态、辨别、取舍、整合之四步进行曲。

6. 传统伦理转换的方法

由此来看，孔子关于礼仪制度、伦理道德规范的时代性损益理论，既领悟到了世界和事物的存在本质，也把握住了事物生变驻留的时代性特征，更把握了事物弃旧图新的未来导向之不变方向。所以，孔子所揭示的“损益”认知理论，是伟大的真理。这一真理不仅给我们提供了一种如何认知传统伦理，怎样有选择地发挥传统伦理，提供了亘古不变的因革-损益原理，而且还为我们如何向当代转换传统伦理资源，提供了一套宏观的操作方法。

将传统伦理转换为当代资源，首先是立足于时代需要。时代需要之于不同时代是有所不同的。今天所生存的时代是一个全球生态的时代，这个时代之于中国来讲也可以具体地表述为"中国世界化"和"世界中国化"之双向进程。在这样一种双向进程中，其必须的时代眼光和视域，就是立足于未来而考虑现在应该怎样做。这一基本认知域构成了我们审视传统伦理、转换传统伦理之出发点：传统伦理能否为当代所转换，就看其传统伦理内容是否体现了未来可能性，是否能够促进、推动当前伦理道德建设朝向未来之健康方向发展。能够起到积极而全面促进、推动作用的传统伦理思想、道德规范，就可能为当代所转换；反之，就不能为当代所转换。比如，孔子讲"克己复礼"，主张恢复古代的礼仪制度、道德规范，从一般意义上讲，没有错，但具体落实时，就存在一些问题了，就需要具体甄别。但孔子强调通过禁欲的方式来恢复古代的礼仪制度、伦理道德规范，这就与当代存在发展全面解放人和全面发展人之价值取向产生了矛盾、冲突，如果这种矛盾、冲突能够在不损伤、不削弱当代人类存在发展之根本价值取向的前提下得到化解，固然好，如果不能做到这一点，那么"克己复礼"的伦理思想就不能为当代所转换，所以它要构成当代伦理道德建设的有效资源，就成问题了。

一旦获得立足于未来而考虑现在应该怎样做的认知姿态，接下来应该遵循发现原则而对传统伦理的具体内容予以辨别。辨别传统伦理的过程，实际上是对传统伦理进行时代性审查的过程，它不仅需要审问，更需要慎思和明辨。所以，审问、慎思、明辨，构成了辨别的三步展开式。比如，在先秦伦理史上，墨子讲兼爱，杨朱讲为己。孟子认为，讲兼爱，这是取消了爱有差等的人伦原则，是宣扬"无君"；讲为己，这是只讲利而不讲义，不讲孝与敬，是"无父"。无父无君的伦理道德，只能是禽兽的伦理道德。面对孟子之论，就需要辨别，但首先是要对墨子的兼爱和杨朱的为己伦理思想进行审问、慎思、明辨。惟有如此，辨别才可达向正确之域，辨别才可最终明确哪些东西是符合人性的，是亘古不变的；哪些是不合时代或阻碍人们达向正确伦理认识之途的，是应该抛弃的。比如，杨朱的为己对不对？在一般意义上讲，“为己”并没有错，因为它符合人性要求。人们通常认为儒家伦理是讲道义的，但道义论的儒家伦理也不排斥为己，并且还特别强调为己。比如，孔子强调爱有差等的伦理原则，其所讲的“差等”，并不是以他人为出发点，而是以自己为出发点的。也就是说，在孔子的爱有差等伦理原则中，自爱大于爱人，其背后是“自利大于利人”。自爱大于爱人，自利大于利人，这是中国儒家之血缘伦理的认知基石，在这块基石上，孔子才提出“父为子隐，子为父隐，直在其中矣”的伦理主张来。

由此可以看出，根本的问题不是“为己”是否对或错，而是“为己”的限度问题。人们通常认为杨朱关于“古之人，损一毫利天下，不与也。悉天下奉一身，不取也。人人不损一毫，人人不利天下，天下治矣”①的论调，是绝对的自私主义，是反伦理道德的。从感觉层面确实可以得出这样的结论，但从理性层面对杨朱的这一段论述予以审问、慎思、明辨，或许会发现杨朱的这一主张，其实既规定了为己的限度，也提出了为己的原则。为己的限度是什么呢？是一个人的为己必以他人的为己为限度，即你的利益的限度是他人的利益，他人的利益限度就是你的利益。通俗说来，就是在利益面前，你的就是你的，我的就是我的，不能混淆，也不能随便易人。这个为己的原则是什么呢？那就是“不拔毛”原则，即我不牺牲自己的利益来利他人，他人也不想从我身上捞到好处。说通俗点，为己的“不拔毛”原则，就是自我利益的不放弃原则和自我利益不受侵犯原则。从道德观层面讲，这一原则就是我们今天所讲的“合理利己原则”：在道德层面，你的就是你的，我的就是我的，这就是合理的利己主义。合理的利己主义在我们每个人的日常生活行为中天天表现出来，合理的利己原则事实上成为我们生活行为的一般原则。但这种合理的利己原则，这种合理的利己主义，是不合美德要求的，因为美德必须是对道德的超越，并且美德必须以自我利益的主动放弃或自我牺牲为前提。所以，从美德层面看，杨朱的为己伦理主张是错误的。孟子就是以美德为标准来评价杨朱的“为己”道德的。而我们要对杨朱和孟子的伦理观有

① 张湛：《诸子集成·列子注》，中华书局，2006 年，第 83 页。

客观而正确的辩明，则需要明确：伦理始终存在着道德和美德两个层面的内容，并由道德和美德构成其全境视域。道德是对人的基本要求，美德是对人的更高要求。杨朱的为己伦理，讲的是做人的基本要求、基本行为立法，而不是做人的更高要求、超越性行为立法。所以，人们用美德尺度来评价杨朱的道德立法原则，自然就会得出孟子式的结论，而这种结论之于杨朱的伦理立论本身来讲，是错误的。

当我们以此对杨朱的为己伦理思想和道德原则予以一番审问、慎思、明辨之后，就会发现，杨朱的为己伦理思想和道德立法原则，是符合人性的存在要求和人性的当代塑造要求的，是可能为当代所转换的。

对传统伦理内容予以理性的辨别，其直接目的是为了实现对传统伦理内容予以目的明确的取舍。对传统伦理内容的取舍方法的运用，也涉及三个环节的展开，这就是选择、过滤、筛选。

选择涉及传统伦理的范围。比如，我们过去一讲传统伦理，就论儒家伦理，认为儒家伦理就是传统伦理的全部，这种认知模式背后蕴含了选择这一环节。如前所述，传统伦理实际上涉及到王道论伦理、霸王论伦理、天道论伦理和民道论伦理等，传统伦理是对所有这些不同派别的伦理成就的整合表述。所以，传统伦理是整体的、立体的、开放的、发散的。因而，对传统伦理的取舍，应该力求更大范围的选择，而切忌单一的片面。

选择更多涉及视域范围，而过滤和筛选却主要指向具体内容。由此，过滤与筛选首先涉及过滤与筛选的出发点问题，即到底是以传统伦理本身为过滤和筛选的出发点，还是以当代伦理道德重构目标-价值指向为过滤和筛选的出发点，如果以前者为出发点，那当代伦理道德重构则只能是以传统伦理为主导，如果是这样的话，就意味着倒退；如果以后者为出发点，当代伦理道德重构则必以未来为动力、以改变现状为实务。

在传统伦理向当代转换的过程中，如果说取舍遵循的是因革原则，实现的是对传统伦理内容的因革的话，那么，通过选择、过滤、筛选而得来的内容要构成当代伦理道德重构的有机内容，则必须经过整合方能实现，因而，整合构成了传统伦理向当代转换的最后一个环节。整合所遵循的是损益原则。

根据损益原则，整合必须以人性的时代性重塑为目标，为当代存在发展指向未来之“变中不变”和“不变中变”为整体动力。整合的基本价值导向是全面解放人和全面发展人。整合的基本任务是损益，即将一切不符合人性重塑的伦理道德内容（观念、思想、原则、规范、方法）、一切有碍于促进当代人的全面解放和全面发展的伦理道德内容，都排除于外。在此基础上，用选择、过滤、筛选得来的传统伦理内容来不断地充实、丰厚、拓展、提升有利人性重塑的当代伦理道德，来不断地充实、丰厚、拓展、提升有利于人的全面解放和全面发展的当代伦理道德。

比如，爱有差等原则，可以说是人类伦理的基本原则和道德实践的根本规范。但是不是就可以因此而把孔子和孟子所主张的“爱有差等”原则直接移过来构成当代伦理道德重构的基本原则和行为规范呢？当然不能。因为当代社会是全球生态的公民社会，而不是血缘宗法化的乡邻社会，并且当代社会是权利主体的社会，而不是义务主体的社会。由此两个方面决定了当代社会所需要重构的伦理道德，只能是全球生态的个体主体权利道德，因而，对孔孟所主张的“爱有差等”原则予以当代转换，必须消除其血缘主义和权力主义性质，保留孟子的爱与敬的对等精神内容，在此基础上，赋予其普遍平等的权利利益内容及其价值取向，从而整合形成体现当代伦理要求的等同主义的“利有差等”原则和“爱有差等”原则，即“利爱差等”原则。①

再比如，孔子讲道义而又主张爱有差等，墨子论兼爱，杨朱论为己，此三大伦理派别历来被后人认为不可调和。其实，当经过一番甄别之后，就会发现，孔子的伦理思想是全境视域的，即他既讨论道德，也讨论美德。立足于现实，孔子强调道德，因而其血缘宗法主义的爱有差等之道德原则被置于突出的位置；在理想层面，孔子强调道义，即美德；并且，孔子总是以美德导向道德，以道义来引导血缘宗法主义的爱有差等。所以，后世误把孔子的伦理当成一种单纯的美德伦理。墨子和杨朱却不同，前者之兼爱宣扬爱无差等，这更多的是美德层面的主张和内容；杨朱持守为己论，这是他专注于道德层

① 唐代兴：《优良道德体系论：新伦理学研究》，中国大百科全书出版社，2004 年，第 192 页。

面来讨论伦理问题。如果我们以一种整合的视野与方法来审视，那么，孔子的伦理资源、墨子的伦理资源和杨朱的伦理资源，则可以在当代全球生态的这个大平台上获得一种全境视域的伦理思想、观念、原则、规范、方法的大整合。而这种整合对于重构当代伦理学思想、理论、方法体系，无疑相当重要。

第 2 篇

《论语》学说概观

第4章　孔子学说的思想范式

内容提要：雅斯贝尔斯在《大哲学家》中将孔子与苏格拉底、耶稣、佛陀并列为创造人类“思想范式”的思想家。所谓“思想范式”，是指关于人类如何存在和怎样生存的意义蓝图、价值坐标和原则体系，它可能具体为看待存在世界的基本态度和向世界要优良生活的方法论。孔子所为之创造的思想范式主要敞开为两个方面：一是基于经验而再造经验的历史发展观、返本开新的认知论和必求损益的方法论，它为建构世界秩序立法。二是成己成人立世的学而思想、正己以正人、正己以正事的中道原理和“己所不欲，勿施于人”以及“己欲立而立人，己欲达而达人”的日用伦常，它为人自由地选择安身立命的生存方式提供依据和原则。

> 伟大人物的战斗是通过哲学思考来进行的，我意识到了这战斗的战场，这样的战斗是永远不会有结果的，它使所有终结的假象伪装在一个巨大的包容一切的体系之中，之后重新突破，从而出现一个新的形态。因为我无法在战场之外找到一个立足点，所以我看到自己也在其中加入了战斗，并通过我对战斗及前线的理解来描述这些思想。①

哲学是人类智者和思想的英雄站在时代的前沿，面对人类存在的困境和生存的危机所发动的一场场继往又开来的战斗，其根本的冲动及其最终

① [德]雅斯贝尔斯：《大哲学家》，李雪涛等译，社会科学文献出版社，2006年，第2页。

目的，恰恰企望通过拯救自己而实现对人类的拯救。这就是雅斯贝尔斯之所以将哲学思考、哲学创造看成是伟大人物的战斗的真正原因。从这个角度看，哲学家成为伟大人物、成为思想英雄，既是一种使命，也是一种命运。作为一种命运，他必须听从天命的召唤，并终身以许，终身以往，无论经历怎样的生存磨难，都无怨无悔；作为一种使命，他必须自觉，勇往直前，义无反顾。既眷顾现实、关怀苦难，又超越世俗，情系天宇。听从天命的召唤，自觉践履使命，首先需要具备具有天启般的无限想象与幻想，以此打开能获得独特体验与领悟向天、地、神、人会际的现实生活甬道，因为惟有当打开了这样天、地、神、人会际的现实生活甬道，才可能在时代境遇中展开对人的世界性存在的心灵化探询，并体悟心灵与天宇、大地、生命万物的相交相融，聆听天籁之音、地籁之音、物籁之音、人籁之音的合乐。其次需要具备一个平常又平常的、生死无惧、宠辱不惊的心，因为当一个人拥有一颗平常的心，真挚地生活，并找到一种终身以许的方式去无限地想象神秘悠悠的天宇和浩瀚无垠的自然，去关怀人的世界性存在命运的时候，哲学就构成了他的生存方式和生命进程。再次是必须把思想的根深扎在历史的土壤之中，领悟、承传、再造人类经验的源泉和生活的常识。每一个时代的哲学，都是哲学家立足于存在的困境与危机、回返智慧的源头，重新阐释远古经验和常识来构建拯救时代的思想道路和践履未来的方法蓝图，这就是继往开来，亦可用宋代大哲张载所讲的“为天地立心，为生民立命，为往世继绝学，为万世开太平”。

哲学既是继往开来，更是返本开新！

哲学家既是继往开来者，更是返本开新者！

当以这种姿态和视野来理解孔子，孔子的思想世界才可能得到真正的敞开。

1. 安身立命的生存方式

子曰：“述而不作，信而好古，窃比我于老彭。”(《论语·述而》)

传述经典而不从事创作，考信传统文献又爱好经典古籍，私下以为此种历史兴趣和考信精神可与老彭(商代贤大夫，信古而传述者)相比。孔子的自绘，既属谦逊之辞，又是客观的自我评价。孔子的自我谦逊，表现在他一生的努力，并不仅仅停留于传述而没有自新。孔子一生所做的是“返本开新”的事业。返本，就是回返本源，重新审查、拷问、发现；开新，就是革新、创造、重建。

孔子的自我评价，给我们提供了整体地理解孔子思想的四个重要的维度：

首先，孔子思想自有其历史知识论基础，即孔子的思想是建立在对传统文献的考信和对经典知识的传述基础上的。其所传述的内容，都经历了一番辨伪存真（考信，即是古代的疑古精神或者说怀疑精神）的功夫，具有历史的真实性，并体现了理性精神。

其二，孔子思想贯穿了一种求知、确知精神，这种精神就是怀疑精神和理性求证精神。这种怀疑精神、理性求证精神不仅体现在“述而不作，信而好古”方面，更体现在“知之为知之，不知为不知，是知也”（《为政》）的求知中，也体现在“多闻阙疑，慎言其余，则寡尤。多见阙殆，慎行其余，则寡悔”（《为政》）的处事行为中。

其三，孔子思想因其考信经典文献、传述古代知识，而具有了普遍性，因为孔子所考信的经典、所传述的知识，是对古代生存经验和生活常识的记录；而一切生存经验和生活常识，都是践履的智慧成果、方法成果和知识成果。

其四，由于其思想所呈现出来的这种普遍性（本杰明·史华兹称之为“通见”[①]），使孔子思想获得对思想范式的构建资格，即孔子“述而不作，信而好古”所形成的思想，构成中国文明的基本思想范式。

由此四个方面，孔子虽然主观上只追求“信而好古”和“述而不作”，但这种以考信和传承古代知识为己任的努力，却客观地实现了“述而且作”的成就。

孔子“述而且作”的首要贡献，就是他创造了为尔后的中国人得以安身立命地生存的思想范式。

“范式”（paradigm）概念，由科学哲学家托马斯·库恩（ThomasS.

---

① [美]本杰明·史华兹：《古代中国的思想世界》，程钢译，江苏人民出版社，2014 年，第 58－135 页。

Kuhn)于1962年发表《科学革命的结构》中提出，它意指某个时代科学界共同约定的一套探索认知世界的思维认知方式、原则与方法，后来玛斯特予以拓展研究，将范式分为三类，即哲学性范式、社会性范式和结构性范式。哲学性范式主要是指世界观、哲学思潮、基本概念，特别是“概念转变”，因而，哲学性范式亦称形而上学范式；社会性范式主要指习惯性的社会要求、价值标准、社会影响、社会心理，特别是“科学共同体”所约定的某些原则、规则或习惯用法，有一定的强制性；而结构性范式主要是指人们根据基本科学理论及其重大成就而确立起来的科学范式，它属于自然科学的因素。概括地讲，“范式”即是学说的坐标，在科学领域，“范式”是指开展科学研究、建立科学体系、运用科学思想的坐标、参照系与基本方式，它决定着科学发展不同阶段的不同性质，决定着特定时代科学发展的基本模式、基本结构与基本功能。但一切科学范式背后的支撑结构却是哲学范式，它制约并决定着科学范式。进一步看，无论哲学范式或者科学范式，其实都是一种思想的战斗方式和方法。就其本质讲，范式就是人类因其存在困境和生存危机的境遇所进行思想的战斗的方式与方法：哲学范式是对这种思想的战斗的方式与方法的一般表达；科学范式则是对这种思想的战斗的方式与方法的特殊表达。

从根本讲，范式的生成与构建，其动机与目的都是围绕人而展开，是立足于人的存在处境而对人进行的生存论预设。因而，凡范式，作为一种思想的战斗的方式与方法，它蕴含一套具有普遍指涉性的意义蓝图、价值坐标和原则体系。并且，这套具有普遍指涉性的意义蓝图、价值坐标和原则体系所呈现出来的对问题的解决之道，既是思路明确的和语义明朗的，又是模糊的和悬而未决的。一种范式，一旦它澄清了自身的模糊性并解决了所有悬而未决的内容，它就丧失了自我张力而面临解构，这时，转换将产生，一种新的范式将出现。

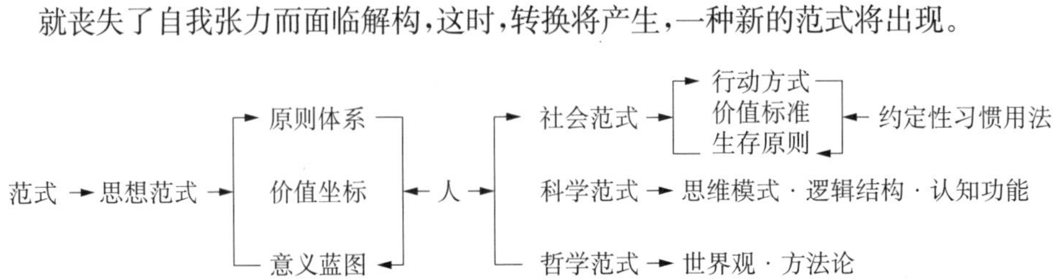

［4－1 范式的构成内涵］

由上表可以看出，思想范式的创造相比哲学创造、科学创造更根本的创造，因为它是哲学范式、科学范式、社会范式生成与演变的母体。存在主义哲学大师雅斯贝尔斯在其《大哲学家》中认为，自有史以来出现了四种思想范式，他们分别由苏格拉底、佛陀、耶稣、孔子所创造。孔子、苏格拉底、佛陀、耶稣此四人并列为人类“思想范式的创造者”，他们并不是哲学家，因为他们对知识漠不关心，并且哲学家是循着固有的思维方法并且以各类知识作为其前提而存在的。“这四位思想范式的创造者真实性的内涵是对人类基本境况的体验以及对人类使命的澄明。他们将这些陈述出来。对这些问题作解答时，他们得到了有关终极的问题。他们的共同之处在于，实现了人类终极的各种可能性，但在内容上并不一致，故而也不能将他们统一为一个真理的整体系统。从本质上来讲，他们彼此相互关联，因为他们都是在人类各种可能性的基础之上生活、提问以及作回答的，但他们并不是同类型的人，不可能将这互不相容的一切放在某一个人身上，而这个人同时经历过他们四人生命的所有历程。”①

2. 返本开新的世界秩序

思想范式的创造者的根本任务，是对人类社会基本境况的体验和对人类使命的澄清，即发现人类存在所面临的终极问题，并围绕这一终极性问题陈述人类生存的各种可能性基础及其生活问题，予以生命体验式解答。通过这种以生命为材料融铸成的解答方式谋求对根本存在问题的解决的努力，构建起一种呈现普遍性的意义蓝图、价值坐标、原则体系的思想范式。对这一思想范式的形而上学运用，就是对哲学道路的开辟。首先，运用这一思想范式指向对自然世界的考察，则形成科学思维模式、逻辑结构、认知功能的创造；其次，运用这一思想范式达向生活的运用，就是约定俗成的生存原则、价值标准、行动方式和习惯方法的生成。

苏格拉底、佛陀、耶稣、孔子，这四位思想者在某些方面与人类的先知很类似，“他们知道自己供职于神性，受神的召唤（苏格拉底、孔子、耶稣），或者是为了宣告解脱的必要性（佛陀）。但他们所宣告的内容并非直接来自神

① ［德］雅斯贝尔斯：《大哲学家》，李雪涛等译，社会科学文献出版社，2006年，第135页。

启。像那些先知一样，他们了解孤独、静寂，以及在禅定之中的开悟。不过他们是重要意义上的先知：他们在传统中撕破了一道裂口。世界并非井然有序的，在这里他们想要体验并要求有一种极端的改变。他们内心深深地被感动着，而我们对此却无从知晓。他们说出这本来是无法用言语加以适当表达的体验。他们运用譬喻、辩证的矛盾，交谈式对话的方式来表达自己的思想，而并没有被记录下来。他们指出什么是应当做的，不过是在这种情况下，人们并不能直接借实用工具状况下的某一技术方式来理解这一指示，更不能将之奉为建立新的世界秩序的宏观蓝图。他们冲破了所有习惯势力，一切被视为天经地义的事物，也冲破了单纯的可想象的一切。他们创造出一个全新的空间以及各种各样的可能性，而这样的一个业已开创了的空间是永无止境的。"①"这四位大师都不属于可以包罗他们四者全部的某一类型。他们身上所具备的历史性以及由此而产生的独特性，在无所不包的人类存在的历史性中才能获得，而人类存在又是以极不相同的方式显露出来的。如果谁要想感受到这一共同之根，只有在整个人类成为共同交流的整体时，并且相互间都了解他们思想范式的塑造者是谁，才有可能。从前人类的大部分都是各自为政的，认为只有自己才是唯一的。不过他们也要从其他人那里获取必要的知识，这种情况一直延续到今天。"②

思想范式的创造者佛陀，他通过死亡的真实性体验，来认识人生的苦难境遇，并借助于禅定与出世修行而达至涅槃境界，从而摆脱了尘世。"他将苦难视作无边的慈悲。他相信自己得到了解脱：这是在整体上对现存在的摒弃，但不是借助于暴力的毁灭，因为这种毁灭只会带来新的现存在的产生，佛陀的方法乃是在空性之中的超越。这是在灵魂的静寂之中，以非暴力的手段而获得的不执着。"③佛陀，以其自性的生活之路，开辟了人类在苦难人生中如何才能获得灵魂拯救、实现生命涅槃的道路。

与佛陀不同，耶稣是另一面镜子，他面对世俗权力，奉行一种"无限极端的方式"，去"突破了所有世俗的秩序，他并没有否定这个世界，只是将尘世

① [德]雅斯贝尔斯：《大哲学家》，李雪涛等译，社会科学文献出版社，2006年，第130页。
② [德]雅斯贝尔斯：《大哲学家》，李雪涛等译，社会科学文献出版社，2006年，第130页。
③ [德]雅斯贝尔斯：《大哲学家》，李雪涛等译，社会科学文献出版社，2006年，第132页。

的一切归于世界末日来临的上帝之国的前提,并以此为出发点来评判世间一切的永恒价值,孰善熟恶,孰真孰伪? 鉴于世界末日之到来,耶稣在反叛之中建立了符合上帝意志的无条件的伦理。"①以原罪为起点、以救赎为手段、以回归上帝之城为目的的博爱伦理。

苏格拉底与耶稣一样,都因为世俗的权力而惨遭非命。70岁时,苏格拉底已经是一位饱经风霜的老人,他拒绝得以续生的可能性,在狱中喝下毒酒,平静地死去。这种平静中蕴含着一种喜悦之情,他既不为狂热的也不为对生命渴望的忧虑所影响,他明白自己死得其所,故而镇定自若,其中丝毫没有殉道者的庄重。正如雅斯贝尔斯所言,苏格拉底是一位"在世俗中的失败了的哲学家",因为他所走的乃是思想者之路,他以自身的思想作为路标而在世俗权力与理性——亦即生与死之间做出选择,并以平静地走向死亡的方式选择了对思想的坚守、对理性的守护,从而开辟出了人类理性之路。

苏格拉底作为思想范式的创造者,首先在于他创造了人类理性的蓝图:苏格拉底创造人类理性的蓝图,是他转化前人的知识和思想,具体地讲,是他在智者运动的启迪下,发现人类的终极问题是作为万物的尺度的人类,何以才可能按照自己本性的方式实现人间的幸福。为此,他思考了人的本性,并从不同的角度拷问了人类生存的各种可能性,指出了人类实现自身幸福生活的基本前提是不断地认识自己、经常地反思自己,因为认识自己、反思自己才是人间幸福的根本知识、根本智慧、根本美德。人生是建立在认识自我、反思自我的知识、智慧、美德得以不断构建的过程之中的,人一旦按照这种姿态和方式来开辟生活的道路,就获得了生存的理性、生活的节制、行动的勇敢和处事的正义。

苏格拉底作为思想范式的创造者,更体现在他以生命为代价、在世俗权力与理性、生与死的对峙中,以选择死亡的方式来捍卫理性的光辉、圣洁与神圣,以此开辟了人类理性生存道路和捍卫理性的最终方式。"吾爱吾师,但吾更爱真理",亚里士多德为澄清世人对他的误解而表达的箴言所体现出来的思想的力量和真理的光辉,不也最终源于苏格拉底"在人类历史上,如

① [德]雅斯贝尔斯:《大哲学家》,李雪涛等译,社会科学文献出版社,2006年,第133页。

果没有他的死亡，那他也就不会成为有如此影响力的苏格拉底了，而他的弟子们以及柏拉图也就不能见到他在死之前的那一光辉形象了。正是面对死亡的震撼，才促成了他的弟子们自身的转化，并在以后的日子里更增加了对他的怀念之情”。①

佛陀、耶稣、苏格拉底，这三位思想范式的创造者，均围绕个体人生而展开。所不同的是，苏格拉底立足于个体人生的现实，努力开辟人的理性生存道路；佛陀与耶稣，却立足于人的超越性，而致力于人的神性道路的开辟。所以，佛陀和耶稣，都是在向人间讲道。但佛陀却是在悠然漫游中以贵族式的宁静方式宣读教义，既不勉强劝说，也不去关心一成不变的世间，所宣扬的是超脱空灵的智慧；耶稣宣告福音，总是与上帝所创造的事件紧密联系，唤醒人们生命底部的非凡激情，强调人们去思考，要求人们去信仰。苏格拉底总是强调思想的辩证法：苏格拉底并不知道什么是明确的东西，而是让问题本身保持着开放的张力状态，具体到人的生活，苏格拉底崇尚个人自由，但同时又不断提醒人们在自由中应承担责任。

> 简而言之，苏格拉底所走的乃是思想者之路，这可以看作是人类理性之路。这条路凸显了人以及其中所蕴藏的各种可能性。佛陀想要通过毁灭现存在的意志来消除这个世界。孔子则希望建立一个新世界。而耶稣可以说是世界的危机。②

与苏格拉底、佛陀比较，孔子也与苏格拉底一样，立足于现实，但苏格拉底立足的是个人生存的现实，致力开辟理性生存的道路；孔子却立足于**社会生存**的现实，致力于王道秩序社会的构建，由此决定了孔子必然是一位“客观、冷静的思想者”。

从根本讲，虽然苏格拉底和孔子关心世俗人生，但由于他们所关注的根本对象不同，因而其努力的目标亦不同：苏格拉底努力于构建起理性生存

① [德]雅斯贝尔斯：《大哲学家》，李雪涛等译，社会科学文献出版社，2006年，第131页。
② [德]雅斯贝尔斯：《大哲学家》，李雪涛等译，社会科学文献出版社，2006年，第133页。

的方式;孔子却希望建立一个新世界。孔子倾其一生雄心勃勃所要建立的新世界,是相对他所生存的现实世界而论的。孔子(公元前551—公元前479年)生活于春秋晚期,见证了春秋晚期的整个历史。孔子所生活的时代,是周王朝处于急剧衰落、各分封国相继称霸的时代。在这个时代里,旧有的社会政治格局、价值观念体系处于全面崩溃,新的社会政治格局和价值体系正在暴力中重建。在这个新旧交替的时代里,世道衰微主要从两个方面体现:一是"道术将为天下裂"(《庄子·天下》);二是"邪说暴行"(《孟子·滕文公下》)横行天下。道术分裂是邪说暴行横天下的根本原因,因为道,是周王朝大厦的灵魂;术,亦即是礼,乃周王朝大厦得以支撑的脊梁框架。邪说暴行横天下,是道术分裂的社会化表现,首先是臣弑其君、子弑其父的暴行不断发生。仅春秋240年中,弑君弑父的事件发生了36起。所以隐士桀溺对子路形容道:"滔滔者天下皆是也,而谁以易之?且而与其从辟人之士也,岂若从辟世之士哉?"(《微子》)接舆亦唱曰:"凤兮凤兮!何德之衰!往者不可谏,来者犹可追。已而!已而!今之从政者殆而!"(《微子》)其次是"邪说"满天飞、"处士横行"。

孔子生活于"邪说暴行"横天下的时代,面对"邪说暴行"的社会现实,确立起自己的人生使命,创建新的世界。

对于孔子来讲,创建新世界的首要工作,是洞察现实,研究历史,以找到创建的思想资源和方法资源。孔子采取"述而不作,信而好古"方式做创建新世界的努力,均来自于实现人生使命的探究方法,即孔子通过洞察现实,研究历史,以吸取思想资源和方法资源的过程,发现他自己所意欲创建的新世界,其实在过去的历史中已经存在。孔子发现,自己所生活的当世,虽然距早期周代已经有几个世纪之遥,但他通过所能得到的原始材料,确信刚刚过去几个世纪的周代早期社会,有很长一段时间处于和平状态,并正如汉学家顾立雅所指出的那样:"在周代早期中国的普遍王权事实上可能取得了任何其他古代高等文明所无法匹敌的和平成就,仅埃及可能是个例外。"①并且,孔子相信文字,他通过考信古典文献,相信早期周代的和平、文明,均源

① [美]本杰明·史华兹:《中国的思想世界》,程钢译,江苏人民出版社,2004年,第66页。

于夏代和商代为其奠定了很好的基础:“周监于二代,郁郁乎文哉,吾从周。”(《八佾》)孔子面对生存于其中的这个“道术将为天下裂”和“邪说暴行”横行的时代,终于找到了实现创建新世界使命的真正道路,那就是“从周”,即按照以夏、商二代为蓝本所创建起来的早期周代王道蓝图那种“所损益”(《为政》)的方式,来重建世界秩序,使分裂了的天下重新统一起来。

在孔子看来,世界秩序的建立,首先表现为精神秩序的建立,其次是制度秩序的建立,然后才是行动方法的建立。在这三者之中,制度秩序是中介桥梁,它能把精神秩序与行动方法统一起来。在这里,行动方法,是指创建世界秩序的技术;精神秩序的本质内容或者内在聚合形态,就是道;制度秩序的抽象表述是礼制,它的灵魂是礼,其具体敞开形态是礼仪、仪式、仪态,其行为表现是行动方法;礼来源于道,由道所灌注生成,因而,道是礼的来源,方法是礼的运用。

孔子以返本开新方式来重建世界新秩序,就是自觉弘扬周道、恢复周礼、光大周之行动方法的进路来展开。具体地讲,就是重新弥合已经分裂了的周代道术。这是孔子自谓自己一生“述而不作,信而好古”的基本语义诠释。

沿着这一进路来重构世界新秩序,在孔子看来,所面临的根本问题不是精神世界的创造问题,也不是智慧、方法的创造问题,更不是思想、知识的创造问题,因为这些问题,古人或者更具体地讲,夏、商、周三代人君以及往前追溯得更早一些的尧、舜、禹等人,已经为之构建了起来,并且还予以了前赴后继的实践,创建起辉煌的文明。要真正改变“道术将为天下裂”和“邪说暴行”横天下的生存现实,重建新世界,所努力的根本任务是如何对尧、舜、禹、汤、文武、周公等古代先贤通过实践所创建起来的王道主义精神、思想、知识、智慧、方法予以再实践的问题。孔子必须全力解决这个问题,否则,创建新世界的使命必将落空。为此,孔子由“述而不作”不自觉地走向了“述而且作”的道路。在这条“述而且作”的道路上,孔子着力解决了两个问题:

一是为“周监于二代,郁郁乎文哉”的王道主义正名,由此构建起了“前无古人,后无来者”的正名学说。

二是为“克己以复礼为仁”探寻普遍的实践道路,并由此构建了君子学说。

概括如上内容，孔子对中国文明的思想范式的创造，并不是因为它传述了古代的经验、知识、智慧、方法，而是从群体与个体两个维度开辟出如何承传传统和怎样创建社会新秩序的因革主义方法、名分主义进路、君子主义途径。

> 孔子对中国文化历史贡献之巨，固夫人而知之。孔子所以兴起，由于其时代为一礼坏乐崩、臣弑其君、子弑其父之乱世，亦夫人而知之。然春秋时之礼坏乐崩，人之道德堕落，实不同于苏格拉底、柏拉图时代希腊社会政治之乱。苏、柏时代其社会政治之乱，可归因于贵族阶级与一般市民或商人阶级之争权，与哲人学派之怀疑论，及自利主义思想之兴起。然孔子时代之礼坏乐崩，唯由当时所谓贵族阶级中，诸侯与天子、诸侯与卿大夫之上下相凌，与生活之腐化。孔子之使命，亦不同于苏格拉底、柏拉图等之欲凭理性之运用，以寻求道德之意义，与设计一理想国；而惟是**欲正名分**，使居其名位者，有其名位上原当有之德，而重建周之文教。故孔子之使命，乃一由继往以开来之使命，而非另建理想国之使命。①
>
> 说孔子是一位哲学家，似乎也可以这样说，但他毕竟不只是一个哲学家，哲学家这个角色仅是他生命意义的一部分。就算是个哲学家吧，他和其他的哲学家也有点不同，他没有建立任何系统性的学说，也从来没有过那样去做，他只发展出若干道德的和社会的原理，并且可以从他的经验中汲取思考道德问题的灵感。他和苏格拉底一样都是伟大的教师，但方法、目的和要求的效果都不同。他的方法一方面教人学习古典的知识，一方面随机指证人人都具有普遍性的仁体，借古典知识之助去体证仁体、开发仁体，是成就德性必经的历程，经此历程可超越有限的自我，即所谓“下学而上达”。终极目的是成圣，成圣不能在独体中完成，与外在的世界息息相关，成己与成物、立己与立人，是一种密结互动

① 唐君毅：《中国文化之精神价值》，广西师范大学出版社，2005年，第36页。

的关系。因此，孔学的精髓在实践，而实践是精神领域的问题。一般的哲学方法对这个领域很难有充分的把握和做适当的处理，这是研究中国哲学面临的难题。①

① 韦政通：《中国思想史》(上)，上海书店出版社，2004年，第47页。

第5章 孔子哲学的内生体系

内容摘要 孔子哲学是“为己成人”的道德哲学，但却呈现个性鲜明的精神历史学方式和精神形态学内容。孔子哲学以经验为基石，考信历史提炼继往开来之“礼”，拷问“性相近，习相远”之人性开辟“仁”的光明大道。将此二者融铸成“普遍性基础”的却是其君子理想。围绕君子理想探寻其“修德取位”进路，开出以“学而”教育、“正名”知识论、“仁德”伦理学、“礼道”政治学和“乐道”人生哲学为基本内容的哲学知识谱系。这一知识谱系从修德成仁和践行为公两个维度，建构以“天下-邦国-君子-君主”为降减序列，以“用无不周”和“以道事君”为根本原则、以“天下为公”为目标的价值体系；支撑这一价值体系的存在精神，就是“变中不变”和“不变中变”精神，具体表述为践行尽性的实践理性精神和仁德-公道精神。

人是这样一种生物，当他获得最初的人质意识，就开启意识地存在的历史，由此，精神构筑起人的存在世界。

> 精神就是世界，它是一种发展着的精神，因而它既是单一的，又是分歧的，是一个永恒的解决，又是一个永恒的问题；精神的自我意识就是哲学，哲学是它的历史，或者说，历史就是它的哲学，二者在本质上是同一的；意识和自我意识是同一的，也就是说，意识和自我意识既有差别，同时又是同一的，就像生活和思想一样。这种哲学在我们自身之内，是我们所有的，它使我们能够从别人的也是我们的思想中认出来，

> 也就是从我们身外去认识我们自己，它使我们能够在其他形式的当代哲学中或多或少清晰地和完善地发现它，并在当代的史学中或多或少明晰地和完善地发现它。[①]

在人的存在世界敞开的历史进程中，哲学的创发与开新，实质上是创构其存在理解方式和存在秩序建构方式。对这一双重“方式”予以阐释性陈述，就形成哲学的精神形态学：哲学不仅是人的世界性存在的精神历史学，亦是人的世界性存在的精神形态学。作为前者，哲学始终向前开辟人的世界性存在的精神道路；作为后者，哲学总是努力再造人的世界性存在的知识谱系、价值系统和存在精神。并且，哲学的精神历史学必须借助其精神形态学，才可实现和展开自身。

以此审视孔子学说，不过是借传述古代思想智慧的方式重构一种返本开新的生存哲学，它蕴含独特的精神历史学方式和精神形态学内容，前者就是那种“成为强大哲学思想运动的基石”的“思想范式”[②]，它具象为再造古代文明的存在理解方式和存在秩序建构方式；后者却是对这一“思想范式”予以赋形的知识谱系、价值系统和存在精神。因此，要能真实地理解孔子学说，须追踪其精神历史学并还原其精神形态学。

1. 孔子哲学的精神历史学

孔子学说，是孔子与弟子们生存性切磋、琢磨而形成的“为己成人立世”的生存论哲学。在孔子哲学中，其精神历史学是经验主义的，即生活经验和历史经验构成孔子哲学的精神历史学本质。在孔子哲学的精神历史学中，历史经验比生活经验更根本：只有把生活经验纳入历史经验中，它才获得精神历史学的意义。

孔子哲学之所以要以历史经验认知为基石，是因为“孔子所以兴起，由于其时代为一礼坏乐崩、臣弑其君、子弑其父之乱世，亦夫人而知之。”[③]孔

---

① [意]贝奈戴托·克罗齐：《历史学的理论和实际》，傅任敢译，商务印书馆，1986 年，第 249 页。

② [德]雅斯贝尔斯：《大哲学家》，李雪涛主译，社会科学文献出版社，2006 年，第 19、135 页。

③ 唐君毅：《中国文化之精神价值》，广西师范大学出版社，2005 年，第 36 页。

子以其“明知不可为而偏为之”的坚毅和勇敢，踏上探求弥合业已分裂的道术、重建社会秩序的道路，其根本努力“惟是**欲正名分**，使居其名位者，有其名位上原当有之德，而重建周之文教。故孔子之使命，乃一由继往以开来之使命，而非另建理想国之使命。”①这种“对于社会冲突与动乱的富于想象力和创造性的回应”②所创建起来的思想学说，“在架构并回答其中心问题的方式时，具有某种更为迫切和普遍性的基础。”③这个普遍性基础就是历史经验和生活经验：就前者言，孔子严肃考信历史，将其提炼为继往开来的“礼”；仅后者论，孔子拷问人性的“性相近，习相远”，开辟出“仁”的光明大道。将以“礼”为表征的历史经验和以“仁”为表征的生活经验融铸成“普遍性基础”的，却是“以仁为恩，以义为理，以礼为行，以乐为和，薰然慈仁”④的“君子”。

正是对这一以“礼”和“仁”为基本要素、以返本开新的“君子”为统合力量的普遍性基础的发现和重铸，使“孔子的眼光超越了其他任何见解，提供了关于中国未来实际的真正高瞻远瞩的远见。这种远见预示将出现一种以统一政治为根本的宏伟而强大的统一文化，这种统一的文化从鲁国及其周边地区的统一的文学、语言和礼仪形式中汲取它的灵感”⑤。更重要的是，当这个“普遍性的基础”一旦通过客观考信和理性反思而得到构筑，“人如何成为君子”的主题，必然将“学而”“仁”“礼”“正名”“乐”“中庸”等问题凸显出来，由此开出以“学而”为主题的教育理论，以“正名”为主题的知识论，以“仁”为主题的伦理学；以“礼”为主题的政治学和以“乐”为主题的人生哲学。统摄此五者使之形成孔子哲学整体风貌的却是“中庸”道德：“中庸之为德也，其至矣乎！民鲜久矣。”（《雍也》）

本杰明·史华兹认为，“作为一位私人思想家，孔子与前人如管仲、子产

---

① 唐君毅：《中国文化之精神价值》，广西师范大学出版社，2005年，第36页。

② [美]赫伯特·芬格莱特：《孔子：即凡而圣》，彭国翔、张华译，江苏人民出版社，2002年，第60页。

③ [美]赫伯特·芬格莱特：《孔子：即凡而圣》，彭国翔、张华译，江苏人民出版社，2002年，第60页。

④ 陈鼓应：《庄子今注今译》，中华书局，1983年，第855页。

⑤ [美]赫伯特·芬格莱特：《孔子：即凡而圣》，彭国翔、张华译，江苏人民出版社，2002年，第60页。

这些活跃的政治家不同，他有闲暇把他的思想构思成为一个前后一致的有机统一的通见。”①史华兹用“通见”来概括孔子哲学，意在揭示孔子的思想不仅构成当世的普遍认知，也构成了后世的普遍认知：由于前者，才有那样多的人拜他为师，终身追随，守死其道，并弘扬其道；因为后者，汉武帝“罢黜百家，表彰六经”既成为现实，也构成历史。孔子哲学所表彰出来的这种普遍认知，之所以既影响当代又影响后世，在于它超越时空构筑起政治文明和精英文化的大道。

孔子生活的当世是“天下熙熙皆为利来，天下攘攘皆为利往”，其所言之大道已不存在，但并不能以此认为大道永废，因为社会需要良序，国家需要和平，个人需要成己为人。需要本身推动历史创构出大道：“周监于二代。郁郁乎文哉，吾从周。”(《八佾》)“信而好古”的孔子发现：周之“郁郁乎文”，是继往开来的整合成果。在孔子所了解到的历史世界中，“替天行道”的杏黄旗可以流水般地变换，朝代罔替，人事消长，一切都在变，但惟有传统却始终在变中保持不变，并在不变中丰富自己，这就是承传与革新。孔子之坚定不移地借鉴夏商两代礼法精华发展成昌盛的文明来返本开新周道，是因为“郁郁乎”周“文”显扬出无所不在之礼的内在本质，却是道，它通过在位者的内政外交彰显出合道的君子德性和君子德行。孔子将其“从周”的信念“一以贯之”，并以“信而好古”的执着和“述而不作”的谦逊，弘扬融铸了夏商二代以及更远古的文化、思想、道、德之精华于自身的周代传统和“虽百世，可知也”的历史规律，是为了再造君子文明，重建君子社会。因为对通晓史实的孔子来讲，只有君子社会，才是“文质彬彬”的社会；惟有“文质彬彬”的社会，才是君子之德风天下的社会。

孔子所传述的古代文明，活泼出一种永恒的张力，这就是既使君臣成为君臣、使父子成为父子、使夫妇成为夫妇的东西，又体现既能因革发展、又自恃而万世不变的东西。这些东西就是血缘亲情，是爱有差等的普世伦理理想，是王道主义的社会精神结构，是“仁德-公道”价值诉求。正是这些东西，

① [美]本杰明·史华兹：《古代中国的思想世界》，程钢译，江苏人民出版社，2004 年，第 62 页。

才创构起古代文明的良好秩序；并且，运用这些东西创构起来的良好秩序的记忆，已保存在体现救世真理的记载（比如《诗》《书》以及《左传》《国语》《易经》）之中。孔子所传述的，就是这样的救世真理。

孔子考信古代文明资源，并不只在于传述，而是要通过这种方式发掘并弘扬其中所蕴含的普遍规律：

> 子张问："十世可知也？"子曰："殷因于夏礼，所损益，可知也。周因于殷礼，所损益，可知也。其或继周者，虽百世，可知也。"（《为政》）

孔子之如此自信，首先源于对历史经验的判断：夏承尧舜之德而大道昌明；殷袭夏礼而大道昌明；周继殷礼而大道昌明……这种对历史经验予以确信无疑的理性判断，建构起孔子哲学精神历史学生成的重要参数。其次基于对历史经验可以达向普遍之域所进行的实践理性推论：既然禹汤承尧舜之道而使夏商大道昌明，周公召公秉承禹汤之道而使西周大道昌明，那么，后来只要续承周公召公之道，世世代代保持大道昌明，是完全可推知的。

人区别于动物，在于他获得了人质化觉醒，能够有意识地创构和运用经验。人类是经验的人类，社会的进步和发展，只有以经验为动力。孔子的伟大，在于对经验的承传与鼎新。商之于夏，以及周之于商，之所以能相承大道而昌明不衰，不仅在于"因于"，更在于"损益"。承传必要损益：没有承传，难有损益；追求损益，必要承传。承传与损益相辅相成，构成**因革**之道，它才是文明昌盛的**亘古不变**之道，亦构成孔子哲学精神历史学的本质规定，是孔子毕生弘扬的真正大道。孔子的因革之道，蕴含"**变中不变**"和"**不变中变**"精神。然而，以"不变中变"和"变中不变"为内在规定的历史经验主义思想，所强调的不是从经验回归经验，而是运用历史经验来**重构**经验。

孔子的因革之道，还彰显出这样一种哲学精神历史学思想：历史是一个连续体，它敞开永不可斩断的精神、思想、认知甚至包括心灵化的情感的链条，它为经验所具体化，并通过经验的承传与革新而得到强化，世道的治与乱，哪怕暂时偏离轨道，最终还是要回归于它。并且这一偏离与回归的互动过程，既是对历史经验的损益过程，更是对历史经验的重构过程。成汤之于夏桀，文武之于商纣，既是治世治人的历史经验的返本开新，亦是人类认知经验的时代性重构。历史经验的承传与重构运动，蕴含一种历史进步观：人类文明始终向前，治与乱，是文明向前的展开方式；历史经验的承传与重构，是人类文明向前的真正动力。孔子专注于古代文明资源和思想资源的发掘、传述和总结其亘古不变的人间大道的根本目的，是再造人性，引导社会，实现治乱，重建昌明大道。在孔子哲学的精神历史学中，经验始终是通向未来的桥梁。调动经验展开对现实的思考并运用经验指涉或建构未来，这是孔子哲学之精神历史学自我铺展的基本进路。孔子生前没有通过身体力行来创建起当下太平，但他因此而传述和铺张的精神历史学思想，却为乱而统一的诸夏求治天下太平，提供了亘古不变的法则和根本的思想资源。自汉武帝“罢黜百家，表彰六经”以降，孔子哲学的精神历史学思想从治世和治人两个方面得到了合法运用，虽然这种运用激情更多地倾注于“因”（承传）而相对忽略“革”（损益）。

2. 孔子哲学的知识谱系

任何一种哲学，其精神历史学一旦生成，必寻求负载它的精神形态学方式。孔子哲学也不例外，他以历史经验为认知基石的精神历史学思想和方法，通过对具体的知识谱系、价值系统和存在精神的创构而获得形态学呈现。

孔子哲学所呈现的知识谱系，体现如下特征。

> 季路问事鬼神。子曰：“未能事人，焉能事鬼？”
>
> “敢问死？”
>
> 曰：“未知生，焉知死？”（《先进》）
>
> 子不语：怪、力、乱、神。（《述而》）
>
> 子贡曰：“夫子之文章，可得而闻也，夫子之言性与天道，不可得而闻也。”（《公冶长》）

性，即人性；天道，乃宇宙本体。性与天道，既涉及形而上学，也涉及纯粹知识学，但这些都不是孔子所关注的重心。“孔子所关心的是日用伦常，以及礼制秩序。它所言说的内容不离人间法。这是历史上的儒学最重要的特色。”[①]不仅如此，怪异、暴力、变乱、鬼神，此四者更是孔子所回避的。这是因为暴力与变乱，属刑赏（相当于今日之“法治”）范畴，孔子哲学的经验主义精神历史学取向决定了他对法治和刑罚的相对轻视，将其置于辅助的位置。怪异和鬼神，是想象的未知世界，不仅涉及形而上学，更要涉及宗教，同样不符合他的经验主义精神历史学取向而更多地回避。由于对法治和刑罚领域的轻慢，孔子更多地关心伦理-政治而不及其他；因为对怪异和鬼神的回避，孔子只关心现实而不及其他。合起来看，孔子只关注伦理和政治问题，只热衷于现实生活所需的精神秩序和社会秩序的建构。

> 子曰：“老者安之，朋友信之，少者怀之。”（《公冶长》）
>
> 道之以政，齐之以德，民免而无耻。道之以德，齐之以礼，有耻且格。（《为政》）

雅斯贝尔斯曾认为，“孔子从来没有认为自己有一套**完全的知识**，或者说他也不认为这种知识存在是可能的。”（引者加粗）[②]孔子哲学确实没有“完全的知识”，但并不能以此断言孔子哲学没有承载其思想和方法的知识谱系，因为根本不存在没有知识谱系的哲学。孔学作为一种伟大的哲学而存在，不是如古希腊哲学家们那样探求与建构纯粹认知的“完全的知识”，这种知识既要涉及自然宇宙、世界存在，也要涉及人、人性、政治、伦理，还要涉及形而上学、灵魂、宗教。孔学知识却是经验主义的、践行尽性方面的知识，它并不目的于满足人的好奇心、惊诧感和提升心智训练，而是为了寻求和实现解救之道：“在帝国解体的困境之中，在战乱和动荡的时代，孔子便是那些想通过他们的建议使国家得到拯救而到处游历的许多哲学家之一员。对于所有这些哲学家来讲，出路便是知识，而孔子的解救之道则是有关古代的知识。他的根本问题是：什么是古代知识？如何能够获得它？通过什么方式能实现它？”[③]这种解救之道的知识，只能从历史中寻求思想资源，并对历史

---

① 金刚：《〈论语〉鼓吹》，天津人民出版社，2007年，第152页。
② [德]雅斯贝尔斯：《大哲学家》，李雪涛主译，社会科学文献出版社，2006年，第95页。
③ [德]雅斯贝尔斯：《大哲学家》，李雪涛主译，社会科学文献出版社，2006年，第79页。

经验进行损益。所以，孔子哲学的知识谱系体现两个特征：第一，其构建知识谱系的知识资源不是来源于当世，而是源于古代；第二，所建构起来的知识谱系不是全新的创造，而是一种承传与重建。

生活在帝国战乱频乃、道术分裂、封建解体的春秋晚期，孔子为探求拯救之道而向历史吸取营养重构秩序所需的知识谱系，必然面临三个根本问题：(1)对古代知识的定位与选择；(2)获取古代知识的途径与方法；(3)开辟运用古代知识实现国家拯救的道路。

孔子以历史经验为取向来选择和定位古代知识，最大限度地将其限定在政治和伦理领域。这主要基于两个方面的考虑：一是解救的现实需要，因为战乱频繁、帝国解体，源于道术分裂，但造成天下道术分裂的直接原因却是“圣人之道衰”和“暴君代作”(《孟子·滕文公下》)，因而，谋求解救的知识建构必须以历史上成功的德治经验为依据；二是基于历史事实本身：孔子所能收集到的古代文明资源，几乎都围绕“以王道为目的，以民道为手段，以天道为依据”而建构起来，并无一例外地通过诸如尧舜、禹汤、周公等贤人之治而展开、定格、承传。正是如上两方面所形成的合力，推动孔子以历史经验为依据创建起以为拯救提供思想和方法资源的知识谱系。

孔子将建构知识谱系锁定在对古代知识的传述与损益上，必然选择能最大程度地开发古代知识资源的路径与方法，这就是“温故而知新”(《为政》)：“温故”即“温古”，意指向远古寻求思想资源，其具体展开方式是克己求仁以复(周)礼；“知新”意味开新，展开的基本方式是考信。“温故而知新”就是温古开新，为探求拯救之道而重建知识谱系，不是一味地相信古人，更不是越远古的东西越好，只有体现了“**因革**”大道的古代知识才是真正需要的知识。所以，温古的首要前提是多闻、多见，是广泛收集资源，质疑、筛选、整合，然后开出新知。对孔子来讲，“信而好古”之“信”，不仅指相信，更指“知之为知之，不知为不知，是为知也”(《为政》)的诚实和“多闻阙疑”“多见阙殆”(《为政》)的严谨。诚实和严谨，既是孔子获取知识的考信方法，也是孔子的教育方法，它蕴含现代的科学精神。

孔子哲学所呈现的知识谱系，体现宏观和微观两个方面的张力。

仅宏观论，孔子哲学的“知识谱系一大特点就是对认识对象做了划分：

可知世界与不可知世界。可知世界主要内容在人间，人间世界主要内容在人伦；舍此则多为不可知之世界。”①孔子哲学知识谱系所涉及的认知领域只是人伦世界，“完全的知识”在孔子哲学中没有存在的可能性。

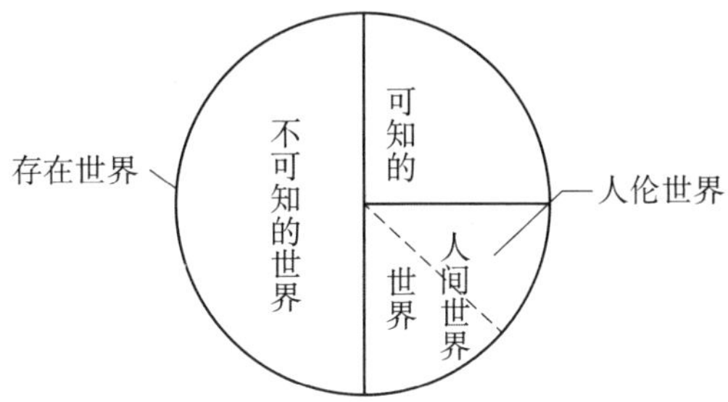

[5-1 孔子哲学智识谱系所指涉的知识疆域]

从微观讲，孔子哲学缺乏形而上学、存在本体论、宇宙生成论、纯粹知识学，更没有古希腊哲学的物理学、数学、天文学、地理学，只有伦理、政治、道德和教育。为政知识、仁德知识和学而知识，此三者构成孔子哲学的知识谱系；由此知识谱系所呈现的宏观框架和价值导向，就是德性-德行，其实践表述是仁德-公德。

在孔子哲学的知识谱系结构中，人获得仁德的基本路径是学文入道、修德进业，其基本方式是学而，即“学而时习之”(《学而》)：“学”意指探求无知、未知；“习”既指对所学内容的消化(内省)，又指对消化后的内容的践行(运用)。

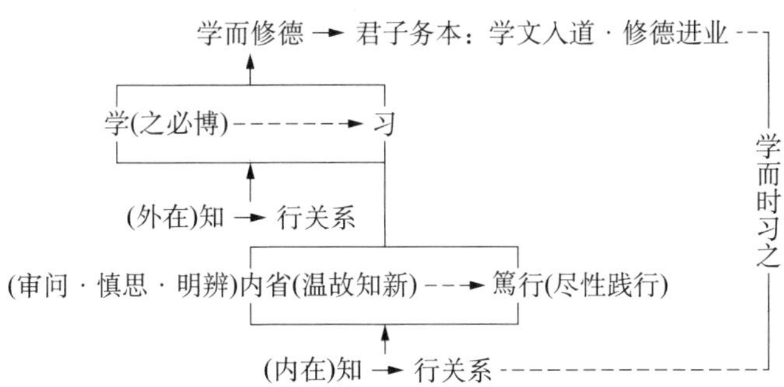

[5-2 孔子哲学智识谱系的主体性生成逻辑]

① 金刚：《〈论语〉鼓吹》，天津人民出版社，2007年，第v页。

学-习引发教化。学，需要他人教化；“习”，既要求自我教化，也需要社会教化。通过他人教化，人不仅学会诗、书、礼、乐、数、射，更学会恭、宽、信、敏、惠；通过内省（吾日三省吾身）方式而自我教化，人才能达到无忧无惧，持重而威；通过社会教化，人才能可持守中道，以仁入礼，尽性践行，以求公道。

通过学-习而具备君子德性，必然向外进发展开君子德行。在孔子哲学中，君子德性表征为仁德，君子德行表征为公道。从仁德到公道，构成孔子哲学知识谱系的两维：孔子之道在于公、在于公道，公、公道构成孔子哲学知识谱系的目标内容；但公、公道，却需要主体条件的支撑，由此使仁、仁德构成公、公道的伦理基石。仁德乃个人修为所成，所以需要教化；公道既为尺度，又构筑社会平台，所以公道既需要以仁德为主体条件，也需要以中庸（即“道德”）为方法，更需要以礼制为制度规范，以礼为行为规范。

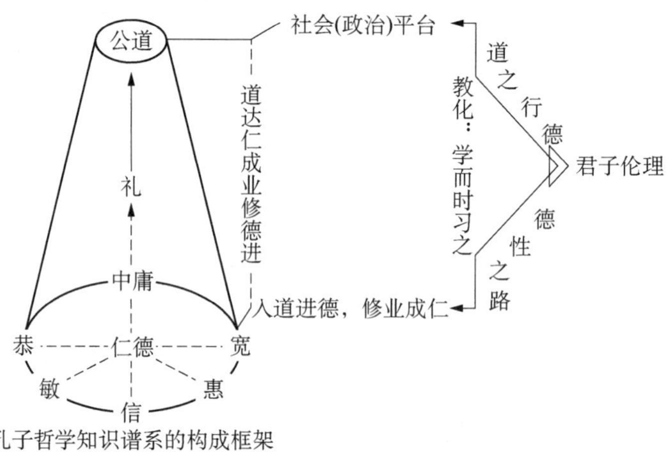

［5-3　孔子哲学知识谱系的实践论指向］

在孔子哲学中，仁德是起步，公道是目标。仁德的核心是仁，即仁性、仁心、仁情、仁爱，它是修为所成，其基本内涵是恭、宽、信、敏、惠。由仁德而公道的进路，就是由个人而社会或由伦理而政治，最终落实为“成己为人”和“为人成己”，这一过程的展开既需要方法引导，更需要规则的规范：前者即是中庸；后者就是礼和礼制。

整合观之，仁、中庸、礼，此三者构成进程性的三驾马车：“仁”是公道的基石，也是其知识谱系的轴心，它统摄“恭、宽、信、敏、惠”内聚为仁德；“仁”又是“礼”的核心，它构成“礼”的本质内容和内在规范。所以“仁”贯穿孔子哲学始终，构成其知识谱系的核心范畴：**以仁入礼**，这是孔子思想的基本进路。就仁与礼的互动关系论，“仁”主内，是礼的本质规定和内动力，构成人成为君子的精神取向；“礼”主外，是仁的社会化展开方式，它客观地构成使人成为君子的交往性社会约定。从发生学论，孔子之“礼”，实际上是在社会关系中个人服从的社会秩序和遵守的伦理规范，它一旦进入社会获得约束和管理功能，“刑罚”因此被“伦理”所替换。孔子建构以“仁”为价值核心，以礼为社会规范的伦理秩序，就是以这样的方式发挥运作功能。孔子推崇礼治，完全基于王道理想，它来源于先王们的治理实践。但是，先王们的治理实践却客观地存在着操作和口号两种形式，操作的实践是刑罚之治，口号的实践却是礼治。只有当二者达向统一时，才是真正的“先王之道”。

在孔子哲学知识谱系中，中庸肩负起规范和方法的功能。其规范功能的发挥，解决了什么样的礼才符合公道：只有当以中庸为尺度来规范和衡量礼，并依礼而行，才可能达向公道之境，实现公道之德。其方法功能的发挥，解决了内在的仁何以才能外化为社会性的礼。由此两个方面，中庸担当起了调和“礼”与“仁”的作用，形成“文武之道，一张一弛”的适度智谋功能。

3. 孔学哲学的价值系统

一种知识谱系，既有显形的概念体系，更有固本的价值系统和存在精神。价值系统是其知识谱系的内在框架，概念体系是承载和彰显其价值系统的逻辑形式，存在精神却内驻为知识谱系的灵魂。

孔子哲学的知识谱系虽然由伦理、政治、教育三者构成，但纽带却是君子。孔子哲学，实属道德哲学，其核心内容是君子修德、君子为政和君子学而。以此而究其实质，孔子哲学的知识谱系，就是君子知识学。要真正理解孔子哲学知识谱系的价值系统，须先了解“君子”概念。

> 君子达到的是一种境界，而不是一个处所，是一个从容中道的境界。他达到身心安宁、平静无纷扰的状态(tranquil state)，这种状态来自于对求道或行道的深切体会，并且认识到求道或行道本身就具有终

极和绝对的价值。①

这是对孔子"君子"神韵的深切领悟：君子是一种境界，也是一种修行。古代思想史学者吴锐认为，大约在春秋早期(但据现有典籍推论，可能始于西周早期参见第11章详述)，确曾出现过君子主导社会的时代，"这批人是当时最有修养的绅士，是贵族文化的创造者，同样是道德的象征，是一群君子构成社会的清流。"②但这一时代的君子，是指有位者或在位者，在特殊的情况下，"君子"亦"或间指品性，亦兼地位言之。离地位而专指品性者绝未之见。"③孔子生活于春秋晚期，君子社会早已消隐，君子空位的时代状况激励孔子重建君子理想。因此，"孔子言君子，就《论语》所记观之，则有纯指地位者，有纯指品性者，有兼指地位与品性者。"④并且，"孔子所言君子之第一义完全因袭《诗》《书》，第二义殆出自创，其第三义则袭旧文而略变其旨。旧义倾向于**就位以修德**，孔子则重**修德以取位**。"(引者加粗)⑤萧公此论甚合孔子"君子"原意，也合孔子"君子"语义的历史承传史实。在《论语》中，"君子"一语专指在位者甚少；其位德兼具者，亦少。大多乃"修德取位"和得位之后如何"以德正位"之新义：君子，乃谓一种需要不断修为的道德理想和人格境界。

孔子热衷于君子理想，是基于拯救宗法世卿之衰微和补周代政治尚文之衰败所做的一种(在当时来看是)于事无补的努力。首先，"孔子所以袭用'君子'旧名者，似欲在不显明违反传统制度之范围内，实行其改进政治之主张。以守法身份之旧名，寓修德以取位之新意。譬若移花接木，其操术而用心良苦。"⑥其次，"孔子欲救周政之弊，非欲并方策而毁弃之。综观其政治思想之全体，'从周'与尚仁之两层主张，相互为用，不可偏废。吾人相信孔

① [美]赫伯特·芬格莱特：《孔子：即凡而圣》，彭国翔、张华译，江苏人民出版社，2002年，第19-20页。

② 吴锐：《中国思想的起源》，第3卷，山东教育出版社，2003年，第934页。

③ 萧公权：《中国政治思想史》，上册，商务印书馆，2013年，第74页。

④ 萧公权：《中国政治思想史》，上册，商务印书馆，2013年，第75页。

⑤ 萧公权：《中国政治思想史》，上册，商务印书馆，2013年，第75页。

⑥ 萧公权：《中国政治思想史》，上册，商务印书馆，2013年，第76页。

子于周制之郁郁乎文实衷心赞美，而其从周之说亦出于至诚，非以欺世惑俗。惟其爱惜周道之伤，故亟图以人治救方策之弊。故孔子之注重'君子'，非以人治代替法治，乃寓人治于法治之中，二者如辅车之相依，如心身之共运。后人以人治与法治对举，视为不相容之二术，则是谓孔子有舍制度而专任人伦道德之意，非确论也。"[①]孔子改造"君子"旧义，并赋予不断修为之道德理想和人格境界等新义，实是探求解决"礼坏乐崩"的社会方案。因为在孔子看来，礼坏乐崩之时弊，不仅体现在礼乐制度的崩解，更体现为君子的消隐；并且，君子消隐才是礼乐制度崩解的原动因。解决时弊，重建君子社会的根本性努力，就是根据时变与因革的双重要求，再造有社会道德理想和人格境界的君子。

在孔子哲学世界中，"'君子'的意思由原来没落世袭贵族中的一员，转而代表那些立志通过培养个人的美德和智慧为公众服务的人，也就是说，君子从出身高贵的人转变为高尚的人。"[②]这要求人要成为君子必须具备两个硬条件：(1)君子不是民，必须是育民的人；(2)君子不是小人，必须具备仁德并追求公道。以此观之，孔子再造君子的实际努力，就是培养能够重建政治秩序和社会文明的大人。"大人者，不失其赤子之心者也。"(《孟子·离娄下》)当一个人把赤子之心发挥到极致，就成为完人。所谓完人，乃大人的高格。将自己成就为大人的君子，就是贤人；将自己成就完人的君子，就是圣人。贤与圣，是君子的两种境界，也是君子的两种要求：贤是君子的一般要求；圣是君子的最高要求。在孔子哲学的价值系统里，其价值起点是大人君子，其价值目标是完人君子。

价值产生于存在关系，并在特定的存在关系中呈现。孔子哲学所负载的价值系统，只能在以君子为逻辑起点和目标所建构起来的君臣、社稷、天下关系中呈现。

在孔子哲学的价值坐标系里，其重要方面是君臣关系及其所呈现出来的价值张力。在孔子的认知世界里，君与臣之间没有必然的命运关联性：

---

① 萧公权：《中国政治思想史》，上册，商务印书馆，2013年，第78页。

② [美]狄百瑞：《儒家的困境》，黄水婴译，北京大学出版社，2010年，第1页。

"君使臣以礼,臣事君以忠"(《八佾》),君臣之间要彬彬有礼,但彬彬有礼的前提却是平等,即君与臣如同朋友一样相互尊重。如果做不到这一点,做臣的可根据自己的意愿决定去留。这是孔子时代的君臣关系,这一君臣关系得以建立的价值支撑是平等,但确立其平等价值坐标的基石,却是人的独立存在和自由权利。所以,君臣同于朋友的价值序列,体现了孔子哲学的精髓:以平等、独立、自由为根本价值诉求的君子人格精神。

以平等、独立、自由为导向,形成君子"修德取位"和"以德正位"的两个价值原则,这就是"用无不周"原则和"以道事君"原则。

用无不周原则要求"君子不器"(《为政》):首先,君子修己敬德无限度,包括修己以敬的空间范围、对象领域、人生过程无限度,孔子以此自表为"吾十有五而志于学,三十而立,四十而不惑,五十而知天命,六十而耳顺,七十而从心所欲不逾矩。"(《为政》)其次,修己以正位无限度,一是在齐、治、平的领域无限度地发挥君子功能;二是在"修己以安人"和"修己以安百姓"(《宪问》)方面无限度地发挥君子作用;三是在"事上""育民""使民"(《公冶长》)领域无限度发挥君子的榜样力量。

以道事君原则规定君子为政必须以道为指南,这就是"其行己也恭,其事上也敬,其养民也惠,其使民也义。"(《公冶长》)行为谦恭、事上庄敬、育民慈惠、使民信义,此四者乃君子为政所必守之道。但君子能以道为政的社会前提和政治条件,却是"君君,臣臣,父父,子子"。(《颜渊》)君主应成为君主,行为君之德,担为君之责;相应的,臣子应该成为臣子,行为臣之德,尽为臣之责。君臣如是表率,父子亦如是作为。如果社会处于"君不君,臣不臣,父不父,子不子"状况中,那就意味着无道。面对无道,君子必须依道遵守两个准则:(1)"邦无道,谷,耻也"(《宪问》),"邦无道,富且贵焉,耻也"(《泰伯》);(2)"邦有道,则知,邦无道,则愚"(《公冶长》),"危邦不入,乱邦不居,天下有道则见,无道则隐。"(《泰伯》),"邦无道则卷而怀之"。(《卫灵公》)

以平等、独立、自由为价值规范,君子修治的核心任务是担当责任。首先,君子应为自己负责。孔子认为,人学而为君子,就是学而为己。学而为己的实际性努力,是把自己成就为君子。守死善道,危邦不入,乱邦不居,凡事求义。其次,君子必须为人负责。孔子指出,学而为己的途径只能是为人，这要求既要做到“己所不欲，勿施于人”(《颜渊》)，更要做到“己欲立而立人，己欲达而达人”(《雍也》)。再次，君子应该为社会负责，具体地讲就是为家庭、邦国、天下负责。为家庭、邦国、天下负责，既是君子为社会负责的三个维度，也是君子为人成己的三个扇面。

为自己负责、为人负责、为社会负责，此三者构成孔子哲学的实践价值框架。在这一价值框架下，君王恪守君子之道，才成为君子，并拥有邦国天下；反之，君王不守君子之道或丧失君子之道，就是小人。小人当然可以当道，但却不拥有邦国天下。在孔子哲学的价值坐标系里，邦国的价值既大于君王的价值，也优先于君王的价值；并且，邦国的价值也大于并优先于君臣的价值。这是因为邦国的价值是**存在**的价值，君主的价值是**作为**的价值。君主**可能**代表邦国，但邦国始终独立于君主；并且，邦国独立存在所形成的价值诉求，君主必须服从之。因为，邦国的价值是公众的价值，君主的价值是一人的价值。一人的价值必须服从公众之价值，君主的价值选择必须遵守邦国的价值要求。这就是孔子守死“危邦不入，乱邦不居，天下有道则见，无道则隐。邦有道，贫且贱焉，耻也。邦无道，富且贵焉，耻也”(《泰伯》)之善道的根本价值依据。

在孔子哲学中，最高级别的价值序列是天下观：个人优先于君主，邦国优先于个人，天下优先于邦国。孔子的天下观，实际上是当时所能理解到的世界观。孔子天下观的根本价值诉求是天下为公：天下是天下人的天下，任何个人不能独裁天下。孔子天下观的核心价值语义是：当天下成为人人的天下时，人人拥有平等共享天下的权利，人人更拥有平等参与治理天下的资格和责任。以此观之，“君使臣以礼，臣事君以忠”的平等诉求和“以道事君”的政治原则得以建立的价值基石，只能是“天下为公”。

孔子哲学的核心是君子学说，它对个人提出了修身和践行的双重要求：仅修身言，它要求人通过修仁而成为仁德者；从践行论，它要求人必须行礼(“礼”的本质是“理”)而成为公道者。因而，仁德-公道，构成了孔学思想的最高价值，因为它可超越个人、社会、政治、时代而进入永恒的时间之域，构成人类文明的价值坐标。正是这种达向永恒领域的“仁德-公道”价值坐标体系，才使孔子及其哲学思想穿越时空，从遥远的古代进入当代存在领域，发挥文明重建的动力功能和导向作用。

4. 孔子哲学的存在精神

孔子哲学，是一种“为己成人立世”进而“为人成己名世”的道德哲学，它所彰显的存在精神，是一种“变中不变”和“不变中变”精神，这种精神的生存论敞开，就是互为融贯的尽性践行的实践理性精神和仁德-公道精神。

孔子哲学的土壤是经验。这就决定了融贯于实践理性之中的仁德-公道必然地来源于历史主义的经验理性。正是这种基于历史的经验理性孕育生成的仁德-公道精神，把古代与现代联系了起来：最现代的恰恰是最古老的，最古老的亦是最现代的。这是因为社会永远由人组成，人始终是个体：人的个体性促发他存在于社会中必须本能地渴望平等、追求独立、开创自由生存。人渴望平等、追求独立、开创自由的共同社会取向，就形成仁德-公道。

从整体观，孔子哲学的仁德-公道精神的实质，是平等、独立和自由。平等、独立、自由精神所体现出来的“君臣友道”这一基本价值取向，恰好印证了阿克顿勋爵的断言：“自由是古老的——专制主义则是现代的。”[①]孔子的君臣友道价值观和君臣友道精神，所展现的恰恰是古代文明社会在原始契约关系下的**等级**平等、独立、自由：平等是自由的前提，独立是自由的体现，人的存在的根本精神是自由精神，人的社会存在的最高原理是自由原理。阿克顿以最精辟的语言概括了这一原理和精神的本质：**“自由的本义：自我驾驭；自由的反面：驾驭他人。”**[②]自由的主体要求，就是个人必须具备仁德；自由的社会要求，就是社会必须讲公道。因而，存在自由，就是仁德-公道的一体化。

平等、独立、自由，此三者构成仁德-公道的最高精神信念。在这一精神信念引领下，仁德-公道精神向实践领域敞开，则形成具有极强规范和激励功能的人本精神、公开精神、持守精神和担当精神。

在孔子哲学中，以“仁德-公道”为指南的人本精神的实践形态，就是君

① [英]阿克顿：《自由与权力》，侯健、范亚峰译，商务印书馆，2001年，第316页。
② [英]阿克顿：《自由与权力》，侯健、范亚峰译，商务印书馆，2001年，第308页。

子本体论和民本论。对王公大臣和士阶层，其人本精神表征为君子精神，无论王公大臣还是士，其基本诉求只能是“喻于义”，而不能“喻于利”。对于民（农工商者），其人本精神则落实为民本精神。君子治国，不仅要育民，更为根本的任务却是“藏富于民”（《子路》），只有藏富于民，才能真正教化民。在孔子所描绘的政治文明蓝图里，民众的富裕和文明，是仁德-公道精神实现的目的本身。

孔子哲学的君子精神和藏富于民的民本精神，源于对道德与政治文明的统一这一完美设计，它落实在为政的实践操作中，既表征为追求公意：“君子不以言举人，不以人废言”（《卫灵公》）；更体现为政务公开和透明：“冉子退朝，子曰：‘何晏也？’对曰：‘有政。’子曰：‘其事也如有政，虽不吾以，吾其与闻之。’”（《子路》）

为政追求公意，实现政务公开、透明，不仅要以仁德为动力，更要以公道为目的。这要求为政者必须具备君子的持守精神，即“守死善道”（《泰伯》）精神。这一精神的具体表述就是安分守己精神和责任担当精神。仅前者论，在仁德-公道规范下，君子应该安于本分，谨守己责：“君子思不出其位”（《宪问》）和“不在其位，不谋其政”（或曰在其位必谋其政）（《泰伯》），是其基本规范要求。就后者言，君子必须“修德取位”和“以德正位”：作为家庭成员，君子必须担当齐家的责任，孝弟父母兄弟；作为社会成员，君子为君者，必须要担负起君王的责任，君子为臣者，必要肩负臣的责任，君子为士者，必须担负士的责任。

梁漱溟曾指出，孔子学说“从本质上说，它（儒学）不是宗教，而是人生实践之学，正如他们所说：‘践行尽性’就是了。践人之行，尽人之性，这是道德。”[①]梁先生的概括极为准确：孔子哲学所彰显的根本存在精神，就是践行尽性精神，它贯穿人生全过程，并从三个方面展现：(1)成就自我道德；(2)将自我成就的道德运用于个人生活；(3)运用自我成就的道德服务于邦国社会。

自我成就道德，就是求仁，并且以仁入礼，循礼达乐。因而，践行尽性于

① 翟奎凤选编：《梁漱溟文存》，江苏人民出版社，2013年，第384页。

“仁→礼→乐”，构成君子的成己之路，并敞开为“学而”不息。因自我成就道德而“学而”，不只是博学、审问、慎思、明辨，最终需要笃行。笃行涉及生活的方方面面，但最基本的方面有四：一是为人谋必忠；二是与朋友处要信；三是制欲和节用；四是慎言和勤勉。（《为政》）

践行尽性的存在精神只有通过自我成就道德的方式，才可真正进入生活领域，用道德来指导人生所达到的道德境界，就是仁德。但这仅仅是起步，在这一起步阶梯上努力向前，运用自我成就的道德服务于社会，或为政，或承传文明，或教化英才，践行尽性的存在精神才可进入公共生活领域或超越时空的文化领域，用道德来引导社会或创造文明历史所达到的境界，就是公道。践行尽性，必以检验仁德-公道为己任；惟有如此，践行尽性精神才构成仁德-公道精神的实践理性形态。

第6章 孔子道德哲学的主题

内容提要：孔子和苏格拉底，诞生并生存于大致相同的生存场域，但却各自生活在不同的生存空间，他们都是为人类创造出“思想范式”的思想家。但由于生存的地域环境和社会环境不同，各自所创造的思想范式也呈差异：苏格拉底生活在地中海域中的城邦社会，基于城邦民主社会而拷问“人如何成为人”，因而，“什么样的生活才是人的生活”和“怎样才能过上人的生活”构成了苏格拉底的道德哲学主题，围绕这一主题展开对人的讨论，苏格拉底提炼出人如何成为人的两个心灵原则，即“你要认识你自己”和“知识就是美德”。与此不同，孔子生活在齐鲁大地上的血缘宗主社会，基于血缘宗主社会的分崩离析而追问“人如何才成为君子”，由此使“什么样的生活才是君子的生活”和“人怎样才能过上君子的生活”构成孔子的道德哲学主题。围绕这一主题致思前一个问题，揭示修德取位和以德正位的生活才是君子的生活；追问后一个问题，发现惟有不倦地“学而时习之”才能过上君子的生活。并据此提炼出人成己为君子的两个心灵原则，即“学文入道”的务本原则和“修德进业“的事功原则。

孔子以前的文化与思想像旷野的奔流，浩荡又壮丽，它是古中国政治、社会、信仰的支柱。到了春秋时代这支柱本身起了变化，引起变化的主要原因，外部的是由于政治权力的分化，内在的是因信仰重心的坠落。二者互为因果，又使这两种趋势日益增强。前一趋势导致不断的战争和暴乱，于是交通开辟，商业亦渐兴起；后一趋势导致宗教的转化

> 和人文思想种子的散布。这就是孔子崛起前社会文化的概略景象。在这个时代有两项重大的要求：一是社会秩序的重建，其中包括政治领导中心的重振和社会的贫富问题；二是个人内心生活的调理，其中包括道德规范的确立和社会秩序在人性中的基础问题。孔子前或和他同时富有人文思想的政治人物已开始面对这些问题，稍晚兴起的诸子仍然是或多或少、或深或浅，在这个时代内外双重的问题的挑战下发展出他们自己的思想。孔子是在他前后的人物中最具代表性的一个，因为他对当时的问题认识很深，在处理个别的问题上，他不一定能对每一个问题都处理得比别人好，比别人更有效，但没有一个人能像他关心全面性的问题。晚于他的诸子，不论是赞成他或反对他，也没有一个不受他的影响。认同和责难，都把焦点集中于孔子，适足以证明他已开始居于思想史的中心地位和文化思想的代表。[①]

从根本讲，孔子的学说的生成，源于某种一以贯之的思想："吾道一以贯之。"(《里仁》)孔子自谓其思考和探究所形成的学说，是有一个前后贯通的主题，这个主题伴随一生，思考一生，践行一生。但要理解这个主题，首先需要牢记"研究思想家的理论体系，必须将有关这个思想家的全部材料融会贯通，才能对之有真正的准确的理解。"[②]其次必须有其研究孔子学说的正确态度和视野："从思想史研究看，发现每一家思想的内在矛盾，是具有深刻意义的。一个思想家理论中的内在矛盾，往往是导致思想发展的积极因素。"[③]最后应该以还原的方式进入《论语》原典，进入孔子和《论语》自身的世界，"可以用两种方式来理解孔子的原训和释义之间的关系。一种是惯用的把孔子作为掩盖无数富于创造精神的个人的新观点的手段，另一种是把孔子作为一个'合伙'人，在文化价值不断变迁的过程中，后代的思想家一次又一次地将他改头换面。按照后一种看法，孔子是一个团体、一个社会、一

---

① 韦政通：《中国思想史》，上册，上海书店出版社，第48页。

② 张岱年：《中国伦理思想研究》，江苏教育出版社，2009年，第175页。

③ 张岱年：《中国伦理思想研究》，江苏教育出版社，2009年，第174页。

个活的传统。”①

二千多年来，孔子已经成为一种家喻户晓的传统，而且世界闻名。但认真说来，能够真正了解这个传统的人，其实很少。要真正理解孔子学说，需要重新回到孔子学说本身，这涉及两个最基本的方面：一是重新发现孔子学说的自我定性；二是重新发现孔子学说的自身主题及其所构筑起来的学说范围和学说体系。

对于第一个方面，孔子曾以“信而好古”和“述而不作”的表述来自我定性。人们往往根据其“信而好古”而断定孔子是“复古主义者”；并根据“述而不作”而认定孔子学说都是前人的，没有新意，更没有创造。其实，这两个判断都有问题。孔子考信传统、喜欢古代典籍，既是追求历史真实的方法，也是学问修养的方式，并不能以此给他冠上“复古”的帽子。更为重要的是，“述而不作”，乃是夫子自谦。如果我们轻信孔子自谦之词，那就大错特错了：孔子不是“述而不作”，而是“述而且作”，并且“述而大作”。孔子之“述而大作”，就是返本开新地创造了一种思想范式，一种生活范式。这种思想范式和生活范式所蕴含的抽象形态，就是他的道德哲学。杜威曾说，“创造和责任从两个方面看问题，一是朝过去看，一是向将来看。自然事件——包括社会习惯——产生思想和感情。说我思考、希望和爱，实际上是说，起源并不是决定性的。”②此段文字可看成是对后世歪曲性理解孔子思想学说的一种矫正，也可看成是孔子真正的自我呈现。创造既可以向过去看的方式展开，也可以向将来看的方式展开，孔子的“述”既是面向过去又是面向未来的，他将向过去看和向将来看统一在“述”中，即将过去的智慧提炼出来为开辟将来提供思想和方法的力量。这既是一种创造方式，也是一种时代性的和历史性的责任担当。所以，孔子之“述而不作，信而好古”（《述而》）的实质指向是返本开新。基于返本开新而创建起来的道德哲学，既是同时运用这两个方式创造的成果，也是他开启“创造和责任”的历史进程之体现。因而，

① ［美］郝大维、安乐哲：《孔子哲学思微》，蒋弋为、李志林译，江苏人民出版社，2012年，第14页。

② ［美］杜威：《经验和自然》，纽约多弗出版社，1958年，第233页。

要重新发现孔子学说的自身主题及其所构筑起来的学说范围和学说体系，须了解他的道德哲学。

1. 什么是道德哲学？

了解孔子的道德哲学，应先理解什么是道德哲学。

一旦考察道德哲学，首先须厘清它与伦理、道德科学的关系。按习惯思维，伦理学是研究人间道德的科学，所以人们将伦理学（Ethics）和道德科学看成是同义异语。这种看法的依据是词源学，《西方哲学英汉对照辞典》指出，西语中道德（Morality）一词源于拉丁文 Mos，它与伦理学和道德科学这两个概念是相等同的概念。① 这种理解体现感觉经验取向，以理性思维观，"伦理学"和"道德科学"是人类精神探索的一门学问，或者说学科；而"道德"是一种**经验的或理性的生活事实**，它构成伦理学或道德科学研究的基本对象。客观地看，"道德"概念所指的对象，是人应该怎样生活才对和如何实现这种生活才好的生活事实，它实际上蕴含了应该怎样生活的准则和如何这样生活的方法，所以道德是一种关于生活实践的智慧和方法；伦理学和道德科学就是以此为对象，系统探讨这种生活实践智慧和方法的学问，人们习惯将这种学问称之为"科学"。

以科学观看，将系统研究人应该怎样生活才好和如何生活才对的学问称之为道德科学，于是人们将"道德科学"与"道德哲学"等同，这种等同观念既有词典定义的支撑，也得到历史上伦理学家的观念支撑，比如，亚里士多德开创伦理学时，就这样将伦理学定位为道德的科学，或道德哲学，色诺克内特，当然还包括昔勒尼派，也是在这一意义上使用 Ethics；朗茨《伦理学》、冯特《伦理学》、弗兰克·梯利《伦理学导论》，都是将伦理学与道德科学、道德科学与道德哲学视为是同义互用的概念。由此，将伦理学、道德科学、道德哲学等同，构成伦理学的认知传统。

客观地看，伦理学、道德科学、道德哲学，此三者虽有密切的关联，但却有根本性的区别。一般论之，伦理学是研究充满利害取向的人际关系的学问，探求其充满利害取向的人际关系的权衡与取舍的法则、原理、原则、规

① [英]尼古拉斯·布宁、余纪元：《西方哲学英汉对照辞典》，人民出版社，2001 年，第 331 页。

范、方法。在现实生活中，对利害关系的权衡和取舍客观地存在着两种可能性取向，即有限度地利己取向和无限度地利他取向。这两种可能性取向促成伦理学研究展开为两个维度，即有限度利己的道德维度和无限度利他的美德维度。道德科学的关注领域，是有限度利己的道德领域，无限度利他的美德领域，却不属于道德科学研究的范围，它属于美德学研究的对象范围。以有限度利己的道德为研究的对象范围，客观地存在一般认知研究和形而上学研究的区分，在前一个层面展开的道德科学研究，可以称之为规范伦理学，亦可称之为道德规范学，简称为道德学；在后一个层面展开的道德科学研究，就是道德哲学。

这是学科划分意义上的道德哲学，但实际上，生活和教学往往不做这样严格的逻辑划分。在19世纪英国的大学里，其"道德哲学"课程涵盖了许多领域，它往往不是一门课程，不是专表一个学科的概念，它成为跨越领域的综合性或者说集合性课程，由此使道德哲学成为一个学科群取向的概念。这表明在19世纪英国的大学中，学科分类法与今天完全不同，他们当时所设立的"道德哲学"，包括了伦理学、经济学、政治学、法学、神学等众多人文社会科学在内的一门综合性学科。比如，当时最著名的古典经济学家和伦理学家亚当·斯密在格拉斯哥大学讲授"道德哲学"课程包括了四部分内容，即神学、伦理学、法学和政治学。并且，政治学又包括了当时的政治经济学。在这样的学科设置中，神学是道德哲学的依据，它为其提供存在的信仰基础；伦理学为道德哲学构建价值体系与实践原则；法学、政治学以及经济学是道德哲学的实践方式与途径。

这是19世纪。19世纪的英国是世界上最发达的国家，也是古希腊传统最杰出的继承者。19世纪英国大学以如此方式开设道德哲学课程，不过是对古希腊传统的继承而已。

古希腊，创造了后来为西方社会所骄傲且能源源不断地为之提供精神土壤和思想源泉的古希腊精神，古希腊精神为古希腊哲学所创造，为古希腊政治所实践而开创出城邦民主制度，为古希腊艺术所传播。从形上观，古希腊哲学的主要成就是自然哲学和道德哲学。自然哲学不仅开辟出科学的道路，而且开辟出形而上学、知识论、逻辑学、哲学方法论；道德哲学开辟出伦理学、政治学和人道主义医学传统。

从发生学论，古希腊的自然哲学与道德哲学之间体现一种生成性关系：因为以泰勒斯为代表的米利都学派和以毕达哥拉斯为代表的毕达哥拉斯学派，分别从物理学和数学领域开创出自然哲学，自然哲学对世界本原问题、宇宙生成问题、世界本质问题以及灵魂问题的关注，发现了世界“变中不变”和“不变中变”的复杂存在状态和双重变奏运动，不仅打开了认知自然世界的科学大门，而且开辟出形而上学、知识论的可能性。更重要的是，因为赫拉克利特和爱利亚学派的推动，智者运动产生，道德哲学诞生获得了生活的土壤和思想精神的营养。

从自然哲学的深入到道德哲学的诞生，这是人类精神探索从以关注自然为中心开始转向以关注人事为中心，亦可说，人类哲学由单一地关注自然存在世界转向了既要关注自然存在世界，更要关注人的存在世界，从此，哲学同时获得了两个对象，自然和人。哲学也由此获得了两个动态生成的世界，自然世界和人的世界；并且，自然哲学和道德哲学分别构成哲学的两个维度。

在古希腊，自然哲学的开创者是泰勒斯和毕达哥拉斯，道德哲学的开创者却是苏格拉底。存在主义哲学家雅斯贝尔斯在《大哲学家》中将耶稣、佛陀、苏格拉底、孔子四人称之为创建人类“思想范式”的思想家：耶稣和佛陀，他们各自创建起分领东西方理想存在（彼岸世界）的思想范式；苏格拉底和孔子，他们亦各自创建起分领东西方现实存在（此岸世界）的“思想范式”。①

雅斯贝尔斯将苏格拉底看成是为西方社会创造“思想范式”的思想家，主要体现在两个层面：从哲学的形上层面讲，是苏格拉底开创了道德哲学，将古希腊哲学以关注自然为中心转向了以关注人事为中心的道路。所以，因为苏格拉底的努力，改变了哲学单向度地以自然为对象的格局，开启了自然和人并重的哲学道路，同时也使哲学获得了自然哲学之外的新形态，这就是道德哲学。并且，苏格拉底的哲学，是纯粹的道德哲学。在苏格拉底那

① [德]雅斯贝尔斯：《大哲学家》，李雪涛主译，社会科学文献出版社，2006 年，第 44 - 137 页。

里，对人伦问题的哲学思考，构成其哲学的全部；并且，苏格拉底对人伦问题的拷问和检讨，虽然诉诸理性追问，但却以经验为奠基，包括历史经验和现实生活经验，并以人性为指南。这构成了西方道德哲学探讨的基本"范式"。从哲学的形下层面论，苏格拉底从人的实然存在状况入手，审问人的应然生存的可能性和必然存在的命运及方向。具体地讲，苏格拉底沿着**自然人**的路子来审查人的实存和拷问人的生活，其根本努力是为再造人性、重塑人提供（在苏格拉底看来）必要的智慧和方法。所以，苏格拉底道德哲学的实践主题必然围绕"人如何才成为人"而展开。

"人如何才成为人"？这是人的存在向生存领域敞开的一般问题，它亦可具体表述为"什么样的生活才是人的生活"和"怎样才能过上人的生活"？仅前者论，只有有德性（即美德）的生活，才是人的生活；就后者言，惟有通过认知自己，才能获得做人的智慧和生活的美德。苏格拉底从这两个结论中提炼出两个心灵的原则；一是"认知你自己"①的知识生成原则；二是"知识就是德性"②的生活践行原则。苏格拉底从致思"人如何才成为人"到总结提炼出两个心灵原则的全过程，贯穿了一种人性假设：人是无意做恶的，人做恶是出于无知。这个人性假设包含一种深刻的人性论主张：人的本性是善。对人来讲，原本善的本性的迷失或异化，均源于无知所造成。因而，求知、有知识之所以是美德，是因为求知、有知识，使人能恢复或保持本性之善。或曰，只有当人通过求知而恢复或保持善的本性，才可在生活中自制、勇敢、友爱、虔敬，才可追求理性和维护正义。

参见[6－1]简图从整体上勾勒了苏格拉底的道德哲学思路，通过这一思路可以看出，苏格拉底道德哲学包括了伦理学、人生哲学、政治哲学、方法论。对"什么样的生活才是人的生活"的审问，自然指向知识、美德、智慧三个维度；对知识、美德、智慧三者的生成关系予以系统审查和严肃思考，构成了苏格拉底的伦理学；对"怎样才能过上人的生活"这一问题的拷问，则必然将自制、勇敢、友爱、虔敬、理性、正义牵涉出场，由此形成苏格拉底的道德哲

① ［古希腊］色诺芬：《回忆苏格拉底》，吴永泉译，商务印书馆，2007年，第140页。
② ［古希腊］色诺芬：《回忆苏格拉底》，吴永泉译，商务印书馆，2007年，第170页。

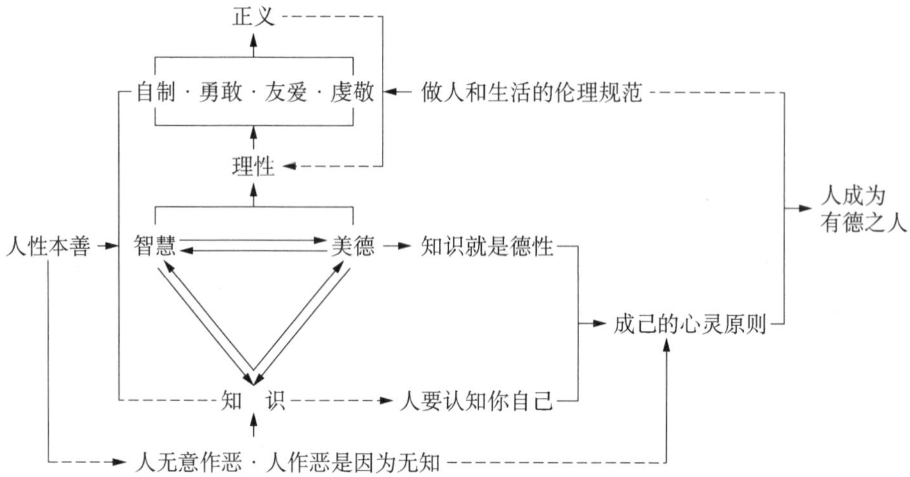

［6－1　**苏格拉底道德哲学思路**］

学和政治哲学。对"人无意作恶，人做恶是因为无知"的检讨和反思，并由此提出"认知你自己"和"知识就是德性（或美德）"，必然建构起苏格拉底的人性理论。以"人如何才成为人"为主题，分别从"什么样的生活才是人的生活"和"怎样才能过上人的生活"展开追问，自然开出其道德哲学的方法论，即整体生态的方法论。有关于此，亚里士多德在其《形而上学》中作出如下判断："有理由将两件东西归功于苏格拉底：归纳推理和普遍性定性；这两者都是科学认识的起点。不过，苏格拉底并未把普遍的东西或定义视为分离的实体，但［柏拉图主义者］却认为如此，并将它们称之为事物的理念。"①

苏格拉底的哲学传统，可以概括为五个方面：首先，苏格拉底的哲学是以人的世界为疆域的道德哲学，而不涉及自然存在论，也不追问人的存在论，只是从人的实然存在起步追问人的应然生存何以可能和应该如何开辟其必然存在方向与道路。其次，苏格拉底对人的思考围绕如何认识做人的道理、并过有德的生活而展开，由此分别创造出一种开启未来的认知范式、生活范式和道德哲学。第三，苏格拉底拷问人及其生活，是从人性出发并以再造人性为终身不倦的追求目标。第四，苏格拉底对人的实然存在的审问、

① ［英］安东尼·肯尼：《牛津西方哲学史：第一卷·古代哲学》，王柯平译，吉林出版集团有限责任公司，2012 年，第 46 页。

对人的应然生存的拷问以及对人的必然存在方向及其道路的预设，采取由具体到整体、由个别到一般的整体生态论方法，这一方法被亚里士多德归纳为“归纳推理”和“普遍性定义”两个方面。第五，苏格拉底基于以现实存在的人为对象视野，运用归纳推理达及一般（或整体）对“人如何成为人”展开“普遍性定义”，由此开辟出道德哲学研究的综合之路，并由此形成苏格拉底道德哲学传统，这一传统被完好地保持到19世纪的道德哲学研究和道德哲学教学两个领域。

2. 孔子道德哲学主题

哲学是人间的最高智慧。哲学智慧之于哲人来讲，不是创造，也没有创造，而是觉悟和发现。因为所有的哲学智慧都蕴含在世界之中，并在自然运动中无声地喧哗。哲人的伟大，就是敞开天赋的身体、生命、心灵，聆听自然、觉解世界，领悟智慧，发现真理，然后向世人布道。亚里士多德曾讲，人人都有形而上学天赋，人人都能成为哲人，其关键在于你能否将自己敞开融入世界，并使世界融入于你，获得觉解，产生领悟，得到发现。虽然可能这个觉解、领悟、发现有个体差异或地域差异所形成的表述其觉解和发现的方式呈现出个性或差异，但所领悟和发现的世界智慧本身是相同的，对其领悟和发现的智慧剥开其表面的差异，就会发现其内在地相通。这就是无论东方还是西方，被发现和承传下来的哲学智慧在本质层面始终同构。以此来看苏格拉底与孔子，他们之所以被雅斯贝尔斯称之为创造思想（包括生活）范式的思想家，其根本原因就在于此。

客观地看，苏格拉底和孔子二人，他们所创造的思想范式，在形式层面确实存在很大的差异，但是在实质层面都是同构的。以此来看黑格尔，其说法在现象的层面是成立的，但在本质的或者说本体的层面，是荒唐的。因为按黑格尔的说法，哲学只产生于西方，中国没哲学：其理由是“惟有在西方这种自我意识的自由才首先得到发展，因而自然的意识，以及潜在的精神就被贬斥于低级地位。在东方的黎明里，个体性消失了，光明在西方才首先达到灿烂的思想，思想在自身内发光，从思想出发开创它自己的世界。西方的福祉有了这样的特性，即主体（在对象中仍）维持其为主体、并坚持其自身于实体中。个体的精神认识到它自己的存在是有普遍性的，这种普遍性就是自己与自己相关联。自我的自在性、人格性和无限性构成了精神的存在。精神的本质就是这样,它不能是别的样子。一个民族之所以存在即在于它自己知道自己是自由的,是有普遍性的;自由和普遍性就是一个民族整个伦埋生活和其余生活的原则。”①

黑格尔对哲学产生的条件的把握,应该说是准确的,只有当人获得个体自由和普遍性诉求,世界存在的智慧才可能被发现,并以此构成民族伦理生活及其世界性存在的准则。但黑格尔以此为判据来断定东方当然包括中国缺乏产生哲学的条件,就太主观,孔子所生活的时代,恰恰是个体自由和普遍性诉求的时代,否则,缺乏这两个条件,根本不可能有诸子思想的产生。

雅斯贝尔斯将孔子和苏格拉底称之为创造思想范式的思想家,是因为孔子的哲学是比苏格拉底更早的道德哲学,孔子的道德哲学在整体上呈现出苏格拉底哲学五个特征方面的特征。但孔子(公元前551年—公元前479年)却比苏格拉底(公元前469—公元前399年)早近百年。从这个角度看,孔子的道德哲学更具有独特性和原创性意义。

孔子和苏格拉底,其所创造的思想范式虽然呈以上五个方面的同构性,但却分属于东西方,主要在其同构取向中的异构性。这种异构性主要体现在孔子所致思的对象,不是普遍意义上的人,而是人的特殊类型,即那些应该成为君子的人。

孔子之致思对象的特殊性,并不体现其任意性,而是历史和文化的特殊性要求。比较地看,比孔子要晚近百年的苏格拉底,生活在地中海的希腊半岛上,泯灭于大海波涛烟海之中的岛屿上生存的人,不仅获得一种动荡不息的海天之象,更重要的是不能依靠血缘而封闭性生存,必须突破血缘的限制,走出家庭,进入社会,结成公共性群体向大海谋求生存。这种现实存在境况本身向人提出了两个方面的要求;一是必须将生存的目光转向动荡不息的大海、转向自然,探求如何驾驭神秘的自然和跨越动荡不息大海的智慧,以武装生存;二是如何建构克服人性弱点以建立秩序共同体,探求人们何以可能结成齐心协力的生存战斗体的方法。对前者的努力,形成以关注

① [德]黑格尔:《哲学史演讲录》,第1卷,贺麟、王太庆译,商务印书馆,1983年,第98页。

自然为中心的自然哲学，物理学和数学由此得到发展，气候学、气象学、天文学等等相继产生。对后者的努力，则以城邦为基本单位建立起以公民为主体的民主社会。此二者构成了苏格拉底道德哲学的文化土壤和精神基础，苏格拉底是基于城邦民主社会而拷问“人如何成为人”，即在城邦民主社会里，“什么样的生活才是人的生活”和“怎样才能过上人的生活”，构成了苏格拉底的道德哲学主题。苏格拉底道德哲学中的人，是自然人，是面对自然世界而存在的人，具体地讲，是面对海岛环境而存在而谋求生存的自然人。与此不同，孔子对人进行了分类学的考察，并在此分类基础上重点思考人君、士大夫、士如何成为君子，并围绕此建构其道德哲学，或曰，孔子的道德哲学是围绕“人如何成为君子”而展开的。

孔子道德哲学的主题之所以与苏格拉底道德哲学有如此的区别，并不是任意为之，而是他所生存于其中的地域文化和历史朝向所推动形成。孔子所生存于其中的“天下”和邦国共同体，是在东亚黄土高原。广袤肥沃的黄土高原三面环山，一面远距大海，给人安全、静默的存在感和富足的生存感，人的生存所面临的最大问题不是自然，而是血缘家庭的繁衍生息、富贵昌盛；社会存在所面临的最大问题亦不是自然，而是如何将广袤的疆域统一起来，实现有效的管理。因而，东亚黄土高原的地域结构引导形成一种黄土高原文化，这种文化的核心不是自然，而是人伦。以人伦为取向的地域文化所铸造出来的精神史、思想史，所最关心的不是普遍意义的自然人，而是社会人，所谓“社会人”，就是人伦结构框架中以权力为导向的等级人。因为，在这样广袤富足的地域世界里，无论从血缘家庭看还是从宗法社会观，起主导作用的不是芸芸众生，而是居于上层或能够居于上层的人们，这些人们在血缘世界里成为父家长；在宗法社会里成为宗族首长，国君、天子，以及拱卫国君、天子权力的贵族阶级、士大夫集团。

孔子作为道德哲学家，其认知理路和由此所形成的思想体系之与苏格拉底根本不同，恰恰在于他沿着前人开创的**社会人**的路子来致思人和人的生活，其基本主题是“人如何才成为君子”？这一主题可表述为如下两个具体问题：

(1) 什么样的生活才是君子的生活？

(2) 人怎样才能过上君子的生活?

致思前一个问题,孔子得出第一个答案:只有有德性的生活,才是君子的生活。

追问第二个问题,孔子得出第二个答案:惟有通过不倦地"学而时习之",才能获得做人的智慧和生活的德性。

孔子亦从自己所得出的如上答案中提炼出两个心灵的原则:一是"博学内省"的知识生成原则;二是"修德进业"的生活践行原则。对前者的系统思考,形成他的教育哲学;对后者的不倦探讨,建构起他的伦理学和政治哲学。

从整体观,孔子致思"人如何才成为君子"的全过程,贯穿了只属于他所发现的人性假设,即人的善或恶均源于后天所为。这一人性假设包含一种深刻的人性论主张:"性相近也,习相远也。"(《阳货》)人的本性是天赋的,它无善恶之分;使人性获得善恶朝向的恰恰是后天的欲望和作为。因而,能够使天赋的人性朝着善的方向敞开的光明大道,就是博学内省、修德进业。

博学内省,就是获得仁,即内生仁心、仁性、仁情、仁爱,它具体敞开为恭、宽、信、敏、惠,此五者构成孔子的"五德";修德进业,就是言行守礼,即在日常生活中做到孝弟、忠恕,具体地讲,就是敬慕贤人、孝敬父母、忠诚君主、信用朋友①和节用而制欲、勤勉而慎言②,此六者构成了孔子的君子成己为人立世"六要"。

在孔子的道德哲学世界里,博学内省与修德进业的关系,是知德与行德的关系:五德须通过博学内省养成;六要是通过博学内省而修德进业来实现。从五德到六要,或曰从博学内省到修德进业,所敞开的是前后相续的基本进路,这就是"以仁入礼"继而实现"仁德-公道":"以仁入礼"这一基本进路表述为"君子必须自我成就德性";"仁德-公道"这一基本进路表述为"君子必须运用自我成就的德性去治理家庭和社会":运用自我成就的德性去"齐家",这是将仁德、公道施之于家庭、家族,家庭、家族就充满仁德和公道;

---

① "子夏曰:贤贤易色,事父母,能竭其力。事君,能致其身。与朋友交,言而有信。虽曰未学,吾必谓之学矣。"(《论语·学而》)

② "子曰:君子食无求饱,居无求安。敏于事而慎于言,就有道而正焉。"(《论语·学而》)

运用自我成就的德性去“治理邦国”，就是将仁德、公道施之于社会，社会就成为仁德和公道的社会。惟有从这两个方面努力并做到，亲亲之乐的世界就会被创造出来。

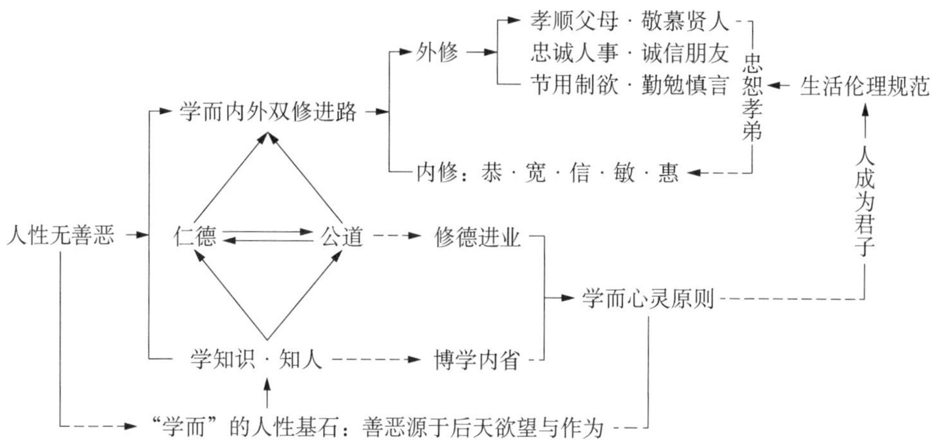

［6－2　孔子道德哲学的思路］

3. 孔子道德哲学构成

由于孔子的道德哲学主题是“人如何才成为君子”，所以他的道德哲学实质上是君子哲学，或可说孔子道德哲学的实践理性形态，就是“君子理论”或“君子学说”，它以“人如何成为君子”为主题，以人性论、认知论、学而教育、仁学、礼论、方法论为基本构成。

具体地讲，孔子的道德哲学，其基石，是自然主义人性论；其认知论，是正名理论；其伦理学，是仁学；其政治哲学，是礼论；其起步，是学而；其方法论，是中庸道德。以上六者，使孔子之道德哲学获得了体系性。

在孔子道德哲学体系中，对自然主义人性问题的拷问，在是探求道德哲学何以可能的依据，如果沿着其自然主义人性思路再往前走，就有可能领会和把握道德哲学的自然依据，即进入自然律领域。

孔子道德哲学的灵魂是正名理论，它是孔子的认知学、知识论。孔子对伦理和政治的思考，对仁德的建构和礼序的恢复性重建，都是以正名为指南而展开的。

在孔子的道德哲学中，利义构成其自身敞开的逻辑进路：在孔子的世界中，利是其道德哲学的逻辑起点，其目标指向恰恰是实现其义，这就是“小人喻于利”，而“君子喻于义”的最终解释。

孔子道德哲学的核心内容，是仁德与公道。君子仁德的形成之路，是内外修仁；君子公道的实践之路，是践履礼。对仁德、公道的深入省思和系统探讨，形成仁学和礼论。

孔子的道德哲学的目标内容，是“乐”，围绕“乐”而形成其人生哲学，其基本进路是“以仁入礼达乐”。

要言之，孔子的道德哲学以“人如何成为君子”为主题，以利为起步、以义为成人目标，自正名分，修养仁德，践履公道，均须从“学而”出发，“博学于文，约之以礼”，并贯穿终身。在孔子的道德哲学中，所谓“学而”，就是“学而且习”，或曰学而且内省和践行。其“学而且行”要达到最佳效果，方法的正确选择与得体的运用，显得特别重要。于是，中庸作为基本的并且也是最高技艺的道德，构成孔子道德哲学的一般方法论。

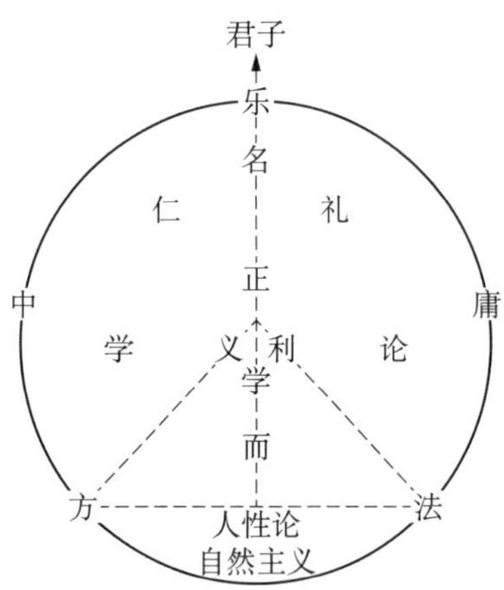

［6－3　孔子道德哲学的内在构成］

按照严格的西方哲学标准，孔子的道德哲学没有形而上学，具体地讲，没有关于世界存在的本原论探讨和生成论考量。但实际上，孔子的道德哲学也有形而上学，因为它也蕴含本体论，张扬认知论，形成知识系统，并始终不渝地从不同层面和角度揭示人如何成为君子的本质论问题。

> 在孔子思想中,影响最深远的、一以贯之的预设是:**不存在任何超越的存在或原则。这是一种强烈的内在论的先决设定**……对孔子思想作恰如其分的解释,就需要用一种内在论的语言。这种语言设定了法律、规则、原则或规范在某种意义上依赖于社会环境或自然环境。[①]
>
> 另一方面,孔子的哲学**是事件的本体论,而不是实体的本体论。**了解人类事件并不需要求助于"质"、"属性"或"特性"。因此,孔子更关心的是特定环境中特定的人的活动,而不是作为抽象道德的善的根本性质。但这并不意味着他仅仅把目光从道德主体转向道德主体的活动。**按照事件来刻画一个人,就不可能把主体和行动孤立起来考虑。道德主体既是自身行为的结果,又是自身行为的起因。(引者加粗)**[②]

具体地讲,孔子道德哲学的形上品质、本体论诉求和本质思考,均蕴含在以"以事件为本体"的经验陈述之中,由此形成孔子道德哲学的最大特点不是观念理性的,而是经验理性的。孔子道德哲学是建立在生活经验和历史经验这一双重土壤之中的。而"经验——带有自身特点和关系的一系列事情——出现、发生,成为现在的样子。伴随这样的事情,那些被支配的自我出现了,自我不在经验之外,也不决定经验。这些自我能像棍子、石头和星星一样成为客观的表征,能够管理和支配某种客观和经验中的活动。"[③]并且,"一般来说,人类经验最惊人的特点是喜欢直接的享乐、宴会、过节、化装、跳舞、歌唱、精彩的哑剧、讲故事和编故事……除了出于紧迫情况的考虑以外,直接的享乐和满足先于其他的一切。"[④]

---

① [美]郝大维、安乐哲:《孔子哲学思微》,蒋弋为、李志林译,江苏人民出版社,2012年,第5-6页。

② [美]郝大维、安乐哲:《孔子哲学思微》,蒋弋为、李志林译,江苏人民出版社,2012年,第7页。

③ [美]杜威:《经验和自然》,纽约多弗出版社,1958年,第222页。

④ [美]杜威:《经验和自然》,纽约多弗出版社,1958年,第78页。

第 3 篇

《论语》导读通览

第7章 《论语》的结构和学说

内容提要：《论语》并非杂乱无序，而是体现了编纂者如何以最好的方式呈现孔子思想学说，使之达到"圆转无穷"的境界，做出"篇章有序"的安排，由此使《论语》呈现首尾响应的三重结构体系。首先，以学而、为政、八佾、里仁四篇为核心，构成《论语》的本体结构，它内在地蕴涵人伦生存的抽象事理结构，由此获得由自身之抽象事理来统摄具象的事件的功能。《论语》第四篇以降，公冶长、雍也、泰伯、子罕、乡党、先进、颜渊、子路、卫灵公、季氏、阳货、微子、子张、尧曰，其各篇篇名，无不属于"具象的事件"，并且通过一系列的"具象的事件"，从一个维度展示了孔子与弟子、时人所共筑的那个开放性生成的生动活泼的生存场敞开"一以贯之"的向度。其次，《论语》编纂者遵循孔子"以事件为本体"的讲述方式呈现孔子学说的基本风貌：它以"人如何成为君子"为主题，此形成以自然主义人性思想为基石，以正名知识论为基础、以学而理论为路径、以中庸道德为方法论、以仁学和礼论为主体内容的学说体系。其三，围绕"什么样的生活才是君子的生活?"和"人怎样才能过上君子的生活?"这两个问题展开其思想的结构：相对前者，孔子认为只有有德性的生活，才是君子的生活；至于后者，孔子则指出惟有通过不倦地"学而时习之"，才能获得做人的智慧和生活的德性。由此形成"博学内省"的知识生成原则和"修德进业"的生活践履原则。对前一个原则的系统探讨，建构起教育哲学和正名知识论；对后一个原则的不倦省思，则建构起以仁为主题的伦理学和以礼为主题的政治哲学。

《论语》作为经典的意义，远不止于儒学的范畴，而是属于中国文化思想史范畴，这是如德国哲学家雅斯贝尔斯所说：《论语》的主人公孔子与苏格拉底、佛陀、耶稣“他们四人为思想范式的创造者，他们鹤立于“所有其他的哲学家之前和之外”，“对所有的哲学都产生过特别重要的意义”，因为他们所创造的“思想范式”“成为强大的哲学思想运动的基石。”[①]然而，对于具有如此根本性的经典本身的研究，无论过去还是现在，都相当有限。这种有限性或可借用程树德在《论语集释》“凡例”中对汉儒和宋儒的批评来表述：“研究论语之法，汉儒与宋儒不同。汉儒所重者，名物之训诂，文字之异同；宋儒则否，一以大义微言为主。惜程朱一派好排斥异己，且专宣传孔氏所不言之理学，故所得殊希。陆王派虽无此病，然援儒入墨，其末流入于狂禅，亦非正轨。**故论语一书，其中未发之覆正多。**”（引者加粗）[②]出现这种状况，既可能与《论语》主人公孔子“述而不作”（《述而》）的自谦有关，也可能与历代研究《论语》的注疏模式有关。认真说来，研究《论语》的注疏模式，无论“六经注我”式的“小学实证性释读”，或者“我注六经”式的“意义生成式释读”，都可能与人们关于《论语》内容“博杂”和“不成体系”之类的感觉性认知有关。要突破呆板、浅表的注疏模式来研究《论语》，既需要方法更新，更需要深度切入，整体把握。所谓“深度切入”，是指《论语》研究应突破语词语义的注疏模式或解释方式，探求其语词语义的生成性和生存性；所谓“整体把握”，是指探查《论语》的内在结构，包括文本结构、理论结构、思想结构和方法结构，以求呈现《论语》在思想、理论和方法等方面的整体面貌。

1.《论语》的形式结构

《论语》二十篇五百多章内容，看来博杂无章，但对编辑者言，却颇具匠心。邢昺在《论语注疏经序序解》中揭示了《论语》编纂的体系性和体系的内在逻辑生成性，发现其**“圆转无穷”的思想**。[③]

近年来，人们也开始具体地探讨《论语》的体系性结构。黄克剑在《〈论语〉的义理旨归、篇章结构及与“六经”的关系》一文中写道：“《论语》近五百章分二

① [德]雅斯贝尔斯：《大哲学家》，李雪涛主译，社会科学文献出版社，2006年，第13页。

② 程树德：《论语集释》，中华书局，2017年，第4－5页。

③ (三国)何晏注，(宋)邢昺疏：《论语注疏》“序”，中国致公出版社，2016年，第1页。

十篇辑录，各篇章数不等，但每篇都有一约略可寻之大旨或牵系诸章的主导线索。”[①]基于这一基本认知，黄克剑从思想的原创或继创角度入手，将《论语》分上下两篇，上篇是从“学而”到“乡党”前十篇，内容具有相对独立和完整性，下篇由“先进”到“尧曰”后十篇，内容大都属后来者对上篇的续接和补充。[②] 黄克剑之论实为对钱穆先生之《论语》结构观的阐发。钱穆在《论语新解》按语中指出：“语，谈说义，如国语，家语，新语之类。此书所收，以孔子应答弟子时人之语为主。卫灵公篇载子张问行。孔子告以‘言忠信，行笃敬’，而子张书诸绅。则当时诸弟子于孔子之一言一动，无不谨书而备录之可知。论者，讨论编次义。经七十子后学之讨论编次，集为此书，故称论语。书中亦附记诸弟子语，要之皆孔门之绪言也。全书二十篇，前十篇为上编，后十篇为下编。”[③]

董雪霏则以学与仕为依据，认为“《论语》共20篇，《论语·乡党》篇是第十篇，处于中间的位置。如果抱着《论语》有结构性的心理去分析，你会发现整部《论语》的结构是：学（第一篇至第九篇）——表法（第十篇）——用（第十一篇至第二十篇）。”其理由有二：一是“《论语》前9篇记录的孔门弟子们大多在学，还没有从政，唯一一条明确记录弟子出仕的在《论语·雍也》篇，孔门年龄最小的弟子子游为武城宰。第十篇《论语·乡党》是孔子在做示范，在表法，他把为士者之应有理想应有抱负，以及其应有修养与应有品德一一具体揭示出来。儒即是士，士即是儒。最后第十一篇至第二十篇，弟子们大多都已从政，孔子也对当时的从政者们做出了评价”。二是“思想本身会决定自己的形式，是绝对性的形式，而没有了连续性和语境，零星破碎的信息无法汇集成一个连贯而充满智慧的整体”[④]。黄雪菲所论同样具启发性，但立论牵强阐述过于简括，既不能完整呈现《论语》的文本结构，也缺乏应有的说服力。要能够揭开《论语》的结构秘密，需要从《论语》的成书

---

① 黄克剑：《〈论语〉的义理旨归、篇章结构及与“六经”的关系——我之〈论语〉观》，《哲学动态》2011年第6期。

② 黄克剑：《论语疏解》，中国人民大学出版社，2014年，第21页。

③ 钱穆：《论语新解》，生活·读书·新知三联书店，2002年，第1页。

④ 董雪霏：《由〈论语·乡党〉篇的结构义理探析孔子精神》，《闽西职业技术学院学报》2017年第1期，第72页。

真伪和真书方式入手。仅现存史料观,《论语》是孔子思想的正传,除此之外诸如《孔子家语》《孔子世家》《韩诗外传》等其他典籍,仅可看成是孔子思想的外传。《论语》之成为孔子思想正传,是因为它是孔子逝世后门人编辑而已。

> 《论语》者,孔子应答弟子、时人,及弟子相与言而接闻于夫子之语也。当时弟子各有所记,夫子既卒,门人相与辑而论纂,故谓之《论语》。(班固《汉书·艺文志》)

班固所言,是为客观的追记史事。首先,记载了《论语》是一本什么书:孔子逝世后,弟子们将平时记载下来的夫子言论事迹等内容凑将起来,予以编辑成册,所以,《论语》是一本言论集,或者说"语行录",它是"论纂孔子应答弟子、时人,及弟子相与言而接闻于夫子之语"的省称。其次,指出编辑这本言论集以什么为依据,即只能以弟子们平时记载下来的夫子"应答弟子、时人及弟子相与言而接闻于夫子之语"为依据。其三,告知为什么要编辑这样一本言论集。一是"然则夫子既终,微言已绝,弟子恐离居已后,各生异见,而圣言永灭,故相与论撰,因采时贤及古明王之语合成一法,谓之《论语》也。"①二是孔子生前"应答弟子、时人,及弟子相与言而接闻于夫子之语",虽然"当时弟子各有所记",但所记内容必定各有不同,包括内容记载的多寡,表述的差异,为求最大程度保持夫子言论的原生性、完整性、统一性,需要甄别、选择、审定。"门人相与辑而论纂"一句,概括了《论语》编辑的流程,首先是"辑",然后是"纂"。颜师古注"辑,与集同。纂与撰同"。所谓"辑",就是众弟子把各种有关夫子的记录都汇总起来;所谓"论纂",就是对汇集的内容予以甄别、择选、审定,然后编辑成书。"论纂"二字就是对第二个环节的准确陈述:"纂"同"撰",而"撰"通"选",既有甄别、选择之意,更有审定之意,《广雅·释诂》释"撰,具也,定也"。正是在这个意义上,邢昺才如此疏注"群贤集定,故曰撰也"。"论纂",就是选择然后编定成书之意,"凡有所作

① (清)阮元校刻:《十三经注疏·论语注疏》,中华书局,2008年,第2454页。

述，必具众义，择善从之……仲弓等辑诸弟子所记，勒为此编，故以为所撰定也。既经撰定，不得无名以称之，此‘论语’二字，必亦仲弓等所题。”①《论语》正是由此得名，《论语》之为记载孔子思想的文集，亦由是确定。

《论语》作为记载孔子思想的文集，其形成有两个特点：一是弟子们在孔子身后论纂而成；二是所编辑的内容并不是孔子本人的手迹，而是被弟子记载下来的“述而不作”的言论、事迹。由此两个方面，使论纂行为必须解决两个根本性问题：一是对汇集起来的内容的甄别与选择；二是对经过甄别、选择的内容的审定，即遵循什么原则对所选择的内容予以有序编排。汉代史学家班固的记载突出了前者（其后大多注家均沿班固思路注解），宋代训诂学家邢昺却注意到了后者：

> 然则夫子既终，微言已绝，弟子恐离居已后，各生异见，而圣言永灭，故相与论撰，因采时贤及古明王之语合成一法，谓之《论语》也。郑玄云：“仲弓、子游、子夏等撰定。论者，纶也，轮也，理也，次也，撰也。”以此书可以经纶世务，故曰纶也；圆转无穷，故曰轮也；蕴含万理，故曰理也；篇章有序，故曰次也；群贤集定，故曰撰也。郑玄《周礼》注云“答述曰语”，以此书所载皆仲尼应答弟子及时人之辞，故曰语。而在论下者，必经论撰，然后载之，以示非妄谬也。（邢昺《论语注疏经序序解》）

邢昺称圣孔子，虽有虚夸誉美之嫌，但他却通过“论”“撰”之词义考释，发挥其“经纶世务”“圆转无穷”“蕴含万理”②之深层语义，暗示仲弓主持下“篇章有序”由“群贤集定”的依据和方法：甄别的依据，是否夫子的原话，以及是否符合夫子本意；选择的依据，是否体现“经纶世务”并在整体上体现普遍性的道理；编撰甄别选择而来的内容，使之“篇章有序”的依据，是使文集内容本身“圆转无穷”，即首尾响应，相与论证，互为解释。

---

① （清）刘宝楠：《论语正义》，《诸子集成》第1册，上海书店出版社，1986年，第431页。

② “蕴含万理”之“万理”，乃极言其“理”的普遍指涉性，意为普遍性的道理，亦可理解为“通行的法则”或“普遍法则”。“蕴含万理”，是指蕴含具有普遍指涉性的道理，简称为普遍性的道理或普遍法则。

邢昺作为训诂学家，能够发现《论语》并非“博杂”无序，而是体现明确主题的有序“篇章”结构。然而，承载“经纶世务”之普遍性道理的《论语》，其“一以贯之”的主题和使其篇章结构“有序”之“序”到底是什么？邢昺却没有揭示，而美国当代哲学家郝大维、安乐哲却予以了无意的展示。他们在《孔子哲学思微》中通过中西哲学的对比，指出孔子哲学思想体现两个特征：

> 在孔子思想中，影响最深远的、一以贯之的预设是：**不存在任何超越的存在或原则。这是一种强烈的内在论的先决设定**……对孔子思想作恰如其分的解释，就需要用一种内在论的语言。这种语言设定了法律、规则、原则或规范在某种意义上依赖于社会环境或自然环境。(引者加粗)①
>
> 另一方面，孔子的哲学**是事件的本体论，而不是实体的本体论**。了解人类事件并不需要求助于“质”、“属性”或“特性”。因此，孔子更关心的是特定环境中特定的人的活动，而不是作为抽象道德的善的根本性质。但这并不意味着他仅仅把目光从道德主体转向道德主体的活动。**按照事件来刻画一个人，就不可能把主体和行动孤立起来考虑。道德主体既是自身行为的结果，又是自身行为的起因。**②

孔子的哲学是以**人伦地**存在为取向的哲学，正是这种取向决定了孔子哲学思想的生成和阐发，不是“以实体为本体”，而是“以**事件**为本体”，即通过事件将主体与主体活动有机联系起来形成始终呈开放性生成状态的生动活泼的生存场。这个开放性生成的生动活泼的生存场，既是“孔子应答弟子、时人，及弟子相与言而接闻于夫子之语”的社会环境，也是“孔子应答弟子、时人，及弟子相与言而接闻于夫子之语”的自然环境，要言之，这个开放性生成的生动活泼的生存场，是“孔子应答弟子、时人，及弟子相与言而接闻

---

① [美]郝大维、安乐哲：《孔子哲学思微》，蒋弋为、李志林译，江苏人民出版社，2012年，第5-6页。

② [美]郝大维、安乐哲：《孔子哲学思微》，蒋弋为、李志林译，江苏人民出版社，2012年，第7页。

于夫子之语"的社会环境和自然环境的整合状态。《论语》通过"群贤集定"而成，最大程度地呈现了"孔子应答弟子、时人，及弟子相与言而接闻于夫子之语"的鲜活生存场。在仲弓主持下，弟子们努力复现乃师"应答弟子、时人，及弟子相与言而接闻于夫子之语"的那个开放性生成的生动活泼的生存场，既要突出乃师"经纶世务"的普遍法则，又要其"经纶世务"的普遍法则必须通过有序的**人伦生存**来表达，具体地讲，通过主体和主体活动有机统一于"事件"而展开，由此使"篇章有序"的《论语》呈现出如本书导论图 2 的奇妙文本结构。

在《论语》看来，夫子之"经纶世务"的普遍法则，最终可以概括为一条，只有"学而"不止才可成为治国安邦（为政）的社会精英，即君子。人为何唯有"学而"为君子？这是因为"性相近，习相远"。人要学什么才可能成为治国安邦的社会精英？这只能是学仁学礼，或者说修仁习礼。人"学而"成为治国安邦的社会精英的基本路径是什么？那就是只能"以仁入礼"。所以，学而、为政、八佾、里仁，此四篇构成了《论语》的本体结构，这一本体结构是以"相近习远"的人性为原驱动力，以人伦生存的普遍法则（即"道理"）为纽带，所以它具有内聚与扩张的双重张力。仅前者论，以人性为原驱动力、以普遍法则为纽带的本体结构，获得了凝聚其他各篇的功能，其他各篇的内容都必须回归这一本体结构；就后者言，其他各篇都要接受这一本体结构之普遍法则的统摄，即自"公冶长"到"尧曰"这十六篇内容，无不从不同的方面释放其普遍法则。

进一步审视，由学而、为政、八佾、里仁所构成的本体结构，也是对人伦生存的抽象事理结构，由于它自身极具动态生成的内外张力，自然获得了由自身之抽象事理来统摄具象的事件的功能。所谓"具象的事件"，就是能够将人伦生存的活泼场域中的主体和主体活动统摄起来的缘由、动机、现象、结果以及方式、方法，甚至存在个体、生活者、历史人物、故事、寓言等等。《论语》第四篇以降，公冶长、雍也、泰伯、子罕、乡党、先进、颜渊、子路、卫灵公、季氏、阳货、微子、子张、尧曰，其各篇篇名，无不属于"具象的事件"。比如，泰伯、微子、尧，既是历史人物，也是历史存在，而"尧曰"，又是另一种历史存在，它们都构成了《论语》中表达其普遍法则的"具象的事件"。又比如，

“子罕”，是说夫子很少谈论“利，与命与仁”这种现象，却构成了《论语》中的“具象的事件”，并且正是通过这一“具象的事件”，从一个维度展示了孔子与弟子、时人所共筑的那个开放性生成的生动活泼的生存场所敞开的“一以贯之”的向度。

2.《论语》的理论结构

形式结构的系统性，必然承载体系性的理论结构。绍宝龙在《〈论语〉的理论结构与儒学的思想体系分析》一文中认为《论语》的理论结构呈现由外而内的五个层次，他认为第一层是《论语》理论结构的外在层次，它集中表述了孔子的教育思想，构成“儒家理论的归宿，就是教人如何做人，从《学而第一》《为政第二》谈论做学问的宗旨开始，一直到末篇《尧曰第二十》，整部《论语》贯穿了孔子的教育思想。[①] 在人们看来，“儒学的世界影响，除专门爱好者外，恐怕也是在教育方面。”[②]第二个层次是《论语》理论结构的内在层次，它呈现孔子的仁学思想体系：“在《论语》中有109次出现‘仁’，‘仁’与‘礼’及‘中庸’是三个最主要的范畴，它们三者是相互依存发挥作用的”。绍宝龙认为，“仁”在《论语》中其内涵主要体现在四个方面：一是根基之仁，如血缘亲情之仁爱；二是品德之仁，如“刚毅、木讷”或“仁者不忧”“仁者必有勇”；三是作为社会伦理准则的日用伦常之仁，如“泛爱众，而亲仁”，或“己欲立而立人，己欲达而达人”，“己所不欲，勿施于人”；四是政治之仁，比如“颜渊问仁。子曰：克己复礼为仁。一日克己复礼，天下归仁焉。”（《颜渊》）绍宝龙通过对如上两个层面的分析，指出“孔子通过他的伦理教化的途径（也就是与外在形式贴得最近的那个层面）向他的弟子灌输他的仁学思想，从修养人格道德层面入手，层层展开，及至社会日常人伦的人际关系层面；并通过士大夫忧国忧民的批判性层面来影响统治者的施政治国的方略，即政治伦理层面。”[③]

---

① 绍宝龙：《〈论语〉的理论结构与儒学的思想体系分析》，《西南民族学院学报》1997年第4期，第84页。

② 俞启定：《儒家造就通才的教育价值观与未来的教育》，《儒学与二十一世纪》（会议论文集），第833页。

③ 绍宝龙：《〈论语〉的理论结构与儒学的思想体系分析》，《西南民族学院学报》1997年第4期，第84页。

绍宝龙的五层次理论结构，实际上是内外二分说。这种静态的观念划分，并不能真实地呈现《论语》的理论结构，因为这种二分结构说法并不能呈现《论语》的“篇章有序”和由此有序的篇章展示“圆转无穷”的内容和“蕴含万理”的思想。反复研读《论语》，确如存在主义哲学大师雅斯贝尔斯在《大哲学家》中所断言的那样：孔子为人类创造了一种“思想范式”。这一思想范式的逻辑起点是人性：生活于礼乐崩坏的当世进程中，孔子以“信而好古”的执着考信历史发现：天赋的人性“相近”，但后天利欲却使其“习相远”；要使“习相远”的人性更“相近”的根本方式，是正视“周监于二代”的历史发展观，重建“殷因于夏礼，所损益，可知也”的返本开新认知论，探求“以仁入礼”的路径，实施文道救世，但前提是培养救世君子。《论语》呈现的学说，是**文道救世的君子学说**，它构成《论语》的思想疆界，其实践展开是修治：《论语》讲君子所修，内容是仁，基本方式是学而，目标是使人自具**成己**之德；《论语》述君子所治，内容是治国安邦之政务，工具是礼法，目标是实现**“社会秩序的重建”**和**“个人内心生活的调理”**（韦政通）：实现前者的基本方式是“正名分”，实现后者的基本方式是通过教化使“民德归厚”；二者形成合力所达到的境界，是乐。

孔子学说，是以经验为起步而回归性重建经验的学说，因为它是关于日用伦常的重新审察和返本开新。核心主题是围绕“人如何才成为君子”而展开，所以孔子学说是一种君子学说，也可能看成是道德哲学。《论语》记载下了孔子思想的基本风貌，编辑者以如上结构方式呈现出孔子学说的基本风貌，即它是以“人如何成为君子”为主题，以人性论、认知论、教育学、仁学、礼论、方法论为基本构成，由此形成孔子学说的理论结构。这一理论结构的展开，就形成孔子学说的理论的开放性：

孔子学说的基石，是自然主义人性论。“子曰：‘性相近也，习相远也。’”（《阳货》）

孔子学说的认知论，是正名理论。子路曰：“卫君待子而为政，子将奚先？’子曰：‘必也正名乎。’子路曰：‘有是哉，子之迂也。奚其正？’子曰：‘野哉由也。君子于其所不知，盖阙如也。名不正则言不顺，言不顺则事不成，事不成则礼乐不兴，礼乐不兴则刑罚不中，刑罚不中则民无所措手足。故君

子名之必可言也，言之必可行也。君子于其言，无所苟而已矣。'"（《子路》）

孔子学说的伦理学，是仁学。"颜渊问仁。子曰：'克己复礼为仁。一日克己复礼，天下归仁焉。为仁由己，而由人乎哉？'"（《颜渊》）

孔子学说的政治哲学，是礼论。"孔子谓季氏：'八佾舞于庭，是可忍也，孰不可忍也！'"（《为政》）"三家者以《雍》彻。子曰：'相维辟公，天子穆穆。奚取于三家之堂！'"（《八佾》）"定公问：'君使臣，臣事君，如之何？'孔子对曰：'君使臣以礼，臣事君以忠。'"（《八佾》）

孔子学说的教育哲学，是学而。"子曰：'学而时习之，不亦说乎？有朋自远方来，不亦乐乎？人不知而不愠，不亦君子乎？"（《学而》）"（子）曰：'学礼乎？'对曰：'未也。'不学礼，无以立。鲤退而学礼。"（《季氏》）

孔子学说的方法论，是中庸。"子曰：'中庸之为德也，其至矣乎！民鲜久矣。'"（《雍也》）

在由人性论、正名论、仁学、礼论、教育学、方法论六个方面内容构成的孔子学说体系中，对自然主义人性问题的拷问，是在探求君子学说何以可能的依据，如果沿着孔子的人性思路再往前走，就有可能领会和把握君子学说的自然依据，即进入自然律领域。

孔子君子学说的灵魂是正名理论，它是孔子的认知学、知识论。孔子对伦理和政治的思考，对仁德的建构和礼序的恢复性重建，都是以正名为指南而展开的。

在孔子的道德哲学中，利义是其逻辑进路，即在孔子的世界中，利是其道德哲学的逻辑起点，其目标指向恰恰是实现其义，这就是"君子喻于义"的最终解释。

孔子君子学说的核心内容，是仁德与公道，仁德的形成之路就是内外修仁；公道的实践之路就是践履礼。对仁德、公道的深入省思和系统探讨，就形成仁学和礼论。

孔子君子学说的目标内容，是"乐"，围绕"乐"而形成人生哲学，它的基本进路是"援仁入礼达乐"。

孔子的君子学说是以"人如何成为君子"为主题的，以**利**为起步、以**义**为成人目标，自正名分，修养仁德，践履公道，均须以"学而"为起步并贯穿终身。“学而”，就是“学而且习”，即学而且内省和践行。“学而且行”要达到最佳效果，方法的正确选择与得体的运用，就显得特别重要。于是，中庸作为基本的并且也是最高技艺的道德，构成了孔子说学的一般方法论。

第8章 1—10篇思想敞开的逻辑

内容提要：孔子学说是人成为君子何以可能和怎样成为君子的学说。从《学而》开始，至于《乡党》，形成一个相对完整的宏观结构，它的逻辑起点是“君子”：孔子基于文道救世的理想，以返本开新方式开辟“以仁入礼”的重建道路，根本任务是培养拯救时世的君子。《论语》从第一篇《学而》到第十篇《乡党》，就围绕此展开。

人成为君子的核心问题，是何以可能通过成己成人而立世。对于君子言，要成己，必须学而。学而成己要指向成人，必须出仕为政，方可立世。人通过“学而”“为政”，实现成己成人，必须接受礼的规训，前提是修养仁德，这就形成从《学而》到《为政》继之以《八佾》和《里仁》：《八佾》围绕“礼”展开，专门讨论返本与承传，形成体现深厚传统的礼论；《里仁》围绕“仁”展开，专门阐发开新与发展，形成锐意创新的仁学。第五篇《公冶长》以“事件为本体”的讲述方式呈现“何为君子”的榜样方法，在此基础上，第六篇和第七篇具体讨论“怎样成为君子”的问题，形成一般与个别、拓展与印证的区分。第六篇《雍也》立足一般，讲述“人如何可能成己为君子”；第七篇《述而》着眼于具体，是孔子自述“怎样成己为君子”。人成己为君子必然追求是成人立世，这就需要自我培养成人立世之德与功，《泰伯》以历史人物为“事件本体”，讲述君子如何成人立世的至德至功及其所蕴含的普遍经验和法则；《子罕》则是以“夫子自道”为主、以弟子评价为辅的方式讲述在修养和才能两个方面成己为君子成人立世，必须做到志道，贯道，行道，守道，矢志不渝，一以贯之，礼成为功，即《乡党》。

1. 学而第一内容主题

《论语》二十篇，并不任意杂乱，而是贯穿了孔子一生思考和探索的主题：人如何才成为君子？孔子将人**成己为君子**作为终身思考和践履的主题，是时世使然。周以武力夺得殷商天下后，首先分封其亲族子弟，以拱卫周王朝；然后以文化成天下，培育君子（即贵族）阶层以支撑周政之礼乐文明。平王东迁至于春秋晚期，维持周文明的君子阶层趋于崩解，礼崩乐坏。生于斯世的孔子，以“信而好古”的执着，发现文明始终向前的历史发展观，探求文明**重建的道路**和**文道救世**的社会方式，是必须重建君子阶层，由是使“人如何成为君子”的问题被凸显出来。这一问题具体敞开为两个方面：

(1) 怎样的生活才是君子的生活？

(2) 如何才能过上君子的生活？

致思前一个问题，孔子得出第一个答案：**修德取位**和**以德正位**的生活，才是君子的生活。

追问第二个问题，孔子得出第二个答案：惟有不倦地“学而时习之”，才能过上君子的生活。

由此不难发现，“人如何才成为君子”既是孔子思考的逻辑起点，也是孔子思考所要达及的（个体性）目的。《论语》编纂者既深谙孔子这“**一以贯之**”的思考进路，更深得孔子思想的精髓，将《学而》置于其首，以统摄全书。

一

《学而》十六章，从不同方面展开讨论一个问题：人要成己为君子，必须“务本”，这个“本”就是“学而”。

“学而”何以成为君子必务之本呢？孔子告诉弟子：学而，既是学文，也是学德，更是修道，也是修业。**学文入道**、**修德进业**，构成人生之本。这是学而成己为君子必务之本的内在理由，也是《论语》为何以“学而”开篇的最终依据。

学而，是“学而时习之”的简化表述，其完整表述是：学而即“学”而且“习”。

学，指对不知、未知的了解、认知和吸收，有主动谋求之意。

习，指对所学到的东西予以**消化**然后**践履**。所以“习”有两层含义，首先指“内省领悟”：因为凡需要学和能学到的东西都体现公共性，习就是将所学到的那些共性的知识内容消化为个体人格化的智慧能量、思维内容，这就是“温故知新”(《为政》)的“温”和“内省不疚”(《颜渊》)的“内省”。其次指“外化践履”：习就是运用已经消化了的知识内容来指导自己的生活和行动。

概言之，学，仅是获知；习是将获知的东西变成“**智**”和“**用**”。习作为学的后续方式，既是**学智**，也是**学用**，即使之变成运用的智慧和方法。

由此来看，孔子所论之学而，展开为由学而习的过程，生成一种**存用**关系：温故知新，就是存；传而习之，即是用，并且，这一存用关系蕴含两个方面的深刻认知：

首先，学是重要的。可以说，一切形式的知都源于学，但学并不意味一切。惟有通过学达向温故知新，才是真正的学。所以，由学而习，是学必须经由的**入门阶梯**，也是古人“登高必自”的道理：学，是起步，为其所学而习，这是登高。**学而登高，必习而不止。**

其次，“学而时习之”之“习”，涵摄了思与行。后来的《中庸》将孔子“学而”思想提炼为“博学、审问、慎思、明辨、笃行”这五个方面，可归纳为三个步骤：第一步是学，即**学知**，要博广、博远、博大、博厚；第二步是内习，即**学思**，通过“温习”或“内省”将**学知到**的东西变成**智或慧**的内容，需要审问、慎思、明辨来构筑起学之登高。第三步外习，即**学行**，运用学到的东西指导生活践履，其基本方式是笃行。

要言之，孔子学而思想由学知、学思、学行三部分组成。此三者又内在地生成建构起双重知-行关系：首先，从学知到学行，构成一种外在知-行关系：只有见多才能识广，只有博学才能力行。其次，从学思(内习)到学行(外习)，构成一种内在的知-行关系：只有深思才可力行；并且，只有思之确确，才可行之坦坦。

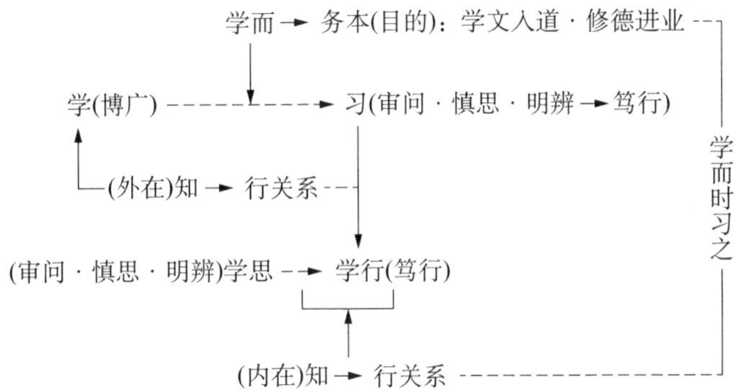

[8-1　孔子"学而"知-行逻辑体系]

二

子曰："学而时习之，不亦说乎？有朋自远方来，不亦乐乎？人不知而不愠，不亦君子乎？"（第1章）

有子曰："其为人也孝弟，而好犯上者，鲜矣。不好犯上，而好作乱者，未之有也。君子务本，本立而道生。孝弟也者，其为仁之本与！"（第2章）

子曰："巧言令色，鲜矣仁。"（第3章）

曾子曰："吾日三省吾身。为人谋而不忠乎？与朋友交而不信乎？传不习乎？"（第4章）

子曰："道千乘之国，敬事而信，节用而爱人，使民以时。"（第5章）

子曰："弟子入则孝，出则弟，谨而信，汎爱众而亲仁，行有余力，则以学文。"（第6章）

本篇论学而，以"学而时习之"开篇，直接表达"学而"主题，概述学而的对象范围是学知、学思、学行。然后分别用"说""乐""不愠"表达应该如何学与思，最后以"人不知而不愠"方式强调应该怎样学行。

孔子论学而成己为君子，其重心不是书本，而是生活与做人。在孔子所生活的农耕社会，生活与做人的根本问题是孝弟。所以，孔子教弟子的奠基性内容，必是孝弟。孔子以孝弟为教学内容，广泛而博杂。对夫子博杂孝弟思想做出深刻生存领悟和认知提炼的是有子。《论语》编纂者选了有子对夫子孝弟思想的总结性言论构成第二章。

在第二章中，有子表达了一个基本思想：学做人是学而的根本任务，学孝弟是学做人的奠基内容。其理由有三：一是孝弟具有构建和维护社会秩序的功能；二是孝弟是人成己为君子的立身之本；三是孝弟是仁的本源，仁是君子成己的必修之德。

孝弟与仁的关系，是互为体用的关系：从发生学讲，孝弟是仁之本；从生存论，修仁又培养人孝弟。所以，仁必然成为君子学而的基础内容：君子学而成己的核心任务，就是修养仁性、仁心、仁情、仁爱，获得仁德。但在孔子看来，学修仁的前提性训练是如何学真实、真诚地说话：真实、真诚地说话，就是仁；反之，巧言令色，则非仁。（第 3 章）

学仁涉及两个方面，一是学修仁；二是学行仁。学行仁，有礼的规范；学修仁，是主体性的性、心、情的修养过程，它需要内省的方法。这一方法被其弟子曾子提炼为“三省”说。（第 4 章）

君子学仁必修而后有行。修与行之间构成手段与目的关系：修仁的目的是行仁。君子行仁，不外乎家与国，但根本指向是以仁治邦，其要旨有五，即敬事、信用、节用、爱人和有节制地役使民。（第 5 章）

从第二章到第五章，分别讲述学的奠基内容（孝弟）、根本内容（仁）和重心内容（行仁以治邦）。在此基础上，第六章勾勒出学而的完整内容：进出孝弟、谨慎敬事、言行信用、泛爱大众（包括爱人和爱民）、学文（读书），以此突出三点：

第一，仁的本质是爱。

第二，爱有差等，因而爱必须遵循差等原则：由仁而爱，始于爱亲，推及人、民，博之于大众。

第三，建构学而的内容阶梯：孝弟在先，行仁为重，余力于文。（第 6 章）

三

子夏曰：“贤贤易色，事父母，能竭其力。事君，能致其身。与朋友交，言而有信。虽曰未学，吾必谓之学矣。”（第 7 章）

子曰:"君子不重则不威;学则不固;主忠信;无友不如己者;过则勿惮改。"(第8章)

曾子曰:"慎终追远,民德归厚矣。"(第9章)

子禽问于子贡曰:"夫子至于是邦也,必闻其政。求之与?抑与之与?"子贡曰:"夫子温、良、恭、俭、让以得之。夫子求之也,其诸异乎人之求之与?"(第10章)

子曰:"父在,观其志。父没,观其行。三年无改于父之道,可谓孝矣。"(第11章)

有子曰:"礼之用,和为贵。先王之道,斯为美,小大由之。有所不行,知和而和,不以礼节之,亦不可行也。"(第12章)

有子曰:"信近于义,言可复也。恭近于礼,远耻辱也。因不失其亲,亦可宗也。"(第13章)

子曰:"君子食无求饱,居无求安。敏于事而慎于言,就有道而正焉。可谓好学也已。"(第14章)

子贡曰:"贫而无谄,富而无骄。何如?"子曰:"可也。未若贫而乐,富而好礼者也。"子贡曰:"《诗》云'如切如磋,如琢如磨。'其斯之谓与?"子曰:"赐也,始可与言《诗》已矣。告诸往而知来者。"(第15章)

子曰:"不患人之不己知,患不知人也。"(第16章)

孔子的如上思想为子夏所觉悟。他以"贤贤易色"(第7章)为喻表达对夫子学而思想的整体把握,然后进一步揭示学文与学行孝行仁之间的关系,指出只要把"行孝行仁"学好了,即使没有读书,没有学文化经典,也算是学了。一方面突出行孝行仁的重要性和根本性,另一方面暗示了古代文章、文献、经典的基本内容,亦为孝、仁而已。

从结构观,子夏的言论是对第六章孔子学而行仁"五维"的补充或强调。君子行仁,必以修仁为前提。第八章讲学修仁持重、不固、忠信、慎友、改过,此"五要"构成孔子学修仁的总论。接下来是分论:首先论学修礼,重点落实在修孝礼,孝礼的基本课程是如何居丧,怎样祭祖,前者的方法是"慎",后者的方式是"追",所达到的效果是使民德归于敦厚(第9章)。其次论学修温、良、恭、俭、让五种仁德，不仅能够促进自己成己，更可促使他人“成人”（第10章）。其三论学修孝行之道，孔子将其简要地概括为孝“志”、孝“行”、孝“守”三个要点和三个过程（第11章）。其四论学用礼之道。有子将孔子的用礼之道概括为两个要点：一是以礼本身为规范，这就是“不以礼节之，亦不可行也”；二是以达到中正之和为准则，这就是“礼之用，和为贵”（第12章）。这两个要点是“用礼之道”的总钥匙，以其为总钥匙，其具体方法是“信近于义”“恭近于礼”和“不失其亲”。（第13章）

修仁必然要指向修行，修行即是行仁，包括行仁于生活和行仁于为政。

行仁于生活，是指用仁来指导生活。孔子指出，用仁来指导生活，一是食不求享受；二是居不求安逸；三是勤勉所当之事；四是谨慎其言；五是以贤人为榜样不断改进自己（第14章）。要做到如上五者，必须学会正确理解贫富与生活、贫富与人生的变动关系，做到即使贫困也不卑屈谄媚，并要化贫为乐；即使富贵也不骄奢，并能在富贵生活中求道好礼。（第15章）

第十六章孔子论知，其“不患人之不己知，患不知人”照应第一章学知识、学知人（知己和知他人）、学做人。学而成己，学知识是起步，重心是学知人，根本努力是学做人；从起点达向目标的核心任务是知己，因为只有知己，才知人。所以，君子学而所“患者”，不是人不知己，而是己“不知人”。学而的根本努力，是通过真正解决“己知”问题而达向“知人”，并且只有从“己知”通向“知人”，才可行孝弟，才可交友，才可泛爱众，才可入仕当官，安邦治国。孔子关于学而成己知人的思想，是以“性相近，习相远”（《阳货》）的人性为依据，以“为政”为实践指向。所以，“不患人之不己知，患不知人也”，既照应了本篇第一章，又开启了《为政》篇。

四

本篇论学而，体现“总→分→总”的逻辑结构：第一章总论君子“学而成己”的三大视域，然后分论，最后一章概括君子“学而成己”的核心问题是“知人”，以照应第一章蕴含的“己知”这一本质论问题。

第二章至第十五章分论君子学而成己的对象内容，大致可分为三部分：

第一部分论君子学而成己的对象内容：包括君子学而成己的奠基内容是孝弟（第2章），基础内容是仁（第3、4章），重心内容是治事（第5

章)。第六章是对学而成己的对象内容的总括,第七章是对第六章的补充。

第二部分论君子应如何学修仁:第八章总论君子学仁"五要";从第九章到第十三章,分别讲述如何学修孝礼、学修温良恭俭让五仁德、学修孝行之道和学修用礼之道(第12章和第13章)。

第三部分论君子应如何学以仁指导生活,共三章内容:第十四章指出学以仁指导生活应注重于"五要";第十五章指出学以仁指导生活,必须解决对贫富的看待与生活方法,但本质上是在引导弟子无论在任何贫富或逆顺的环境里,都要学会善待自己。只有真正学会了正确认知自己和善待自己,才可能将自己成就为君子,继而才可学而成人:学而成人,是学而知人的过程,这个过程比己知更复杂、更难。所以孔子才如是说"不患人之不己知,患不知人也。"

2. 为政第二内容主题

大而化之,孔子学说乃君子学说。人要成为君子的核心问题,是成己成人。成己必要学而不已;成人必求出仕为政。这是第一篇论《学而》之后讨论《为政》的内在思路。

一

《为政》是孔子政治哲学的集中表达。阅读本篇内容,理解孔子政治哲学思想,应从"为政"概念入手。

"政"之于"正"的体用关系 "为"者,指做,干,还有从事、通过、作为等含义。

"政"这个词,一般将其注解为"政治",但却与孔子的本义相违。在孔子的政治思想世界里,"政"字的首要含义不是政治的,而是伦理的,它意指"正",即正直、堂正、公正、公道。季康子问孔子"什么是政"时,孔子斩钉截铁地回答说:"政者正也,子帅以正,孰敢不正。"(《颜渊》)"政"即"正","为政"即是"为正",指通过正己来正人。具体地讲,所谓为政,是指为人正直,站立得直,行走得端正,处事公正,让人信服,使人遵从;并且,只有为人正直、堂正,处事公正、公道,才有德;有德,才使人信服。

这是"为政"的本意。在驻守"正"之本意基础上,"政"才获得"政治"的含义，即政治本身应该是德性的，德构成政治的本质规定与价值诉求。所以，为政的前提必须是德；为政的行为展开必须体现德。

作为政治的“政”和作为正直、堂正、公正、公道的“正”，二者构成体用关系：作为正直、堂正、公正、公道的“正”，是其政治之“政”的内在规定；作为政治之“政”，成为正直、堂正、公正、公道之“正”的敞开形态和行为方式。由此两个方面规定了“为政”的完整语义：第一，正是**政治**的伦理规定，政是正的政治表达；第二，政治的本质规定是伦理，伦理的社会学表达是政治。

政治的本质规定 孔子以“正”规定“政”的认知结构中蕴含如下问题张力：

1. 伦理为何能构成政治的本质？
2. 政治何以需要率先求“正”？
3. 为何只有通过正己才能正人？
4. 为何只有正己才能彰显其德？

客观地看，这些问题恰恰从不同角度涉及到政治的本质及其目的。在本篇中，孔子以朴素的历史经验和生活经验从不同方面解读了政治的本质及目的：伦理追求善，并且伦理本身是善。正直、堂正、公正、公道，既是伦理的具体表现，也是道德的衡量标准、尺度，所以正直、堂正、公正、公道所表现出来的同样是善的。当政治以正为内在规定，不仅表明政治的本质是善的，而且还表明政治所追求的目的是对善的实现。因而，政治是一种善业，是一种通过正己而正人进而正人而正己的善业。沿着这一思路进入孔子“为政”世界，可以发现他的政治学思想与古希腊哲人亚里士多德的政治学思想之间构成异曲同工之妙：亚里士多德在《政治学》中提出政治是一种善业：“一切社会团体的建立，其目的总是为了完成某些善业——所有人类的每一种作为，在他们自己看来，其本意总是在求某一善果。”①

① [古希腊]亚里士多德：《政治学》，吴寿彭译，商务印书馆，1983年，第3页。

二

通览《为政》篇，围绕"政治"实践的基本问题而展开。"政治"实践的基本主题是如何治国，具体地讲，就是如何治人和怎样治民。探讨如何治国必须解决三个基本问题：第一，如何构建治国的原则、标准；第二，怎样选择治国的进路、方式、方法；第三，如何明确治国主体，但前提是对"政治"本身的确证。

有关于治国的原则或标准，孔子将其定位为"为政以德"：第一，政治必须是伦理的，为政必须追求善（即德），创建善业（公道天下），这是治国的总原则。第二，政治的本质是正，为政必须求正，因而，正直、堂正、公正、公道此四者构成治国的总原则：正直、堂正，是治国的主体标准；公正，是治国的行为标准；公道，是治国的效果标准。

有关于治国的进路，实际上是治国的社会学方法，孔子概括为"道之以德，齐之以礼"。进而，孔子认为，正己以正人、正己以正事、正己以正国，是治国的主体论方法。

对于治国主体的思考，实际上是什么样的人才有资质入仕为政。孔子明确主张君子治国，而且认为只有"不器"的君子才有资质成为治国主体。

《为政》篇二十四章，大致由三部分内容构成：第一部分是第1—8章，讨论"为政以德"的基本问题；第二部分第9—18章，讨论为政者的自身要求和主体条件；第三部分19—24章，主要讨论为政的实践要点与根本策略。

三

子曰："为政以德，譬如北辰，居其所，而众星共之。"（第1章）

子曰："《诗》三百，一言以蔽之，曰思无邪。"（第2章）

子曰："道之以政，齐之以刑，民免而无耻。道之以德，齐之以礼，有耻且格。"（第3章）

子曰："吾十有五而志于学，三十而立，四十而不惑，五十而知天命，六十而耳顺，七十而从心所欲不踰矩。"（第4章）

孟懿子问孝。子曰："无违。"樊迟御，子告之曰："孟孙问孝于我，我对曰'无违'。"

樊迟曰："何谓也？"子曰："生，事之以礼，死，葬之以礼，祭之以礼。"

（第 5 章）

孟武伯问孝。子曰："父母，唯其疾之忧。"（第 6 章）

子游问孝。子曰："今之孝者，是谓能养。至于犬马，皆能有养；不敬，何以别乎？"（第 7 章）

子夏问孝。子曰："色难。有事，弟子服其劳，有酒食，先生馔，曾是以为孝乎？"（第 8 章）

第一部分讨论"为政以德"的基本问题，围绕四个方面展开。

一是"为政"的伦理本质。孔子提出"为政以德"（第 1 章），不仅为治国确定了总的原则，而且规定了治国的伦理的定性："为政以德"就是"为正以德"，并且必须是"为正以德"。它使为政治国获得了两个方面的规定：第一，正是政治的本质规定；第二，为政者必须是**为正**者。

二是"为政"的目的是实现德政，达到天地人和的善境。孔子通过讲述"《诗》三百"的政治和伦理功能，突出为政的德政目的获得了历史的验证。

三是"为政"的正确进路或者说社会学方法及主体性要求。孔子以对比刑、德造成"民免而无耻"和"有耻且格"的不同社会效果，来证明"道之以德，齐之以礼"作为"为政以德"的社会学方法的正确性。孔子指出，"道之以德，齐之以礼"的社会学方法，就是德行方法，这种方法对为政主体提出了很高要求，孔子以自传人生的方式表述了为政的德行方法的主体性形成与提升的终身修炼性（第 3 章）。

四是"为政"的核心任务。孔子认为是孝弟。因为古代是血缘宗法社会，家国一体。齐家（即家族，而不是现代意义的家庭）即是治国。齐家的根本方式是孝弟。孔子认为孝弟之治，一应无违（第 5 章）；二应"父母唯其疾之忧"（第 6 章）；三应"养而必敬"（第 7 章）；四应有虔诚敬畏之心和绝对淳朴之情（第 8 章）以孝顺父母。

四

子曰："吾与回言终日，不违，如愚，退而省其私，亦足以发。回也不愚。"（第 9 章）

子曰："视其所以，观其所由，察其所安，人焉廋哉？人焉廋哉？"（第

10章)

子曰:"温故而知新,可以为师矣。"(第11章)

子曰:"君子不器。"(第12章)

子贡问君子。子曰:"先行其言而后从之。"(第13章)

子曰:"君子周而不比,小人比而不周。"(第14章)

子曰:"学而不思则罔,思而不学则殆。"(第15章)

子曰:"攻乎异端,斯害也已。"(第16章)

子曰:"由,诲女知之乎!知之为知之,不知为不知,是知也。"(第17章)

子张学干禄。子曰:"多闻阙疑,慎言其余,则寡尤。多见阙殆,慎行其余,则寡悔。言寡尤,行寡悔,禄在其中矣。(第18章)

第二部分讨论为政者的自身要求和主体条件,主要从两个大的方面展开而构成君子修习如何为政的基本课程内容。

第一个方面,讨论如何具备为政的一般方法。首先通过对颜回式"言之终日不违"但"退而省其私,亦足以发"的"学而"方式的评价,阐述君子"学文入道,修德进业"的德行方法如何形成人格法则和内在规律(第9章);然后讨论为政治人的根本方式。孔子指出,为政的首要任务是治人,但治人的奠基功夫是识人。识人既要"以仁为镜子",更要"以礼为标准",这样才能辨别出人的真假,目的是把"小人"揪出来,使"人"的队伍纯洁,启用贤人,并促进为政的贤人团结一致地治民,即教化民事亲以孝,使民德归厚(第10章)。

既然为政必须具备"仁"的镜子和"礼"的尺度,必须做好两个方面:一是应重视古代的治国资源,重新挖掘古代治国知识、思想和方法;二是应顺应时势变化探索新的政治知识、智慧、思想、方法,寻求其所探索形成的新知识内容与古代治国理想和知识体系的融会贯通(第11章),惟有如此,才可形成"君子不器"的大视野、大格局和远见意识、自由精神(第12章)。

孔子认为,君子修习如何为政的如上要求必然要落实为能够践履的主体内容:首先必须具备"先行其言而后从之"的为政品德与能力(第13章);其次必须具备"群而不党"的品德和能力:君子待人没有亲疏,没有厚薄;并且君子的生活世界和行动世界里没有帮派，没有朋党；进而，君子之治没有无德的利益谋求，只有完全的公正、公道（第 14 章）。以此为基本要求，君子修习为政，必须学而不止，必须以学促思，并以思励学（第 15 章）。只有如此，才可具备辨别各种不同学说、观点、思想、主张的能力，避免粗暴地排斥、攻击不同的学说、观点、思想、主张的做法，具备广纳和慎取的品质与智慧，坚定不移地守正学而成己成人的君子学说和为政以德的政治立场（第 16 章），以养成“知之为知之，不知为不知”的诚实与明智的品德（第 17 章）和“多闻阙疑”“多见阙殆”“慎言其余”的为政能力与智慧（第 18 章）。

五

哀公问曰：“何为则民服？”孔子对曰：“举直错诸枉，则民服；举枉错诸直，则民不服。”（第 19 章）

季康子问：“使民敬忠以劝，如之何？”子曰：“临之以庄，则敬；孝慈，则忠；举善而教不能，则劝。”（第 20 章）

或谓孔子曰：“子奚不为政？”子曰：“《书》云：‘孝乎，惟孝，友于兄弟，施于有政。’是亦为政，奚其为为政？”（第 21 章）

子曰：“人而无信，不知其可也。大车无𫐐，小车无軏，其何以行之哉！”（第 22 章）

子张问：“十世可知也？”子曰：“殷因于夏礼，所损益，可知也。周因于殷礼，所损益，可知也。其或继周者，虽百世，可知也。”（第 23 章）

子曰：“非其鬼而祭之，谄也。见义不为，无勇也。”（第 24 章）

第三部分主要讨论为政以德的实践要点与根本策略。

孔子政治学思想的重心是实践治理。实践治理的核心问题是治人和治民。相对而言，治人是治国的**条件性**内容，治民是治国的**目的性**内容。为政实践的基本路径是从治人（识人和任用君子）达向治民，治民构成第三部分的主题。围绕这一主题，孔子通过应答哀公问而阐明治民的基本立场，不是以暴力压迫或强制方式使其被迫服从，而应该以“举直错诸枉”的方式使民自愿听从，其心悦服（第 19 章）。如何才能做到使民心悦服呢？孔子通过应答季康子问，提出为政者必须以身作则地“临之以庄”“孝慈”和“举善而教不能”，这样才可引导和教化民“恭敬”对人、“忠诚”于事和相互“勉励”（第20章）。但在孔子看来，君子为政的更为根本的以身作则却是另外四个方面：一是以身作则地齐家，即在家以感恩敬畏之心孝顺父母，友爱兄弟，榜样于乡邻。这是最为根本的和本质的德政（第21章）；二是以信为准则，做到无信不言、无信不行、无信不立（第22章）；三是应有一以贯之的守正定力。孔子认为，一个以为政为志业的君子，在礼崩乐坏、百废待举的当世要获得守正“为正以德”定力，必须要具备“百世可知”的预知能力，领悟世界和事物的存在本质，把握事物生变驻留的时代性和事物弃旧图新的不可逆方向，坚定返本开新的历史发展观，运用“因革-损益”的认知原理和理性辨别、明智取舍、开放性整合的宏观方法来武装自己（第23章）。四是以传统为基础，以未来为方向，以返本开新为方式，从现实做起，恢复本原化和纯粹化的祭祀，这是根本的礼，也是根本的孝；同时弘扬义节和勇敢（第24章）。

3. 八佾第三内容主题

以“人如何成己为君子”为出发点，《论语》前四篇从四个不同维度集中呈现孔子的基本思想：首先，人要成为君子，必须学而成己。然后以其成己为起步去成人（识人和教化民），基本路径是出仕为政。但无论学而成己还是为政成人，都必须接受礼的规训，其前提是修养仁德，这就形成《八佾》和《里仁》。

本篇“八佾”与下篇“里仁”之间语境链条的生成，基于“礼乐要求仁德”的逻辑结构，这一逻辑结构生成两篇之间的语境链条，表述孔子伦理世界互反生成性的整体图景。从《八佾》到《里仁》，既表述其政治理想与道德哲学之间的逻辑进路，同时又反过来展开人的主体化德性与规范性德行之间的逻辑进路，即“以仁入礼”进路：礼乐崩坏的困境，引发对仁的呼唤；或曰：利欲推动行为的无节制，导致了礼崩乐坏，收拾礼崩乐坏残局的必须努力，是再造行为主体使之行为有节制，其前提是使人养成仁德成为仁者。

一

人学而成己，必须习礼，得礼道。

人学而为政，必须据礼，行礼道。

孔子论礼，是以仁释礼；孔子倡导“复礼”，是以“克己”为逻辑起点并以仁为归属。因而，仁是礼的本体，仁德是礼之目标。

孔子论礼，是对三代传统的承传和弘扬。仅现存文献观，礼仪文明，发端于尧舜，成熟于周。尧舜之时的礼仪文明主要涉及四个方面：一是祭祀，二是丧葬，三是宾礼，四是刑罚。祭祀始于尧："乃命羲和，钦若昊天，历象日月星辰，敬授人时。分命羲仲，宅嵎夷，曰暘谷。寅宾出日，平秩东作。日中，星鸟，以殷仲春。厥民析，鸟兽孳尾。申命羲叔，宅南交。平秩南讹，敬致。日永，星火，以正仲夏。厥民因，鸟兽希革。分命和仲，宅西，曰昧谷。寅饯纳日，平秩西成。"(《虞书·尧典》)其"钦若"乃敬顺之意，表明尧时人们对上天充满敬畏崇拜之情。人们不仅恭敬地对待上天，还设官祭祀上天，希望获得上帝的保佑和赐福，这就是"寅宾日出"和"寅饯纳日"。与此不同，丧葬制度和宾礼制度，却服务于人，前者乃哀悼死者，并以丧礼哀死亡："二十有八载，帝乃殂落。百姓如丧考妣。三载，四海遏密八音。"(《虞书·舜典》)后者则是以礼仪接待外宾："宾于四门，四门穆穆。"(《虞书·舜典》)

为政辅以刑赏、施以礼仪，由尧开创，舜发挥之。《虞书·舜典》不仅描述了舜继尧位接见四方首领的礼仪盛况："既月乃日，觐四岳群牧，班瑞于群后。"更是详细记载了舜德刑并举的治平之功和治平之德：一是引导人敬天畏神，建立祭祀制度，并按照四岳地位尊卑依次举行祭祀；二是制定历法，统一韵律和度量衡；三是划分行政区域，明确所辖十二州疆界，以加强德政的管理和山川河流的治理；四是建立"刑省罚寡"的刑罚制度，并为此创制五种刑罚方法，进行刑赏治理；五是建立五伦常制度，实施"父义母慈兄友弟恭子孝"五伦常教育；六是修礼乐；七是建立以三年为期的官吏政绩考察制度。(《尚书·舜典》)

尧舜成功开辟为政以德、施之礼仪的治世模式，为三代所继承、发展而获得成熟形态。孔子欲"从周"，就是基于时代变革需要返本开新周之礼仪文明。《八佾》篇集中展示了孔子如何对待尧舜以至三代礼仪文明财富，以为文道救世提供其思想和方法资源。

二

《八佾》篇的主题是：君子要成己为人，必须修习礼和践履礼，但前提是重建已经崩坏的礼。要在重建中习礼，其基本功夫是从不同方面着手，全面审查“郁郁乎”周礼是如何地崩坏。邢昺疏曰：《八佾》“前篇论为政，为政之善莫于礼乐，礼安上治民，乐以移风易俗，得之则安，失之则危。故此篇论礼乐得失也。”邢昺疏语，把握住了上篇与本篇的内在关系：为政乃在**求善得善**。从实践论，其求善得善展开为两个方面：(1)以礼安上治民；(2)以乐移风易俗。合起来就是**礼乐正得失**。礼乐之所以能正得失，这是因为：安上治民，是建构各居其位、各得其所的日常生活秩序；移风易俗，是建构安分守己的心灵-情感秩序。所以《为政》论政治的本质、为政的主体前提和实践方法论，揭示为政何以需要正德；此篇专论为政的实践操作途径与规范，即礼乐，揭示**怎样实现**正德以为政。

孔子所说的“礼乐”，既指典章制度文物，也指全部的人文世界；在具体的语境中，也指礼仪、礼节和音乐，或符合礼制、礼仪地欣赏音乐。但礼乐首先是一种制度和规范，它当然是政治的，本质上却是道德的。以道德为本质规定所建立起来的政治制度，其依据是血缘和宗法，其根本框架是权力阶梯。礼乐制度就是以血缘和宗法为土壤，以权力阶梯为框架的社会结构体系。

仅典章制度言，本篇中所论主要指西周的典章制度，运作这一典章制度的主要方式是刑法和礼乐：前者是刚性的政治运作规范制度，后者是柔性的政治运作规范制度；将此二者统合起来形成整体功能力量的是道德。但它们都是从政治制度中生长出来的。西周政治制度的灵魂是嫡长子继承制，核心是等级主义的分封制。孔子所论的礼乐，就是如上意义的。

在本篇中，礼乐虽然连用，并且在语义上二者也没有做严格区分，但实质上有区分。《左传》中，“礼”出现469次，“乐”仅出现33次。《论语》论“礼乐”者凡49章，其中，“礼”出现了74次，“乐”只出现25次，表明礼的使用范围比乐广泛：礼，是日常的行为规范；乐，是特殊的行为要求。从内容观，“礼”表述基本的政治规范，即基本的权力规范体系；“乐”却侧重于其行为规则，是礼得以实现的行为准则。所以，礼必求乐，乐则循礼。或曰：乐必以礼为规范，礼必以乐为训练和表达的方式。否则，就是灭礼僭乐。一旦灭礼僭乐，礼乐就走向反面，泛滥人心，解构秩序。在《八佾》中，孔子49次讨论礼乐问题，所表达的基本主题只有一个，即当世天下无道、礼乐崩坏的基本表现，就是灭礼僭乐的人越来越多，礼崩乐坏的事比比皆是。

三

孔子谓季氏："八佾舞于庭，是可忍也，孰不可忍也？"(第 1 章)

三家者以《雍》彻。子曰："相维辟公，天子穆穆。奚取于三家之堂？"(第 2 章)

子曰："人而不仁，如礼何？人而不仁，如乐何？"(第 3 章)

林放问礼之本。子曰："大哉问！礼，与其奢也，宁俭，与其易也，宁戚。"(第 4 章)

子曰："夷狄之有君，不如诸夏之亡也。"(第 5 章)

季氏旅于泰山。子谓冉有曰："女弗能救与？"对曰："不能。"子曰："呜呼！曾谓泰山不如林放乎？"(第 6 章)

子曰："君子无所争。必也射乎！揖让而升，下而饮，其争也君子。"(第 7 章)

子夏问曰："'巧笑倩兮，美目盼兮。素以为绚兮。'何谓也？"子曰："绘事后素。"曰："礼后乎？"子曰："起予者商也，始可与言《诗》已矣。"(第 8 章)

子曰："夏礼吾能言之，杞不足征也。殷礼吾能言之，宋不足征也。文献不足故也。足，则吾能征之矣。"(第 9 章)

子曰："禘自既灌而往者，吾不欲观之矣。"(第 10 章)

或问禘之说。子曰："不知也。知其说者之于天下也，其如示诸斯乎？"指其掌。(第 11 章)

祭如在，祭神如神在。子曰："吾不与祭，如不祭。"(第 12 章)

王孙贾问曰："与其媚于奥，宁媚于灶。何谓也？"子曰："不然。获罪于天，无所祷也。"(第 13 章)

孔子论礼乐，以对礼乐崩坏的批判为展开的主要方式。孔子批判礼乐崩坏现象，不是以新内容来否定旧形式，而是固执于旧形式来订正旧内容，这就是"**循名以求实**"，这既是孔子批判礼乐崩坏的方法，也成为孔子持守礼乐的基本态度和方法。

孔子激进地批评当世礼乐崩坏现象，是为“复礼”。孔子论“复礼”，是以返本开新方式重建“监于二代”的周礼，其实施的特别路径是“克己复礼为仁”。所以，孔子复礼的实质努力和下手功夫，是用仁来再造礼。这是孔子论礼的根本，也是本篇的主题。

围绕这一主题，本篇首先讨论礼与仁的关系。

审查礼与仁的关系，首先揭示礼不在形式而在实质，是“克己复礼为仁”的基本主张。表达这一基本主张的基本思路是举例反证“人而不仁，如礼何”和“人而不仁，如乐何”（第3章）。第一个例子是季氏“八佾舞于庭”（第1章）；第二个例子是“三家者以《雍》彻”（第2章）。二例都是上位者僭越礼制；并且，上位者僭礼已是普遍现象，这就是从“八佾舞于庭”的季氏一家到“以《雍》彻”的三家，由此表明礼乐崩坏的普遍性和严重性，揭示推动当世礼乐崩坏的根本动力，是上位者阶层的僭礼乐。上位者阶层僭礼乐，其直接之因是心中无仁，根源却是他们被权力和欲望所俘虏。要改变这种状况，只能“克己复礼为仁”。

其次讨论“克己复礼为仁”的理由何在？其方式是思考礼的本体和本质。第四章“林放问礼之本”，孔子以“奢”“俭”“丧”“戚”两相对举来说明仁是礼的本体，礼是仁的运用，要克己复礼必须修仁。并且，其克己复礼最终亦是实现仁。然后以“夷狄之有君，不如诸夏之亡”（第5章）和“季氏旅于泰山”（第6章）进一步反证仁对礼的本体功能：化外的夷狄国尚有君长之尊，而文明的中原邦国其君如虚设，其根源于君子阶层的消失，体现在个体身上就是仁性、仁心、仁爱的丧失。其仁性、仁心、仁爱丧失的内在根本原因，却是利欲得失。不正是吗？负责祭礼的官员林放没有阻止季氏“旅于泰山”，就连自己教出来的弟子冉求也为了利害得失而对“季氏旅于泰山”不加阻止。

从第四章到第六章，是从正面问答到反面举例证明，得出一个基本结论：仁乃礼的本体。接下来从第七章始到第十二章讨论礼的本质，得出一个基本结论：以仁为本体的礼，其存在本质是自然的人性，其生存本质是克己的节制，其实践本质是等级和秩序，其行动本质是持人本之赤心。

第七章“君子无所争,必也射乎”,是继第六章正面阐述礼的行动本质,是自具赤心,其当为则必为、不当为则必不为。

其三讨论普遍性和历史生成性的礼如何合仁。

孔子与弟子们讨论礼的问题,是由具体而抽象、由现象而本质,由体而用,步步深入,步步拓展,最后形成跨领域性讨论,由此形成第八章从审美角度切入讨论礼的生成性问题,揭示审美与礼法的本体性融通:既然礼之于生活无所不在,君子之于礼则无所不能。那么礼和美能够统一于君子吗?子夏以《诗》向孔子发问,从“巧笑倩兮,美目盼兮。素以为绚兮”到“绘事后素”再到“礼后仁”,实现了以仁释礼:孔子倡导“复礼”,是以“克己”为逻辑起点以仁为归属。因而,以“仁是礼的本体,仁德是礼的目标”为双重准则,考察“复”礼之传统,必须正视礼的内容的普遍性和历史性生成,然后以此为依据来做“损益”的功夫(第9章)。根据礼的普遍性和历史性生成的要求,传统的礼,哪些需要“损”(革除)?哪些必须“益”(承传)?孔子以鲁君行天子禘礼“不欲观之”(第10章)和关于鲁君行天子禘礼“不知之”(第11章)为例,与弟子一道做了严肃的讨论。

从第十章孔子对逾制禘祭的反感,到第十一章孔子对鲁僭制行禘祭持沉默态度,从反面讨论礼的损益问题。礼的损益问题本质上是礼如何才合仁,孔子通过对禘祭的省思表达其基本观点:凡是不合人道的、体现残暴性的礼和僭越之礼,都应该损之。第十二章“祭如在,祭神如神在”则继续讨论礼如何合仁,仍然以祭礼为例,但却是从特殊的天子祭礼和国君祭祀转向对一般祭礼(狭窄意义上即家祭),讨论其如何合仁,实质是阐述祭礼的目的与本质。对于一般祭礼,要敬诚于行。

敬诚于行,涉及到礼的情感本质。在这个层面上,第十二章又是对第四、五、六、七章内容的回应,因为这几章内容分别讨论了礼的存在本质、生存本质、实践本质和行动本质,该章则讨论礼的情感本质:敬诚,这是礼合于仁的根本人性要求。第十三章王孙贾“奥”“灶”之问和孔子“获罪于天,无所祷也”之答,实际上是继续讨论礼本于仁,但却从祭礼转向日常生活,讨论礼如何可能实现形式与本质的统一:孔子应答王孙贾之问,表明一个基本主张:礼本于仁必合于天。

四

子曰:“周监于二代。郁郁乎文哉,吾从周。”(第14章)

子入太庙,每事问。或曰:“孰谓鄹人之子知礼乎?入太庙,每事问。”子闻之曰:“是礼也。”(第15章)

子曰:“射不主皮,为力不同科,古之道也。”(第16章)

子贡欲去告朔之饩羊。子曰:“赐也,尔爱其羊,我爱其礼。”(第17章)

子曰:“事君尽礼,人以为谄也。”(第18章)

定公问:“君使臣,臣事君,如之何?”孔子对曰:“君使臣以礼,臣事君以忠。”(第19章)

子曰:“《关雎》,乐而不淫,哀而不伤。”(第20章)

哀公问社于宰我。宰我对曰:“夏后氏以松,殷人以柏,周人以栗。曰:‘使民战栗。’”子闻之,曰:“成事不说,遂事不谏,既往不咎。”(第21章)

子曰:“管仲之器小哉!”或曰:“管仲俭乎?”曰:“管氏有三归,官事不摄。焉得俭?”“然则管仲知礼乎?”曰:“邦君树塞门,管氏亦树塞门。邦君为两君之好,有反坫,管氏亦有反坫。管氏而知礼,孰不知礼?”(第22章)

子语鲁大师乐,曰:“乐其可知也。始作,翕如也。从之,纯如也,皦如也,绎如也。以成。”(第23章)

在厘清礼与仁的关系基础上,本篇进入第二部分内容,讨论如何以仁为准则重建当世之礼。

“获罪于天,无所祷也”,表露出孔子的天道观,不是周之“敬宗崇祖”的祖道观,而是“头上三尺有神灵”的神灵观。孔子对周之敬宗崇祖的“私天下”观局限的超越视野,从根本上来源于他对古代文明,尤其是夏、殷文明(第9章)的严肃考信。只有基于如上超越视野并联系第九章内容,才可理解“周监于二代,郁郁乎文哉,吾从周”(第14章):作为殷遗民之后的孔子,在考信历史的过程中不得不正视“复殷不可能,复夏更不可能”的历史事实,这是因为第一，夏殷二代的文化历史制度已不可考，文献“不足征”（第 9 章）；第二，周是对夏殷的继续，从周，实际上是对禹夏殷商之古代文明的推崇。所以，从周，只能遵循“损益”原则并运用“损益”方法，即应该抛弃那些不符合普遍性和历史性生成的内容，承传那些体现普遍性和历史性生成的内容。要做到这两个方面，孔子首先以自身初入太庙的经历和做法告诉弟子：对于需要承传的古代文明和礼仪传统，一是要知明；二是要慎守。（第 15 章）然后要求弟子必须学会遵循“射不主皮”的古代规则和礼乐之道，这仍然需要从知明和守礼两方面着手做好它。（第 16 章）

第十七章“赐也，尔爱其羊，我爱其礼”承上章继续论礼的知明和守礼，通过子贡的想法和孔子的说法，表述礼之尊严源于**名实相生**，真正的知明守礼就是实现名实相生。第十八章“事君尽礼，人以为谄也”的形式主题，是孔子自述守礼反被曲解的境况表明：礼乐崩坏的社会潮流展示传统的君臣礼仪制度难以发挥正人性、定等级、建秩序的功能，改变这种状况的根本努力，就是君臣自身修习仁性、涵养仁心，积累德性，遵循礼道，这就是庄敬与忠诚。但礼道的本质却是人道。第十九章孔子与定公之间展开的君臣礼道本质于平等的人道。孔子首先以《关雎》为喻：揭示“乐而不淫，哀而不伤”是做人的首要礼道（第 20 章）。然后针对“宰我应答哀公问社”之具体事例告诫弟子“成事不说，遂事不谏，既往不咎”，阐明掌握做人的根本礼道，是以“不说”“不谏”和“既往不咎”的态度来对待礼仪传统。其次应该具备知古知全的大视野、大格局。孔子以批评管仲“小器”为例，指出大格局、大器量者只能是那些古今全知、古今精通的人，并且也只有这样的人，才可返本开新、继往开来，重建当世文明。其四，精通音乐的孔子以谦逊地向鲁大师请教音乐的自身说法，告诉弟子们：人的大气量、大格局，不仅在于知古知全、博古通今，更在于守礼有准则，行礼有方寸。守礼有准则，就是对待古代的礼乐，应以仁为准则，该损则损之，毫不可惜；需益则益之，必不优柔与犹豫。行礼有方寸，就是施礼有等级，即在维护等级的基础上做到庄敬与忠诚。

五

仪封人请见，曰：“君子之至于斯也，吾未尝不得见也。”从者见之。

出。曰:“二三子,何患于丧乎?天下之无道也久矣,天将以夫子为木铎。”(第24章)

子谓《韶》:“尽美矣,又尽善也。”谓《武》:“尽美矣,未尽善也。”(第25章)

子曰:“居上不宽,为礼不敬,临丧不哀,吾何以观之哉!”(第26章)

最后三章构成本篇第三部分内容,可看成是从三个不同方面对本篇内容的总结。

首先,第二十四章借卫国镇守仪邑边境的官员之口,宣告了“天下无道也久矣,天将以夫子为木铎”。

仪封人之言,不是信口开河的大话,而是揭露了三个事实:第一,天下无道已成定局。这里的“天下无道”,不是指战争,战争只能是“天下无序”,而是指天下礼乐崩坏已成定局,恢复旧有的礼乐秩序亦为“成事”和“遂事”,既不可评说,也不可挽回,只能是“既往不咎”。第二,无道之于天下,只能是殊态,哪怕它“也久矣”,但却不可常持,最终必须复归于有道的天下,崩坏的礼乐最终必将得到重建。这个重建的方案,就是孔子所倡导的“克己复礼为仁”。第三,孔子热衷于当官的目的,是想通过为政方式重建崩坏的礼仪文明。但是,再造礼仪文明、光复天下大道,并不是少数人从政可以实现的,它必须通过更为广泛的启蒙来实现,这就是“学在四夷”的文教。五十有五的孔子,最终将所知的“天命”化为践履的行动,带领追随者踏上游国之途传道布教,继往开来,再造传统文明。

如果第二十四章重在总结性探讨“克己复礼为仁”必须开启“学在四夷”的启蒙文教救世道路,那么第二十五章则在总结性探讨重建当世文明之“从周”为何必须要回返古代文明之本实施对周代文明的开新。具体讲,第二十五章的表面内容是孔子鉴赏古乐,实际上却是孔子在评价舜帝与武王、或者舜与周之功过得失;从本质论,却是孔子在总结性阐发以仁为准则,以“克己”为前提再造传统(即“复礼”),不仅要再造传统的“尽美”,更要再造传统的“尽善”。孔子指出,再造尽美的传统,要重视周文明,更要关注周以前的二代,尤其更遥远的尧舜时代;再造尽善的传统,无法在周找到，只有尧舜时代才有。从历史本身论，周之于春秋，只是刚刚过去的“昨天”；真正的古代应始于殷商，它可溯及更远的尧舜时代。克己复礼为仁，再造古代传统文明，应该放开眼界，从殷商中吸收宽简仁爱，从天下为公的尧舜那里吸取尽善尽美的德政智慧。因为，真正的完整意义的古代文明，只能是尽善尽美的古代文明，即如尧舜文明那样没有暴力和杀戮，没有野蛮的征服。为此，只能以返本开新方式和以仁入礼路径来重建以仁为本质规定、以爱为表达方式的礼仪文明，其主体性落实，就是居上宽、为礼敬、临丧哀，这是第二十六章所表达的正题，却以“居上不宽，为礼不敬，临丧不哀”的反说方式展开，是为照应第一章：本篇论礼，以“季氏八佾舞于庭”开篇，以“居上宽、为礼敬、临丧哀”结束。首尾照应，意味深长：礼乐崩坏、天下无道，源于居上位者的为富不仁或为权不仁；要想使“天下无道”变成“天下有道”，要将崩坏的礼乐传统以损益方式重建，仍然需要“居上位”者们的克己为仁。否则，一切都将落空。这是夫子意欲返本开新所面临的难题，也是夫子基于“任重道远”而“守死善道”的根本动力。

4. 里仁第四内容主题

学而为政，必须据礼；为政行礼道，其前提是学而得礼。

学而得礼，学而行礼，必修仁。故，学而得礼道、行礼道，其前提是学而修仁道。

萧公权先生认为，“孔子论政，立行仁与正名要旨，前者得孟子而大申，后经荀子而更备。”[①]萧公此论，抓住了孔子政治哲学的关键，但仁与名、行仁与正名，二者要能内外相生、自为一体，还需要礼贯通其中。直言之，孔子论政，实际上是**行仁、运礼、正名三位一体**，即由仁而名，必经礼而定之。在孔子看来，政治就是正名运动，但正名必须同时从两个方面展开方可实现：一是需要通过行仁来引导和感化(人和民)；二是必须运用礼来约束和规范(人和民)。对前者的运用，发挥政治的柔性功能；对后者的运用，发挥政治的刚性功能。惟有刚柔相济、引导感化与约束规

① 萧公权：《中国政治思想史》，商务印书馆，2013年，第108页。

范互生，才名正言顺。所以，正名是目标，行仁是主体牵引，隆礼是客体规训。

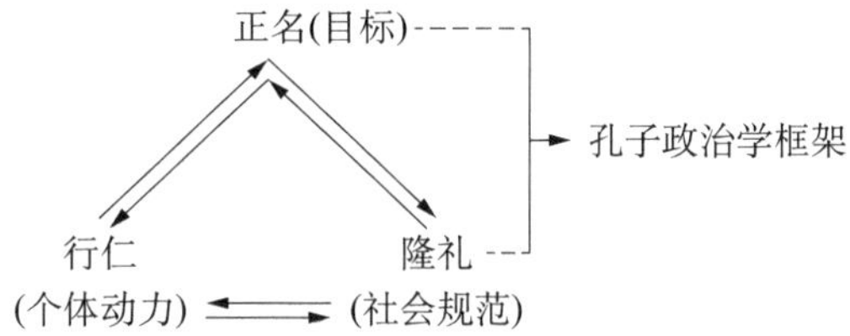

［8-2　孔子政治学的生成逻辑］

行仁与隆礼，都是行为运作，前提是必有仁和礼。仁与礼的关系，是主体前提与社会条件的关系；从生成与来源角度看，仁与礼之间构成如下两维关系：

首先，孔子的政治学是返本开新的政治学，其建构的基本方式是“损益”，或曰“因革”。礼，乃孔子政治学所“因”：孔子政治学的文化资源、思想源泉，是礼；仁，乃孔子政治学所“革”：孔子政治学所开新的内容，是仁。

其次，礼，乃人的行为约束方式，它普遍化为共守的社会规范系统；仁，是人的主体性修养所内生的品德，是内在的自我约束力量。

整体观之，第三篇“八佾”围绕“礼”展开，专门讨论**返本与承传**，从而形成体现深厚传统的礼论。本篇“里仁”则围绕“仁”展开，专门阐发**开新与发展**，从而形成锐意创新的仁学。

在孔子学说中，“仁”与“礼”都是人的生命呈现形态：仁是精神生命，是生命的本体和光辉；礼是形式生命，是生命的运用与遵从。

在孔子学说中，“仁”与“礼”既居不同地位，也发挥不同功能。概论之，“礼”是孔子所承传的东西，它代表传统，代表“因”，即承续。孔子之前的春秋及西周，重视典章文物，即重视礼，包括礼仪、礼制、礼器等。仅《左传》，“礼”字出就现了469次，“仁”字则只出现了33次。晏婴曾对齐景公说：“礼之可以为国也久矣，与天地并。”(《左传·昭公二十六年》)由此可见在孔子之前，礼既是治国的基本工具，也是道德的载体和形式。以此观之，如果说西周的礼治实质上是以一种道德形式治国；那么，孔子强调礼的教化施治功能必须以仁为主体条件，其“为政以德”的施治工具必须是“以仁统礼”，这种统合性的施治要求，实现了道德形式与内容的统一。

“仁”的思想资源虽然来源于殷商的宽简政德之仁爱，但与“礼”相比，并不居主导地位。“仁”一词，在孔子之前已经出现，但并不多见：《诗经》出现1次，《尚书》出现2次，《国语》24次，《左传》33次；《论语》出现了109次。与此对照，“礼”在《论语》中只出现了75次。这种情况至少表明：一、孔子承传文明，不以周“礼”为重心，而是以殷“仁”为重心。二、孔子虽强调承传，但更注重开新。因而，其承传只是开新的起点、手段、方式。三、在承传与开新的思想世界里，孔子承传周“礼”(包括礼制、礼仪、礼器)，是以再造的方式展开；孔子承传殷“仁”，是以开新的方式展开。所以，从“礼”到“仁”，体现了孔子学说“**返本开新**”的基本诉求。

孔子在“道术将为天下裂”的当世追求返本开新，遵循的是文明前进的法则，即历史是一个连续统，这个连续统的展开，必须以已有为起步而指向未来，并且一切未来的可能性都必以已有为母体孕育生成。

一

子曰：“里仁为美。择不处仁，焉得知？”(第1章)

子曰：“不仁者，不可以久处约，不可以长处乐。仁者安仁，知者利仁。”(第2章)

子曰：“唯仁者能好人，能恶人。”(第3章)

子曰：“苟志于仁矣，无恶也。”(第4章)

子曰：“富与贵，是人之所欲也，不以其道得之，不处也。贫与贱，是人之所恶也，不以其道得之，不去也。君子去仁，恶乎成名？君子无终食之间违仁，造次必于是，颠沛必于是。”(第5章)

本篇论仁，第一强调仁乃为君子的命脉、灵魂、精气神所在，仁之所在，亦道之所在；从主体构建讲，仁即是孔学之道，修仁得仁，“朝闻道，夕死可矣”。第二揭示内驻仁心，具备仁德，才是取位的根本依据。从践履角度讲，本篇张扬“以德取位”的思想方法。

孔子之仁的思想的核心或者说灵魂是中正。在本篇中，从第一章到第十章，主要讨论人如何才能成为中正德道的君子，以及成为君子的主体性构成条件、基本方式和总体原则。第一章到第七章，讨论什么是“仁”，分别从居仁、安心、处世、端行、安贫、好恶、改过七个方面论。自第八章始论仁者如何可以“能好人”和“能恶人”，即“唯仁者能好人，能恶人”。

第一章“里仁为美”，论仁的目标；第二章“仁者安仁，智者利仁”，讲以仁为美的路径与过程；第三章“仁能好人和恶人”，讨论以仁为美的准则与尺度。第四章讨论实现以仁为美的主体性动力。第四章不仅讨论了以仁为美的方向、准则、动力和方法、原理，更指出了何以要如此的根本原因和理由，揭示“苟志于仁，无恶”的实质和重心，就是再造人性。然而，再造人性的核心问题，却是克制利欲。第五章讨论修仁成己为君子的根本认知和方式，围绕三个问题展开：第一，对于生存个体来讲，最根本的利欲是什么；第二，“苟志于仁”的努力中，所必须克制的利欲是什么；第三，修养仁德的生活进程中，如何才能真正克制这些利欲。第六章继而讨论修仁成己的基本态度和方法。

> 子曰：“我未见好仁者，恶不仁者。好仁者，无以尚之；恶不仁者，其为仁矣，不使不仁者加乎其身。有能一日用其力于仁矣乎，我未见力不足者。盖有之矣，我未之见也。”(第6章)
>
> 子曰：“人之过也，各于其党。观过，斯知仁矣！”(第7章)

修仁于细节，为仁于小事，成仁于每日不辍的生活过程，这是孔子评价“以仁为美”的方法，也是衡量君子的力行尺度。以此为尺度观，“君子无终食之间违仁，造次必于是，颠沛必于是”的修仁、为仁方式，构成常人难以做到的最高要求。第七章进一步讨论人成为真正的“好仁”和“恶不仁”的人，何以如此难的原因，并在此基础上探求无过失修仁、为仁、成仁的不二方法，**即观过知仁，这**是反面修仁、为仁、成仁的方法，运用这种方法，就是发现、探析别人或自己的过失、过错，以此为借鉴的，避免犯同类或相似的过失或错误，使“无终食之间违仁，造次必于是，颠沛必于是”的修炼与作为，始终沿着仁的中正大道前行。第八章继之讲观过知仁方法的依据。孔子认为观过知仁的依据是道：只有以道为依据并得道时，才可在日常生活中做到观过知仁。

> 子曰："朝闻道，夕死可矣。"(第8章)
>
> 子曰："士志于道，而耻恶衣恶食者，未足与议也。"(第9章)
>
> 子曰："君子之于天下也，无适也，无莫也，义之与比。"(第10章)

以中正之道为依据修仁、为仁、成仁，并以此中正之道为修仁、为仁、成仁的人生目的。要做到这两个方面，达到其根本目的，需要言行不二。这构成第八章与第九章的内在关联：

第八章讲修仁、为仁、成仁，必须以中正之道为依据；第九章讲中正之道成为修仁、为仁、成仁的言行不二的方法；第十章讲中正之道构成修仁、为仁、成仁的唯一准则，通过对"适""莫""义""比"四个关键词的语义辨析而揭示义的本体是仁，仁的本质是中正。

二

> 子曰："君子怀德，小人怀土。君子怀刑，小人怀惠。"(第11章)
>
> 子曰："放于利而行，多怨。"(第12章)
>
> 子曰："能以礼让为国乎？何有？不能以礼让为国，如礼何？"(第13章)
>
> 子曰："不患无位，患所以立。不患莫己知，求为可知也。"(第14章)

本篇从第一章到第十章，主要讨论人如何才能成为中正仁道的君子，以及成为君子的主体性构成条件、依据、基本方式和行为准则。自第十一章始，讨论具有中正仁道的君子，应怎样施仁？如何行中正仁道？第十章是如何施仁、怎样行中正仁道的总原则，第十一章则讨论如何将中正仁道原则运用于国家治理，或者持守中正仁道的君子应该具备怎样的治国理念和准则。其所要表达的基本观点是：君子行道义必须持德守刑。

第十一章以君子小人对举，展示君子小人完全相反的取向：君子凡事以德、刑为准则，小人生活恋土怀惠。第十二章继之论小人恋土怀惠造成的既损别人也伤自己的危害。孔子以提问的方式展开，讨论正反两个方面的问题：第一，小人能不能成为君子？如果小人不能成为君子，是因为什么？第二，如果小人能够成为君子，那又如何才能做到？

第十三章可看成是对第十一章主题的续接。在第十一章中，孔子以君子小人对举的方式，阐述了国家治理的方式和手段，指出德刑并举是治国的完整方式。德刑并举之治的依据是礼法，以礼为依据的德治，虽然是预防之治，但却是治国的主要方式；以法为依据的刑治，乃惩戒之治，它是治国的辅助方式。孔子关于德刑之治的如上思想，源于国家治理的基本常识。基于这一常识，以礼为依据的德治被置于更为重要的位置，由此成为需要进一步讨论的重要问题。第十三章则继之对以礼为依据的德治方式予以再讨论，并使这种讨论本身成为需要不断思考的常驻性问题。

第十四章进一步讨论礼让治国之方要达到防微杜渐的社会效果，需要从两个方面努力：一是君子出仕当官，要治理一方或国家，应正确看待位与立；二是应解决"已知"与"可知"的问题。

三

子曰："参乎，吾道一以贯之。"曾子曰："唯。"子出，门人问曰："何谓也？"曾子曰："夫子之道，忠恕而已矣。"（第15章）

子曰："君子喻于义，小人喻于利。"（第16章）

子曰："见贤思齐焉，见不贤而内自省也。"（第17章）

第十一到第十四章以中正仁道为准则，讨论君子成人成仁的社会要求。第十五章继之予以君子成仁之道的总结。孔子以自我辩解的方式，道出贯通自己学问始终的思想不是忠恕，是其文道救世理想。这一理想形成的奠基法则，是"性相近，习相远"的人性；这一理想形成的方法论，是返本开新，它蕴含历史发展观；这一理想展开的思想原理，是"以仁入礼"。

孔子以返本开新、以仁入礼的文道救世理想为导向的中正仁道，落实为伦理是忠恕；落实为政治是公义。这是第十五章与第十六章的主题关联：孔子采取义利对举方式提出"君子喻于义，小人喻于利"，意在于向弟子们陈述君子、小人从一般到特殊的三个生存事实。并以此概括出其利义观的五个要点：(1)求利是人人生存的必须。(2)求利必须有边界，这就是利义吻合。(3)民应该关心的是物质财富的生产，君子应该关心的是邦国的治理。(4)君子必担当两个责任：一是对己的责任；一是对民的责任。(5)小人与君了的根本区别，是放弃为君子的德性要求和社会责任，以求利为人生目的而不顾其余。

第十七章继续人要成仁为君子，必须以有贤德的人为榜样，以不贤者为镜子。孔子指出，“见贤思齐”榜样学习方法所体现出来的核心精神，是君子学而“伐无善”和“以善伐己”。

四

> 子曰：“事父母，几谏，见志不从，又敬不违，劳而不怨。”(第18章)
>
> 子曰：“父母在，不远游，游必有方。”(第19章)
>
> 子曰：“三年无改于父之道，可谓孝矣。”(第20章)
>
> 子曰：“父母之年，不可不知也。一则以喜，一则以惧。”(第21章)

第十七章通过“见不贤而内自省”，指出人如何才能做到“以善伐己”；第十八章则以事父母为例，讲人应怎样做到适度的“伐无善”，即对父母之孝，应在“见志不从”面前做到“又敬不违”和“劳而不怨”。第十九章指出君子仁孝必须做到“父母在，不远游”；即使有条件远游，也应该做到“游必有方”。第二十章继续讨论孝作为根本的仁，不是“事父母，几谏，见志不从，又敬不违”，也不是“父母在，不远游，游必有方”，而是“父没，三年无改于父之道”，因为“三年无改于父之道”，是已逝的父母天天都生活于自己心之正中。

第十八、十九、二十章，分别从生与死两个维度论孝。以生死之历时角度看，第二十一章应紧承第十九章。但编纂者将“父母之年，不可不知也，一则以喜，一则以惧”置于第二十章之后，是由生到死、再死而论生，体现一种生死循环、死而犹生的意味。并从两个方面讲只有父母正居于己心，才是真孝。第二十章讲只有父母正居于心中，才不会“三年无改于父之道”；第二十一章从不忘记父母年龄这类小事来说明真孝何谓必仁的道理。第二十二章继续讨论：修仁，必修言；修言，即是修仁。为仁修言，既要慎言，更要行能履言，行能合言，行能实言。

五

子曰："古者言之不出，耻躬之不逮也。"（第22章）

子曰："以约失之者鲜矣。"（第23章）

子曰："君子欲讷于言而敏于行。"（第24章）

子曰："德不孤，必有邻。"（第25章）

子游曰："事君数，斯辱矣。朋友数，斯疏矣。"（第26章）

从本质讲，修言，就是克己自律为仁。第二十二章接着以"躬之不逮"为耻作为内动力克己自律，应以言与行为展开方式；第二十三章讨论"以约避失"的克己自律。此两章内容实际上是从不同角度强调"为仁由己"：君子修仁，必须以自己为主体，必须主动，必须有发自内心的需求和努力。

孔子所讲之德，本质是中："中庸之为德也，其至矣乎，民鲜久矣。"（《雍也》）所以，"君子欲讷于言而敏于行"就是德（第24章）。在孔子道德世界里，德的行为表现为"讷于言"而"敏于行"，其所遵循的德道是中道，或可表述为中正之道。但德的主体构成却是仁，内动力是以仁为准则的耻感：自知其耻，这是"为仁由己"的最终解释。第二十五章讲为仁由己的德之所以"不孤"而"必有邻"，一是因为人对德的需求性；二是源于德本身的普遍性功能。

德之不孤，是因为它具有构建生存关系，免除孤独和促进事功的功能。正是这些功能，人与人、人与群之间的生活秩序，往往需要通过德来建构；君臣或者官秩之间的政治关系，也要通过"德"来构建，朋友之间的关系亦如是；并且，如上三种人间关系，也需要借助于德来呈现。这是本章与上章在主题上的内在关联。第二十六章讨论具有普遍性功能的德，其功能释放仍然是有限度的，基于这种限度，无论相对什么人，都要做到"不可则止"。

5. 公冶长第五内容主题

基于文道救世的理想，培养治国安邦的社会精英君子，必须以"以仁入礼"为指南，但起步只能是学而，下手功夫是为政。基于"为政以德"的根本要求，为政只能是为正，必须己正才可正事正人，以正己的方式去正事正人，所以为政必须循礼。在孔子看来，君子所应循之（周）礼已沦为只有形式没有内容的境况，消解这一境况的正确途径，是用仁来激活礼，因而，君子习礼的前提必须修仁。这是从《学而》至于《为政》再至《八佾》和《里仁》的内在逻辑思路。学而修仁，成为学而习礼的主体前提：唯有学而修仁，才可学而习礼。

学而修仁，其基本课程内容不是《诗》《书》《礼》《乐》等文章典籍，而是生活本身。

学而修仁，其根本方法不是记识，而是向榜样学习。这是《论语》编纂《里仁》之后乃《公冶长》的根本考虑。从这个角度看邢昺所疏"此篇大旨明贤人君子仁知刚直，以前篇择仁者之里而居，故得学为君子，即下云'鲁无君子，斯焉为取斯'是也，故次《里仁》。"此一判断应该比朱熹"此篇皆论人物贤否得失，盖格物穷理之一端"要合编辑者原意。

一

表面看，本篇是在品评人物，实际上却是通过对人物的品评突出一个主题：什么样的人才是君子，或者，君子是什么。这一主题是对前四篇内容的聚焦：从《学而》到《为政》至于《八佾》和《里仁》，勾勒出培养文道救世的君子的宏观路径。在这样的框架下，"何为君子"的问题必然呼出。孔子以"事件为本体"的讲述方式决定了呈现"何为君子"的方法，只能是古今人物的品评。

本篇凡二十八章，品评人物二十四位。表面看，对所品评的这些人物所表达出来的内容之间好像没有多少关联性。如果将本章内容纳入《论语》这个大体系中审视，就会发现本篇直接承《里仁》的主题，通过对仁的拓展性阐发来回答何为君子。具体地讲，本篇通过人物的品评表达对"何为君子"的两个方面的思考：

第一，人之修仁得仁所形成的仁德（或曰德性），最终要通过日常生活行为或作为表现出来，就行为本身言，就是循礼；就行为结果言，就是品德。但无论从行为循礼讲，还是从行为表现出来的品德讲，它的本质都是仁：其行为所表现出来的做人品德，其本质也是仁。

第二，习礼必须修仁，修仁必须向心存仁性、仁心、仁情、仁爱的有德者学习。本篇中，孔子评价了二十四个有名有姓的人，他们可归为时人、弟子、前人三类。

时人三人：公冶长，南宫适，宓子贱。

弟子九人：子贡，仲弓，漆彫开，子路，冉求，公西赤，颜回，宰我，申枨。外加孔门弟子群像，即“吾党小子”。

前人十二人：孔文子，子产，晏仲平，臧文仲，尹子文，陈文子，季文子，宁武子，伯夷、叔齐，微生高，左丘明。

更重要的还有孔子本人，他一方面被人所评价，另一方面又自我评价。

要言之，本篇内容可分四部分：赞誉时人、论说弟子、品评前人和夫子自我评价。

二

第一部分内容，是孔子赞誉公冶长、南宫适、宓子贱三位时人。

> 子谓公冶长：“可妻也。虽在缧绁之中，非其罪也。”以其子妻之。（第1章）
>
> 子谓南容：“邦有道，不废，邦无道，免于刑戮。”以其兄之子妻之。（第2章）
>
> 子谓子贱：“君子哉若人。鲁无君子者，斯焉取斯。”（第3章）

公冶长“无罪而狱”，可能是主动代人受原本无罪之罪，这是最大的忍耻，本质上是高义。代无罪之人顶罪，并因此而能忍耻，心中装满了他人。所以，高义的本质是仁。孔子盛赞南宫适并将兄之女嫁与他为妻，是因为在天下有道，能谨守“以道事君”的准则，邦无道的时候，能够精图励治使民免于刑戮。前者彰其君子之“志”，后者彰其君子之仁。孔子盛赞宓子贱为君子，君子之于孔子，是“修德取位”和“以德正位”者，而君子之“德”既是主体性建构的德性，即仁，也是主体性践行的德行，即礼。所以君子既要修仁习礼（得仁），更应以仁统礼。

关于公冶长、南宫适、宓子贱三人，历来认为是孔子的弟子。但仔细阅读《论语》可发现，凡是被孔子所称道过、甚至被孔子以骂的方式激励过的弟子，都是孔门优秀弟子，而凡孔门优秀弟子，在《论语》中往往不止出现一次。

如果公冶长和南宫适是孔子弟子的话，加之女婿和侄女婿这一特殊姻亲关系，更应该在《论语》中有他们的更多信息。更重要的是，根据本篇内容所表述的主题观，如果仅将视野局限于弟子和历史人物，则会出现认知的片面和残缺，因为无论从孔子本人言，还是其弟子编纂此本篇内容言，其思考“什么样的人可以成为君子”这一问题时，应该具有历史人物、时人、弟子之三维视野。从这个角度看，公冶长、南宫适、宓子贱，并非孔子弟子的可能性或许更大一些。

检阅《论语》及其他相关文献，公冶长、南宫适、宓子贱此三人，唯有关于宓子贱的信息要多一些，而这些信息恰恰从侧面表明他们不是孔子弟子的可能更大些。客观地看，认为宓子贱为孔子弟子，似有更明显的后人编故事的痕迹。因为，孔子对君子，有其严格要求：“子曰：‘圣人，吾不得而见之矣，得见君子者斯可矣。”（《述而》）在孔子看来，君子是仅次于圣人的人，但“圣人”却是虚构的东西，信而好古的孔子从未在历史中见到过圣人，哪怕是尧舜也不完善，现实世界不仅找不到圣人，就是见到君子也相当困难，所以孔子才感叹能够有生之年“得见君子可矣”。正是基于此，孔子对于自己理想中的君子，一般不轻易许人，更不可能轻易地许以自己弟子，哪怕就是最爱的颜回、“可使南面”的仲弓、“瑚琏之器”的子贡以及挚友般的子路，孔子也从不用“君子”来评价或夸奖之。可以想见，孔子以“君子”相赞的宓子贱，更有可能是时人。而且，如果是其弟子，孔子也不会以“君子哉若人。鲁无君子者，斯焉取斯”的方式表赞他。

如果公冶长、南宫适、宓子贱三人原本不是孔门弟子，后世将他们三人归于孔门，其最大可能是出于“天下君子均出自圣门”的理想主义，目的是为了造圣。这样一来，反而大大缩小了孔子君子理想的实践可能性和社会意义。从《论语》文本本身观，《论语》编纂者选择材料编排本篇内容的顺序，就显出特别的社会学视野和孔子学说的时代意义。

三

子贡问曰：“赐也何如？”子曰：“女，器也。”曰：“何器也？”曰：“瑚琏也。”（第4章）

或曰：“雍也，仁而不佞。”子曰：“焉用佞？御人以口给，屡憎于人。

不知其仁,焉用佞?”(第5章)

子使漆雕开仕。对曰:“吾斯之未能信。”子说。(第6章)

子曰:“道不行,乘桴浮于海,从我者其由与!”子路闻之喜。子曰:“由也好勇过我,无所取材。”(第7章)

孟武伯问:“子路仁乎?”子曰:“不知也。”又问。子曰:“由也,千乘之国,可使治其赋也。不知其仁也。”“求也何如?”子曰:“求也,千室之邑,百乘之家,可使为之宰也。不知其仁也。”“赤也何如?”子曰:“赤也,束带立于朝,可使与宾客言也。不知其仁也。”(第8章)

子谓子贡曰:“女与回也孰愈?”对曰:“赐也何敢望回。回也闻一以知十,赐也闻一以知二。”子曰:“弗如也。吾与女弗如也。”(第9章)

宰予昼寝。子曰:“朽木,不可雕也,粪土之墙,不可杇也。于予与何诛?”子曰:“始吾于人也,听其言而信其行;今吾于人也,听其言而观其行。于予与改是。”(第10章)

子曰:“吾未见刚者。”或对曰:“申枨。”子曰:“枨也欲。焉得刚!”(第11章)

子贡曰:“我不欲人之加诸我也,吾亦欲无加诸人。”子曰:“赐也,非尔所及也。”(第12章)

子贡曰:“夫子之文章,可得而闻也,夫子之言性与天道,不可得而闻也。”(第13章)

子路有闻,未之能行,唯恐有闻。(第14章)

子贡问曰:“孔文子,何以谓之‘文’也?”子曰:“敏而好学,不耻下问,是以谓之‘文’也。”(第15章)

从整体看,本篇的结构安排,体现时空化的双重逻辑:首先是空间顺序,从非弟子(第1—3章)到弟子,这属于由远至近、由社会及师门的空间敞开顺序;其次是从当世者(时人和弟子)到历史人物,这是时间敞开的顺序。本篇的这两种顺序安排,是为表彰其历史必然性逻辑和社会必然性逻辑。这两种必然性逻辑均围绕君子理想而展开,以突显君子理想的历史必然性和社会必然性。

孔子君子理想的历史必然性和社会必然性，最终实现了对如下三个方面的问题的解决：

首先，为什么有那样多的当世英才要投奔孔门，追随孔子学君子之道，并积极加入孔子的文道救世行列？本篇精心选择了孔门九位弟子，即子贡、仲弓、漆雕开、子路、冉求、公西赤、颜回、宰我、申枨，孔子或与其交谈或批评，展示他们修仁习礼努力成君子的状貌，最后用“吾党小子”做总结，展示他们志于追随夫子文道救世而如何“斐然成章”。志大方求仁，且志大才成仁得仁。有关于此，需要结合孔子与子路论管仲之人生选择与作为的道德评价来理解：“子路曰：‘桓公杀公子纠，召忽死之，管仲不死。曰：未仁乎？’子曰：‘管仲九合诸侯，不以兵车，管仲之力也。如其仁，如其仁！’”（《宪问》）什么是仁呢？孔子应答子贡关于管仲的发问却回答了这个问题：“子贡曰：‘管仲非仁者与？桓公杀公子纠，不能死，又相之。’子曰：‘管仲相桓公，霸诸侯，一匡天下，民到于今受其赐。微管仲，吾其被发左衽矣。岂若匹夫匹妇之为谅也，自经于沟渎，而莫之知也。’”（《宪问》）不用战争，重建天下秩序，使人民安定、生活富裕，使文明前进，这就是仁！这种仁就是孔子文道救世的历史依据，或者说孔子文道救世的理想就是重建管仲式的天下之仁，它构成“吾党小子”们能够斐然成章的“狂简”之志。

其次，孔子返本开新的君子理想，是不是落后他所生活的时代社会？这涉及孔子的君子理想的当世意义和价值。本篇以孔子盛赞公冶长、南宫适、宓子贱这三位时人，回答了这个问题：重建君子社会，再造君子文明，不是孔子个人的主观偏好，恰恰相反，这是孔子所生活的当世要求和社会取向。非孔门的时人公冶长、南宫适、宓子贱，他们各自以自己的方式践履着君子理想，张扬其君子风采。而且，公冶长、南宫适、宓子贱这样的君子的出现，并不是偶然，而是必然：他们之所以在具体的生活境遇中将自己成就为君子，不仅在于他们个人的努力，更在于有使他们将自己成就为君子的社会条件和历史土壤，这就是“君子若哉人，鲁无君子者，斯焉取斯？”

第三，孔子所宣扬的以仁为灵魂、以礼为规范的君子理想有无历史的土壤和承传的依据？这是涉及孔子君子理想以返本开新、以仁入礼为路径是否具有可能性和现实性的关键。本篇选择了孔文子、子产、晏仲平、臧文仲、尹子文、陈文子、季文子、宁武子、伯夷、叔齐、微生高、左丘明等十二位前人，集中展示刚刚过去不久的“监于二代”的周代确实出现过君子社会，正是这一君子社会才创造出前所未有的礼仪文明。并且，这一君子社会并未因为春秋以来的礼崩乐坏而消失，因为有一大批志士仁人仍在以自己的方式承传着它，这是公冶长、南宫适、宓子贱等时人君子之所以存在的历史土壤和文明条件。所以，时人君子和前人君子，这是从现实与历史两个维度展示了孔子返本开新、以仁入礼的文道救世理想，既有现实的动力，更有历史的推力。

四

子谓子产：“有君子之道四焉：其行己也恭，其事上也敬，其养民也惠，其使民也义。”(第16章)

子曰：“晏平仲善与人交，久而敬之。”(第17章)

子曰：“臧文仲居蔡，山节藻棁，何如其知也。”(第18章)

子张问曰：“令尹子文三仕为令尹，无喜色。三已之，无愠色。旧令尹之政，必以告新令尹。何如?”子曰：“忠矣!”曰：“仁矣乎?”子曰：“未知。焉得仁?”“崔子弑齐君，陈文子有马十乘，弃而违之。至于他邦，则曰：‘犹吾大夫崔子也。’违之，之一邦，则又曰：‘犹吾大夫崔子也。’违之。何如?”子曰：“清矣。”曰：“仁矣乎?”曰：“未知。焉得仁?”(第19章)

季文子三思而后行。子闻之，曰：“再，斯可矣!”(第20章)

子曰：“宁武子，邦有道，则知，邦无道，则愚。其知可及也，其愚不可及也。”(第21章)

子在陈曰：“归与，归与！吾党之小子狂简，斐然成章，不知所以裁之。”(第22章)

子曰：“伯夷、叔齐，不念旧恶，怨是用希。”(第23章)

子曰：“孰谓微生高直？或乞醯焉，乞诸其邻而与之。”(第24章)

子曰：“巧言令色，足恭，左丘明耻之，丘亦耻之。匿怨而友其人，左丘明耻之，丘亦耻之。”(第25章)

就主题言，本篇紧承《八佾》和《里仁》，是对《八佾》和《里仁》主题的拓展性讲述：孔子君子学说的主题是人如何成己为君子，围绕这一主题，从学而起步，必须为政，但为政需接受礼法规范，人要自觉接受礼法规范必须修仁。本篇则接着《里仁》逆向展开“以仁入礼”主题：以仁入礼的认知理路落实为个人修行，就是修仁习礼，并循礼得仁。

仁，是德性；礼，是德行。仁是礼的灵魂，礼是仁的表达，并且其表达方式及其成果形态呈多样性。于是有了对仁的多种形式的描述，也有了仁与表述它的形式的区分。比如，公冶长的仗义和忍耻，是对其仁的不同描述方式；南宫适在“邦有道”的顺境中守君子常道，在“邦无道”的逆境中振君子仁爱，前者是守礼护仁，后者是行仁弘礼。

孔子评价子贡为“瑚琏之器”，是以通神的礼器来喻子贡乃君子大才。在孔子看来，作为君子大才，其根本在于礼。对孔子的仁礼学说的逻辑言，礼必需仁的浇灌，即唯有修仁，才可入礼，子贡之可成为神圣的瑚琏，在于他以仁入礼可达到完满圆成之境。

反之，孔子评价“可使南面”的仲弓“仁而不佞”，不仅不是君子的缺陷，相反，它构成君子的完美品质，因为君子之德不仅在于“先行其言而后从之”（《为政》），更在于无“巧言令色”（《学而》），还在于“敏于事而慎于言”（《学而》）和“多闻阙疑，慎言其余，则寡尤”。（《为政》）由此不难看出，仁是君子德性，言却表彰为君子德行，构成君子之为君子的行为规范，它属于“礼”的范畴。仲弓的“仁而不佞”，其实是修仁习礼，并以礼弘仁。

漆雕开不愿出仕，孔子为之高兴。一心培养治国安邦社会精英的孔子为何高兴？因为“大德不官”（《礼记·学记》）。何谓大德？以超事功方式持守文道救世理想，如同孔子本人培养社会精英播扬君子学说，哪怕“乘桴浮于海”，也要“守死善道”。

弟子践履孔子的文道救世理想的方式有两种：一种方式是出仕当官，通过为政治邦来实现；一种方式是不世而学，通过培养社会精英来实现。漆雕开选择后者，更多的弟子选择了前者。以出仕当官的方式践履文道救世理想，最需要德才并举。孔子应答孟武伯之问，评价子路可治千乘之国，冉求任百乘之宰，公西赤可束带立朝。意在阐发仁与能的关系：“仁”即是德性，“能”却是表彰为践履仁之德行。孔子强调仁的修养，但同时也重视才和能的培养，这是因为仁与能并不一一对应：心有多少仁，并不一定有多大才能和本领；但对文道救世的君子来讲，有多大的才能和本领，必然有能够统领和驾驭其本领和才能的仁。这就是孔子要用能来回答孟武伯问“仁”的原因。

对于以文道救世为己任的君子言，其以仁为本质规定和基本诉求的能的高低，当然与身体力行实做直接关联，但更与知直接关联。颜回的“闻一以知十”与自谦的子贡之“闻一以知二”，必然具有知的巨大差异，正是这种差异性，才形成君子践履仁的能力的大小和才干强弱的截然不同。在孔子看来，君子践履其仁的能力不仅与知正相关，更与时间正相关。因为惜时而学，不仅可以增智开慧，更可以使人获得谨严和灵敏。这是“宰予昼寝”的行为何以被孔子骂得一无是处的根本原因。

懒散非仁，不智非仁。反之，惜时勤奋是仁，学而致知增智是仁，刚正、刚直亦为仁。因为刚直、刚正者无欲无私。这是孔子批评“枨也欲，焉得刚”的理由。但君子践履仁，还有最重要的两个方面：一是凡事克己节制和恕，这是子贡所讲的既“无加诸人”，也“不欲人之加诸我”。虽然这很难达到，但却是君子践履仁所必求达到的。二是践履其仁德和公道必须专一。子路深得其道，所以在“有闻，未之能行，唯恐有闻”的原因。

五

孔子评价子贡、仲弓、漆彫开、子路、冉求、公西赤、颜回、宰我、申枨九位弟子，既强调仁与礼的关系，也从不同方面揭示践履仁与实际能力才干之间的动态生存关系，更展示了践履仁的不同条件要求及其行为表现。第三部分品评前人，则围绕第二部分的主题从正反两个方面进一步深化展开。

首先，孔文子之有“文”，是因为其“敏而好学，不耻下问”。在孔子看来，真正的文，是形式和内容有统一。敏而好学可能只获得知的浅表内容即形式，但不耻下问必然追求知的深度理解和本质把握。所以，唯有敏而好学且不耻下问，才可有知（智）。在孔子这里，有知，既是德行（能力和才干）的前提，更是德性（仁）修养纯正的必为方式。对于孔子君子理论言，知是仁与能、或者说德性与德行的有机统一。这种统一体现在为政上，就是“行己也恭”“事上也敬”“养民也惠”和“使民也义”（子产）；体现在交往上，就是“久而敬之”。不仅如此，仁与能、德性与德行的有机统一，体现在物质生活上，就是节制而不逾其制，这是孔子评价臧文仲不知的根本理由；体现在得失上，就是既不得喜，也不以失悲（斗子文），更要持守礼道，自止其清（崔杼）；体现在思考与决断上，应该“思不过再”，这是因为思之过再，就使思本身杂带了私利私欲（季文子）；体现在邦有道的顺境中，应以无为方式持守“君臣礼道”之常；体现在邦无道的逆境中，应该以有为方式振兴颓败，弘仁扬礼（宁武子）；体现在丧失君臣之礼道而暴乱天下的丛林世界中，应该“不念旧恶，怨是用希”（伯夷、叔齐）。

概括地讲，对于君子来讲，必须是仁与能、德性与德行的有机统一。这种统一要求人：第一，必须直（微生高），因为直源于心，心直者心中才有人、存仁，心直才可行正；第二，必须知耻（左丘明），因为知耻是反省的体现，惟有反省性知耻，心才纯正、刚直，行才中正无私而勇往直前、义无反顾，这就是“知耻而勇”。

六

本篇主题是承《里仁》和《八佾》而论基于“以仁入礼”的君子成己路径，而如何“修仁习礼”以求怎样达到“循礼弘仁”，选择从当世社会与历史世界两个维度切入，评价二十四位人物来说明之。

品评时人和前人的德性和德行，是为评价自己弟子提供当世和历史两维参照：时人追求君子德性和德行，表明孔子所生活的当世虽然呈现礼崩乐坏的态势，但仍然需要君子和君子仁道礼法。孔子表赞前贤的君子德性和德行，是为表明礼崩乐坏的当世再造“以仁入礼”的君子社会，有其坚实历史基础和深厚文明土壤。

然而，无论赞誉时人，或是批评弟子，还是品评前人，都只是手段，最终要突出孔子本人的君子理想的精神和君子学说的灵魂。这是本篇之所以穿插了如下有关于孔子本人的信息的根本考虑：

> 子贡曰：“夫子之文章，可得而闻也，夫子之言性与天道，不可得而闻也。”（第 13 章）

子在陈曰："归与，归与！吾党之小子狂简，斐然成章，不知所以裁之。"（第22章）

子曰："已矣乎！吾未见能见其过而内自讼者也。"（第27章）

子曰："十室之邑，必有忠信如丘者焉，不如丘之好学也。"（第28章）

孔子的君子理想，是基于礼崩乐坏的生存现实而培养探求文道救世的精英人才，其基本路径是以仁入礼，具体方式是修仁习礼，基本作为是循礼弘仁。因而，孔子少言人性，因为从本原讲，人性属天赋，天赋的人性相同，故无须多言；后天生存滋生的利欲可以绑架人性使之"习相远"，使之回复"相近"的基本努力是君子学而克己和君子为政的教化引导，所以亦不必抽象的空说。孔子更不言天道和鬼神，因为天道不可把握，说也无益；鬼神只是基于传统和礼的需要，正确的方式只是"敬而远之"。

孔子的君子灵魂是文道救世之"志"，这是孔子本人的精神支柱，亦是办学培养君子人才的奠基课程内容。每一个要想成为"斐然成章"的济世安邦的人才，必须具备其志，这就是孔子所讲的"吾党小子狂简"：惟有引导弟子形成文道救世的"狂简"之志，才可培养弟子"斐然成章"。孔子很是欣慰，经过自己的殚心竭力的培养，其门下弟子个个成长起来，不仅内生出文道济世的大志，而且修养出施治邦国的德性品德和德行能力。

何以可能达到这样的效果，这是为师的榜样力量。这种榜样的力量主要体现在三个方面：

第一个方面由子贡概括出来：孔子的君子之道，就是返本开新的以仁入礼之道，它必须以经验为基础达向对经验的再造。因而，天赋的东西，不必探究；天道和鬼神方面的东西更应该排除在外，历史、经验和生活，才构成其基本认知域度。

第二和第三个方面由孔子自道：对文道救世的君子理想的践履，必须终身伴予学而不息。学而不息的精义是内省，即必须具备和不断提升"内自讼"的精神品质和能力；其自强不息的内省品质和能力的形成和不断提升，必须以学为起步，因而，好学成为君子践履文道救世理想的力量和智慧之源。由此使本篇又实现了对《学而》的照应。

6. 雍也第六内容主题

对本篇大要的概括,有许多种说法,比如:

> 此篇亦论贤人,君子及仁、知、中庸之德,大抵与前相类,故以次之。(何晏、邢昞《论语注疏》)
>
> 凡二十八章。篇内第十四章以前,大意与前篇同。(朱熹《四书集注》)
>
> 本篇自十四章以前,亦多讨论人物贤否得失,与上篇相同。十五章以下,多泛论人生。(钱穆《论语新解》)
>
> 《雍也》三十章,前十六章接《公冶长》,依然由人物品题而诲示一种价值导向确然的教化;后十四章论"文质彬彬""人之生也直""知之"与"好之""乐之"的关系及"知者""仁者""中庸"等,看似头绪多端,却仍是以"为仁"之"道"为一以贯之的义理线索。前面各章所品题的人物多是孔门弟子,喻示于其中的教诲可以"女为君子儒,无为小人儒"(第13章)作概括。后面各章所述义理当是此前人物品题的价值尺度所在,对其作贯通的理解,则可视"文质彬彬"章(第18章)、"中庸之为德"章(第29章)为纽结。(黄克剑《论语疏解》)

如上各种说法表达了一个共同观念:《雍也》是《公冶长》的继续。如此定义本篇的依据,是其前十六章也如《公冶长》一样在品评人物。从形式观,确可如是说,但从主题内容论,并非如此。

从实践论观,孔子学说乃君子学说。在孔子的君子世界里,凡君子,必是修习所成。修必"学而"不止;习的最好方式是出仕"为政"。然而,"为政",必须正己以正人正事,所以需要"约之以礼";"约之以礼"的主体前提是成己居仁,这需要向榜样学习(《公冶长》),才可成己为君子。本篇则正面讨论何以为君子。

一

> 子曰:"雍也,可使南面。"(第1章)

仲弓问子桑伯子。子曰："可也，简。"仲弓曰："居敬而行简，以临其民，不亦可乎？居简而行简，无乃大简乎？"子曰："雍之言然。"(第2章)

哀公问："弟子孰为好学？"孔子对曰："有颜回者好学，不迁怒，不贰过，不幸短命死矣！今也则亡，未闻好学者也。"(第3章)

子华使于齐，冉子为其母请粟。子曰："与之釜。"请益。曰："与之庾。"冉子与之粟五秉。子曰："赤之适齐也，乘肥马，衣轻裘。吾闻之也，君子周急不继富。"(第4章)

原思为之宰，与之粟九百，辞。子曰："毋！以与尔邻里乡党乎？"(第5章)

子谓仲弓曰："犁牛之骍且角，虽欲勿用，山川其舍诸？"(第6章)

子曰："回也，其心三月不违仁，其余，则日月至焉而已矣。"(第7章)

季康子问："仲由可使从政也与？"子曰："由也果，于从政乎何有？"曰："赐也可使从政也与？"曰："赐也达，于从政乎何有？"曰："求也可使从政也与？"曰："求也艺，于从政乎何有？"(第8章)

季氏使闵子骞为费宰。闵子骞曰："善为我辞焉！如有复我者，则吾必在汶上矣。"(第9章)

伯牛有疾。子问之，自牖执其手，曰："亡之，命矣夫！斯人也，而有斯疾也！斯人也，而有斯疾也！"(第10章)

子曰："贤哉，回也！一箪食，一瓢饮，在陋巷，人不堪其忧，回也不改其乐。贤哉，回也！"(第11章)

冉求曰："非不说子之道，力不足也。"子曰："力不足者，中道而废。今女画。"(第12章)

本篇的主题是：人如何才可成为"不器"的君子？

孔子认为，人成为君子，应有基本的要求。他从正反两个方面讲述了这些条件要求。从正面讲，君子必须德才兼具，才可出仕为政。君子德才，大到"可使南面"为君(第1章)，或治千乘之国，或治一邑。既可以举重若轻，也可以举轻若重地治国安邦。

君子之德，首先是"居敬而行简"(第2章)。公西华作为一个反面的对象，不仅在于未做到“居敬而行简”，更在于他“乘肥马，衣轻裘”，从侧面衬托“居敬而行简”之德的可贵。（第3章）其次是君子必孝（第9章“闵子骞辞官”）。其三应该公而不私：冉求为公西华之母多请其粟，违背“周急不继富”的准则，这是益友而假公济私；与此不同，第五章“原思为之宰，与之粟九百，辞”的行为，体现“君子喻于义”；而孔子建议“毋！以与尔邻里乡党”的理由，却依据于劳酬对等原则，体现不私而公。

君子要做到“居敬而行简”和“公而不私”之德，必须具备的主体前提，是其心必仁。君子心存其仁，只是日常持守的生活过程，人生过程（第7章“回也，其心三月不违仁”）。要做到日常生活“其心不违仁”，需要从两个方面努力：一是自制其欲而自乐其生，哪怕是处于贫困之中，也能乐之如常，孔子认为在这方面，颜回做得最好：“一箪食，一瓢饮，在陋巷，人不堪其忧，回也不改其乐”（第11章）。二是好学，做到“不迁怒，不贰过”。（第3章）

有德，还不能成为君子。只有当有德者同时具备了从政才能，才称得上是君子。从政的基本才能是：一要“果”；二能“达”；三必“多艺”。（第8章）在孔子看来，人有德，必心仁；人有才，必自信。仲弓之具“可使南面”之才，并不天生如此，而是后天激励所成（第6章）。不仅如此，冉求之能“多艺”，同样是后天激励的造就（第12章）。

总之，德才兼备，才是君子。

二

子谓子夏曰：“女为君子儒，无为小人儒。”（第13章）

子游为武城宰。子曰：“女得人焉尔乎？”曰：“有澹台灭明者，行不由径，非公事，未尝至于偃之室也。”（第14章）

子曰：“孟之反不伐。奔而殿，将入门，策其马，曰：‘非敢后也，马不进也。’”（第15章）

子曰：“不有祝鮀之佞，而有宋朝之美，难乎免于今之世矣。”（第16章）

子曰：“谁能出不由户？何莫由斯道也？”（第17章）

子曰：“质胜文则野，文胜质则史，文质彬彬，然后君子。”（第18章）

子曰:"人之生也,直;罔之生也,幸而免。"(第19章)

从第一章到第十二章,孔子讲述的基本主题是:君子**应该具备什么条件**,从德才两个方面讨论,结论是德才兼备乃君子。从德才兼备出发,第十三章到第十九章,孔子讲述的基本主题是:人**怎样才可成为君子**,或者君子如何才可达到德才兼备。

孔子以教导子夏的方式宣示:人要成为君子,必须成为"君子儒"。所谓君子儒,就是有德有才有文有使命和责任。具体地讲,君子必须是文人和高尚的人的有机结合。君子必须是有良好的教养和修养,处事温和,举止彬彬有礼和彬彬有理。与此同时,君子必须是高尚的人,这即是(1)注重个人行动的意义;(2)极强的责任心,即"位高则任重";(3)领袖努力,包括领袖意识、领袖德性和领袖责任;(4)守死善道,知足常乐。

在孔子的君子世界里,"儒",不仅指文、学,更指责任和使命,是其文、学、责任和使命的有机整合。一个人当其德与才、责任和使命融会贯通于一体时,就成为与常人不同的一类人,他们天生就肩负两种使命,一是返本开新承传文明的历史使命;二是以仁入礼文道救世的当世使命。由于如此要求,读书的士和学者,绝不能沦为小人而必须成为君子。

接下来讨论读书的士和学者应该从哪些方面去做才可达到君子之境。第十四章通过澹台灭明的讲述,表明一个人只要拒绝任何形式的捷径,始终坚持行事走正道,就可成为君子。第十五章以孟之反为例,指出在任何境况下都勇敢地担负责任并不居功自夸,就是君子。第十六章揭示"祝鮀之佞"和"宋朝之美"这两类不德不贤的小人,之所以在有时也过得很好,只是属于侥幸,以此反衬出君子必须既要拒绝"巧言",更要拒绝"令色"。第十七章以日常生活为喻,指出君子进出必须持正道、行正道,如同进出居所必须走门道一样。第十八章讲人要能做到进出行正道,必须是本性与修养、本能与约束的互为激励、互为限度。因而,行正道的基本生活状态,就是文质彬彬的状态。第十九章解释君子之所以能文质彬彬的理由是直,其依据是性;反之,小人之所以不能成为君子的理由是罔,其依据是天赋人性的人为(或个人或社会)扭曲。

三

子曰："知之者不如好之者，好之者不如乐之者。"（第20章）

子曰："中人以上，可以语上也；中人以下，不可以语上也。"（第21章）

樊迟问知。子曰："务民之义，敬鬼神而远之，可谓知矣。"问仁。曰："仁者先难而后获，可谓仁矣。"（第22章）

子曰："知者乐水，仁者乐山；知者动，仁者静；知者乐，仁者寿。"（第23章）

子曰："齐一变，至于鲁，鲁一变，至于道。"（第24章）

子曰："觚不觚，觚哉！觚哉！"（第25章）

就现实论，人要成为君子，前提是保持本性的直，或者重新矫正被扭曲的人性。如何才能做到？孔子认为，可以使人性保持天赋的直或使扭曲的人性重新恢复天赋的直的正确方式，就是知。所以，求知而智，将是人成为君子的不懈努力过程。从第二十章开始，从不同方面讨论人如何才可达到君子应具的智识。

人要具备成君子的智识，首先须有求智识的正确态度。在孔子看来，求智识的正确态度，就是从"知"走向"好"并必要达向"乐"，只有达于由"知"而"乐"之境，才可成为真正的智识者。（第20章）

求"知""好""乐"的过程，是一个知道、慕道、乐道的过程。这个过程需要学，但更需要交流讨论。孔子认为与人交流讨论，必须做对象的选择，这就是"中人以上，可以语上也，中人以下，不可以语上也。"（第21章）因为交流讨论既是提升认知的方式，也是提升悟道境界的过程，展开这个过程或运用这种方式，必须"取法乎上"或"取法上上"，惟有如此，人才可由知而好、由好而乐，由知道而慕道、由慕道而乐道。

在端正求知态度的基础上，应明确必须求知的内容有三：一是知"务民之义"的根本；二是知"敬鬼神而远之"的要义；三是知"仁"的行为本质"先难而后获"（第二十二章），讲的是先须养民以惠，然后使民以义，因而，知"仁"是为了真正实现"务民之义"。

君子智识的建构，起点是知，目的是知其所“知之道”，这是求真。求真之知的方向是好，目的是好之所“好之道”，不过是人入其心而心生其仁，这就是存善。由真而善的必为目标是乐，目的是乐其所“乐之道”，这就是美。由求真之知到存善之好再到扬美之乐，其知的最高境界，是对知、仁、乐或者真善美何以共生的整体之知。孔子以水和山为喻，揭示知真知善的内在关联性和彰显的特殊性，以及君子内在人格、气质、个性养成的差异性：“知者乐水，仁者乐山；知者动，仁者静；知者乐，仁者寿。”（第23章）

君子之知道（真）、慕道（善）、乐道（美）的智慧，不仅蕴含于日常生活，更深植于历史之中，因而，真知真、善、美之道的真谛，就是洞察、领悟、发现历史的演变、发展的轨迹、进步的规律：从整体讲，历史的变而向前具有不可逆性；但具体地看，历史的演变却始终出现多种可能性，甚至沉沦、倒退。第二十四章是宏大述事，讲齐变必然带来鲁变，鲁变必然回归王道。第二十五章则通过“觚不觚”的具体述事，揭示历史不可逆的向前总是以具体生活内容、行为方式、礼仪规范或约束功能的变化所引发，虽然这种变化可能导致许多原本美好的东西的丧失而使人阵痛，但它却更预示了返本开新之变的迫切性。

四

宰我问曰：“仁者，虽告之曰：‘井有仁焉’，其从之也。”子曰：“何为其然也。君子可逝也，不可陷也，可欺也，不可罔也。”（第26章）

子曰：“君子博学于文，约之以礼，亦可以弗畔矣夫。”（第27章）

子见南子，子路不说。孔子矢之曰：“予所否者，天厌之，天厌之！”（第28章）

子曰：“中庸之为德也，其至矣乎！民鲜久矣。”（第29章）

子贡曰：“如有博施于民，而能济众，何如？可谓仁乎？”子曰：“何事于仁，必也圣乎！尧舜其犹病诸！夫仁者，己欲立而立人，己欲达而达人。能近取譬，可谓仁之方也已。”（第30章）

人要成为君子，既要保持本性的直，也要具备知道、慕道、乐道的智识，更要有仁爱。仁爱，既涉及心，也涉及行，由仁爱之心到仁爱之行，关联起性与知：仁爱之心，生发天赋的本性；仁爱之行，同样以本性为原动力，但却要借助于知才可达成。第二十六章宰我关于"'井有仁焉'，其从之也"的假设，将这个问题突显出来，揭示君子仁爱必有条件规定性：人成己为君子，必有道。君子之道之于心，就是仁，根本表现是有条件地爱人；君子之道之于行，就是礼，根本要求是"可逝也，不可陷也；可欺也，不可罔也"。在孔子看来，要能做到仁道与礼道的统一，只能"博学于文，约之以礼"（第 27 章）：孔子告诉弟子们：君子之道，乃仁礼之道。君子所成的仁礼之道，必须通过修习得来：君子之仁道，通过博古通古的研学得来；君子之礼道，通过日常生活践履得来。并且，对君子来讲，其"博学于文，约之以礼"始终是一个生成性的生命过程，在这一过程中，博学于文，是提升认知以修仁，构建德性，为约之以礼提供德性能力；约之以礼，是践行仁，实现德。然而，何为德？孔子首先以自己的生活经历为例子说明合礼由道就是德（第 28 章），然后予以总结，指出行至于中庸就是德。（第 29 章）揭示人间道德不过是行求中道，是因为道德以利害为中心，讲权衡和取舍，所求达到的最低结果是实现己利而不损人，其基本要求是利己亦利人。利己不损人或利己亦利人，是心中有人，所以中庸道德是仁。但由于中庸之德是以利己为动机并以实现己利为目的的不损人或也利人，所以它只能是基本的仁。孔子认为，这虽然是一种惠及众民的仁，但对于君子来讲，其仁不仅于此，还应该有高于惠及众民的仁，这就是"己欲立而立人，己欲达而达人"（第 30 章）。

7. 述而第七内容主题

邢昺疏"此篇多记孔子之志行。前两篇论古今贤人，进德有渐，圣人难企，故孔子以圣次之"。邢昺关于"孔子以圣次之"之论，实为妄自揣度。孔子以返本开新之姿行文道救世理想，为当世培养和输送"以仁入礼"的君子，这是孔子学问、学说的主题。围绕这一主题，《学而》《为政》《八佾》《里仁》四篇从宏观上勾勒出君子培养的路径和方式；第五篇通过对二十四位古今人物的品评来确立起"何为君子"的大要；第六篇和第七篇具体讨论"怎样成为君子"的问题，形成一般与个别、拓展与印证的区分。第六篇立足一般，讲述"人如何可能成为君子"；本篇着眼于具体，是孔子自述"自己怎样成己为君子"。

在本篇中，孔子自表君子的真实目的，集中阐发自己的思想。从根本论，本篇是孔子的思想自述。从时间观，思想家之思想自述，往往在晚年；从内容看，思想家之思想自述，更多地是通过人生经历、阅历、思想及其变化发展的反观评价来呈现。孔子作为“思想范式”的创建者，其自述的重心应该是他的基本理想和核心思想。

孔子的理想有二：一是文道救世的社会理想；一是返本开新的文化学术理想。贯通二者的是“以仁入礼”这一君子理论的核心思想或者说灵魂，是“殷因于夏礼，所损益，可知也。周因于殷礼，所损益，可知也。其或继周者，虽百世，可知也。”(《为政》)它既是返本开新的历史发展观，也是返本开新的认知论和方法论。

“述而”一语，其实是一个省略句，将其完形即是“述……而且……”。要理解“述……而且”这一句式结构的含义，须先理解“述”这个词的基本含义：“述”者，既有讲述、陈述之意，也有传述之意，更有阐述之意。在本篇中，这三层含义交叉运用。

无论是讲述、陈述或传述、阐述，都有其基本条件构成，即“述”的主体、对象、内容。

首先，本篇所“述”的主体是孔子本人，他是其“述”的在场者。

其次，本篇所“述”的基本对象也是孔子自己，即其自述。当然，孔子在讲述、陈述自己的过程中，也会涉及到历史、社会、他人。

其三，本篇所“述”的基本内容是“学而成己”的生活。

概括如上三者，本篇的主题是孔子“述而且‘学而’”。这一主题可分解为三个层次：第一，“述而且学”；第二，“述而且求”；第三，“述而且行”。此三者内在地构成一个生成性的链条，即“学”激发和提升认知，认知引导行动。整篇“述而”，是孔子本人的言论篇：孔子集中阐述了自己以怎样的姿态学，如何认知和怎样行动等基本思想，可以看成孔子的“学而”理论是铸造思想人生的自传。

一

子曰：“述而不作，信而好古，窃比于我老彭。”(第1章)

子曰：“默而识之，学而不厌，诲人不倦，何有于我哉！”(第2章)

子曰："德之不修，学之不讲，闻义不能徙，不善不能改，是吾忧也。"（第3章）

子之燕居，申申如也，夭夭如也。（第4章）

子曰："甚矣，吾衰也！久矣，吾不复梦见周公。"（第5章）

第一章自我介绍了三个方面：一是为之努力一生的工作方式，是"述而不作"；二是展开其工作方式的前提是"信而好古"；三是通过考信而讲述、传述返本开新的历史智慧和以仁入礼的救世行动，以及由此所达到的实际成就"窃比于我老彭"。

通过第一章的自述，孔子表彰了三个核心思想：第一，"述而不作，信而好古"的思想实质，是构建返本开新的历史发展观和认知论。第二，"述而不作，信而好古"的社会路径，是"以仁入礼"，或者，"以仁入礼"的社会路径也可看成是对"返本开新"的社会方案的设计。第三，"述而不作，信而好古"的实践方法论，是"损益"，即"殷因于夏礼，所损益，可知也。周因于殷礼，所损益，可知也。其或继周者，虽百世，可知也。"（《为政》）

要以前贤为榜样，以考信为基础，以讲述、传述为方式，必须会通慧、知、仁（第2章）；必须修德、讲习、从道、改过（第3章）。因为"述而不作，信而好古"必有其根与本：这个"根"是"默而识之，学而不厌，诲人不倦"的会通能力；这个"本"是好修德、勤讲学、善从道、自改过的"四修行"。具备"默而识之，学而不厌，诲人不倦"的会通能力，是"述而不作，信而好古"的自在自由；获得好修德、勤讲习、善从道、自改过的修行能力，是"述而不作，信而好古"的无忧无惧。纵观孔子一生，其之所以义无反顾、勇往直前地以"述而不作，信而好古"的方式返本开新，其根本动力是如上会通和修行的正反合。慧、知、仁的会通能力是其正，行德、讲习、从道、改过乃其反，这一正一反相合，就是孔子所"一以贯之"的治生之道，亦是人成为君子所必要"守死"的善道。第四、五章讲述其一生努力"守死善道"，最终志道未酬但岁月已逝、人生衰老。

二

子曰："志于道，据于德，依于仁，游于艺。"（第6章）

子曰:“自行束脩以上,吾未尝无诲焉。”(第7章)

第一章述如何“志于道”;第二、三章述怎样“据于德”;第四、五章晚年感叹“志道”“据德”斗志未酬却岁月已逝。至于第六章“志于道,据于德,依于仁,游于艺”,述其成己必至于“志道”“据德”“依仁”“游艺”四要,这既是承前照应,又是开启后面的内容。

第七、八章述如何以其“道、德、仁、艺”教化天下英才:孔子根据“志道”“据德”“依仁”“游艺”的理念办学,招生的唯一条件就是“自行束脩以上”,并且宣示只要具备这个条件,任何人都可以成为孔府学生,而他将无怨无“诲”地教好每个学生。其所宣示的“有教无类”招生原则和教育思想,蕴含普遍平等和自由的教育精神。“自行束脩以上,吾未尝诲焉”所表达的是一种自觉、自愿、主动求学的自由。在孔子看来,只有来去自由的教育,才可是真正的教育;也只有真正自由的教育,才可培养出修德取位和以德正位的君子,实施文道救世。(第7章)

子曰:“不愤不启,不悱不发,举一隅不以三隅反,则不复也。”(第8章)

子食于有丧者之侧,未尝饱也。子于是日哭,则不歌。(第9章)

子谓颜渊曰:“用之则行,舍之则藏,唯我与尔有是夫。”子路曰:“子行三军,则谁与?”子曰:“暴虎、冯河,死而无悔者,吾不与也。必也临事而惧,好谋而成者也。”(第10章)

第七、八章都是承接第二章“诲人”而来。第七章自述什么样的人可以“诲之”。第八章自述怎样“诲之”的方法:一是唯有当学生“愤”时才“启”;二是唯有当学生“悱”时才“发”;三是当自己举示“一隅”而学生能够“反三隅”时才继续其教学活动。

第九章以吊丧为例述如何道之以德,才可行之以礼。第十章以孔子与子路的对话表述“志于道、据于德、依于仁”者,如何自由地“游于”治世之“艺”:所谓“游于艺”,就是个性自由的治世方策、方法、智慧,孔子将其归纳为“用”“行”“舍”“藏”（第 10 章）。这既是一种从政之道，也是一种处世之道。前者从如何作为论，后者从**怎样自处**论。由此两个方面，“用”“行”“舍”“藏”此四者整合运用，构成孔子的一贯主张，即“隐居以求其志，行义以达其道。”（《季氏》）这一处世之道的抽象表达，是“邦有道则仕，邦无道则隐”；将这一处世之道具体化，则是“君使臣以礼，臣事君以忠”。孔子事鲁以及游国之进退，全以此为准则。孔子之“用”“行”“舍”“藏”之道的内在规定，是返本开新的文明重建和“以仁入礼”文道救世的君子理想，其精神实质是自由。孔子虽有炽烈的从政欲望和践行救世的理想，但前提是**理想的自由**。孔子的一生努力，即使出仕也必须在自由的前提下才得到认真的考虑。这是孔子最了不起的独立特行之处。

> 子曰：“富而可求也，虽执鞭之士，吾亦为之。如不可求，从吾所好。”（第 11 章）
>
> 子之所慎：齐，战，疾。（第 12 章）
>
> 子在齐闻《韶》，三月不知肉味。曰：“不图为乐之至于斯也。”（第 13 章）
>
> 冉有曰：“夫子为卫君乎？”子贡曰：“诺，吾将问之。”入曰：“伯夷、叔齐，何人也？”曰：“古之贤人也。”曰：“怨乎？”曰：“求仁而得仁，又何怨？”出曰：“夫子不为也。”（第 14 章）
>
> 子曰：“饭疏食，饮水，曲肱而枕之，乐亦在其中矣。不义而富且贵，于我如浮云。”（第 15 章）
>
> 子曰：“加我数年，五十以学《易》，可以无大过矣。”（第 16 章）

从第十一章“富而可求”到第十三章“闻《韶》，三月不知肉味”，分别从三个不同角度论如何依据其“志道，据德，依仁”而“游于艺”：第十一章以财富占有和享受为例，说明“用之则行，舍之则藏”应该如何运用，突出“志于道，据于德，依于仁”而行治生处事之艺；第十二章论治国之“艺”，如何依据其道、德、仁而“慎”为“齐、战、疾”，如何“志于道，据于德，依于仁”而行治国经世之艺；第十三章“闻《韶》，三月不知肉味”，突出如何“志于道，据于德，依于仁”而行治心成己之艺。

第十四章通过对比性讲述伯夷、叔齐弃国“无怨”和蒯聩、蒯輒父子争位，表达君子“游于艺”必须有仁和德，必须循道而行，由此回应了第十章“富而可求也，虽执鞭之士，吾亦为之。如不可求，从吾所好”。第十五章是对第十四章“求仁得仁”的进一步阐述，也是对“富而可求也，虽执鞭之士，吾亦为之。如不可求，从吾所好”思想的进一步思考和诠释。然而，“饭疏食，饮水，曲肱而枕之”而“乐亦在其中”，不仅心有“吾好”，而在于心有其知。在其中，最高的有知却是对生命法则和天道规律的觉解，这种触觉才构成志于人间之道而“据德”“依仁”“游艺”的根本前提。（第 16 章）

三

子所雅言：《诗》、《书》、执礼，皆雅言也。（第 17 章）

叶公问孔子于子路，子路不对。子曰：“女奚不曰：其为人也，发愤忘食，乐以忘忧，不知老之将至云尔。”（第 18 章）

修己与教人，是孔子成己为君子的两个方面的功夫；“志于道，据于德，依于仁，游于艺”，是孔子修己与教人的基本准则。以此为基本准则，无论修己还是教人，都必诵《诗》读《书》赞礼；诵《诗》读《书》和赞礼，必须用雅言表达。因为雅言不仅正音，更正义。由此揭示，讲述、阐发、传播古代文明的努力，不在于形式，而在于对实质性的内容的把握和理解。更进一步讲，“述而不作，信而好古”的基本工作方式，是细心地正音而正义，体察和领悟古人知识、智慧的精髓。

第十七章“《诗》《书》执礼，皆雅言”，自述修己教人庄敬而严诚。第十八章“其为人也，发愤忘食，乐以忘忧，不知老之将至云尔”，则自述为事惟尽心尽性。修己教人庄敬严诚和为事尽心尽性，突出了孔子修己成君子的日常方式和整体形象。

修己“志道”“据德”“依仁”“游艺”，教人“志道”“据德”“依仁”“游艺”，为事尽心尽性，做到这三个方面，就是君子。孔子自谓君子，认为这不是天赋使然，而是后天努力的结果。

子曰:“我非生而知之者,好古,敏以求之者也。”(第19章)

子不语:怪、力、乱、神。(第20章)

子曰:“三人行,必有我师焉。择其善者而从之,其不善者而改之。”(第21章)

子曰:“天生德于予,桓魋其如予何?”(第22章)

子曰:“二三子,以我为隐乎?吾无隐乎尔,吾无行而不与二三子者,是丘也。”(第23章)

子以四教:文、行、忠、信。(第24章)

子曰:“圣人,吾不得而见之矣,得见君子者,斯可矣。”子曰:“善人,吾不得而见之矣,得见有恒者,斯可矣。亡而为有,虚而为盈,约而为泰,难乎有恒矣。”(第25章)

子钓而不纲,弋不射宿。(第26章)

孔子自述成己为君子,第一个方面的自为努力是“学而知之”,“好古”和“敏求”(第19章)。对于孔子来讲,其学而知之,好古敏求,首先是确立范围,这就是“不语怪、力、乱、神”(第20章);其次是不耻于学问且自我精进,这即是“三人行,必有我师焉:择其善者而从之,其不善者而改之”(第21章);其三是禀承天赋,领悟天赋其德的潜在资质而有意识地弘扬它,这是人之“据于德、依于仁”的根本所在(第22章);其四是无私心私欲,心地坦荡、光明磊落(第23章),第二十四章承其上而展开,讲天赋其灵魂,就是光明磊落的坦荡,远拒“亡而为有,虚而为盈,约而为泰”(第25章)的劣习;其五是育人必致力“文、行、忠、信”;其六是专注、尽心(第26章)和“多闻”“多识”(第二十七章)的自我要求。

子曰:“盖有不知而作之者,我无是也。多闻,择其善者而从之,多见而识之,知之次也。”(第27章)

互乡难与言,童子见,门人惑。子曰:“与其进也,不与其退也。唯何甚。人洁己以进,与其洁也,不保其往也。”(第28章)

子曰:“仁远乎哉?我欲仁,斯仁至矣。”(第29章)

陈司败问:“昭公知礼乎?”孔子曰:“知礼。”孔子退,揖巫马期而进之,曰:“吾闻君子不党,君子亦党乎?君取于吴,为同姓,谓之吴孟子。君而知礼,孰不知礼?”巫马期以告。子曰:“丘也幸。苟有过,人必知之。”(第30章)

子与人歌而善,必使反之,而后和之。(第31章)

子曰:“文,莫吾犹人也?躬行君子,则吾未之有得。”(第32章)

子曰:“若圣与仁,则吾岂敢。抑为之不厌,诲人不倦,则可谓云尔已矣。”公西华曰:“正唯弟子不能学也。”(第33章)

孔子自述成己为君子的第二个方面的自为努力,是使自己成为仁人。孔子认为,人成为仁人,应该对任何人都能做到“人洁己以进,与其洁也,不保其往也”(第28章)。首先要求心存其仁,因为“我欲仁,斯仁至矣”(第29章);其次是心无偏私,因为若心有偏私,哪怕人在心中,也会不仁(第30章)。

孔子自述成己为君子的第三个方面的自为努力,是必须礼乐修身养性。这是因为礼乐本是古代君子生活的一体两面:**礼正行,乐正心**。心与行互为表彰,就是君子。所以讲礼必涉及乐,论乐必然讲究礼。第三十章讲礼,主题是如何正行;第三十一章论乐,主题是怎样正心。孔子认为,其正行之礼和正心之乐,唯有付诸于日常庸行时,才形成文德一体。唯有文德一体,人才成为文质彬彬的“躬行君子”(第32章)。孔子认为,以文德兼备来衡量,自己离真君子还有很大距离,更谈不上有圣:“圣人,吾不得见之矣,得见君子者,期可矣。”(第33章)

子疾病,子路请祷。子曰:“有诸?”子路对曰:“有之。《诔》曰:祷尔于上下神祇。”子曰:“丘之祷久矣。”(第34章)

子曰:“奢则不孙,俭则固。与其不孙也,宁固。”(第35章)

孔子自述成己为君子的第四个方面的自为努力,不仅要“不语怪、力、乱、神”(第20章),更应始终坚守“敬鬼神而远之”的无神论信念(第34

章）。

孔子自述成己为君子的第五个方面的自为努力，是无论物质生活，还是礼仪行为，都应该避奢求俭，因为铺张和浪费呈现人性的根本扭曲；去铺张和浪费，本质上是反对欲望和占有无节制（第 35 章）。所以，孔子论奢俭，实际上是主张节制欲望和需求，理性生活。

四

子曰："君子坦荡荡，小人长戚戚。"（第 36 章）

子温而厉，威而不猛，恭而安。（第 37 章）

《述而》是孔子自述何以成己为君子的思想自传。从第一章"述而不作，信而好古"到第三十五章论奢俭，分别从修己、教人、为事等方面自述了如何自我成就君子。最后两章为小结。

第三十六章是孔子的自画像，通过君子与小人的对比而自彰，以"坦荡荡"一语突出君子光明磊落的性格、人格、胸襟和气度。第三十七章是弟子为孔子画像："子温而厉，威而不猛，恭而安"，描述坦荡荡的孔子在体貌变化上所呈现出来的风度、气韵。在弟子们心中，孔子的君子风度跃然纸上，生动传神。

8. 泰伯第八内容主题

探求志行道术之源、君子之德行乃古代治国的根本。

尧舜禹、泰伯、文王等，其所弘扬者，是君子之至德，道术一贯。

以如上古贤为标榜，君子者，既是德才兼具者，更是功、德圆满者。这是孔子对君子的基本定义：德、才、功三者统一于一身即是君子。以此看《述而》与《泰伯》的内在关联：《述而》篇，孔子自述如何在修养和才能两个方面成己为君子；但要使自己成为完整的君子立于世，还需要**成人成世**之德、功，《泰伯》以历史人物为"事件本体"，讲述君子如何成人成世的至德至功及其所蕴含的普遍经验和法则。

一

子曰："泰伯，其可谓至德也已矣。三以天下让，民无得而称焉。"（第 1 章）

子曰:“恭而无礼则劳,慎而无礼则葸,勇而无礼则乱,直而无礼则绞。君子笃于亲,则民兴于仁,故旧不遗,则民不偷。”(第2章)

孔子向弟子讲述君子如何成人立世的至道,自然从周始。所以本篇首先讲述一个有关周之王德的故事:殷商王朝的小诸侯周,其始祖古公亶父的长子泰伯如何成全父愿而携二弟虞仲出逃并“三让天下”。孔子推崇泰伯的行为体现了君子“至德”(第1章)。

在孔子看来,至高的德,必化为日常庸行的治世之礼。这是孔子乐意以返本开新方式“继周”的根本理由,因为其“郁郁乎”文中充盈醇厚的德与礼。第一章讲周之至德,第二章论周礼,正面阐述礼所践履的治世功能、作用和边界。就前者言,孔子将其概括为恭、慎、勇、直:“恭而无礼则劳,慎而无礼则葸,勇而无礼则乱,直而无礼则绞”;仅后者论,孔子认为主要展开为两个方面:一是笃于亲,二是不遗故旧。君子有礼于前者,重人伦的民风自然纯朴厚重;君子有礼于后者,同情仁爱的向善民习必然焕然回归。

二

曾子有疾,召门弟子曰:“启予足,启予手。《诗》云:‘战战兢兢,如临深渊,如履薄冰。’而今而后,吾知免夫小子。”(第3章)

曾子有疾,孟敬子问之。曾子言曰:“鸟之将死,其鸣也哀;人之将死,其言也善。君子所贵乎道者三:动容貌,斯远暴慢矣;正颜色,斯近信矣;出辞气,斯远鄙倍矣。笾豆之事,则有司存。”(第4章)

曾子曰:“以能问于不能,以多问于寡,有若无,实若虚,犯而不校,昔者吾友尝从事于斯矣!”(第5章)

曾子曰:“可以托六尺之孤,可以寄百里之命,临大节而不可夺也,君子人与?君子人也。”(第6章)

曾子曰:“士不可以不弘毅,任重而道远。仁以为己任,不亦重乎?死而后已,不亦远乎?”(第7章)

本篇二十一章,除第三到七章记述曾子事件外,其余十六章均是孔子言论。从整体观,曾子言论五章,属后来窜入其中的痕迹非常明显,因为它客观上使本篇君子如何成人立世的至德至功这一主题产生一种游离性拓展。

第三章至第七章，虽是曾子论，但仍然围绕“德”与“礼”展开。第一章孔子述泰伯为成全乃父意愿携二弟逃亡，既是血缘家庭的孝德，也是血缘宗法政治之德。第三章记述重病的曾子自感来日不多，召集门人，要求他们要亲如手足，强调同门友爱、谦让、齐心团结。可看成是“曾门遗教”。第四章是重病中曾子训导来看望他的孟敬子，希望自己之后弟子们团结一心，发展和光大其未竟的事业。

曾子以孔子思想的正传者自居，教导弟子如何遵德守礼。第三章述其德教，第四章述其礼教，第五章则述其德礼合生之教：“以能问于不能，以多问于寡，有若无，实若虚”，是学德；“犯而不校”，是人礼。曾子认为，教人德礼，仅仅是培养人具备成为君子的个体条件，人要成己为真君子，还需投入社会，成为社会的中流砥柱，堪当大任：一是能够担当托孤的重任；二是能够担当摄国政的重任；三是可以临危受命而始终保持大节。只有这样的人，才有资格称为君子，才是君子(第 6 章)。曾子告诫弟子，君子不仅能堪当大任，更应该担当使命，通过接受“托孤”“寄命”“守大节”之类的重任，开辟文道救世的大道(第 7 章)。

三

子曰：“兴于《诗》，立于礼，成于乐。”(第 8 章)

子曰：“民可，使由之，不可，使知之。”(第 9 章)

子曰：“好勇疾贫，乱也。人而不仁，疾之已甚，乱也。”(第 10 章)

子曰：“如有周公之才之美，使骄且吝，其余不足观也已。”(第 11 章)

子曰：“三年学，不至于谷，不易得也。”(第 12 章)

从第一章到第六章，分别从一般和具体两个维度述德与礼对君子成人成世的根本性。第七章讲君子成人立世，必须立志。德、礼、志，三者何以具备？要解决这个问题，自然要回到孔子的教导。孔子告诉弟子，诵诗、行礼、习乐，是君子志道、据德、成礼的三种方式。第八章孔子与弟子们讨论了诗、礼、乐三者的关系，以及它如何围绕“人”这个主体生成性地发挥功能和作用。

第八章“兴于《诗》，立于礼，成于乐”，讲君子如何成己；第九章“民可，使由之，不可，使知之”，讲君子怎样治化民（即成人）。孔子认为，当民懂得礼仪文明，能够自觉遵守道德法令时，就应居敬行简，任民自由地生活；反之，君子必须担当起教化民的责务，引导和规训民知晓并遵守礼仪文明。所以，在孔子看来，“民可，使由之；不可，使知之”，应该是君子为政治民的总准则：对为政者言，最难做到的是“民可”而“居敬行简”，任民自由；最难做好的是民“不可”而“使知之”。第十章和第十六章着眼于后者，讨论民“不可”而“使知之”之难。第十章讲述“好勇疾贫”者和“疾人而不仁”这两类人为何教之甚难，因为前一类人因崇尚勇武并痛恨贫困，往往采取暴力解决贫困，这种行为方式无意中成为暴力动乱社会的根源；后一类人却过分崇尚仁德而痛恨一切形式的无德言行，这种求全责备的要求往往会将产生过“有过无德”之举的人逼向动乱的困境，这类人无意中成为道德杀人的工具。君子为政要教化和规训这两类人，首先应该有周公之美，戒忌“骄且吝”，具备谦德（第11章）；其次应该将学得的东西会通为治智和治术的能力（第12章）。

> 子曰：“笃信好学，守死善道。危邦不入，乱邦不居，天下有道则见，无道则隐。邦有道，贫且贱焉，耻也。邦无道，富且贵焉，耻也。”（第13章）
>
> 子曰：“不在其位，不谋其政。”（第14章）
>
> 子曰：“师挚之始，《关雎》之乱，洋洋乎盈耳哉！”（第15章）
>
> 子曰：“狂而不直，侗而不愿，悾悾而不信，吾不知之矣。”（第16章）
>
> 子曰：“学如不及，犹恐失之。”（第17章）

第十三章论“学三年”而“至于谷”的弟子，出师出仕应该怎样走才是成人成世的君子正道。孔子指出，出仕行正道的总准则是“笃信好学，守死善道”，并由此提出三个行正道的原则：一是“危邦不入，乱邦不居”，这是“守死善道”的首要行为原则；二是“有道则见”而“无道则隐”，这是“守死善道”出仕与不出仕，或为政与不为政、当官与不当官的基本行为原则；三是“邦有道，贫且贱焉，耻也”和“邦无道，富且贵焉，耻也”，这是“守死善道”所应该遵循的贫富选择原则。贯通如上三大原则使之灵活一体的总原则，即是君子为政的独立人格原则。第十四章继之讲述在邦国有道的前提下，君子仕业必须遵循的为官准则，从正面讲，就是安分守己做好本职："在其位，谋其政"；从反面论，就是守定本职的边界："不在其位，不谋其政"。

第十五章应该是对第八章"兴于《诗》，立于礼，成于乐"的照应。第十六章可看成是对第十四章内容的补充，也是对第十五章内容的拓展思考：孔子通过"狂而不直，侗而不愿，倥倥而不信"这种人格类型的描述及其对比，表达对"人心不古"的感叹和"今不如昔"的忧虑。这种忧虑并不基于民风民习的败坏，而是源于有位者和上位者的乱为或不为：有位者和上位者乱为，就是"民可"而不"使由之"；有位者和上位者不为，是民"不可"而不"使知之"。并且，第十六章内容又与"泰伯让国"（第 1 章）、"周公之才之美"（第 11 章）构成潜在的关联性，并以泰伯让国之"至德"和周公才美之"谦德"为标准，批评时下三类上位者：一类是"狂而不直"者，他们以其暴戾和权谋将国家搞成了"危邦"或'乱邦'；一类是"侗而不愿"者，他们以其愚蠢和心计将国家变成了"危邦"和"乱邦"；一类是"悾悾而不信"者，他们以其无诚无信将国家弄成了"危邦"和"乱邦"。第十七章针对此而述改变之策：改变这种民风民习的根本努力是教化民"使知之"，但前提是改变从政为政者们的人格生态，其基本方式只有学。所以孔子教导弟子们出师于仕业要能够做到"民可，使由之；不可，使知之"，必须以赛跑的方式学古典文明，因为古典文明是古代贤君子身体力行"唯天则之"地施治所构筑而成。

四

子曰："巍巍乎，舜禹之有天下也，而不与焉。"（第 18 章）

子曰："大哉，尧之为君也。巍巍乎！唯天为大，唯尧则之。荡荡乎！民无能名焉。巍巍乎，其有成功也。焕乎！其有文章。"（第 19 章）

舜有臣五人而天下治。武王曰："予有乱臣十人。"孔子曰："才难，不其然乎？唐虞之际，于斯为盛，有妇人焉，九人而已。三分天下有其二，以服事殷；周之德，其可谓至德也已矣！"（第 20 章）

子曰："禹，吾无间然矣。菲饮食而致孝乎鬼神，恶衣服而致美乎黻冕，卑宫室而尽力乎沟洫。禹，吾无间然矣！"（第 21 章）

孔子告诫弟子们，典章文明是由古代伟大的贤君子前赴后继开创得来。在这些伟大的贤君子中，首先值得赞美的是舜禹，因为他们不以力争而得天下，并以其才德美化了天下，却又不据天下为己有（第18章）。然而，舜禹的伟大却源于尧。尧以天为大，效法天道法则而施之于人间：一是虚怀若谷，无私于天下，把天下变成人人的天下，使人人拥有天下，他最伟大的创举就是实施“禅让制”；二是以德自训，以德励人，以德化治（第19章）。

通过“舜禹之有天下”和“唯天为大，唯尧则之”两章，孔子阐述了文道治世的根本，是君王要有至德，这个至德的核心是“不自居私”和“以天下为公”。第二十章继续向前推进，指出文道治世非君王一人所能实现，必须有善治的贤臣为助手：“舜有臣五人而天下治”；武王有“乱臣十人”而天下兴。第二十一章紧承前章专门讲述禹如何兴天下民利的事功，以此对比历史和隐喻现实：天下有道或无道，其原动力不在民，也不在官，而在王公诸侯有无道。孔子明确指出：王公诸侯之道，就是行人道。王公诸侯所应行之人道有四：一是不自居其私；二是以天下为公；三是身体力行兴天下之利；四是上下尊卑君臣位秩。孔子认为，在这个方面，文王做得最好：殷商的“三分天下”，他已经抢夺了“二分”，但他仍然尊殷王为正朔，“以服事殷”。在孔子看来，这才是“周之德，其可谓至德也已矣”，以此照应第一章“三以天下让”的“泰伯，其可谓至德也已矣”。

通过本篇内容的讲述，孔子明确指出：王公诸侯之道，是行人道。王公诸侯所应行之人道有四：

(1) 不自成其私。

(2) 以天下为公。

(3) 身体力行兴天下之利。

(4) 讲上下尊卑君臣位秩。

在孔子看来，如上四者是王公诸侯必须做到也能够做到的，因为尧舜禹文王已经做出了榜样。尤其是“唯天为大，唯尧则之”告诸后来者；王公诸侯所应行之人道必要由天道来成就：只有真心诚意地效法天道，才可有人道。尧以之事天，舜以之事尧，禹以之事舜，开出尧舜禹三代繁盛。在孔子看来，以尧舜禹为榜样，效法天道而行人道，即是“君君，臣臣，父父，子子。”（《颜渊》)泰伯"三以天下让",首先是尊"父父,子子"之序,然后是守"君君,臣臣"之位;由尧而舜,由舜而禹,以及抢占了"天下三分有其二的"文王,也仍服事商王,不就是一个"君君、臣臣"的王道秩序吗?

抛开具体的社会结构性质观看,无论古今,任何有人的社会,都应该有道;任何有道的社会,都应该有秩序;任何有秩序的社会,都应该有权力、职位的序列构成其必须的边界。这就是天下,也是国家。孔子的政治学,既可以做具体的理解,更应该看到它的一般性和普世性蕴含。

9. 子罕第九内容主题

本篇《子罕》中的"子",指孔子,是弟子对夫子的尊称。"罕"乃稀少之意。"子罕"一语,规定了本篇讨论的内容范围:孔子平时少谈及的内容。哪些方面的内容是该说却说得很少呢?《论语》编纂者选了六个方面的内容来呈现。

表述孔子罕言的内容,《论语》编纂者采取以"夫子自道"为主,以弟子评价为辅的方式展开。本篇共三十一章,夫子自道者二十二章;孔子与弟子对话六章,其余为弟子评价夫子三章。在基本主题上,继续和深化《泰伯》,并拓展和丰富《述而》,是孔子继续自述在修养和才能两个方面成己为君子,做到志道、贯道、行道、守道,矢志不渝。

一

子罕言利,与命,与仁。(第1章)

达巷党人曰:"大哉孔子,博学而无所成名。"子闻之,谓门弟子曰:"吾何执,执御乎,执射乎?吾执御矣。"(第2章)

子曰:"麻冕,礼也。今也纯,俭,吾从众。拜下,礼也。今拜乎上,泰也。虽违众,吾从下。"(第3章)

子绝四:毋意、毋必、毋固、毋我。(第4章)

子畏于匡,曰:"文王既没,文不在兹乎?天之将丧斯文也,后死者不得与于斯文也;天之未丧斯文也,匡人其如予何!"(第5章)

大宰问于子贡曰:"夫子圣者与?何其多能也。"子贡曰:"固天纵之将圣,又多能也。"子闻之,曰:"大宰知我乎?吾少也贱,故多能鄙事。君子多乎哉?不多也。"(第6章)

第一章开宗明义，弟子评价夫子平生少言“利、命、仁”三者，揭示利与命的关系和利与仁的关系。这两种关系中蕴含两个核心问题，即利与命的生成性和仁与利的相融性问题，前者表述为利不生命，而是利生于命；后者揭示利之无度可害仁，利之有度可生仁。所以，仁需要利的滋养，利需要仁来引导，其具体方式是用礼来规范利。

孔门弟子认为，夫子之学最精深的内容是利、命、仁，孔子以“罕言”方式对待三者，表明其独特的体认与厚重的智慧，使夫子本人“无所不能”，虽“博学而无所成名”，是因为要成为文道救世的“驭手”（第 2 章）。

第一章“子罕言利与命与仁”，极言其博学；第二章述孔子多才能。博学和多能，必须化为实际的礼而灌注于生活行为中，所以第三章孔子自述如何懂礼与循礼。第四章遵从追求大义的命运召唤，心怀其仁而行循于礼，即“毋意、毋必、毋固、毋我”。这是孔子具有文道救世使命和责任的原动力量。第五章沿此思路展开，孔子述其文道救世的使命和责任来源于天赋。当孔子获得对天意的觉解，自然在危境中自信、自得与自安。孔子自觉于使命和责任的努力，被时人视为圣人，孔子本人则强调是“学而知之”和“多为鄙事”所成（第 6 章）。

二

牢曰：“子云：‘吾不试，故艺。’”（第 7 章）

子曰：“吾有知乎哉？无知也。有鄙夫问于我，空空如也，我叩其两端而竭焉。”（第 8 章）

子曰：“凤鸟不至，河不出图，吾已矣夫。”（第 9 章）

子见齐衰者、冕衣裳者与瞽者，见之，虽少，必作，过之，必趋。（第 10 章）

颜渊喟然叹曰：“仰之弥高，钻之弥坚，瞻之在前，忽焉在后。夫子循循然善诱人，博我以文，约我以礼。欲罢不能，既竭吾才，如有所立卓尔。虽欲从之，末由也已。”（第 11 章）

从第一章到第六章，讲述孔子罕言“利、命、仁”而论礼与德。由仁于礼，必然引出艺。第七、八两章，可能属于同一语境中孔子与弟子讨论“艺”这个话题。孔子关于技艺、才艺、道艺之论，或许是子贡（也可能还有其他人）记下了前半截，子琴则记下了后半截。孔子逝，弟子们编纂《论语》时将其合将拢来，形成上下两章。

第七章通过琴牢所述，区分了技艺、才艺、道艺：技艺为生存所需，是为稻粱谋之艺；才艺是为生活快乐所需；道艺是为济世所需，治国安邦才需要道艺。孔子指出，打点生计或享受生活的艺术，前者是技艺，后者是才艺。技艺的本质是技，所遵循的是技本身，其操作表现是术；才艺的本质是才，所遵循的是才本身，其所表达出来的是才气、才情。道艺的本质是道，所遵循的是道本身。第七章区别技艺、才艺、道艺，着眼于功能取向的差异。第八章借答鄙夫之问，从认知层面揭示道艺与技艺、才艺的根本不同：道艺之问的认知方式，是剖根究底的学问认知方式。

孔子以追求道艺的运用为使命，自然遭遇"博学而无以为名"的命运。由此形成孔子"凤鸟不至，河不出图，吾也矣夫"（第 9 章）的感叹，但却从不悔改而仍然一以贯之。第十章孔门弟子记述孔子生前如何身体力行于礼。孔子行礼，以心诚之，这是仁：仁人方礼，仁人方行真礼。孔子行礼，不论贫富贵贱年长年幼。这是仁爱无类，礼之平等。

孔子不仅自行道艺无疆、仁爱无类、礼之平等，而且以此基本要求培养弟子，赢得弟子之至爱。第十一章颜回以"仰之弥高，钻之弥坚，瞻之在前，忽焉在后。夫子循循然善诱人，博我以文，约我以礼"表达对孔子的挚爱和崇敬。第十二章"子疾病，子路使门人为臣"的行为，更是体现了子路以及整个孔门弟子对夫子的崇敬之爱。

> 子疾病，子路使门人为臣。病间，曰："久矣哉，由之行诈也！无臣而为有臣，吾谁欺？欺天乎？且予与其死于臣之手也，无宁死于二三子之手乎！且予纵不得大葬，予死于道路乎？"（第 12 章）
>
> 子贡曰："有美玉于斯，韫椟而藏诸？求善贾而沽诸？"子曰："沽之哉，沽之哉！我待贾者也。"（第 13 章）
>
> 子欲居九夷。或曰："陋，如之何？"子曰："君子居之，何陋之有？"（第 14 章）

子曰:"吾自卫反鲁,然后乐正,《雅》、《颂》各得其所。"(第15章)

从具体内容观,第十一章和第十二章记述的事件,具有发生学意义上的关联性:如果第十一章内容成为"颜子遗言",那么颜回困学而亡给孔子以巨大打击,其无法承受的悲痛使孔子一病不起。于是有了"子路使门人为臣"的故事发生。对最为讲礼的孔子,子路何以如此大胆地以大夫规格为其准备后事?这是因为"十有五而志于学,三十而立"其文道救世之志的孔子,坚信上天赋予的使命,但却一生求仕无果,至死乃白丁,以至于晚年病危无救时,弟子只得以僭越礼制的方式为其圆从政为官之梦。然而,博学多才据艺的孔子何以会沦落如此呢?第十三章予以了解答:只为"求善贾而沽"错过了所有机会。如果说第十三章子贡与孔子关于"美玉"是"韫椟而藏诸"还是"求善贾而沽"的对话,可能发生在孔子一行游国之初,体现了孔子真诚的表达其雄心勃勃和对游国前景有太过良好的预期;那么第十四章"子欲居九夷"的退隐生活的想法,可能发生在游国中后期,其游国求仕屡遭挫折,致使孔子有些心灰意冷。接下来第十五章"吾自卫返鲁,然后乐正"则明确记载时值六十八岁的孔子被执政大夫季康子以隆重礼节迎接回母国后的闲逸生活。

三

子曰:"出则事公卿,入则事父兄,丧事不敢不勉,不为酒困,何有于我哉?"(第16章)

子在川上曰:"逝者如斯夫,不舍昼夜。"(第17章)

子曰:"吾未见好德如好色者也。"(第18章)

第十六章以降,应该是孔子返鲁后的几年短暂安居生活中的诸多思想总结。

首先,孔子概述一生如何担当起为人的基本责任:一是在家侍奉父兄尽心;二是出门仕侍奉公卿尽责;三是办理丧事做到了尽力尽心;四是无论公私之事都做到有节制。如此四方面,既是总结性的自表,更是以"何有于我哉"的反问,提出了自警:如上四个方面不过是君子成己的日常庸行,过去虽然做到了，今后能做到吗？孔子不敢肯定地回答，只能说不松懈地努力，或做得更好些。

人要做到人生四要，最重要的保证是时间。第十七章“子在川上”，可看成是孔子对弟子关于如何善待生命、怎样珍惜时光的教诲，只是这种教诲产生于特定的人生情境。“逝者如斯，不舍昼夜”，是孔子自述观水这一“物”理，发现生命向死而生的不可逆本性和规律，第十八章是孔子自述察“色”与“德”这一“人”理，发现好色之生物本性的敞开和好德之文明本性的敞开，亦体现“逝者如斯，不舍昼夜”的不可逆规律。

对于性与德，孔子将其聚焦为色与德。孔子认为，抑制好色的本性，使之有节制，必修而好德，但成败的关键却在于坚持：坚持成己；反之，必弃己。孔子以垒山和平地为喻，阐述修养德性、践履德行蕴含“不止而往”的成己精神。这一精神可概括为成败于己、祸福于己。

> 子曰：“譬如为山，未成一篑，止，吾止也。譬如平地，虽覆一篑，进，吾往也。”（第19章）
>
> 子曰：“语之而不惰者，其回也。”（第20章）
>
> 子谓颜渊，曰：“惜乎！吾见其进也，未见其止也。”（第21章）
>
> 子曰：“苗而不秀者有矣夫，秀而不实者有矣夫！”（第22章）

第十九章孔子以垒山和平地为喻论，是君子成己的一般认知论。第二十章和二十一章，孔子以颜回为例，具体讲述君子如何成己。孔子指出，君子“不止而往”地成己，必须从两个方面做：一是学而修养德性，必须“不止而往”；二是学而践履德行，必须“不止而往”。就前者言，孔子认为颜回从两个方面做得最好：一是“不止而聆听”（第20章）；一是“不止而深进”（第21章）。虽然如此，但孔子却深感颜回对教学相长没有任何帮助：“回也，非助我者也。于吾言无所不说。”（《先进》）不仅如此，而且早死。颜回“不止而往”地“语之而不惰”和“见其进，未见其止”的努力，却酿成人生悲剧。什么原因呢？孔子在为颜回之死的悲痛中予以反思性思考，发现君子成己“不止而往”达于成功，并不必然，而是充满了或然性。何以会如此呢？孔子最终发现“苗而不秀者有矣夫，秀而不实者有矣夫”（第22章）：人的禀赋和资质才是人成己的主体条件和最终制约因素。当顺其禀赋和资质，以自由舒展方式展开进退相宜之学和进退相宜之教，人的成长才会达到“苗而秀，秀而实”，成为各具个性的成己者。反之，只能产生颜回式的悲剧。或者，孔子或有可能以“苗而不秀，秀而不实”喻指颜回式的好学悲剧何以会发生的自身原因。

> 子曰：“后生可畏。焉知来者之不如今也？四十、五十而无闻焉，斯亦不足畏也已。”（第23章）
>
> 子曰：“法语之言，能无从乎？改之为贵。巽与之言，能无说乎？绎之为贵。说而不绎，从而不改，吾末如之何也已矣。”（第24章）
>
> 子曰：“主忠信，毋友不如己者，过则勿惮改。”（第25章）
>
> 子曰：“三军可夺帅也，匹夫不可夺志也。”（第26章）

第二十二章以稻田谷物生长为喻，讨论人成长的主体性条件和根本法则，首先揭示教人成己如何可能的逻辑起点，只能顺其禀赋和资质；其次揭示教人成己的基本方式，只能遵循进退相宜原则。第二十三章进一步思考教人成己的基本态度和重心：教人成己，应该培养人具备敬畏的姿态；教人成己，需要引导人“有闻于道”，即接受道的熏染、陶冶，获得道的正心而正行。所以，君子成己“必循其则”：首先，君子学而成己必须遵从唯法理原则，是“法语之言，能无从乎？改之为贵”；其次，君子学而成己必须遵从辨伪求真原则，是“巽与之言，能无悦乎，绎之为贵”。将这两个原则化为日常庸行，就是“主忠信”和“毋友不如己”。要做好这两个方面，必须养成“过则勇改”的自我激励力量。孔子认为，过则勇改，是学而成己的反面激励原则；主忠信和交强友，是学而成己的正面规范原则。这正反两个原则的整合践履，必内在地生成建构起君子学而成己的道德力量（第25章）。

第十七章到二十五章，分别从不同角度讲述学而成己的准则。孔子认为，贯穿这些准则使之主体化的根本是立志：“三军可夺帅也，匹夫不可夺志”（第26章）。哪怕是匹夫，亦不可任人剥夺所坚守的“志道”，何况成己的君子？面对有辱“志道”的情景或场合，君子都会拒绝任何利欲和诱惑，使自己“不降其志，不辱其身”。

子曰：“衣敝缊袍，与衣狐貉者立，而不耻者，其由也与？‘不忮不求，何用不臧？’”子路终身诵之。子曰：“是道也，何足以臧？”(第27章)

子曰：“岁寒，然后知松柏之后彫也。”(第28章)

子曰：“知者不惑，仁者不忧，勇者不惧。”(第29章)

子曰：“可与共学，未可与适道；可与适道，未可与立；可与立，未可与权。”(第30章)

“唐棣之华，偏其反而。岂不尔思，室是远而。”子曰：“未之思也。夫何远之有？”(第31章)

对于成己的君子来讲，志于道绝对重要，但致之于道“以道行之”才是根本。孔子通过对子路的赞誉和训导指出，以道行之，是将“志道”日常生活化，或者以“志道”指导生活，不贪求，不嫉妒(第27章)。这需要自我培养坚守精神，在任何艰难的环境下都不丧其志、不失其道。孔子认为，真正成己的君子，是“岁寒，然后知松柏之后凋”(第28章)者。人能够成为众木凋谢的岁寒中如葱郁松柏那样自在傲立的内在秘密，是他本人具备知、仁、勇三德(第29章)。孔子指出，对于成己之君子，贫穷、困苦、乱世，是岁寒。处于贫穷、困苦、乱世之中仍“志于道”并“以道行之”的君子，其特立独行的本事，是知而不惑、仁而不忧、勇而不惧。孔子还指出，在知、仁、勇三者中，知是仁的方式，仁是知的显达。知仁一体，自然勇而无惧。因为真正的勇，只是知仁之勇。知仁之勇，是知之“内省”所得，亦为仁之自为敞开状态。所以，勇的本体动力是知，勇的行为动力是仁。

君子成己，必为知仁勇者。知仁勇，只能修习得来。其修习的过程敞开求道、适道、守道、用道四个环节，也构筑起君子志于道的四步阶梯：在第一步求道的阶梯上，重心是闻，亦可谓“闻道”；在第二步适道的阶梯上，重心是志，亦可谓“志于道”；在第三步守道的阶梯上，重心是恒，亦可谓“恒道”；在第四步用道的阶梯上，重心是化，亦可谓“化道”，即孔子所讲的“从心所欲而不逾矩”，这个无论怎样做都不会逾越的“矩”，就是灵活变化之“道”(第30

章)。

从第二十八到第三十章,孔子总结了君子成己三要:第一,必须具备知、仁、勇三德;第二,必须从问学道,继而适道、守道,最后达于化道;第三,必须达于“可权”之境,掌握随心所欲地权变大道,任其自由地运用大道而救世、治世。从根本论,孔子所总结的成己三要,实是君子成己的三步阶梯。在现实生活中,同志同心同力同用地登上这三步阶梯者寡。所以孔子得出一个结论:大哉君子,孤。然而,君子何孤?孔子引“唐棣之华,偏其反而。岂不尔思,是室远而”为起兴,告诉弟子:君子之道终从者寡的根本原因,是人们“志于道不坚”。

孔子将“君子之道,终从者寡”归结于“志于道不坚”,意在于表达:坚志于道,道必贯尔:一日坚志于道,一日道贯于尔;日日坚志于道,日日道贯于尔。一以贯之,守死终身,绝不“降其志”。这就是孔子本人!亦是孔子对自己的思想、理想、道德、人格、精神的完整自画像!

10. 乡党第十内容主题

从《学而》开始,至于《乡党》,形成一个相对完整的宏观结构。这个结构的思想的逻辑起点是“君子”:孔子基于文道救世的理想,以返本开新方式开辟“以仁入礼”的重建道路,根本任务是培养拯救时世的君子。如何将人培养成为君子,构成了孔子思想的核心。从第一篇《学而》到第十篇《乡党》,就是围绕此展开。

如何将人培养成为文道救世的君子,孔子着重从三个方面展开思考:

1. 君子的标准是什么?

2. 君子是做什么的?

3. 人如何成为君子?

如上三者中最根本的是确立培养君子的标准,但最重要的却是怎样培养君子的问题。《论语》编纂者从“成君子的方式”入手,继而“成君子的目标”,然后是“成君子的标准”,由此形成以《学而》为开篇,以《乡党》为结束的宏观结构。这个结构在《论语》开篇亦即《学而》第一章予以总概性展示:“学而时习之,不亦说乎?有朋自远方来,不亦乐乎?人不知而不愠,不亦君子乎?”,从学知识、学知人(包括知己)、学做人三个维度对如上三大问题做了

回答。所以"学而时习之"一章,实际上是孔子君子学说的总纲,但首先是《论语》第一篇到第十篇的结构性概括:

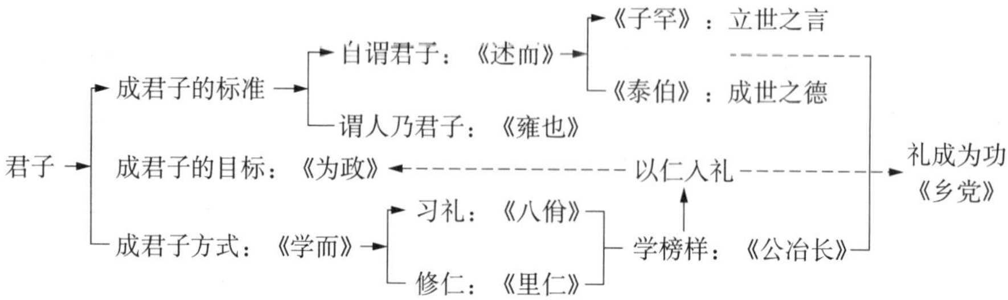

[8-3 《论语》前十篇结构逻辑]

在孔子君子学说中,人学而成己为君子的目标是为政,但基本路径是"以仁入礼"。以仁入礼,有两层含义:一是以仁习礼;二是以仁行礼。以仁习礼,养成德性;以仁行礼,践履德行。所以,以仁行礼才是人成为君子的基本标志,因为它贯穿仁与德,也将立世之言和成世之德统摄了起来,形成君子之功。对于君子来讲,交友、治家、为政之功,均须行礼——礼成则功。

第十篇《乡党》就是在如此结构框架下,从进门和出门两个方面讲述君子如何礼成。

一

本篇讲述君子行礼,主要是孔子以自身说法何为礼,其礼如何化为日常庸行。

孔子以自身说法方式述礼,主要不是语言的表述,而是行为的陈述。陪同或伴随夫子的弟子记录下了这些日常庸行的礼,由此使本篇与前面诸篇在讲述方式上不同。另外,本篇记述的内容所发生的时间,应该大多属于孔子从卫归鲁的晚年。孔子六十八岁时,执政大夫季康子以隆重礼节将其接回鲁国,给予大夫的待遇。孔子因此过上安定优裕的晚年生活,同时也自然要时常接受国君及执政大夫的召唤出入朝堂,接受国政咨询甚至包括陪国君闲聊。于是有了出门行礼的三个维度,即入朝之礼、交友之礼和与人偶遇的平常之礼;更有了富裕的居家生活的饮食之礼、服饰之礼以及寝居之礼等等的记述。

二

孔子于乡党，恂恂如也，似不能言者。其在宗庙朝廷，便便言，唯谨尔。(第1章)

朝，与下大夫言，侃侃如也；与上大夫言，訚訚如也。君在，踧踖如也，与与如也。(第2章)

君召使摈，色勃如也，足躩如也。揖所与立，左右手，衣前后，襜如也。趋进，翼如也。宾退，必复命，曰："宾不顾矣。"(第3章)

入公门，鞠躬如也，如不容。立不中门，行不履阈。过位，色勃如也，足躩如也，其言似不足者。摄齐升堂，鞠躬如也，屏气似不息者。出，降一等，逞颜色，怡怡如也。没阶，趋进，翼如也，复其位，踧踖如也。(第4章)

执圭，鞠躬如也，如不胜。上如揖，下如授，勃如战色，足蹜蹜如有循。享礼，有容色。私觌，愉愉如也。(第5章)

第一章记述君子行礼必有场合要求。概述君子出门行礼的三种场合，形成三种不同的礼行，即乡邻礼、宗庙礼和朝堂礼。这三种礼行构建起君子交往的三种方式，即日常生活交往方式、神性的祭祀交往方式和严肃的政治交往方式。重点记录了朝堂的等秩之礼，重言礼。第二章记述朝堂中不同官职、不同地位、不同身份的人如何行礼得体，表达朝堂之礼的两个基本要求：一是行礼必讲等序阶差，不能逾越，不能轻慢，不能任意；二是成礼必呈品级姿态，这是学问修养大小和德性、德行高低的体现。第三章记述朝堂中邦国外交傧相之礼，重行礼，展示礼不过是日常生活的神圣仪式，它通过具体的礼行将日常生活神圣化，意在于突出人对人的重要性。

邦国外交礼仪由两部分构成，一是接待外国使臣之礼；二是出使国外之礼。将第三章和第五章联系起来，构成邦国外交之礼的完整画面：第三章记载如何接待外交使臣之礼；第五章记述出使邦国，怎样行外臣之礼。

第三、五章之间穿插了第四章，直接继第一、二章记述进见君主之礼的过程，通过这一过程的记述，展示一个生动且压抑的"朝见"场合，突出"君使臣以礼，臣事君以忠"的思想。

三

君子不以绀緅饰，红紫不以为亵服。当暑，袗絺绤，必表而出之。缁衣羔裘，素衣麑裘，黄衣狐裘。亵裘长，短右袂。必有寝衣，长一身有半。狐貉之厚以居。去丧，无所不佩。非帷裳，必杀之。羔裘玄冠不以吊。吉月，必朝服而朝。(第6章)

齐，必有明衣，布。齐必变食，居必迁坐。(第7章)

食不厌精，脍不厌细。食饐而餲，鱼馁而肉败，不食。色恶，不食。臭恶，不食。失饪，不食。不时，不食。割不正，不食。不得其酱，不食。肉虽多，不使胜食气。惟酒无量，不及乱。沽酒市脯，不食。不撤姜食，不多食。(第8章)

祭于公，不宿肉。祭肉，不出三日，出三日，不食之矣。(第9章)

食不语，寝不言。(第10章)

虽疏食、菜羹、瓜祭，必齐如也。(第11章)

席不正，不坐。(第12章)

礼有公私之域，但无论私域之礼还是公域之礼，其言与行都必须以服饰穿戴为底色。第六章记述如何穿戴服饰才合身份。通过其记述，展示穿戴必然成为贫富的象征，同时也是精神、教养、道德的载体，更是社会规范、文明方式的呈现。同时也从一个侧面呈现出孔子富裕的物质生活水准和富贵生活。

第七章记述私域领域家庭生活中的戒斋之礼，揭示这一特殊之礼的要义是“戒”，戒的目的是正身心，戒的方式是改变日常生活而素食和独处。第八章记述饮食之礼，揭示“礼之始，始诸饮食”，因为它既是礼之日常庸行的基本呈现，也是日常庸行之礼的象征。第九章记述处理和享用祭品之礼，将礼与健康联系了起来。第十章记述君子餐礼和寝礼：“食不语，寝不言”，规定君子吃饭少说话，就寝不大声说话。

君子用餐，不仅要“食不语”，而且还应“必齐如”(第11章)。这种每餐必敬的行为，既是君子对食物来之不易的感恩方式，也是君子对神灵护佑的敬畏方式。

君子居家生活行之以礼，一是服饰，二是饮食，三是坐卧。坐卧之礼分两章记述："寝不言"（第十章）记述君子卧礼；"席不正"记述君子坐礼（第12章）。

三

乡人饮酒，杖者出，斯出矣。（第13章）

乡人傩，朝服而立于阼阶。（第14章）

问人于他邦，再拜而送之。（第15章）

康子馈药，拜而受之。曰："丘未达，不敢尝。"（第16章）

厩焚，子退朝，曰："伤人乎？"不问马。（第17章）

君赐食，必正席先尝之。君赐腥，必熟而荐之。君赐生，必畜之。侍食于君，君祭，先饭。（第18章）

疾，君视之，东首，加朝服，拖绅。（第19章）

君命召，不俟驾行矣。（第20章）

从第六章到第十二章，记述君子私域生活之礼。从第十三章始，从不同方面记述君子出行于公域生活的敬人之礼。

第十三章"乡人饮酒，杖者出，斯出"，记述君子对老者行敬礼。第十四章"乡人傩，朝服而立于阼阶"，记述君子顺应民俗，行敬鬼神之礼。第十五章记述君子行托问之礼，强调君子如何谢他人为其劳己所不能之事，突出诚之于人，人之以诚，心以其敬，必以行回馈之。第十六章承之而记述君子如何致谢馈赠之礼。

第十七章以"厩焚"而先问人后问马，记述了孔子如何待家人和下人。第十八章记述孔子受到国君嘉奖如何行敬礼。第十九章继"康子馈药，拜而受之"（第16章）记述之后，鲁哀公亲临孔府看望孔子疾病，孔子如何以"东首，加朝服拖绅"方式行见君礼，演绎"君使臣以礼，臣事君以忠"（《八佾》）的契约：孔子疾，鲁哀公登府看望，是"君使臣以礼"；在这个前提下，孔子作为"臣事君以忠"则展开为两个方面，一是以"东首，加朝服，拖绅"的方式尽忠于礼（第19章）；二是以"君命召，不俟驾行"的方式尽忠于事（第20章）。

四

入太庙，每事问。（第21章）

朋友死，无所归，曰："于我殡。"（第22章）

朋友之馈，虽车马，非祭肉，不拜。（第23章）

寝不尸，居不容。（第24章）

见齐衰者，虽狎必变。见冕者与瞽者，虽亵必以貌。凶服者式之，式负版者。有盛馔，必变色而作。迅雷风烈，必变。（第25章）

升车，必正立执绥。车中，不内顾，不疾言，不亲指。（第26章）

君子之为君子，就是为子孝，为臣忠，为友义。孝、忠、义，此三者皆有礼，并且皆是礼的三种方式。第二十二章承接第十五章"问人于他邦，再拜而送之"记述君子如何行为友之礼，展示朋友之礼的伦理本质是义，义的最高境界是悲天悯人，顺天敬命。第二十三章"朋友之馈，虽车马，非祭肉，不拜"，记述朋友之义的生存本质是平等，平等的主体性呈现是尊严。第二十四章与第十章内容联系：第十章讲"食不语，寝不语"，接下来应该是"寝不尸，居不容"，刚好构成一个完整的语境："食不语，寝不言"，讲用餐和就寝应该有所约束，不要影响他人；"寝不尸，居不容"，讲睡觉和居家生活如何使自己的身心更自由。

君子居家生活之礼应以身心自由、自在为准则，但君子出门之礼应以谨敬为准则，因为出门面对的是各色人等，必然谨敬。第二十五章以生活中四种特殊类型的人为例，说明如何谨敬地待人以礼，以突出孔子礼行于人的平等思想。

君子出门礼行，涉及两个方面：一是自我庄重威仪之礼，二是待人谨敬之礼。第二十五章讲君子出行如何行谨敬之礼；第二十六章记述君子出行如何做到自我庄重威仪之礼。

五

色斯举矣，翔而后集。曰："山梁雌雉，时哉时哉！"子路共之，三嗅而作。（第27章）

第二十七章可为对全篇的总结，它抛开前面一以贯之的日常生活之礼的琐碎性，对日常庸行之礼予以抽象传述，采用“以事件为本体”的记述方式，通过人与鸟互动的三组动作的展开过程，隐喻孔子游国求与适、游与归的互动过程。对人与鸟互动过程的记述，孔子对自身说法的礼予以总结：礼之为礼，最终乃人之为人的行坐起止有度。礼化为君子之日常庸行，是行止有疆，行止适宜。因而，君子之求，得之而居，不得而止。进一步讲，君子之求于世，功成垂败，既有天命，也有时运。进则须全力，勇而向前；无进则须果断，毅然返归其本。这就是雌雉“三嗅而作”：大千世界，动物如此，人亦然，人理物理相通，在于性本同。

第9章 11—20篇思想敞开的逻辑

内容提要：《论语》前十篇，主要以孔子为中心，阐述孔子学说的核心思想；后十篇以弟子为中心，阐述弟子对孔子思想的理解和发挥。以弟子为中心，因有入门先后之别，所以后十篇以《先进》开头，论弟子以修习言行为主题，可看成是对《八佾》篇的充实；第十二篇《颜渊》论君子如何践履于仁，可看成是对《里仁》篇的实践论。孔子君子学说的主题，就个体言，是如何成己成人立世；就整体论，是怎样实现文道救世，整合个体与社会两个方面的实践路径是为政。第十三篇《子路》和第十四篇《宪问》分别从君子救世（即治国安邦）何以可能和君子如何救世两个方面拓展《为政》。第十五篇《卫灵公》侧重承《里仁》突出返本开新的弘道主题，较为系统地阐述了君子在救世的同时，如何肩负起返本开新弘大中正仁道的使命；第十六篇《季氏》侧重承《八佾》传述怎样以仁来再造返本开新的有理有则的礼道。第十七篇《阳货》集中呈现孔子归因春秋晚期礼崩乐坏的根本之因，构成对《卫灵公》和《季氏》的照应，具体地讲，是为《卫灵公》和《季氏》两篇如何传述弘大中正仁礼之道，提供一个（孔子所生活的）当世社会学的解释依据。并且，第十八篇《微子》也承接《卫灵公》和《季氏》，为如何要从为政救世转向弘大中正仁礼之道提供解释依据。所不同的是，《阳货》篇是孔子本人从求仕为政失败于上（期待国君或执政者启用）下（或欲助反叛者以“其为东周”）出发，来审察当世之世道颓败、人心坏死，大厦将倾不可阻止。《微子》篇却是孔子跳出个人情怀，以乱世隐逸为视角，客观地审察当世之世道颓败、人心坏死，大厦将倾不可阻止。在这样的大势下，拯救当世已不可能；以返本开新方式拯救古代文明，既为迫切，亦为可行。从形式观，从《学而》到《微子》，《论语》获得了自身的完整结构体系；从内容论，从《学而》到《微子》，《论语》亦达到了言满意圆。第十九篇《子张》和第二十篇《尧曰》超出如上结构体系：《子张》集中记述孔子身后其弟子言论，正面呈现孔学在孔子身后分宗立派的不可逆命运；《尧曰》更可能是汉儒之作，即以"后序"明王道谱系为尊孔子成"圣"张目，由此破坏了《论语》的主旨，歪曲了孔子思想和学说。具体地讲，《尧曰》是给《论语》栽上一个孔子道统论和孔子圣王论的主题，使《论语》被迫蒙上不真不实的阴影。

11：先进第十一内容主题

有关于《先进》篇，邢昺正义曰："前篇论夫子在乡党，圣人之行也。此篇论弟子贤人之行，圣贤相次，亦其宜也。"[①]抛开邢昺的"圣人"观念，《乡党》是夫子自述的进一步展开：《述而》是夫子自述修仁，《乡党》是夫子自述行礼。《先进》却是讲述弟子修习言行。在更为宏观的视域中，《论语》讲述的内容所呈现出来的思想，客观地存在一般与特殊的关系。大而言之，前十篇所述的思想，多立足于一般；后十篇所述的思想，多立足于特殊。或可说，继续讨论前十篇中所呈现出来的一般思想如何生成与敞开，则凸显出思想的特殊性。仅此而言，《先进》表现得尤为突出。

就《论语》文本结构言，《先进》居于其中，乃为《论语》的结构枢纽，亦即居于"腰"位。所谓"腰"者，要也。"事在四方，要在中央；圣人执要，四方来效。"（《韩非子·扬权》），为何？

首先谓上下。《论语》前十篇，主要以夫子为中心，阐述夫子的核心思想；后十篇以弟子为中心，阐述弟子对夫子思想的理解和发挥。这就是上下，它所表述的实质是师承关系。

其次谓先后。这是对"学而"言：学而的主体是其弟子。后十篇以弟子为中心，当然从学入门有先后之别。在孔子看来，入门有先后，不只是一个单纯的从师求学的时间起点问题，所表现出来的根本问题却是人生看待、社

① （三国）何晏注，（宋）邢昺疏：《论语注疏》，中国致公出版社，2016年，第163页。

会理想和生活践履方式的差异。孔子既然有如此两个层面的看待,《论语》的编纂也自然呈现这两个层面的区分。于是,后十篇必然要以《先进》为开篇。

一

黄克剑在《论语疏解》中认为,"《先进》是对《公冶长》和《雍也》前十六章的承续,其二十六章无不在评说人物,而且所评的对象都是孔子的亲炙弟子。"①从具体内容观,《公冶长》《雍也》《先进》,都是孔子评价弟子,但问题是:《论语》编纂者为什么不将这些评价放在一起?并且,这些评价有无侧重以及取向的不同?

回顾《公冶长》和《雍也》两篇,均是直接承《里仁》的主题,讨论人"何以为君子":《公冶长》主要通过对人物品评来讲述人要成为君子,必须向榜样学习;《雍也》则讲述人要成为君子必须"居仁"和"约之以礼"。本篇的讲述,却是相对后进弟子言,其先进弟子的特征与取向,并采取类型学举例的方式来呈现这种特征和取向。

"先进"这个概念,首先指"进出"的问题。进出相对"门""道""行"而论。所以"先进"的本义指先进门,先入道或先悟道,先入行。"先进"相对"进出"论,自然体现先后顺序、先后尊卑、先后等级等含义。因而,"先进"首先表述了先后顺序、先后尊卑、先后等级。这些问题当然表征为"礼",但最终却张扬的是"德"。从本质讲,在"进出"的语义层面,"先进"一语的本质内涵是"德"与"礼"的关系如何正确定位,这是《先进》所论的核心主题。通过《先进》篇对这方面内容的阐述,以此表明孔子之"仁学"和"礼论"之间的内在生成关系;同时,孔子也以此阐明自己的仁学和礼论的本质,是先后、内外的等级与尊卑。等级与尊卑,是孔学的基本认知取向和价值取向,这是《论语》编辑者何以专辟一篇论"先进"的根本考虑。

从内容观,《先进》篇由孔子与弟子的二十六条言论编辑而成,这二十六条言论围绕"先进弟子"这个话题而展开,主要讨论了两个问题:一是程序问题;二是言行问题。

---

① 黄克剑:《论语疏解》,中国人民大学出版社,2014 年,第 239 页。

通过言行问题的讨论，孔子讲述了一个基本主张："敏于事而慎于言"，或可曰"先行其言而后从之"。对于程序问题，所涉及的范围应该说无所不包。但本篇选择为学、为人、为事、为政四个方面的内容，集中表达一个基本观点：程序，既是一个法度问题，也是德性问题。无论为学，为人，还是为事、为政，都既要有法度，更应有德性。比如，颜回卒，其父颜路要求其师孔子卖官车为颜回购椁，既不合法度，也不合德性。又如颜回好学，"于吾言无所不说"，但与此同时却"非助我者也"。为什么？好学，并不是人变成接受机器，既要悦纳，更要发问。这其中既蕴含学的法度，更体现学的品德。再比如子路"问事鬼神"，孔子答之曰："未能事人，焉能事鬼？"也体现一个事的先后程序，蕴含界限与品德于其中。本篇中有关于颜回卒，孔子"恸"以及纵容弟子违礼厚葬等行为与言论，都可以把玩到其中法度与品德的动态关系，正是这种动态关系既呈现了人性的复杂性，更敞开了日常生活进程中德性与法度本身同样客观地存在着一个程序问题，并且是最根本的程序问题。因为，德性是内容；法度是形式。或者说，德性的形式呈现是法度，法度的内在规范和本质表达是德性。

二

子曰："先进于礼乐，野人也。后进于礼乐，君子也。如用之，则吾从先进。"(第1章)

子曰："从我于陈、蔡者，皆不及门也。"(第2章)

德行：颜渊、闵子骞、冉伯牛、仲弓。言语：宰我、子贡。政事：冉有、季路。文学：子游、子夏。(第3章)

子曰："回也，非助我者也。于吾言无所不说。"(第4章)

子曰："'孝哉，闵子骞！'人不间于其父母昆弟之言。"(第5章)

南容三复白圭，孔子以其兄之子妻之。(第6章)

为更好地展示如上主题，孔子首先概述其所生活的时代从政当官的基本要求；从政当官，必须学习礼乐。但学习礼乐与从政当官之间并不构成刻板的程序，可以先入仕当官后学礼乐，也可以先学好礼乐再入仕当官。一般地讲，先学习礼乐后入仕当官者，往往出身平民家庭；先从政再学习礼乐者，多出身高贵。所以，先学后仕者，大多有明确的人生理想和社会目标；先仕后学者，更多属于为官之程序和法度所需，往往缺乏明确的人生理想和社会目标。这就是孔子何以“如用之，则吾从先进”的理由：追随孔子的先进弟子，更多地具有与己同样的文道救世理想和激情。正是这种理想和激情，先进弟子大都追随孔子游国求仕共甘苦与患难。第二章追述先进弟子如何与自己共患难的特殊经历，即陈蔡之围。

第三章应该是《论语》编纂者以此为基本判断方式和依据，对本门弟子做了先进后进分类，然后再对先进弟子予以德才分类，并列举出德行、言语、政事、文学四种德才类型的典型代表。为后面的讲述提供**类型学**框架。

第四、五、六章分别介绍德行的三位典型代表，他们是颜回、闵子骞和南容。第四章介绍德行的首席代表颜回，他的德行的杰出表现是“于吾言无所不说”地好学，但却揭示了颜回好学德行的两面性。第六章介绍德行的第二位典型代表闵子骞，他的杰出德行是孝。第六章介绍德行的典型代表南容，他的杰出德行是心地纯正和言行谨慎。

季康子问：“弟子孰为好学？”孔子对曰：“有颜回者好学，不幸短命死矣。今也则亡。”（第7章）

颜渊死，颜路请子之车以为之椁。子曰：“才不才，亦各言其子也。鲤也死，有棺而无椁。吾不徒行以为之椁。以吾从大夫之后，不可徒行也。”（第8章）

颜渊死，子曰：“噫！天丧予！天丧予！”（第9章）

颜渊死，子哭之恸。从者曰：“子恸矣！”曰：“有恸乎？非夫人之为恸而谁为？”（第10章）

颜渊死，门人欲厚葬之。子曰：“不可。”门人厚葬之。子曰：“回也视予犹父也，予不得视犹子也。非我也，夫二三子也。”（第11章）

论德行代表，《论语》编纂者采取点面结合方式展开。第四至六章，是“面”的讲述；在此基础上，从第七章到第十一章，是“点”的讲述，着重围绕颜回卒后诸多事件展开。首先，第七章孔子以作答季康子之问的方式，对颜回予以盖棺定论：颜回“好学”举世无双，并甚叹其英年早逝而无以追悔。第八章追述颜回卒，孔子以如何理由拒绝颜回之父违礼请求，呈现孔子在日常生活中如何区分情与礼。第九章述孔子得到颜回卒的死讯，抒发痛问苍天的悲伤。这种痛失“好学”颜回的悲伤之情自然郁积于心，最终表于形即是“哭之恸”(第十章)；接下来第十一章述弟子如何违礼厚葬颜回，结束整个致丧活动。

从第八章始至于第十一章，共用了四章内容来记述孔子对颜回之死的态度及情感表达，使颜回之死构成孔门的大事件。第九、十两章，从两个环节、两个层面记述孔子悲。孔子对颜回的最终态度和情感表达方式，决定了孔门弟子以如何规格和方式安葬颜回。以及孔子对弟子的违制做法的真实认同以及对其真情认同的掩饰。

三

> 季路问事鬼神。子曰：“未能事人，焉能事鬼?”“敢问死?”曰：“未知生，焉知死?”(第12章)
>
> 闵子侍侧，訚訚如也。子路，行行如也。冉有、子贡，侃侃如也。子乐。“若由也，不得其死然。”(第13章)

第八章到第十一章，主题是活着的人怎样对待死者，以颜回为例，所以是具体地论死。或许正是颜回之死和颜回之葬这两件大事，引发了子路对鬼神的思考和困惑，由是而问，形成第十二章内容，孔子从两个方面为子路解困：第一，侍奉鬼神的本质，是侍奉人，将人侍奉好了，就侍奉好了鬼神。第二，死是自然的，生才是人为的；死是必然的，生是可塑造性的。并且，死是对生的结果显现，生是对死的不懈塑造。

颜回早死而厚葬，引发子路对超验领域的鬼神的关注，继而对生死的关注，这种关注或许本身成为一种预告。第十三章孔子以子路“行行如也”直觉到死对子路的逼近，情急之下脱口而出“若由也，不得其死然”。

> 鲁人为长府。闵子骞曰：“仍旧贯，如之何？何必改作。”子曰：“夫人不言，言必有中。”(第14章)

子曰:“由之瑟,奚为于丘之门?”门人不敬子路。子曰:“由也升堂矣,未入于室也。”(第15章)

从第四章到第十一章,重点介绍先进弟子的德性代表颜回,中间穿插了子路问鬼神,紧接着马上回来再度介绍闵子骞,展现闵子骞平和持正的品德,突出闵子骞理性、独见的德才和能力(第14章),至此,对德行代表的介绍告一段落。然后介绍政事代表子路。第十二章子路问鬼神,暗示某种悲情隐然来临;第十三章孔子直告子路“死亡之神”将近。第十五章则介绍忠勇肝胆的子路鳖脚之艺。

四

子贡问:“师与商也孰贤?”子曰:“师也过,商也不及。”曰:“然则师愈与?”曰:“过犹不及。”(第16章)

季氏富于周公,而求也为之聚敛而附益之。子曰:“非吾徒也。小子鸣鼓而攻之可也。”(第17章)

柴也愚,参也鲁,师也辟,由也喭。(第18章)

子曰:“回也其庶乎?屡空。赐不受命,而货殖焉,亿则屡中。”(第19章)

阅读《论语》,可明确地感受到孔门众多弟子中,最优秀、最受孔子看重者有仲弓、颜回、子路、子贡等。其中,最有远见者当属子贡。第十六章孔子评价子张和子夏,是因为子贡所问引发。子贡之如是询问老师,或许自有寓意。自有远见卓识的子贡,对有个问题或许比孔子本人看得更为明白,那就是先进弟子中,能够真正可以在老师百年后弘扬光大夫子学问者,可能惟有自己,但子贡本人似乎并不愿意将未来一生置于传播老师大道学问上。所以,抛开自己,弘扬夫子大道学问的重任只能寄托于夫子招收的后进弟子身上。在其后进弟子中,子贡以为子张和子夏最为出色,因为子游早出仕,曾子不仅被夫子评价为“鲁”,而且最具有判断力的子贡也认为曾子不具备这个资质和能力。所以,子贡以子张子夏孰贤之问,其实是在了解老师是否已经明确其百年之后谁来挑起这副弘大师道学问担子的人。这从一个角度凸显出子贡的远虑。

冉求和子路，是孔门政事代表。介绍子路之后，自然要轮到冉求。但晚年的孔子因为反对季康子之“用田赋”改革，自然将愤怒发泄到季氏总管冉求身上，于是有了“非吾徒也，小子鸣鼓而攻之”。

第十八章孔子对柴高、曾参、颛孙师、子路四人的性格予以整体性品评，着重指出柴高、曾子、子张、子路四人性格弱点。第十九章讲述弟子的能力特长，以子贡为例子，用颜回为参照，以对比突出孔子的另外一个方面的思想，即孔子通过对颜回和子贡这两个最好学的弟子之生存之道“屡空”和“屡中”的对比，似在反思性思考何为学。何为真正的好学。何为学而知道。结合孔子“学而不思则罔，思而不学则殆”（《为政》）和“先行其言而后从之”（《为政》），学、思、行三者统一，才是真正成己成人立世的君子，并且也唯有学、思、行统一，才可践履文道救世之道。

五

子张问善人之道。子曰：“不践迹，亦不入于室。”（第20章）

子曰：“论笃是与，君子者乎，色庄者乎？”（第21章）

子路问：“闻斯行诸？”子曰：“有父兄在，如之何其闻斯行之？”冉有问：“闻斯行诸？”子曰：“闻斯行之。”公西华曰：“由也问：‘闻斯行诸？’子曰：‘有父兄在。求也问：‘闻斯行诸？’子曰：‘闻斯行之。’赤也惑，敢问。”子曰：“求也退，故进之；由也兼人，故退之。”（第22章）

第二十章的主题是如何成为善人。这一问题由子张与孔子之间的问答展开，但前提必须是正确理解何为“善人”。孔子讲善人，是以世界上没有圣人为前提。在人的世界里，人成己的最终目标就是成为善人，人把自己成就为善人的法则是登堂入室。遵循登堂的法则，是模仿；遵循入室的法则，是创造。因而，成就善人的道路，是从模仿到创造的道路，亦可为返本开新的智慧。

客观地看，孔子所讲的善人，不过是君子的另一个说法。在一般层面，学而为君子，必须德性与德行统一，言行一致、利义一体，这是孔子的基本主张。虽然如此，但孔子更强调行，强调在修养德性的基础上践履德，而践履德的下手功夫，就是行礼。孔子讲返本开新，讲以仁入礼达乐，其落脚点都在以礼为规范的“行”字上。第十九章比较“屡空”的颜回和“屡中”的子贡，不是后世儒者所言的“美颜回而励子贡”，实是反思何为成己为君子的真谛。在孔子看来，成己为君子的真谛，不在修德，而是以德为指南的修行，并做出成就。第二十章讨论成为善人的关键，是恭行而学和学而恭行，真谛仍然是一“行”字。第二十一章更直截了当地指出“行”是衡量是否真君子的标准。第二十二章讨论“行”的基本要求：君子之行，不仅合于言，更要合于事、合于情、合于性；既需要勇往直前，更需要审慎有度。

> 子畏于匡，颜渊后。子曰：“吾以女为死矣。”曰：“子在，回何敢死？”（第23章）
>
> 季子然问：“仲由、冉求，可谓大臣与？”子曰：“吾以子为异之问，曾由与求之问。所谓大臣者，以道事君，不可则止。今由与求也，可谓具臣矣。”曰：“然则从之者与？”子曰：“弑父与君，亦不从也。”（第24章）
>
> 子路使子羔为费宰。子曰：“贼夫人之子。”子路曰：“有民人焉，有社稷焉。何必读书，然后为学。”子曰：“是故恶夫佞者。”（第25章）

孔子认为，君子既要有勇行的品格，也要具备审慎而行的能力，更应该具备行生情义的品德（第二十三章）。由此拓展开去，君子出仕从政尽忠必须讲道义，根本准则是“以道事君，不可则止”（第二十四章）。第二十五章接着讲君子“以道事君，不可则止”必须以学为原动力，由此形成孔子与子路之间关于学的两种不同看法的分歧。

> 子路、曾皙、冉有、公西华侍坐。子曰：“以吾一日长乎尔，毋吾以也。居则曰：‘不吾知也。’如或知尔，则何以哉？”子路率尔而对曰：“千乘之国，摄乎大国之间，加之以师旅，因之以饥馑，由也为之，比及三年，可使有勇，且知方也。”夫子哂之。“求，尔何如？”对曰：“方六七十，如五六十，求也为之，比及三年，可使足民。如其礼乐，以俟君子。”“赤，尔何如？”对曰：“非曰能之，愿学焉。宗庙之事，如会同，端章甫，愿为小相焉。”“点，尔何如？”鼓瑟希，铿尔，舍瑟而作，对曰：“异乎三子者之撰。”子曰：

"何伤乎？亦各言其志也。"曰："莫春者，春服既成，冠者五六人，童子六七人，浴乎沂，风乎舞雩，咏而归。"夫子喟然叹曰："吾与点也。"三子者出，曾皙后。曾皙曰："夫三子者之言何如？"子曰："亦各言其志也已矣。"曰："夫子何哂由也？"曰："为国以礼。其言不让，是故哂之。""唯求则非邦也与？""安见方六七十如五六十而非邦也者？""唯赤则非邦也与？""宗庙会同，非诸侯而何？赤也为之小，孰能为之大！"(第26章)

最后一章既应该是对第二十五章主题和内容的照应，也是对本篇的总结。孔子总结自己的弟子有先进后进之分，意不在于区别其进门先后，而在于先进与后进的人生理想与社会目标各异。孔子更欣赏先进弟子，在于先进弟子能与自己同志道，身怀救治乱世的情怀和理想。本篇在重点介绍和评价了重要的先进弟子之后，以建议子路、曾皙、冉求、公西华各言其人生之志为结束，展示先进弟子除了个别者外，都保持了这种以文道救世为理想和目标的人生教诲。

12. 颜渊第十二内容主题

黄克剑认为，《颜渊》所辑二十四章内容大都意于"仁"而趣归于"政"，并认为仅其义理格局言，本篇当可视为对《里仁》《八佾》《为政》的贯通和补充。① 黄氏之论大体得当。从篇章结构观，上篇《先进》论弟子以修习言行为主题，可看成是对《八佾》篇的充实；本篇论君子如何践履于仁，可看成是对《里仁》篇的实践论。或可说，第四篇《里仁》是对仁的一般认识，围绕如何修习"仁"而展开；本篇《颜渊》是对仁的生存实践认知，围绕"仁"的运用而展开，就主要方面讲，围绕仁如何通过为政施治而得到实现。

从根本讲，孔子的君子学说是成己成人的学说，但无论成己还是成人，君子所"成"的实质指向是"仁"，即修仁和行德。所以君子成己成人的学说，亦是君子成仁的学说。君子成己之仁，是修养德性，内驻仁性、仁心、仁情、仁爱品德和精神；以此为主体前提，君子成人之仁的实践论，展开为两个维度；一是君子以成己的才德去成仁于个人，其基本要求是"成人之美，不成人

---

① 黄克剑：《论语疏解》，中国人民大学出版社，2014年，第262-267页。

之恶”;二是君子以成己的才德去成仁于邦国社会,是为政施治于仁。本篇从前者起步而达于后者,并又通过后者而提升前者。

一

颜渊问仁。子曰:“克己复礼为仁。一日克己复礼,天下归仁焉。为仁由己,而由人乎哉?”颜渊曰:“请问其目。”子曰:“非礼勿视,非礼勿听,非礼勿言,非礼勿动。”颜渊曰:“回虽不敏,请事斯语矣。”(第1章)

仲弓问仁。子曰:“出门如见大宾,使民如承大祭。己所不欲,勿施于人。在邦无怨,在家无怨。”仲弓曰:“雍虽不敏,请事斯语矣。”(第2章)

司马牛问仁。子曰:“仁者,其言也讱。”曰:“其言也讱,斯谓之仁已乎?”子曰:“为之难,言之得无讱乎?”(第3章)

司马牛问君子。子曰:“君子不忧不惧。”曰:“不忧不惧,斯谓之君子已乎?”子曰:“内省不疚,夫何忧何惧?”(第4章)

司马牛忧曰:“人皆有兄弟,我独亡。”子夏曰:“商闻之矣:‘死生有命,富贵在天。’君子敬而无失,与人恭而有礼。四海之内,皆兄弟也。君子何患乎无兄弟也?”(第5章)

第一章通过颜回与孔子问答何为仁,从三个方面阐述何为仁,指出“仁”是一个动态的由内而外生成的德性内容:向内,是修心养性;向外,是以仁行礼。因而,仁是礼的动机、动力,礼是仁的手段;并且,仁也是礼的目的。然后阐述“仁”之形成于“修治”:修治向内,重心是克己;修治向外,重心于践礼。践礼修仁的日常要领是从视、听、言、行方面守礼,即“非礼勿视,非礼勿听,非礼勿言,非礼勿动”。第二章通过仲弓问仁,继续讨论如何实行仁。所不同的是:上章颜回问仁,孔子应答,从个人如何**成己**为仁论:孔子告诉颜渊如何使自己仁,讨论的重心是成己为仁,重在自我实行力的培养。第二章仲弓问仁,孔子应答,是引导“可使南面”的仲弓为政如何成人得仁论,指出待人以仁必须遵循**敬畏、推己及人和无怨恨这三个施仁原则**:善待人是仁,善待己也是仁,而且是根本的仁,是根源的仁。第三章继续问仁,但求问主体是性格急躁的落难贵族弟子司马牛。孔子告诉他行仁的首要任务是说话谨慎，表达迟缓，因为说话的实质是有理性，讲尊重。有理性，讲尊重，就是仁。既然行仁如此简单，于是司马牛问君子。

孔子学说中的君子，是以仁入礼达于乐的人。从主体建构讲，君子是修养德性的仁者；从践履讲，君子是行仁者。司马牛问仁，孔子从践履角度为其解；司马牛问君子，孔子却从修养角度为其解。二者刚好互生，但却形成互映。但心智并不聪慧的司马牛两问孔子而不得其解，自然以失望之心转而求助于同门，于是有了司马牛向子夏发出第三问："人皆有兄弟，我独亡？"子夏用夫子"四海之内皆兄弟"予以开解，阐述两层含义：第一，人的死生、贫富、贵贱，命中决定，不由人的意愿为转移，人应该坦然面对和受纳一切；第二，既然死生、贫富、贵贱都由天定，那么血缘兄弟之情谊就不是惟一。还有一种兄弟情谊，只要像血缘兄弟那样有敬、有恭、有礼，所有的人都可以成为你的兄弟。

二

子张问明。子曰："浸润之谮，肤受之愬，不行焉，可谓明也已矣。浸润之谮，肤受之愬，不行焉，可谓远也已矣。"（第6章）

子贡问政。子曰："足食，足兵，民信之矣。"子贡曰："必不得已而去，于斯三者何先？"曰："去兵。"子贡曰："必不得已而去，于斯二者何先？"曰："去食。自古皆有死，民无信不立。"（第7章）

棘子成曰："君子质而已矣，何以文为？"子贡曰："惜乎！夫子之说君子也。驷不及舌。文犹质也，质犹文也。虎豹之鞟，犹犬羊之鞟。"（第8章）

司马牛问仁、问君子、问兄弟，从不同方面揭示理性思考生活问题和生存困境的重要性，由此开启进一步探讨理性思考何以可能给人认知帮助。第六章子张问明，孔子告诉子张，所谓明，即是看得清和看得远，无论认知事物还是认知人，达于明的基本方法是身处其远，居高临下。

明就是理性认知，理性认知即是站得高看得远，这是君子行仁的一般认知论。第七章照应第二章"仲弓问仁"，围绕治国安邦展开，揭示君子行仁达及明远必须遵循优先原则，这一选择的优先原则本身蕴含了由表及里的认知准则。第八章则以文质为例对“明”展开进一步讨论，批评君子文饰观和君子单质观的错误，主张文质相生观，指出通过文质双修达于文质彬彬的君子状态、君子境界，必然指向于对生活的实行，就是行礼必彰仁，施仁必承礼。仁礼一体，其所贯穿的是“君子不器”的整体生成观，照应上章君子行仁治邦，足食、足兵、民信此三者缺一不可的整体治理思想，同时也表明子贡对夫子整体生成的践履思想和原则的坚守与运用。

哀公问于有若曰：“年饥，用不足，如之何?”有若对曰：“盍彻乎?”曰：“二，吾犹不足，如之何其彻也?”对曰：“百姓足，君孰与不足? 百姓不足，君孰与足?”(第 9 章)

子张问崇德、辨惑。子曰：“主忠信，徙义，崇德也。爱之欲其生，恶之欲其死。既欲其生，又欲其死，是惑也。‘诚不以富，亦祇以异。’”(第 10 章)

齐景公问政于孔子。孔子对曰：“君君，臣臣，父父，子子。”公曰：“善哉! 信如君不君，臣不臣，父不父，子不子，虽有粟，吾得而食诸?”(第 11 章)

子曰：“片言可以折狱者，其由也与?”子路无宿诺。(第 12 章)

子曰：“听讼，吾犹人也。必也使无讼乎!”(第 13 章)

第九章承上章继续讨论如何才达成“明”之正确认知，围绕如何解决饥荒问题展开，指出饥年治邦如何达到百姓与君“共足”。这种共足的实质是治邦者仁和治邦施仁必须有度。有度，表征为君、百姓、民三者共生；无度，必然造成三者相互撕逼，一旦如此，则国将不国。何以才可施治有度而达于仁? 第十章着重讨论这个问题，提出君子为政治于仁，必须逐利有度。要做到逐利有度地施治于仁，需要解决崇德和不惑的问题。第十一章继续向前推进，以孔子应答齐景公问政，指出在崇德解惑基础上，逐利有度地施治于仁，必须落实为“君君、臣臣、父父、子子”担责：只有明确的担责，只有担当起己责，才可做到逐利有度地施治于仁。第十二章通过孔子褒奖子路“片言可以折狱”，指出为政施治于仁必须具备的担责能力中最根本的方面有三：

一是为民无宿诺；二是忠直无虚妄；三是看问题客观明远，处理事务客观公正。第十三章继之讨论施治于仁的目标是实现仁。孔子以自己为例，讲述听讼折狱的目标不是正确，而是追求无讼，其追求所要实现的是施治于仁的大同。

三

子张问政。子曰："居之无倦，行之以忠。"（第14章）

子曰："博学于文，约之以礼，亦可以弗畔矣夫！"（第15章）

子曰："君子成人之美，不成人之恶。小人反是。"（第16章）

第十二、十三两章从施治的实践层面讨论施治于仁必得"民信"的刑罚要求。只有刑罚客观、公正，才是取得民信的根本社会方式。第十四章讨论施治于"民信"如何才可做到。孔子针对"子张问政"而开出处方：一是精诚于本职，做到"居之不倦"；二是行之以忠公。孔子关于"居之无倦，行之以忠"的从政准则和为官要求，诠释了何为"为政以德"，即如何以德正己，然后怎样正己以正人、正己以正事、正己以正国。

为政施治于仁，要做到"居之不倦，行之以忠"，前提是为政者应该有文道救世的理想和以此实现"以仁入礼达乐"的境界追求，这需要修养和修习。其修养和修习的原则是"博学于文，约之以礼"（第15章）。

季康子问政于孔子。孔子对曰："政者，正也。子帅以正，孰敢不正？"（第17章）

季康子患盗，问于孔子。孔子对曰："苟子之不欲，虽赏之不窃。"（第18章）

季康子问政于孔子曰："如杀无道，以就有道，何如？"孔子对曰："子为政，焉用杀？子欲善，而民善矣。君子之德，风。小人之德，草。草上之风，必偃。"（第19章）

博学于文，约之以礼，是孔子论君子成己的自身说法。第十六章继之拓展开去讨论君子成己的目标是如何成人。孔子指出，成己的君子成人，应该做到“成人之美，不成人之恶”：人要成为一个君子，必须**博学约礼，成人之美**。

孔子的君子学说，是成己成人学说，君子成己，是起步；君子成人，是目标。君子成人，需要从两个方面努力，一是成就个人，应以“成人之美，不成人之恶”为准则；二是成就社会大众，必须从政施治以仁，根本方策是“子帅以正”(第17章)。为政施治要真正“帅之以正”并达到“孰敢不正”的效果，其根本前提是自灭贪欲。第十八章从“苟子之不欲，虽赏之不窃”来反面论证为政者施治为何必须自制其欲；第十九章继之讨论为政者自制己欲的内动力问题，指出节制己欲的内动力是心有其道，并谨守道和明用道。

> 子张问：“士何如，斯可谓之达矣？”子曰：“何哉，尔所谓达者？”子张对曰：“在邦必闻，在家必闻。”子曰：“是闻也，非达也。夫达也者，质直而好义，察言而观色，虑以下人。在邦必达，在家必达。夫闻也者，色取仁而行违，居之不疑。在邦必闻，在家必闻。”(第20章)
>
> 樊迟从游于舞雩之下，曰：“敢问崇德、修慝、辨惑。”子曰：“善哉问！先事后得，非崇德与？攻其恶，无攻人之恶，非修慝与？一朝之忿，忘其身，以及其亲，非惑与？”(第21章)
>
> 樊迟问仁。子曰：“爱人。”问知。子曰：“知人。”樊迟未达。子曰：“举直错诸枉，能使枉者直。”樊迟退，见子夏。曰：“乡也吾见于夫子而问知，子曰，‘举直错诸枉，能使枉者直’，何谓也？”子夏曰：“富哉言乎！舜有天下，选于众，举皋陶，不仁者远矣。汤有天下，选于众，举伊尹，不仁者远矣。”(第22章)
>
> 子贡问友。子曰：“忠告而善道之，不可则止，无自辱焉。”(第23章)
>
> 曾子曰：“君子以文会友，以友辅仁。”(第24章)

从主题关联看，第二十章是对前两章主题的拓展讨论：第十八章讨论盗贼蜂起与执政者利欲膨胀之间的变动关系：执政者贪欲膨胀，必然造成盗贼蜂起，揭示制己欲才是施治于仁的根本。第十九章围绕如何解决盗贼之类的社会不稳定因素，指出杀戮不能解决社会秩序问题，唯有统治者节制己欲自正其德，才可引导民众有德。由此引出为政施治的位与德问题，这个问题亦是名与实的问题，主张君子为政施治仁，必须名实合一。第二十一章通过应答樊迟之问，将做人之名实推向深度考察，提出崇德、修慝、辨惑三要。对崇德、修慝、辨惑三者的理解，就是知；对崇德、修慝、辨惑三者的实行，就是仁。所以樊迟三问，蕴含仁与知；孔子三答，开启了仁与知。（第22章）

君子行仁，必知人、爱人；君子知人、爱人的基本方面，是爱友、知友。第二十三章继之具体讨论交友如何爱之知之有节有度，提出“忠告而善道之”和“不可则止，无自辱焉”的两个交友原则，也可称之为交友之道。这一交友之道实际上是孔子君子成人学说中的知人、爱人思想的领域性运用。但其交友之道相对曾子的“以文会友”（第24章）言，却构成一般与具体、原则与运用的关系：就交友论，子贡“问友”，是交友的一般之问，孔子以此提出能够统摄交友方方面面的两个基本原则，并突出忠诚原则和适度原则得以确立的前提，是义与平等。第二十四章曾子论友，却是立足具体，讲君子如何交友，突出君子交友的日常方式是以文会友，以友辅仁。曾子以友哺仁的思想，既是对孔子以友哺德思想的发展，也是对孔子以友哺德思想的萎缩，因为以友哺德既包含以友哺仁，更包含以友哺礼，并且二者相辅相成。由此个案可看出，孔门弟子在孔子身后传播其学问的过程中，已经对孔学思想本身做了不同程度的修正，包括拓展深化或压缩浅表化。

13. 子路第十三内容主题

《先进》篇以弟子修习言行为主题，构成对《八佾》篇的丰富；《颜渊》篇以君子如何践履仁为主题，构成对《里仁》篇的充实；本篇以如何治国安邦为主题，可看成是对《为政》篇的具体化。

一

子路问政。子曰：“先之，劳之。”请益。子曰：“无倦。”（第1章）

仲弓为季氏宰，问政。子曰：“先有司，赦小过，举贤才。”曰：“焉知贤才而举之？”曰：“举尔所知，尔所不知，人其舍诸？”（第2章）

第一章子路问政，孔子教其“先之”“劳之”和“无倦”，此六字方针构成孔子为政之道的精髓："先之"，要求为政者必须"以身先之"，它贯穿"成己成人"原则和"以德正位"原则；"劳之"，要求为政者必须履行好自己的根本职责，其思想精髓是善民、励民、勤民；"无倦"要求"行此事上，无倦则可"。第二章承"先之，劳之，无倦"这一宏观方策，考察治理的实施之道，指出君子为政治理应做好"先有司，赦小过，举贤才"三要事。第三章孔子自述如果自己为政，需要干的第一件政务是订正名分，并阐明其理由，以此正面表达孔子的政治思想：为政以德，必须以订正名分为先决条件，因为正名是构建秩序，礼乐是教化引导信任秩序，刑罚是强制规范遵守秩序，此三者对于治国不可或缺。

> 子路曰："卫君待子而为政，子将奚先？"子曰："必也正名乎。"子路曰："有是哉，子之迂也。奚其正？"子曰："野哉，由也！君子于其所不知，盖阙如也。名不正则言不顺，言不顺则事不成，事不成则礼乐不兴，礼乐不兴则刑罚不中，刑罚不中则民无所措手足。故君子名之必可言也，言之必可行也。君子于其言，无所苟而已矣。"（第3章）
>
> 樊迟请学稼。子曰："吾不如老农。"请学为圃。曰："吾不如老圃。"樊迟出，子曰："小人哉！樊须也。上好礼，则民莫敢不敬；上好义，则民莫敢不服；上好信，则民莫敢不用情。夫如是，则四方之民襁负其子而至矣。焉用稼？"（第4章）
>
> 子曰："诵《诗》三百，授之以政，不达；使于四方，不能专对。虽多，亦奚以为？"（第5章）
>
> 子曰："其身正，不令而行；其身不正，虽令不从。"（第6章）

第一、二章论为政，着重于事，道为政"先之，劳之，无倦"三大道和施治"先有司，赦小过，举贤才"三要事；第三章论为政，着重于治人正己，其要是订正名分方可行礼乐、正刑罚。第四章拓展开去讨论治民成己问题，指出治民成己必努力于好礼、好义、好信。第五章专论君子为政如何具备其才。为政之才之于君子，必以学为要，但根本却是学而能"习"，孔子以学《诗》用诗为例阐发君子为政必灵活"学而"，了解历史，积累和具备历史经验和智慧。第六章从正反两个方面论为政之正：从正面讲，身正，不令而行；从反面讲，身不正，令而不从。由此展示孔子两个方面的政治学思想，一是为政者与政治的关系的思想：政令的通与不通，政治的清明与不清明，直接取决于为政者的作为；二是为政者的作为与为政的言行的关系的思想：为政者总是会有作为，但其作为产生的效应是正是负，取决于为政者的言行是否端正，为政者的言行端正，其作为产生的效应是正面的，反之，其作为产生的效应是负面的。

二

子曰："鲁卫之政，兄弟也。"(第7章)

子谓卫公子荆："善居室，始有，曰：'苟合矣'；少有，曰：'苟完矣；富有，曰：'苟美矣'。"(第8章)

子适卫，冉有仆。子曰："庶矣哉。"冉有曰："既庶矣，又何加焉？"曰："富之。"曰："既富矣，又何加焉？"曰："教之。"(第9章)

子曰："苟有用我者，朞月而已可也，三年有成。"(第10章)

子曰："'善人为邦百年，亦可以胜残去杀矣。'诚哉，是言也。"(第11章)

子曰："如有王者，必世而后仁。"(第12章)

子曰："苟正其身矣，于从政乎何有？不能正其身，如正人何？"(第13章)

冉子退朝。子曰："何晏也？"对曰："有政。"子曰："其事也如有政，虽不吾以，吾其与闻之。"(第14章)

定公问："一言而可以兴邦，有诸？"孔子对曰："言不可以若是，其几也。人之言曰：'为君难，为臣不易。'如知为君之难也，不几乎一言而兴邦乎？"曰："一言而丧邦，有诸？"孔子对曰："言不可以若是，其几也。人之言曰：'予无乐乎为君，唯其言而莫予违也。'如其善而莫之违也，不亦善乎？如不善而莫之违也，不几乎一言而丧邦乎？"(第15章)

第一至六章分别从不同方面讨论了为政治国应该如何，第七章以前面诸章勾勒的"应该如何"为判据来审视鲁卫两国为政治理状况"事实怎样"，揭示鲁卫由强而弱的衰变历史，总结其成因于内乱。内乱的根源却是权力争夺造成世袭制度的坏死。暗示君子成己为政治国救世的艰难，但并不是没有希望，第八章通过讲述卫公子荆善营家过日且不贪自足的生活品德，暗示鲁卫复兴的文明根基仍在。第九章以孔子游国初入卫境直观卫国的蒸蒸人气，暗示卫国复兴文明和强盛有其根本的人口基数或曰生产力的基石。在孔子看，如果有君子为其政，卫国一定会成为文道救世的成功试验园（第10章）。由此，孔子以“苟有用我者，朞月而已可也，三年有成”自表，揭示了德才与配位的问题：孔子以为，自己德才如果能配其位，治一邦国，一年可初见成效，三年可大见成效。阐明一个道理，治国难易，因人而异：庸才治国，自然大难；德才格局不大者，治国格局也自然难大，邦国治理也不容易。第十一章继续深入探讨德才与配位的问题，指出治国在贤，但贤是天命的，治国的持续展开，需要贤者相继。贤者能否相继，构成邦国之治能否久远的关键。孔子对此的思考，得出一个初步的结论：邦国治理达于久远和昌盛很难，难就难在治国朝文明方向展开，必须努力于“胜残去杀”，要达到这样的文明之治，至少需要“善人为邦百年”。第十二章继续讨论“善人相继为邦”之后的治理，只能是“王者”以王道行治。但前提是必须解决为政者自己的身正问题：行王道之治，必须治者身正，其自正，治人人正，治事事正，治国国有道。所强调的基本思想是为政者自正正人，自正正事，自正正国，所重复的是“为政以德”（第13章）。第十四章孔子针对冉求“有政”之答，指出为政者行王道治国先正其身，应该从实做入手，并且实做必须不搞阴谋诡计，要堂堂正正，光明正大。第十五章进一步指出为政者要行王道治国，必须言行一致，并且其言行必须符合邦道和王道。在孔子看来，为政者行王道治国，还应该有至高的远见和开放于天下的视野，这种远见和视野就是“近者说，远者来”（第16章）。

叶公问政。子曰：“近者说，远者来。”（第16章）

子夏为莒父宰，问政。子曰：“无欲速，无见小利，欲速则不达，见小利则大事不成。”（第17章）

叶公语孔子曰：“吾党有直躬者，其父攘羊，而子证之。”孔子曰：“吾党之直者异于是，父为子隐，子为父隐，直在其中矣。”（第18章）

孔子指出，要成为“近者说，远者来”的富强邦国，必须解决两个基本问题，即为政速与达的问题和为政利与远的问题：解决前一个问题，应遵循为政勿速准则；解决第二个问题，应遵循“无见小利”的原则（第 17 章）。因为“欲速”违背为政规律，结果会导向社会对规律的忽视，对秩序的破坏；“见小利”必然带头败坏道德，刺激治下之民逐利不顾一切。孔子以反驳叶公“其父攘羊而子证之”的行为如何违背直道，来证明父子互为告发的社会，人人自危，何以可能使“近者说，远者来”？（第 18 章）

三

樊迟问仁。子曰：“居处恭，执事敬，与人忠，虽之夷狄，不可弃也。”（第 19 章）

第十九章樊迟问仁，实际上是问如何行仁，孔子提出“居处恭，执事敬，与人忠”三条日常生活行为原则。联系“虽之夷狄，不可弃也”，这三大行为原则具有普世性，既是人人须遵守的，也是每个民族、每种文明社会应该遵守的。

子贡问曰：“何如斯可谓之士矣？”子曰：“行己有耻，使于四方，不辱君命，可谓士矣。”曰：“敢问其次。”曰：“宗族称孝焉，乡党称弟焉。”曰：“敢问其次。”曰：“言必信，行必果，硁硁然小人哉，抑亦可以为次矣。”曰：“今之从政者何如？”子曰：“噫！斗筲之人，何足算也。”（第 20 章）

子曰：“不得中行而与之，必也狂狷乎！狂者进取，狷者有所不为也。”（第 21 章）

子曰：“南人有言曰：‘人而无恒，不可以作巫医。’善夫！”“不恒其德，或承之羞。”子曰：“不占而已矣。”（第 22 章）

第二十章子贡问士，孔子做出类型学划分，指出士有三类；一类最高品级的国士是“行己有耻，使于四方，不辱君命”，其次一品级的乡士，能够做到“宗族称孝焉，乡党称弟焉”；再次一品级的是“言必信，行必果”的游士。在此基础上，第二十一章探讨士的性格类型学问题，孔子从交往入手，分类出中行者、狂者和狷者三种性格类型，揭示不同类型的性格特征：中行者品性端庄，行为中正，既不偏私，也不极端，最值得依赖，但现实生活中很难遇到；狂士性格偏向于左，行有过，但志高勇进，格格刚毅，意志坚强，积极乐观，不怕困难，不畏艰险，勇往直前，义无反顾；狷士性格偏向于右，行有不及，有很强的理性能力，是非、善恶、美丑观念特别强，不流时俗，不为欲望所持，洁身自好，但体现一定程度的消极性，这种消极性源于对事物本身拉开距离。所以狷者是有距离地生活者，与这类性格的人交，既可以推心置腹地无防范，更可提升理性生活能力，洁身洁心。如上三类士君子，虽然性格类型不同，但却内在地蕴含一种共同的持守德操和守常精神：中行者所持和所守之常，是中正的行为处事之道；狂士所持所守之常，是正道而行，勇往直前，义无反顾之道；狷士所持所守之常，是不流于时俗利害的理性生活之道。第二十二章承此进一步阐述这种持常守常德操，认为它可通神灵。

子曰："君子和而不同，小人同而不和。"（第23章）

子贡问曰："乡人皆好之，何如？"子曰："未可也。""乡人皆恶之，何如？"子曰："未可也。不如乡人之善者好之，其不善者恶之。"（第24章）

子曰："君子易事而难说也。说之不以其道，不说也；及其使人也，器之。小人难事而易说也。说之虽不以道，说也；及其使人也，求备焉。"（第25章）

子曰："君子泰而不骄，小人骄而不泰。"（第26章）

君子成己为人，无论做事还是与人交，要持守德操。第二十三章则以此为准则概述君子与小人的根本区别是：君子"和而不同"，小人"同而不和"。第二十四章进一步论如何辨别人的方法，指出以好人为好人的依据，以恶人为恶人的依据。第二十五章拓展视野，讨论如何识别上位者，指出针对不同德性和德行的上位者，到底是"以道事之"还是"不以道事之"。第二十六章可看成是对第十八章到二十五章内容的概括，指出作为为政主体的君子的总体德性要求是"泰而不骄"。

子曰:“刚、毅、木、讷,近仁。”(第27章)

子路问曰:“何如斯可谓之士矣?”子曰:“切切、偲偲、怡怡如也,可谓士矣。朋友切切偲偲,兄弟怡怡。”(第28章)

子曰:“善人教民七年,亦可以即戎矣。”(第29章)

子曰:“以不教民战,是谓弃之。”(第30章)

君子“泰而不骄”,小人“骄而不泰”,二者虽截然对立,但潜伏着融通与转换的可能性。这种可能性是性格,因为性格与德性之间存在内在的通道:性格持中,则近仁;性格偏中,则远仁;一旦性格远离中正,缺乏仁的滋养,就易于滑向骄的方向,至于极端,是横。第二十七章论刚、毅、木、讷,近仁。性格的“近仁”,不等于仁;接近仁,更不是仁。接近仁,首先是指与仁相近;其次指这些相近于仁的刚、毅、木、讷,可能促进仁,也可能偏离仁。所以,“近仁”的东西,总是存在着两可性。如何使刚、毅、木、讷的性格变成仁?孔子通过应答子路问士,指出其根本方法是训练柔和。在孔子看来,柔和是士君子最重要的品德,亦是为政所不可或缺的能力。因为柔和的品德内蕴三条准则:一是待人诚恳真诚;二是严肃做事,从细节入手,以此相互勉励;三是与人和睦相处,并相互关爱(第18章)。

士君子自我修行的目的,是为政施治;其基本努力是“庶之”“富之”,在富强邦国的基础上,教之以复兴文明。第二十九、三十章续其“教之”,讨论如何教之于民而使邦国强大:第二十九章概述教民戎事的两个基本条件;第三十章讲教民戎事的重要与根本。孔子指出,能够担当起教民即戎的人,只能是具备大德才的为政者。因为有大德,才尊重生命,不会以草菅人命的方式教民。只有具备大德才的为政者,才具备根本的善。这种根本的善才是教会民从戎取胜的为战本领、技能及根本智慧。由此两个方面可以窥见孔子的生命至上思想和民本精神。

14. 宪问第十四内容主题

第二篇《为政》论君子何以可能治国安邦,本篇续之而进一步探讨君子怎样才能具备治国安邦德才。全篇共四十四章,可大致分为三部分:第一部分(第1—25章)论君子为政应具备的基本条件;第二部分(第26—39章)

论君子为政的主体性建构及为世态度和选择方式;第三部分(第 40—44 章)重新续接前二十五章主题,再论君子为政的相关问题。

一

宪问耻。子曰:"邦有道,谷。邦无道,谷,耻也。""克、伐、怨、欲,不行焉,可以为仁矣?"子曰:"可以为难矣。仁,则吾不知也。"(第 1 章)

子曰:"士而怀居,不足以为士矣。"(第 2 章)

子曰:"邦有道,危言危行,邦无道,危行言孙。"(第 3 章)

子曰:"有德者必有言,有言者不必有德;仁者必有勇,勇者不必有仁。"(第 4 章)

南宫适问于孔子曰:"羿善射,奡荡舟,俱不得其死然,禹稷躬稼,而有天下。"夫子不答。南宫适出,子曰:"君子哉若人,尚德哉若人。"(第 5 章)

子曰:"君子而不仁者有矣夫,未有小人而仁者也。"(第 6 章)

子曰:"爱之,能勿劳乎? 忠焉,能无诲乎?"(第 7 章)

第一章讨论耻和仁,围绕仕与不仕的正当性展开,指出士要能知耻,知耻构成仕与不仕的主体前提,但知耻却要以邦有道或无道为判断依据:邦有道而仕,不仅荣,而且士;跻身无道而仕,不仅耻,而且非士。第二章拓展开去讨论士必须具备文道救世的理想并为之实行的意志和能力,不能恋家怀土。第三章讨论士与道的问题,指出在有道或无道的邦国环境里,士如何可能做到持守其本色,做到直与言的统一,才是德。第四章讨论君子之德,首先明确德的本质内涵,然后讨论德与言的统一,揭示德与勇的辩证关系。第五章承德与勇而展开,探讨仁德与勇敢之间的辨正关系,以仁与不仁的历史人物的作为与结局来印证"仁者必有勇敢,勇者不必有仁"。第六章以君子小人对举的方式讨论仁与不仁的问题,指出仁者是君子,不仁者是小人。第七章继之讨论"仁"敞开自身的两个基本方面:爱与忠。相对而论,爱所指涉的对象是人,范围大致于家或家族,在一般情况下,爱之,属家内之事;忠所指涉的对象既可是人,也可是事,其范围大致于家之外的公共社会或邦国,在一般情况下,忠焉,属邦国之事。要言之,仁的实际展开是爱于家族,忠于邦国。

子曰："为命，裨谌草创之，世叔讨论之，行人子羽修饰之，东里子产润色之。"（第8章）

或问子产，子曰："惠人也。"问子西，曰："彼哉！彼哉。"问管仲，曰："人也夺伯氏骈邑三百，饭疏食，没齿，无怨言。"（第9章）

子曰："贫而无怨，难，富而无骄，易。"（第10章）

子曰："孟公绰，为赵、魏老则优，不可以为滕、薛大夫。"（第11章）

君子必仁，为人必爱，为政必忠。忠之于君或上位者，必先忠之于事。第八章以郑国朝臣制作法令的过程为实例说明君子为政何以为事尽忠。但忠必以仁为指南和规范，第九章以子产和管仲为例，来说明何为以仁为指南而施政，形成仁政。第十章或由伯氏被夺封邑的生活态度引发出为仁与贫富的关系问题，揭示贫富对人的影响，以及君子对贫富生活的承受程度。

从第一章到第十一章，从不同角度讲君子为政必须具备仁，才可行仁政；并探讨君子行仁德应该具备哪些条件并必须从哪些方面入手践履。对君子言，仁德决定其境界的高低，才能却决定着作为和贡献的大小，第十一章以孟公绰为例来阐明这个基本道理。

子路问成人。子曰："若臧武仲之知，公绰之不欲，卞庄子之勇，冉求之艺，文之以礼乐，亦可以为成人矣。"曰："今之成人者何必然？见利思义，见危授命，久要不忘平生之言，亦可以为成人矣。"（第12章）

子问公叔文子于公明贾，曰："信乎？夫子不言，不笑，不取乎。"公明贾对曰："以告者过也，夫子时然后言；人不厌其言。乐然后笑，人不厌其笑。义然后取，人不厌其取。"子曰："其然？岂其然乎？"（第13章）

子曰："臧武仲以防求为后于鲁，虽曰不要君，吾不信也。"（第14章）

子曰："晋文公谲而不正，齐桓公正而不谲。"（第15章）

子路曰："桓公杀公子纠，召忽死之，管仲不死。曰：未仁乎？"子曰："桓公九合诸侯，不以兵车，管仲之力也。如其仁，如其仁！"（第16

章）

子贡曰："管仲非仁者与？桓公杀公子纠，不能死，又相之。"子曰："管仲相桓公，霸诸侯，一匡天下，民到于今受其赐。微管仲，吾其被发左衽矣。岂若匹夫匹妇之为谅也，自经于沟渎，而莫之知也。"（第17章）

公叔文子之臣大夫僎，与文子同升诸公，子闻之曰："可以为'文'矣。"（第18章）

子言卫灵公之无道也。康子曰："夫如是，奚而不丧？"孔子曰："仲叔圉治宾客，祝鮀治宗庙，王孙贾治军旅，夫如是，奚其丧？"（第19章）

子曰："其言之不怍，则为之也难。"（第20章）

第十二章继之讨论君子成人施治，必须知、廉、勇、艺兼备。这是一般的说理，第十三章以具体的人物为例来说明知、廉、勇、艺四者何以可能言行适宜，取之有度。第十四章以臧武仲为例，反面论证君子之知和廉。第十五、十六、十七章构成一整体，对历史人物的作为及其方式予以评价，以此阐述仁的问题。第十五章以晋文公和齐桓公为对比，进一步证明知、廉、勇、艺和制欲、勇敢、守诺的完整具备，对君子成人立世的重要和根本。第十六和第十七章直接承第十五章展开，评价齐桓公尊王何以能做到"正而不诡"，是得益于佐臣管仲之智力。同时也是对"善人为邦百年，亦可以胜残去杀"（《子路》）的诠释：有大德才的君主和辅国大臣相继治国，国才可得真治而富强。齐桓公与管仲相默契，才创造了"九合诸侯，一匡天下，不以兵车"的伟业。第十八章以公叔文子不论地位尊卑，以德才为准则举荐家臣同朝为官为例，说明仁是舍个人小利和私欲，邦国之治举贤不避亲疏、不讲尊卑的大义，亦是仁。邦国兴亡，在于为政者有仁德和治国才能。仁德与治才集人一身，就是贤。贤人为政治国，国必安和兴。管仲治齐，有齐桓公贤君。卫灵公"无道"，但有仲叔圉、祝砣、王孙贾三位仁德治才兼备的贤人执掌国政，故不亡（第19章）。以此说明邦国兴衰的主体性条件，是人，关键是人君。人君之道构成了邦国的治道，并落实为言与行一致，或者"先行其言而后从之"（第20章）。

陈成子弑简公。孔子沐浴而朝，告于哀公曰："陈恒弑其君，请讨之。"公曰："告夫三子。"孔子曰："以吾从大夫之后，不敢不告也。君曰：'告夫三子者。'"之三子告，不可。孔子曰："以吾从大夫之后，不敢不告也。"(第21章)

子路问事君。子曰："勿欺也，而犯之。"(第22章)

子曰："君子上达，小人下达。"(第23章)

子曰："古之学者为己，今之学者为人。"(第24章)

蘧伯玉使人于孔子。孔子与之坐而问焉，曰："夫子何为?"对曰："夫子欲寡其过而未能也。"使者出，子曰："使乎！使乎！"(第25章)

孔子从两个方面论邦有道无道：首先从君的角度观，邦之有道无道，在于君有道无道；其次从执政大夫角度讲，执掌国政的大夫有道无道，最终因为君之有道无道。第二十一章实承如上各章，以齐陈成子弑君，孔子请求发兵讨伐乱臣为例，从反面讲述事君之道，揭示无论为君还是为臣，其仁与贤均源于对道的持守，反之，则是对道的舍弃。第二十二章以子路与孔子问答，正面论说事君之道。第二十三章概括前两章主题，揭示小人、君子事君取向不同的根本动力机制：对君子言，其动力机制是向上追求义与正；对小人，其动力机制是向下追求欲与利。然而，无论君子上达于义和正，还是小人下达于欲与利，都是学的体现，只是前者"学而为己"，后者"学而为人"(第24章)。第二十五章以讲述时贤蘧伯玉至老学而不止来说阐明君子"学而为己"的努力方向是终身不止地"寡其过"。在孔子看来，君子所寡之过中，最重要的一个方面是为政的责任、权限和边界：一是君子为政是否完全担当权位所规定的责任？二是君子担当为政责任是否超出其权位所规定的边界？如果没有做到前者，是为政"不及"；如果做出了后者，是"过犹"。过犹或不及，都不应是君子所为：君子为政，必须中正。

二

子曰："不在其位，不谋其政。"曾子曰："君子思不出其位。"(第26章)

子曰："君子耻其言而过其行。"(第27章)

子曰:“君子道者三,我无能焉。仁者不忧,知者不惑,勇者不惧。”子贡曰:“夫子自道也。”(第28章)

子贡方人。子曰:“赐也贤乎哉,夫我则不暇。”(第29章)

子曰:“不患人之不己知,患其不能也。”(第30章)

如何做到为政既不无及也不过犹的中正?孔子指出,首先应该边界明确,权责统一“不在其位,不谋其政”(第26章)。其次应该言行一致,即“耻其言而过其行”(第27章)。人要做到“耻其言而过其行”,必须具备“仁、知、勇”三德三能(第28章)。第二十九章以孔子评价子贡“方人”之贤来说明何为“仁者不忧,知者不惑,勇者不惧”。因为,善于品评人物者须具备两个基本能力:一是知人和知事的能力,尤其是知史事史实的能力;二是知己。具备前一种能力,才可有的放矢;具备后一种能力,才可做到客观、无私、中正。比较言之,具备前一种能力是基础,具备后一种能力是根本。第三十章阐述君子具备这种能力的重要性,以及如何具备这种能力。

子曰:“不逆诈,不亿不信,抑亦先觉者,是贤乎!”(第31章)

微生亩谓孔子曰:“丘何为是栖栖者与?无乃为佞乎?”孔子曰:“非敢为佞也,疾固也。”(第32章)

子曰:“骥不称其力,称其德也。”(第33章)

或曰:“以德报怨,何如?”子曰:“何以报德?以直报怨,以德报德。”(第34章)

知之于君子,敞开为知己与知人两个扇面,并形成一辩证关系。第三十一章承之而讨论知人,指出对人的非善意的猜测、怀疑、主观推断,既是不知,也是不仁。反之,心存其仁而知人,则可达到“不逆诈,不亿不信”而具有“先觉”之贤。第三十二章以微生亩怀疑孔子“栖栖者”而“无乃为佞”之主观猜测和推断,说明人要做到“不逆诈,不亿不信”之难,但却很重要。第三十三章讨论力与德的一般问题,孔子以“骥”为喻,指出自己何以“栖栖”而不“为佞”,是因为有返本开新文道救世的理想并将其化为一以贯之的人生追求，至死不渝。以此阐明君子之为君子，必须具备德与力。第三十四章讨论德与力的特殊问题，即德与怨的关系问题，提出"以直报怨"和"以德报德"的中正原则。第三十五章孔子以自述方式，揭示"怨"如何产生于不仁不知：尤其是不知，因为不知才形成偏见；由于不仁，才不容忍。由此提出"天不知"的化怨方式，是下学上达。

子曰："莫我知也夫！"子贡曰："何为其莫知子也？"子曰："不怨天，不尤人，下学而上达，知我者其天乎！"（第35章）

公伯寮愬子路于季孙。子服景伯以告，曰："夫子固有惑志于公伯寮，吾力犹能肆诸市朝。"子曰："道之将行也与，命也；道之将废也与，命也。公伯寮其如命何！"（第36章）

孔子所自述的"下学上达"，是一种学而方法论，揭示学而的最终努力以及所能达及的最高境界，是对上天之道的领悟。能够领悟天道法则，是真正超越"不尤人"而达于"不怨天"的大慧之境的唯一路径与方式。第三十六章以子路遭人谗言陷害的困境而提出如何解决的办法，以此揭露人道法则与天道法则的生成关系，指出人道法则是天道法则的人间形式，人存在于当世中，必须通过"学而"领悟天道法则，并以此指导生活本身时，任何方式都是可行的，都符合人道和天道法则。

子曰："贤者辟世，其次辟地，其次辟色，其次辟言。"子曰："作者七人矣。"（第37章）

子路宿于石门。晨门曰："奚自？"子路曰："自孔氏。"曰："是知其不可而为之者与？"（第38章）

子击磬于卫，有荷蒉而过孔氏之门者，曰："有心哉，击磬乎？"既而曰："鄙哉，硁硁乎。莫己知也，斯己而已矣。深则厉，浅则揭。"子曰："果哉，末之难矣。"（第39章）

对于一个时代，当人道法则与天道法则相分离，进而，当人道法则和天道法则均被抛弃时，必然成为乱世。孔子认为自己所生活的当世就是这样的乱世。在乱世之中，君子开始了分化，其具体呈现为人生道路和生活方式的选择，因而出现避世现象。第三十七章概括了避世的四类贤者，指出他们各自所避的重心。第三十八章以子路“宿于石门”的事件，展示乱世贤者求避的普遍性，同时也揭示孔子在避地、避色、避言中求变世而闻名的广阔程度。然而，孔子以文道救世，是“明知不可为而为之”，虽志坚如磐，但其一以贯之的“为之”过程，其心不时生发出“难为”“徒劳”和不被理解的郁积，以音乐自化之，故而有了“鄙哉，硁硁乎。莫己知也”的孤独感叹，以展示礼崩乐坏的乱世的不可逆性。（第 39 章）

三

子张曰：“《书》云：高宗谅阴，三年不言。何谓也？”子曰：“何必高宗，古之人皆然。君薨，百官总己以听于冢宰，三年。”（第 40 章）

子曰：“上好礼，则民易使也。”（第 41 章）

子路问君子。子曰：“修己以敬。”曰：“如斯而已乎？”曰：“修己以安人。”曰：“如斯而已乎？”曰：“修己以安百姓。修己以安百姓，尧舜其犹病诸？”（第 42 章）

原壤夷俟。子曰：“幼而不孙弟，长而无述焉，老而不死，是为贼。”以杖叩其胫。（第 43 章）

阙党童子将命，或问之曰：“益者与？”子曰：“吾见其居于位也，见其与先生并行也，非求益者也，欲速成者也。”（第 44 章）

本篇第二十六章之前，是从不同角度和层面论为政。第二十六章是一转折，主题从君子为政转向君子主体性建构及为世态度和选择方式：第二十六章的前一部分“不在其位，不谋其政”，是对前面二十五章内容的小结；后一部分“君子思不出其位”是对第二十七章到第三十九章内容的开启。第四十章又重新续接本篇第一到第二十五章内容，再论君子为政的相关问题，首先为政必须谨守血缘宗法之礼，即行孝。因为行孝的过程，既是感恩的过程，也是清理自己如何为政的思绪和道理的过程。第四十一章讲君守礼与民行德的关系，揭示“上好礼，民易使”；第四十二章拓展开来讨论为政者如何处理为政与贵族的关系。

第四十三章孔子自述人到老年，应该回返童年般的身心状态，童心焕发，童言无忌，去过一种无蔽的游戏生活。第四十四章则讲述人成长时应该学礼，言行守礼法，去过一种礼仪生活。以乡党童子是否可培养为案例，揭示人能否成己为君子，重不在于天资，更在于能做的才与能，根基却是德。而德的本质是仁，仁的行为表现是礼。礼的本质是克制欲望，表现为行为，是凡事有限度，这就是长幼有序、上下有节、行事有度，凡人皆敬。

15. 卫灵公第十五内容主题

孔子之君子学说，基于当世，立足传统而至于未来。基于当世，内驻责任；立足传统，是为深厚；至于未来，是为悠远。由此形成孔子君子学说面对当世和指向未来的双重主题，前者乃文道救世；后者即弘大返本开新的中正仁道，简称为弘道。

在孔子的君子学说中，文道救世主题展开的实践路径是为政。第十三篇《子路》和第十四篇《宪问》分别从君子救世(即治国安邦)何以可能和君子如何救世两个方面拓展《为政》。第十五篇《卫灵公》侧重承《里仁》篇，突出返本开新的弘道主题，较为系统地阐述了君子在救世的同时，如何肩负起返本开新的弘大中正仁道的使命。

一

卫灵公问陈于孔子。孔子对曰："俎豆之事，则尝闻之矣，军旅之事，未之学也。"明日遂行。(第1章)

在陈绝粮，从者病，莫能兴。子路愠见，曰："君子亦有穷乎?"子曰："君子固穷，小人穷斯滥矣。"(第2章)

子曰："赐也，女以予为多学而识之者与?"对曰："然。非与?"曰："非也。予一以贯之。"(第3章)

孔子一生，最重要的人生阶段是游国十四年，孔子思想和学说的形成和发展，可能主要是这段时间。孔子晚年回鲁生活及至逝世的几年时间，主要是对其形成和发展起来的思想和学说予以总结。孔子游国十四年，有九年在卫国度过。这是孔子人生中最珍贵的一段生活，他的思想和学说与卫国结下不解之缘。孔子一行居卫，经历卫灵公和卫出公两朝，但对孔子生活、思想和学说发展产生更大影响的是卫灵公。这或许是《论语》编纂者为何第十五篇以“卫灵公问”为开篇的深层原因。

第一章卫灵公问陈于孔子，孔子不能应答而自行离卫，表现君子尊严和骨气。第二章讲述陈蔡缺粮，突出君子如何在逆境中坚守己道的品德：“君子固穷”而不自失，理由是“君子之学，非为通也，为穷而不困，忧而意不衰，知祸福终始而心不惑也”。(《荀子·宥坐》)第三章继而论人成己为君子，其根本不在博学多识，而是能够将其博学多识得来的东西予以思想的一以贯之。

子曰：“由，知德者鲜矣。”(第4章)

子曰：“无为而治者，其舜也与？夫何为哉？恭己正南面而已矣。”(第5章)

子张问行。子曰：“言忠信，行笃敬，虽蛮貊之邦行矣。言不忠信，行不笃敬，虽州里行乎哉？立，则见其参于前也；在舆，则见其倚于衡也。夫然后行。”子张书诸绅。(第6章)

子曰：“直哉，史鱼！邦有道，如矢；邦无道，如矢。君子哉，蘧伯玉！邦有道，则仕；邦无道，则可卷而怀之。”(第7章)

然而，孔子“一以贯之”的思想并不为弟子们所真知。所以才有第三章孔子向子贡做自我澄清。以此表述一个基本事实，即使孔门弟子，也对夫子的思想和学问不知。这是因为孔子思想和学问呈开放性的立体结构，但基本部分却是德的思想和学问。弟子对夫子“一以贯之”其思想和学问的灵魂不知，自然对其所主张的德的思想和理论也知之甚少。所以孔子才发出“知德者鲜矣”的感叹(第4章)。第五章以舜为例说明君子为政，真正解决其“知德之难”的基本方法只能是持之以往。在孔子看来，士君子只要做到了凡事以“忠、信、笃、敬”为准则、每日以“忠、信、笃、敬”为要求，就实现了德性，并成为德行君子(第6章)。第七章进而讨论“言忠信，行笃敬”的依据和准则，只能是“直”：以直为忠之准则，不会愚忠；以直为信之准则，不会盲信;以直为笃之准则,才会真厚道;以直为敬之准则,才可诚谦逊。

子曰:"可与言而不与之言,失人;不可与言而与之言,失言。知者不失人,亦不失言。"(第8章)

子曰:"志士仁人,无求生以害仁,有杀身以成仁。"(第9章)

子贡问为仁。子曰:"工欲善其事,必先利其器。居是邦也,事其大夫之贤者,友其士之仁者。"(第10章)

颜渊问为邦。子曰:"行夏之时,乘殷之辂,服周之冕,乐则《韶》舞。放郑声,远佞人。郑声淫,佞人殆。"(第11章)

子曰:"人无远虑,必有近忧。"(第12章)

面对有道或无道的邦国,选择事或不事的准则是直,即行中正之道。同样,能否与人言或与人交的判断依据和选择准则,仍然是直:以直道为准则的君子为政必须要慎言,慎言的基本要求是既不"失言",更不"失人"(第8章)。第九章从另一个方面论君子为政,必须成为志士仁人。第十章承之拓展开来讨论为政治邦,必须以仁为准则。第十一章颜渊与孔子问答"为邦",重点突出为政治邦必须以礼为依据。将上下两章合起来则发现孔子的治国思想:为政治邦,必须仁礼兼具。不仅如此,为政治邦更需要具备前瞻性远见。第十二章孔子论"人无远虑,必有近忧",是基于历史经验和生活经验的反思所做的理性总结,体现其普遍涵摄性,且蕴含只可意会而难以言及的至高真理而历久弥新。

子曰:"已矣乎!吾未见好德如好色者也。"(第13章)

子曰:"臧文仲,其窃位者与?知柳下惠之贤,而不与立也。"(第14章)

子曰:"躬自厚而薄责于人,则远怨矣。"(第15章)

子曰:"不曰'如之何?如之何'者,吾末如之何也已矣。"(第16章)

子曰:"群居终日,言不及义,好行小慧,难矣哉!"(第17章)

子曰:"君子义以为质,礼以行之,孙以出之,信以成之。君子哉!"

（第 18 章）

子曰："君子病无能焉，不病人之不己知也。"（第 19 章）

子曰："君子疾没世而名不称焉。"（第 20 章）

存远见，除近忧，必要好德。因为德就是持守中正。持守中正，必须在任何环境和情景下克己，所以难。持守中正的为政之难，首先难在好德不如好色那样自觉，那样发乎本性的渴望和内在的生命需要（第 13 章）；其次难在为政可以无德或弃德：为政者因好色而弃德，只是一种形式；为政者因妒贤嫉能而弃德，是另一种形式（第 14 章）。要做到为政能持守中正之德，首先应该"躬自厚而薄责于人"（第 15 章）。第十六章讲君子要持守"躬自厚责"和"薄责于人"的行事准则，需要对所为之事省问"如之何"，但前提是要省问所为之事本身该不该为，其实质却是正不正当和义与不义（第 17 章）。第十八章承其"义"展开，概述君子必"以义为质"。第十九章阐述以道义为准则，君子应该立足现实具备担当能力；第二十章则放眼未来而论君子之能，即君子应避免"疾没世不能称"。

二

子曰："君子求诸己，小人求诸人。"（第 21 章）

子曰："君子矜而不争，群而不党。"（第 22 章）

在孔子君子学说中，君子始终是一个不断精进的过程。君子有道，君子守义，君子循礼，始终是动态生成性的，这是第二十一章照应第十五、第十六、第十七和第十八章的内在思路。并且，君子之道、义、礼、仁四者构筑起君子的担当和能力，不间断地作为以实现其道、义、礼、仁，必然为后世积累起"名称"的资本。所以君子不断开阔胸襟、宏大气魄、提升远见、掘进卓识去承其更高水平的担当，发挥更多效应的作为，才是根本。自我训练这一"根本"的根本方式，只能是"求诸己"。君子要具备更高水平的担当和更大作为的能力，开辟"没世而名称"的人生道路，更应该有"不争"的卓越能力和"不党"的超拔品德（第 22 章）

子曰："君子不以言举人，不以人废言。"(第23章)

子贡问曰："有一言而可以终身行之者乎？"子曰："其恕乎！己所不欲，勿施于人。"(第24章)

子曰："吾之于人也，谁毁谁誉？如有所誉者，其有所试矣。斯民也，三代之所以直道而行也。"(第25章)

子曰："吾犹及史之阙文也，有马者借人乘之，今亡矣夫！"(第26章)

子曰："巧言乱德，小不忍则乱大谋。"(第27章)

"求诸己""不争""不党"，是人成为君子主体建构，通过这些方面的努力生成德性，必然面临践履，自我训练君子德行。君子行德为政，必须做到"不以言举人"和"不以人废言"(第23章)，这既揭示言与行、言与德之可分离性，也发现言与行、言与德的合生性。能够使言与行、言与德相合生的根本方法是"恕"，这是"一言立身"的准则(第24章)。第二十五章拓展开去讨论言的功能以及如何有限度地发挥其功能，在一般层面上揭示"言"的褒贬功能必须遵循的原则和必须具备的精神。第二十六章专门讨论书面言说如何遵循"恕"的客观中正原则和自由精神；第二十七章考察"言"所行和"言"之立，揭示如不遵循"恕"的准则所带来的恶劣后果。

三

子曰："众恶之，必察焉；众好之，必察焉。"(第28章)

子曰："人能弘道，非道弘人。"(第29章)

子曰："过而不改，是谓过矣。"(第30章)

本篇从第二十三章始至第二十六章，呈现出内容和思维的双主题。仅后者言，是理性辨识精神和辨识能力。尤其第二十六章使这一内隐主题获得形式显现，强调如何避免巧言或怎样辨别巧言的这种理性辨识能力的根本性，因为从大的方面讲，巧言乱德；具体地看，巧言乱德的人，必然是"小不忍"者，自然会"乱大谋"，于己于人，皆如是。第二十八章进一步突出这种理性辨识能力，指出巧言佞行可以使"众恶之"，亦能使"众好之"，面对这种两可状况，君子应该具备"必察焉"的理性能力，担当起辨别善恶，矫正巧言，引导世风的社会功能。第二十九章承之讲述君子必须以其理性辨识能力担当起弘大中正仁道，提升社会认知，引导文道治世的功能，必须具备极强的纠错能力。第三十章承此概述“过而不改”的危害。

子曰：“吾尝终日不食，终夜不寝，以思，无益，不如学也。”（第 31 章）

子曰：“君子谋道不谋食。耕也，馁在其中矣；学也，禄在其中矣。君子忧道不忧贫。”（第 32 章）

子曰：“知及之，仁不能守之，虽得之，必失之。知及之，仁能守之，不庄以莅之，则民不敬。知及之，仁能守之，庄以莅之，动之不以礼，未善也。”（第 33 章）

子曰：“君子不可小知，而可大受也。小人不可大受，而可小知也。”（第 34 章）

有“过”能否自“改”，既需要自明，更需要克己，但却要借助学来实现。所以，君子弘道的过程，不仅是克己自明的过程，更是不断阅读典籍和向人学问的过程（第 31 章）。这一学思互励过程始终彰显为“忧道不忧贫”的过程（第 32 章），因为“学也，禄在其中”。君子一旦享受到了“禄”，就应该担当起守护道和弘大道的责任，这一责任敞开为对道的“守之”“敬之”和“礼之”（第 33 章）。为此，君子必须大知，才可大受而肩负起弘大道的责任（第 34 章）。

四

子曰：“民之于仁也，甚于水火。水火，吾见蹈而死者矣，未见蹈仁而死者也。”（第 35 章）

子曰：“当仁，不让于师。”（第 36 章）

子曰：“君子贞而不谅。”（第 37 章）

第二十九章讲君子“弘道”，第三十至第三十四章分别从不同方面讲君子弘道应该具备哪些主体性条件，第三十五章继之论君子为何弘道的理由：当世之所以需要君子弘道，因为道已失落于人间，民无德已成为普遍现象，只有以弘道方式才可拯救其时世，使民恢复其仁、德。第三十六章承之论君子为拯救时世而弘道，必须勇往直前、义无反顾，做到“当仁，不让于师”。第三十七章既是对前一章主题的继续，也是对第三十四章内容的照应：君子“不可小知而可大受”的主体前提，是君子“仁”。君子一旦以仁道为准则，必须持守“当仁不让”的原则，践履这一原则的具体方式是“君子贞而不谅”，它构成君子应该怎样持守仁道的方法。

> 子曰：“事君，敬其事而后其食。”（第38章）
>
> 子曰：“有教无类。”（第39章）
>
> 子曰：“道不同，不相为谋。”（第40章）
>
> 子曰：“辞，达而已矣。”（第41章）
>
> 师冕见。及阶，子曰：“阶也。”及席，子曰：“席也。”皆坐，子告之曰：“某在斯，某在斯。”师冕出，子张问曰：“与师言之，道与？”子曰：“然。固相师之道也。”（第42章）

君子弘道，根源于民失其仁，因而其基本使命是恢复民仁。前提有三：一是君子必“当仁不让”；第二，君子必“贞而不谅”；第三，君子必“敬其事”而“后其食”。做到此三者，施之以教，恢复民仁才成现实（第38章）。其广泛的社会努力方式是无区别地教化，使人人归于纯厚（第39章）。因为教，可消解人的社会地位、等级的差别性和缩小人之智愚、贤不肖的距离，但教更助长其个性与选择能力的生成与提升。正是因为“有教无类”的双重功能，才造就了“道不同，不相为谋”的多元性（第40章）。第四十一章继之自我总结以“述而不作”方式弘道的基本准则：弘大返本开新、以仁入礼的中正仁道，不需要追求“文”，只需要做到“辞达而已”。第四十二章讨论弘大道的基本方式是日常庸行的为人之道。孔子以扶助盲人乐师为例说明返本开新、以仁入礼的中正仁道之所以值得弘大、弘扬，是因为它本身不仅是为畅明国政所需要，更是人人日常庸行的生活所需要。

16. 季氏第十六内容主题

第十五篇《卫灵公》承《里仁》传述如何弘大返本开新的中正仁道；本篇

却侧重承《八佾》传述怎样以仁来再造返本开新的有理有则的礼道。

一

季氏将伐颛臾。冉有季路见于孔子曰："季氏将有事于颛臾。"孔子曰："求！无乃尔是过与？夫颛臾，昔者先王以为东蒙主，且在邦域之中矣，是社稷之臣也，何以伐为？"

冉有曰："夫子欲之，吾二臣者，皆不欲也。"孔子曰："求！周任有言曰：'陈力就列，不能者止。'危而不持，颠而不扶，则将焉用彼相矣？且尔言过矣。虎兕出于柙，龟玉毁于椟中，是谁之过与？"冉有曰："今夫颛臾，固而近于费，今不取，后世必为子孙忧。"孔子曰："求！君子疾夫舍曰欲之，而必为之辞。丘也闻有国有家者，不患寡而患不均，不患贫而患不安，盖均无贫，和无寡，安无倾。夫如是，故远人不服，则修文德以来之。既来之，则安之。今由与求也，相夫子，远人不服而不能来也，邦分崩离析而不能守也，而谋动干戈于邦内，吾恐季孙之忧，不在颛臾，而在萧墙之内也。"(第1章)

孔子曰："天下有道，则礼乐征伐自天子出；天下无道，则礼乐征伐自诸侯出。自诸侯出，盖十世希不失矣。自大夫出，五世希不失矣。陪臣执国命，三世希不失矣。天下有道，则政不在大夫。天下有道，则庶人不议。"(第2章)

孔子曰："禄之去公室五世矣。政逮于大夫四世矣。故夫三桓之子孙微矣。"(第3章)

孔子学说的核心思想是以仁入礼。以仁入礼之于人，构成其成己成人的必由路径；以仁入礼之于治理邦国，构成其必须的方策。第一章以孔子教训冉求、子路为何不阻止"季氏伐颛臾"的策划，是因为季康子将伐颛臾，是使"远人不服而不能来也，邦分崩离析而不能守也，而谋动干戈于邦内"；并以此阐述何以采取以仁入礼方式治理邦国，使之"均""安""服""来"。这是孔子政治学的核心思想，它集中表达孔子对内实行仁与公，对外"修文德以来之"的文道强国方策。第二章孔子为反对季氏伐颛臾提供了强有力的依据：季康子将伐颛臾的打算是"邦无道"的体现，而"邦无道"的规律之于大夫执政，不超过五代就会丢失政权。这是以抽象的历史叙事方式表述“天下有道”和“天下无道”的几种形式。第三章以具体叙事方式讲述鲁国如何“天下无道”的历史，以佐证“天下无道”。

孔子曰：“益者三友，损者三友。友直，友谅，友多闻，益矣。友便辟，友善柔，友便佞，损矣。”(第4章)

孔子曰：“益者三乐，损者三乐。乐节礼乐，乐道人之善，乐多贤友，益矣。乐骄乐，乐佚游，乐宴乐，损矣。”(第5章)

孔子曰：“侍于君子有三愆：言未及之而言谓之躁，言及之而不言谓之隐，未见颜色而言谓之瞽。”(第6章)

从第一章到第三章，讲鲁政历史、鲁政状况，预测鲁及天下变乱的态势。这种状况和态势即是天下无道。天下无道，表面讲是国无道、政无道，本质上是人无道。在天下无道的当世，作为个体，每天将面临对有道无道的人的辨别与选择，这是孔子从前面的宏大历史叙事转换到具体择友叙事的内在思路：与什么类型的人交，实际上是选择有道无道的问题。第四章讲述君子必以德才兼备为准则的交友之道，围绕“主忠信”展开，指出交友的三益三损。第五章深化开去，讲君子交友要得“三益”拒“三损”，必须有求“益”避“损”的价值取向和品行基础。孔子将其概括为“乐”，指出君子对成己有益的爱好有“乐节礼乐，乐道人之善，乐多贤友”三种；反之，对成己有损的爱好也有三种：“乐骄乐，乐佚游，乐宴乐”。君子成己，就是养成前三种爱好，避免后三种恶习。第六章选择如何与有德的上位者交往的个案，阐述理性交往的具体情景方法。

孔子曰：“君子有三戒：少之时，血气未定，戒之在色；及其壮也，血气方刚，戒之在斗；及其老也，血气既衰，戒之在得。”(第7章)

孔子曰：“君子有三畏：畏天命，畏大人，畏圣人之言。小人不知天命而不畏也，狎大人，侮圣人之言。”(第8章)

第四章论为友的理性交往原则，第五章论理性交往的主体性要求；第六章承第四章内容，从反面讲理性交往需要克服易犯的错误；第七章承第五章内容，从正面讲理性交往的主体性建构必须警戒的事项，即少之时“戒之在色”，年壮时“戒之在斗”，年老时“戒之在得”。第八章讨论三戒所行的内动力，指出人生三必戒的动力即在人自己，具体讲是人心，因为心能生其畏。畏者，人；畏之所指，人、事、物，以及抽象无形的存在。孔子从中挑出天命、大人、圣人之言这三种东西，认为此三者值得畏。理由是，天命非人力所能把持的外在力量，大人非己力所能左右的力量，圣人之言非己知所可及的力量。畏的本质是敬，它是君子向上仰望，又是君子向下谦恭。向上仰望与向下谦恭，构成“畏”的完整精神向度。

二

孔子曰：“生而知之者上也，学而知之者次也；困而学之，又其次也；困而不学，民斯为下矣。”（第9章）

孔子曰：“君子有九思：视思明，听思聪，色思温，貌思恭，言思忠，事思敬，疑思问，忿思难，见得思义。”（第10章）

孔子曰：“‘见善如不及，见不善如探汤。’吾见其人矣，吾闻其语矣。‘隐居以求其志，行义以达其道。’吾闻其语矣，吾未见其人也。”（第11章）

齐景公有马千驷，死之日，民无德而称焉。伯夷、叔齐，饿于首阳之下，民到于今称之，其斯之谓与？（第12章）

陈亢问于伯鱼曰：“子亦有异闻乎？”对曰：“未也。尝独立，鲤趋而过庭，曰：‘学诗乎？’对曰：‘未也。’‘不学诗，无以言。’鲤退而学诗。他日又独立，鲤趋而过庭，曰：‘学礼乎？’对曰：‘未也。’‘不学礼，无以立。’鲤退而学礼。闻斯二者。”陈亢退而喜曰：“问一得三：闻诗，闻礼，又闻君子之远其子也。”（第13章）

邦君之妻，君称之曰“夫人”，夫人自称曰“小童”，邦人称之曰“君夫人”，称诸异邦曰“寡小君”，异邦人称之亦曰“君夫人”。（第15章）

从第四章始论君子，先正面讲君子应求三友三乐；然后从反面讲君子应避免“三愆”，不犯“三戒”，做到“三畏”。要从正反两个维度做到如上六个方面，必须有知并求知“道”。第九章继之阐述知“道”的类型和知“道”的三种方式。排除“生而知之”者，其他三种知的类型与学对应。以此观之，知与学，都涉及思。由此进入第十章专论思，提出“九思”理论。

孔子学而理论的关键词或者说核心思想是**学、思、行**：学是起步，但学要达于知，必须思；惟有思之确确（即深刻和正确），才可行之坦坦（即产生无阻碍的良好效果）。第十一章概括君子学而践履的世俗生活取向和隐逸取向，认为“见善如不及，见不善如探汤”和“隐居以求其志，行义以达其道”构成隐逸生活取向的两种类型。第十二章以齐景公与伯夷叔齐对比来说明如何更为推崇“隐居以求其志，行义以达其道”，以此说明人们对君子的尊崇，不是他们的权力，也不是财富，而是德性德行。第十三章揭示能够为人们所称颂不已的君子德性德行的实质内涵是：一要会言善言，二要懂礼行礼，三要不私厚。君子不私厚，不仅指不要凡事谋私利，更指不要凡事自以为大。第十四章以古礼中邦君及妻之称谓为例来说明何为不自以为大之礼。

17. 阳货第十七内容主题

孔子论《学而》，目的在于《为政》，其动因却是《八佾》所展露出来的礼崩乐坏。君子为政的目的，就是通过治国安邦修复礼崩乐坏、重建当世文明，其必为努力是必须《里仁》，即以返本开新方式抉发殷商宽简仁爱思想来激活繁富的周礼，因而，唯有开辟“以仁入礼”路径，才可实现文道救世，重建当世文明。然而，现实却异常残酷，孔子以一生的准备、一生的努力，寻求救世舞台的希望最终破灭：在礼乐征伐自诸侯出，至于大夫执政最后沦为“陪臣执国命”的境遇下，孔子亦欲追随阳货、公山弗扰以及佛肸之类的反叛者，最后仍不得于行。由此形成孔子对当世的深度反思，最后发现世道颓败、人心坏死，文明大厦将倾是为必然，不可逆转。因为，在孔子看来，当世礼崩乐坏不是某个人或某些人不作为或乱作为所造成，实际上是整个社会各阶层自发至于自觉放弃礼法约束、背离道德作为所共同铸造而成。这是《论语》编纂者何以将孔子对春秋晚期礼崩乐坏的深度审查所形成的基本归因判断集中于本篇，并使之形成一个整体的内在考虑。对于当世，“予欲无言”，更“不愿见”其芸芸众小人。对孔子来讲，惟一可能努力的或许是弘大中正仁礼之道。从这个角度观，本篇应该是对第十五篇《卫灵公》和第十六篇《季氏》的照应，具体地讲，是为此两篇如何传述弘大中正仁礼之道，提供一个（孔子所生活的）当世社会学的解释依据。

一

阳货欲见孔子，孔子不见，归孔子豚。孔子时其亡也，而往拜之。遇诸涂，谓孔子曰：“来，予与尔言。”曰：“怀其宝而迷其邦，可谓仁乎？”曰：“不可。”“好从事而亟失时，可谓知乎？”曰：“不可。”“日月逝矣，岁不我与。”孔子曰：“诺。吾将仕矣。”（第1章）

子曰：“性相近也，习相远也。”（第2章）

子曰：“唯上知与下愚不移。”（第3章）

子之武城，闻弦歌之声。夫子莞尔而笑曰：“割鸡焉用牛刀？”子游对曰：“昔者偃也闻诸夫子曰：‘君子学道则爱人，小人学道则易使也。’”子曰：“二三子，偃之言是也。前言戏之耳。”（第4章）

公山弗扰以费畔，召，子欲往。子路不说。曰：“末之也已，何必公山氏之之也！”子曰：“夫召我者，而岂徒哉！如有用我者，吾其为东周乎！”（第5章）

孔子身怀文道救世理想，自许有定邦安国德才，并孜孜不倦地寻求为政舞台，但却始终处于“怀其宝而迷其邦”和“好从事而亟失时”的困境之中，究其原因，最重要者莫过于其一以贯之的返本开新、以仁入礼之道的内在矛盾。第一章通过阳虎与孔子答问，从一个侧面展示出这一内在矛盾：孔子不愿见阳虎，是怕背以下反上恶名。但孔子“遇诸涂”，却经不住阳虎三问而答应阳虎“吾将仕”，这是从治国之道考虑。由此使第一章与第二章之间形成隐秘关联：通过阳虎三问，孔子首先发现阳虎也是治国之才，并且有施志乱世的雄心和壮志；其次发现阳虎也反对世袭特权制度，并且持安邦治国惟德才者是从。孔子和阳虎二人虽然有其会合的历史性机缘，却最终缺乏会合共治其鲁的人性取向和价值同构，故而必不可真正走到一起（第2章）。因为天赋相近的人性总因为后天生存的利欲诉求个性和差异性，生成出不同的朝向。但导致人性“习相远”的根本之因，却是天赋人的心智：心智构成人在具体生活情景中对利欲的感受和把握的千差万别，推动人性“习相远”(第3章)。第四章秉承“唯上知与下愚不移”思路，具体讨论如何通过教化引导使人改变心智，使“习相远”的人性重新回复到“相近”的非利欲状态。第五章“公山弗扰以费畔”与第一章内容相似，并为第二章“性相近，习相远”提供了案例。孔子愿意接受公山弗扰之邀而欲以下反上，是基于践履“吾其为东周”，所张扬的根本政治思想是“雍也，可使南面”的惟德才事国的思想。

> 子张问仁于孔子。孔子曰：“能行五者于天下，为仁矣。”请问之。曰：“恭、宽、信、敏、惠。恭则不侮，宽则得众，信则人任焉，敏则有功，惠则足以使人。”(第6章)
>
> 佛肸召，子欲往。子路曰：“昔者由也闻诸夫子曰：‘亲于其身为不善者，君子不入也。’佛肸以中牟畔，子之往也如之何？”子曰：“然。有是言也。不曰坚乎，磨而不磷；不曰白乎，涅而不缁。吾岂匏瓜也哉？焉能系而不食？”(第7章)

人性天赋相近，却习相甚远，源于心智作祟。心智将人性鼓动朝不同方向敞开，最终因为利欲推动。孔子欲事阳虎和公山弗扰，其驱动力同样是利欲。在这一点上，孔子与常人没有区别；但孔子又不同于常人，这种不同所表现出来的根本方面，是其欲望出仕从政是要实现“文道救世”的大仁。这是本篇从第一章展开至于本章的主题关联和逻辑进路。第七章记述“佛肸召，子欲往”，在性质上与第一章和第五章同。整体理解此三章内容，可以窥见孔子生活的当世是怎样“天下无道”：从礼乐征伐出自诸侯，至于“政在大夫”，最后演变成“陪臣执国命”，这是鲁国无道乱象，晋国也同样如此，或许鲁、晋无道是天下乱象的缩影。天下无道乱象既使孔子发现正常的求仕途径被阻断，也使孔子看到新的机会不断涌现。原本以维护正统和公室权威为正道的孔子，开始跃跃欲试走**由下而上**的野路子，以实现“为东周”的政治梦想。

二

子曰:“由也,女闻六言六蔽矣乎?”对曰:“未也。”“居,吾语女。好仁不好学,其蔽也愚;好知不好学,其蔽也荡;好信不好学,其蔽也贼;好直不好学,其蔽也绞;好勇不好学,其蔽也乱;好刚不好学,其蔽也狂。”(第 8 章)

子曰:“小子何莫学夫《诗》? 诗,可以兴,可以观,可以群,可以怨。迩之事父,远之事君。多识于鸟兽草木之名。”(第 9 章)

子谓伯鱼曰:“女为《周南》《召南》矣乎? 人而不为《周南》《召南》,其犹正墙面而立也与?”(第 10 章)

子曰:“礼云礼云,玉帛云乎哉? 乐云乐云,钟鼓云乎哉?”(第 11 章)

第八章变换了讨论的主题,但它被编辑于第七章之后,则隐含一种内在转换的关联:第五章和第七章,子路反对和阻止孔子欲往助公山弗扰和佛肸反叛所暴露出来的过于直、刚、勇等性格之蔽,需要为师的提点。所以,孔子教子路“六言六蔽”,成为孔子因人施教的典型案例,展示孔子对子路的特别教诲。

学既然可以帮助人避免愚、荡、贼、绞、乱、狂六种人格、品德方面的缺陷,使人修养成仁、知、信、直、勇、刚六种健全人格和品德,那么学什么和怎样学才可达到如上正反两个方面的效果呢? 孔子从《诗》的化育功能入手,引导弟子明知。孔子指出,以兴、观、群、怨、识方式学《诗》,可达到健全人格和完善品德的境界(第 9 章)。第十章继之论学《诗》应该如何着手,指出学《诗》必始于《周南》和《召南》,因为《周南》《召南》乃“正始之道,王化之基”,阅读《周南》《召南》而进入《诗》,实际上是说唯有先奠定起“正始之道,王化之基”,才可继续前行习成礼,获得乐。第十一章论学《诗》何以需要习礼达乐,揭示礼乐对人的作用不在于外在修饰和形式的完美,而是内在修养。第十二章以具体实例予以说明礼乐之“理”如何“在理”:礼乐不只是一种普遍的形式,它必须走向个体对行为的完成,真正达到敦教化、美风俗的效果,必然要求人行礼乐必敬之于心、和之于行,否则,即使以礼乐装潢自己,仍然不过是“色厉内荏”的“穿窬之盗”。第十三章揭露“乡愿”这一类投其所好的小人，本质上是盗取道德外衣的小偷而已。

三

子曰："色厉而内荏，譬诸小人，其犹穿窬之盗也与？"（第12章）

子曰："乡原，德之贼也。"（第13章）

子曰："道听而涂说，德之弃也。"（第14章）

子曰："鄙夫可与事君也与哉？其未得之也，患得之；既得之，患失之。苟患失之，无所不至矣。"（第15章）

子曰："古者民有三疾，今也或是之亡也。古之狂也肆，今之狂也荡；古之矜也廉，今之矜也忿戾；古之愚也直，今之愚也诈而已矣。"（第16章）

追求礼乐的形式，却放弃礼乐的德性精神和德行品质，是比公开抛弃道德和反对道德更坏的伪道德。这类伪道德者首先是"色厉内荏"者，他们是最卑劣的"穿窬之盗"（第12章）；其次是"乡愿"者，他们是最阴暗的"德之贼"（第13章）。第三类是"道听涂说"者，他们属于弃德的轻信者（第14章）。第四种类型的败德者是"鄙夫"，他们在形式上遵从礼法、礼乐，但实际上是目光浅短、患得患失的反德或弃德者（第15章）。

从第十二章到第十五章，孔子揭露出四类道德败坏者，描绘出当世"洪洞县里无好人"的人格图画。弄清这幅当世人格图画，才可理解第十六章三种人格缺陷的古今对比，揭示当世礼崩乐坏，根源于人的社会化堕落，结论是今不如昔。在孔子看来，要使今之如昔和今之胜昔，必须文道救世，返本开新，以仁入礼。

四

子曰："巧言令色，鲜矣仁。"（第17章）

子曰："恶紫之夺朱也，恶郑声之乱雅乐也，恶利口之覆家邦者。"（第18章）

子曰："予欲无言。"子贡曰："子如不言，则小子何述焉？"子曰："天何言哉。四时行焉，百物生焉。天何言哉！"（第19章）

第十七章“巧言令色,鲜矣仁”完全重复《学而》第三章内容。但从章篇的语义逻辑贯穿言,本章之所以重复,是续接本篇第十二章至第十六章的主题:古代文明的当代衰落,是因为人的堕落,根源是任性泛滥的利欲导致人格的野性与虚假。改变这种状况的基本方策,是返本开新、以仁入礼。落在实处是重新培养君子阶层,其下手功夫是引导人言与行合一;言行合一的简单方法是直言,即剔除掉所有修饰,让真实的话语与真实的想法一致,就可以去掉任何形式的取悦、谄媚、奉上,回归真诚,滋养内在的仁。孔子认为,引导人直言为仁的前提性努力是恶巧言,正雅乐,树正色(第18章)。然而,面对从如上各章所呈现的礼崩乐坏乱象,孔子非常清楚所有这种种反思性批判的言说甚至呼喊,于这个每况愈下的堕落世道毫无作用,故而深感无奈、无力、无言,并如此悲怆地道出“予欲无言”。

第十九章孔子自道“予欲无言”,第二十章孔子断然拒“不见”。无言,是因为世道颓败,无可挽救;不见,是因为小人充斥,君子消隐,已无人可见:“子曰:‘圣人,吾不得而见之矣,得见君子者斯可矣。’子曰:‘善人,吾不得而见之矣,得见有恒者,斯可矣。’”(《述而》)孔子拒孺悲于门外则“取瑟而歌”的方式,油然可知。

五

孺悲欲见孔子,孔子辞以疾,将命者出户,取瑟而歌,使之闻之。(第20章)

宰我问:“三年之丧,期已久矣。君子三年不为礼,礼必坏;三年不为乐,乐必崩。旧谷既没,新谷既升,钻燧改火,期可已矣。”子曰:“食夫稻,衣夫锦,于女安乎?”曰:“安。”“女安则为之。夫君子之居丧,食旨不甘,闻乐不乐,居处不安,故不为也。今女安,则为之。”宰我出。子曰:“予之不仁也。子生三年,然后免于父母之怀。夫三年之丧,天下之通丧也。予也有三年之爱于其父母乎?”(第21章)

礼是维持人伦关系和社会秩序的必须方式。它是共性的,但也呈个性。因为共性,人人必须循礼、行礼、守礼;因为个性,人们也可能弃礼不顾。第二十章记述在什么情景下对什么人可以对礼任性,孔子以自己如何无礼拒见孺悲为例予以说明;第二十一章以批评宰我欲去三年丧礼,表明共性之礼人不可废。

子曰:"饱食终日,无所用心,难矣哉! 不有博弈者乎,为之犹贤乎已。"(第22章)

子路曰:"君子尚勇乎?"子曰:"君子义以为上,君子有勇而无义为乱,小人有勇而无义为盗。"(第23章)

子贡曰:"君子亦有恶乎?"子曰:"有恶。恶称人之恶者,恶居下流而讪上者,恶勇而无礼者,恶果敢而窒者。"曰:"赐也亦有恶乎?""恶徼以为知者,恶不孙以为勇者,恶讦以为直者。"(第24章)

宰我提出废除三年守孝制度,被孔子判之为"不仁"。孔子一贯主张:人之成仁,源于学而。宰我不仁,从根源讲是缺乏学而,证据是宰我"昼寝"。一个大白天睡懒觉的人,是吃饱了无所用心的表现。《论语》编纂者将这两件毫不关联的事编辑在一起,生成出第二十二章的潜在语义。孔子关于"饱食终日,无所用心"之论,或许针对比如宰我睡懒觉之类的行为而发,但它所讲述出来的言论却产生了普遍的意义:当人"饱食终日,无所用心"时,最好方式是做诸如博弈之类有益的心智训练,如此以往,亦可成己为君子。第二十三章继之论具有勇敢性格的人,亦可通过诸如博弈之为的学而领悟君子道义并践履之。第二十四章通过子贡与孔子问答,归纳出君子所恶的七类小人行径和德性。这是站立在高处、远距离地审查小人,第二十五章则立足日常生活,近距离审查小人,发现君子所恶的各类小人,均有其"近之则不孙,远之则怨"的共性。孔子采取对比方式,发现小人虽然可能有学问、有权位、有身份,但却与女人的心智和性格没有本质区别。

子曰:"唯女子与小人为难养也。近之则不逊,远之则怨。"(第25章)

子曰:"年四十而见恶焉,其终也已。"(第26章)

在孔子的认知和生活世界里，小人是君子的死敌。君子出仕立世，最难纠缠、最难防范的是小人，如同回到家里，最难应对的是如母亲和妻女等女人一样。这是因为君子文质彬彬，凡事讲规矩和章法；小人野蛮任性，凡事可任意胡为。孔子感叹，在天下无道的当世，无论求仕，或者官场，君子总是遭受人挤兑。人生的规律或许是：人如果至于四十还在遭受排斥，则意味着其一生不可能有太大作为了。

18. 微子第十八内容主题

《阳货》和《微子》两篇，可谓直接照应《卫灵公》和《季氏》，为如何要从为政救世转向弘大中正仁礼之道提供解释依据。所不同的是，《阳货》篇是孔子本人从求仕为政失败于上（期待国君或执政者启用）下（或欲助反叛者以“其为东周”）出发，来审察当今世道颓败、人心坏死，大厦将倾不可阻止。《微子》篇却是孔子跳出个人情怀，以乱世隐逸为视角，客观地审察当今世道颓败、人心坏死，大厦将倾不可阻止。在这样的大势下，拯救当世已不可能；以返本开新方式拯救古代文明，既为迫切，亦为可行。并且，《微子》开篇以“微子去之，箕子为之奴”的历史叙事为隐喻，孔子表彰自己之所以最终不会走自食其力的隐逸之路，是要效仿微子和箕子，为古代文明的返本开新承传和弘大而努力，即使忍受来自诸如隐士等各个方面的误解、曲解或嘲笑，也会为此生命不息而努力不止。这恰恰与《学而》开篇“人不知而不愠，不亦君子乎”相呼应。从形式观，从《学而》到《微子》，《论语》获得了自身的完整结构体系；从内容论，从《学而》到《微子》，《论语》亦达到了言满意圆。

一

微子去之，箕子为之奴，比干谏而死。孔子曰：“殷有三仁焉。”（第1章）

柳下惠为士师，三黜。人曰：“子未可以去乎？”曰：“直道而事人，焉往而不三黜；枉道而事人，何必去父母之邦。”（第2章）

齐景公待孔子。曰：“若季氏，则吾不能”，以季孟之间待之。曰：“吾老矣，不能用也。”孔子行。（第3章）

齐人归女乐，季桓子受之，三日不朝，孔子行。（第4章）

本篇从乱世隐逸切入，反思社会动乱之根源。第一章以三个人物的命运揭示商末暴政其仁何以得存；同时也通过对商末比干、箕子、微子三臣行事方式和人生遭遇的传述与评价，通论何为“仁”、何为“仁人”。隐喻世乱政亡，但文明却可因为仁人志士的努力而传承不息。

孔子之论仁人，必忠、知、勇三者俱备者。贯穿忠、知、勇三者使之生成为仁者，是信。第一章总论仁，第二章以柳下惠为例从正面专论忠、直，第三章以齐景公为例从反面专论信。

第四章既与第三章关联，更可看成是对第二章主题的拓展：柳下惠“直道事人”和“直道忠父母之邦”，是因为柳下惠已在官位，而且国君并不昏庸，所以虽然几上几下，则始终立足于朝堂。第四章记述孔子本人何以要离开“父母之邦”到异国求仕，却是因为国君依恋女乐不上朝而愤然弃官而去，“齐人归女乐，季桓子受之，三日不朝，孔子行”。与柳下惠比较，或许内容的真实性可存疑。

二

楚狂接舆歌而过孔子曰：“凤兮！凤兮！何德之衰？往者不可谏，来者犹可追。已而！已而！今之从政者殆而。”孔子下，欲与之言，趋而避之，不得与之言。（第5章）

长沮、桀溺耦而耕，孔子过之，使子路问津焉。长沮曰：“夫执舆者为谁？”子路曰：“为孔丘。”曰：“是鲁孔丘与？”曰：“是也。”曰：“是知津矣。”问于桀溺，桀溺曰：“子为谁？”曰：“为仲由。”曰：“是鲁孔丘之徒与？”对曰：“然。”曰：“滔滔者天下皆是也，而谁以易之？且而，与其从辟人之士也，岂若从辟世之士哉？”耰而不辍。子路行以告。夫子怃然曰：“鸟兽不可与同群，吾非斯人之徒与而谁与？天下有道，丘不与易也。”（第6章）

子路从而后，遇丈人，以杖荷蓧。子路问曰：“子见夫子乎？”丈人曰：“四体不勤，五谷不分，孰为夫子？”植其杖而芸。子路拱而立。止子路宿，杀鸡为黍而食之，见其二子焉。明日，子路行以告。子曰：“隐者也。”使子路反见之，至，则行矣。子路曰：“不仕无义。长幼之节，不可废也。君臣之义，如之何其废之。欲洁其身，而乱大伦。君子之仕也，

行其义也,道之不行,已知之矣。"(第7章)

逸民:伯夷、叔齐、虞仲、夷逸、朱张、柳下惠、少连。子曰:"不降其志,不辱其身,伯夷、叔齐与?"谓柳下惠、少连:"降志辱身矣。言中伦,行中虑,其斯而已矣。"谓虞仲、夷逸:"隐居放言,身中清,废中权。""我则异于是,无可无不可。"(第8章)

第二章到第四章,孔子以沉重的方式讲述了世道何等衰败。第五章则借楚狂接舆之口讲述这个衰败的当世已经没有了拯救的任何可能性。

乱世隐逸,是春秋晚期贤者的人生选择方式,但却并不消极,而是隐逸的贤人以各自独特方式拯救自己和世道。比如,接舆奔走于闹市之中,却是为了要引渡如孔子这样的"凤鸟"归隐正道。而第六章传述隐士长沮和桀溺如何躬耕于荒野之中以避乱世,并劝说子路走自食其力的新生活道路,并表达一个基本的救世观:**救世需要先救己。救己的最好方式是自食其力,成为自食其力的人**。这种自食其力的救世方式能否可普遍推行?第七章讲述子路遭遇丈人的意外"事件",从一个侧面做了间接回答:老人主动留子路宿,并且为子路杀鸡煮饭,同时还叫两个儿子与之相见。意在表达:第一,自食其力,有家,有温暖;第二,自食其力,生活富裕;第三,自食其力,儿孙满堂,老有所养,而且生活幸福。

从第五章到第八章其基本主题是乱世隐逸者的生活方式和社会观。采取点面结合方式:第五、六、七章分别重点传述接舆、长沮、桀溺、丈人不同的方式"隐居以求其志,行义以达其道"。第八章整体概述不同类型逸民的特征和取向,然后对比分析自己作为逸民群体中的一员,所持有的不同于其他任何人的灵活权变的行世准则,是"无可无不可"。

三

大师挚适齐,亚饭干适楚,三饭缭适蔡,四饭缺适秦,鼓方叔入于河,播鼗武入于汉,少师阳、击磬襄入于海。(第9章)

周公谓鲁公曰:"君子不施其亲,不使大臣怨乎不以。故旧无大故,则不弃也。无求备于一人。"(第10章)

周有八士:伯达、伯适、仲突、仲忽、叔夜、叔夏、季随、季騧。(第11

章）

第一章到第八章讲隐逸之士，从一个侧面展示从历史到现实的社会败坏状况，这是一般论天下无道情况下志士何为。第九章具体论当世之乱，目光焦聚在鲁国宫廷乐官的鸟兽散悲凉状况，正面展示邦无道情况下人心所向。整体观之，第一至八章是天下无道的广度论，第九章是天下无道的深度论。其后两章承此探讨具有如此深厚文明的周天下何以如此衰败的原因。第十章以讲述伯禽往封国赴任前周公告诫他治国四戒，揭示鲁国变乱到宫廷乐师都无法生存的根本原因，是其祖训即治国四戒被人为的抛弃：从根本讲，周王朝能够持续近八百年，靠的是"亲""近""隐"三字；同时，维持近八百年历史的周王朝最后也被"亲""近""隐"三字所腐蚀而崩解、灭亡。第十一章则总结周王朝必将败亡的另一个根本原因是君子阶层的消隐和崩解：周原本是商王朝敕封的边陲小邦，但却自行发展强大灭商以自继近八百年，将华夏文明推向一个高峰，其成功的根本秘密，孔子为之归纳出两条：第一条是"君子不施其亲，不使大臣怨乎不以。故旧无大故，则不弃也。无求备于一人"之治世"四戒"，遵循它则可创建和维护秩序；第二条是名士也即是君子哺政，有了他们，才可美化和淳厚社会。

19. 子张第十九内容主题

按杨义《论语还原》的《论语》三次编纂说，本篇应该是第三次编纂时增添的内容。

> 最初编纂在"夫子既卒"，众弟子按殷礼庐墓守心孝之时（鲁哀公十六年，公元前479年），突出郑玄所指认的主持者仲弓诸人，《古论语》篇章顺序上，《雍也》紧跟《学而》，《里仁》排在第三……《论语》第二次编纂在庐墓守心孝三年期满（实际为二十五月，鲁哀公十八年，公元前477年），子张、子游、子夏按殷礼推举有若来主事，因人事变动而修纂《论语》，于是称有若为"有子"，后面还增加了篇章逻辑上非常突兀的《子张篇》。……《论语》最后一次编纂，是曾子卒（鲁哀公三十五年，公元前432年）后曾门重

> 修，强化曾子传道的当然性，虽然保留了第一次编纂时《先进篇》的“参也鲁”，但也增加了“曾子曰”在《学而篇》者二、在《里仁篇》者一、《泰伯篇》者三、《颜渊篇》者一、《宪问篇》者一、《子张篇》者四。其中《泰伯篇》的“曾子有疾”二章，年代最晚，为曾门弟子忆述无疑。所增篇幅仅占全书的百分之三，却最终形成传承孔子之道的颜回、曾子路线。尤其是所增的“吾日三省吾身”“慎终追远，民德归厚矣”“吾道一以贯之”“士不可以不弘毅……仁以为己任”诸章，使曾子路线得以形成。”①

杨义认为《子张》篇是第二次编纂所增加的，从形式讲可以成立，但从内容观，似不成立。本篇共二十五篇，按子张（第 1—3 章）→子夏（第 4—13 章）→子游（第 12、14—15 章）→曾子（第 16—19 章）→子贡（第 20—25 章）顺序展开。本篇以子张始，继之子夏，展示二者继承和传述孔子思想的区别，以子夏求贤之要求“不及”来突出子张求贤的标准“太过”：

> 子贡问：“师与商也孰贤？”子曰：“师也过，商也不及。”曰：“然则师愈与？”子曰：“过犹不及。”（《先进》）

这样的安排，是要将子张作为靶子树立起来，然后为子游、曾子提供批评的对象。子游对子张的批评是温和的，既称子张为“吾友”即志同道合的同门，也仅仅指出子张这种高标准要求其贤，其实是自己也没有达到的境界。与子游比较，曾子的批评呈绝对的严厉：“堂堂乎子张，难与并为仁矣”。子张在曾子眼中不过是一个伪君子形象。为什么曾子对子张如此严厉？回顾孔子在世时对曾子和子张的评价：“参也鲁，师也辟”（《先进》），孔子在世时，最看好的后进弟子不是曾子，而是子张和子夏，但相对来讲，子张更有力些，子夏力稍有不足，这就是仅就求贤的要求、标准和力度言，“师也过，商也不及”。**智商平平，但心却弘大**的曾子要实现“士不可以不弘毅……仁以为己任”，使自己成为孔子学说的正宗传人，子张是最大的障碍。只有批评倒

① 杨义：《论语还原》，上册，中华书局，2016 年，第 10－11 页。

子张，才可真正张扬起来杨义所讲的“曾子路线”。所以从整体看，“曾子路线”在《子张》篇中得以真正确立。而**“曾子路线”确立，恰恰是孔门立派分宗的初步实现**，这需要时间来孕育。而孔子卒，门人三年庐墓守心孝结束时，根本不可能形成门派之争，而且第二次大家推举有若主持修订编纂事宜，也不可能让“曾子路线”明确地在文本上确立。所以，客观看来，《子张》篇应该是曾门弟子遵曾子遗嘱所做的第三次修订编纂时增加的。这也正好吻合了钱穆先生关于“《论语》编集孔子言行，至《微子》篇已讫”的判断，即在曾子门人重新修订《论语》之前，《论语》共十八篇，既无《尧曰》，也无《子张》。

一

子张曰：“士见危致命，见得思义，祭思敬，丧思哀，其可已矣。”（第1章）

子张曰：“执德不弘，信道不笃，焉能为有，焉能为亡？”（第2章）

子夏之门人问交于子张。子张曰：“子夏云何？”对曰：“子夏曰：‘可者与之，其不可者拒之。’”子张曰：“异乎吾所闻。君子尊贤而容众，嘉善而矜不能。我之大贤与，于人何所不容；我之不贤与，人将拒我，如之何其拒人也？”（第3章）

本篇集中记述孔子身后其弟子言论，以子张“见危致命，见得思义，祭思敬，丧思哀”为开篇，概述士应该具备哪些基本条件。

第一章子张主张，士不仅要修养德性，更要践履德性。并认为士践履德性，必须努力做到“见危致命，见得思义，祭思敬，丧思哀”。第二章承此“四要”扩展开来，讲述德性与德行如何统一，认为只要做到**执德必弘**和**信道必笃**，就可实现德性与德行统一。

子张认为，执德必弘，即是弘大仁德；信道必笃，就是践行公道。但“弘仁德”和“行公道”都是士之践履。践履总是指涉人和事两个方面，所以无论弘仁德还是行公道，都将由己而人。由己而人的弘仁德、行公道，其前提性要求是学会与人交往，由此使交往成为士弘仁德、行公道的必备主体能力。

二

子夏曰:“虽小道,必有可观者焉。致远恐泥,是以君子不为也。”(第4章)

子夏曰:“日知其所亡,月无忘其所能,可谓好学也已矣。”(第5章)

子夏曰:“博学而笃志,切问而近思,仁在其中矣。”(第6章)

子夏曰:“百工居肆以成其事,君子学以致其道。”(第7章)

子夏曰:“小人之过也,必文。”(第8章)

子夏曰:“君子有三变:望之俨然,即之也温,听其言也厉。”(第9章)

子夏曰:“君子信而后劳其民;未信,则以为厉己也。信而后谏;未信,则以为谤己也。”(第10章)

子夏曰:“大德不踰闲,小德出入,可也。”(第11章)

子游曰:“子夏之门人小子,当洒扫应对进退,则可矣。抑末也,本之则无,如之何?”子夏闻之曰:“噫,言游过矣!君子之道,孰先传焉,孰后倦焉。譬诸草木,区以别矣。君子之道,焉可诬也。有始有卒者,其惟圣人乎?”(第12章)

子夏曰:“仕而优则学,学而优则仕。”(第13章)

从第一章到第三章,集中介绍子张的基本思想,主题是子张论士如何德,突出子张思想的个性特征与取向。首先,子张的思想是对夫子思想的传述,但又予以提升和弘扬;其次,子张的思想体现了纯正夫子思想的严要求。从这个角度看,第一章至第三章的主题是子张张夫子之德,强调仁德公道的统一,分别从个人作为(善、义、孝)、社会责任(弘仁德和行公道)、交往之道三个方面确立君子要求。自第四章始,则从论学入手讨论人如何可能成为君子。

第四章至第十一章,是子夏论士如何“知”。第四章从辨别“小知”与“大知”入手。指出知大知小形成大智小智。第五章拓展开去论知大知小与学的直接关联,讨论如何学才真正从小知走向大知,并辨别小知和大知。子夏指出,真正的好学是“日知其所亡,月无忘其所能”,并以此建构起一种返本开新的学道方法论(第五章)。运用这一方法论学好的基本方式是“博学而笃志”和“切问而近思”(第六章)。第七章继而讨论“博学而笃志，切问而近思”的努力方向和所必须要达到的境界:“博学笃志，切问近思”地学，必须达到仁道本身。

从第四章到第七章，是子夏论学，贯穿学而目的论和境界论。从第八章始阐述“致其道”的学而目的论和达于“仁”的学而境界。第八章从“小人之过也，必文”反面讨论要达到学而致其道的目的，必须做到“过而惮改”;第九章继之从正面阐述学而致其道所应该达到的境界，即君子行仁德于日常生活，形象庄严威仪、待人温和平易、说话准确犀利。第十章则讲述君子励行公道于从政生活，应该以信为前提。强调“无信不立”和“无信不行”的治国思想。第十一章综合前两章内容，概述无论日常生活还是从政，君子德行必有边界，强调君子德行必有其基本准则。第十二章通过子夏反驳子游关于教学的言论来表述自己的教人法则与进路。子夏认为，教人成己为君子，应立足日常生活，从浅显易做入手，主张“学而致其道”必先致其行，强调能力为自己服务，能力为别人服务，揭示学而所致其道，不是高高在上于生活之外，而是在洒扫应对进退之类的日常生活劳动、日常生活礼仪及其待人接物的服务之中。子夏将“学而致其道”植入日常生活，贯穿于洒扫应对进退之中，培养一种能力服务的意识、品质和能力服务的能力，其深刻寓意还在于学而致其道的根本目的，是弘大仁德和践履公道。第十三章是子夏对学而致其道必先致其行的思想的进一步注解。

三

子游曰:“丧致乎哀而止。”(第14章)

子游曰:“吾友张也，为难能也，然而未仁。”(第15章)

从第四章到第十三章，共十章内容，集中介绍子夏的“为学”思想，既来源于对夫子为学思想，又发展了夫子为学思想。从本章始，介绍子游的思想。

第十四章介绍子游的丧礼理论。子游提出“丧止于哀”的主张，这一主张包含两个基本思想：一是办理丧事宜简，主张返璞归真，反对铺张奢靡；二是主张丧至于真情，但应“止于哀”，即不伤身心。“丧止于哀”，是为论礼，但致丧之礼的内容和本质是情，情以致哀，始终蕴含仁。这即是前面诸章的论礼转向仁，讨论仁，强调“至”与“全”。

以此看子游对子张的批评，与孔子看待“仁”与“未仁”的思路不相同，在孔子看来，“仁”始终在路上，所以仁只属于想象中的“圣人”，但只要鼓志而“言忠信，行笃敬”不止，其过程本身就是仁了。而子游论仁，却失去了孔子的过程观和动态生成论思想，所以批评子张“然而未仁”的静态思维判断，显得有些太过。

四

曾子曰：“堂堂乎张也，难与并为仁矣。”(第 16 章)

曾子曰：“吾闻诸夫子：‘人未有自致者也，必也亲丧乎？’”(第 17 章)

曾子曰：“吾闻诸夫子：‘孟庄子之孝也，其他可能也，其不改父之臣与父之政，是难能也。’”(第 18 章)

孟氏使阳肤为士师，问与曾子。曾子曰：“上失其道，民散久矣。如得其情，则哀矜而勿喜。”(第 19 章)

第十四、十五两章是子游论，自第十六章开始到第十九章是曾子论。子游从论礼到论仁，针对子张言；曾子论仁，也是针对子张言。由此可见子张在孔子之后的影响力以及如何成为同门的关注对象。

在第十四、十五章中，子游批评子张“未仁”，既以间接方式又以直接方式。曾子却一抛对同门的温和，以近乎敌对的姿态向子张开火，甚至不惜人格上的侮辱。在曾子看来，子张表面看来气宇堂堂，但实际上心胸狭窄、行为怪僻，难以与他同道行仁。

曾子首先对子张予以道德和人格上的双重否定后，转而批评子张之仁与孔子之仁相违，标榜自己之所以不能与子张“并为仁”，是因为自己所承者才是正宗的夫子之仁。

第十六、十七章两章，曾子从道德、人格、仁道三个维度彻底否定了子张之后，开始正面阐述和确立自己的“曾子思想”。

第十八章假借孔子之言，从人的真实情感欲望宣泄角度证明孝对仁的本质规定和本体功能，并在其所确立的仁孝主张基础上，阐述孝的实质是

“不改父之臣与父之政”。曾子的这一仁孝观,抛弃了孔子“三年不改于父之道”的变化观、发展观和革新观,体现了封闭、僵化、墨守陈规的认知取向和伦理诉求。

整体观之,第十八章是曾子以论理的方式讲何为真孝。以孔子的孝的思想来对比曾子的仁孝主张,曾子仁孝主张的特点:孝的内涵浅表,孝的范围狭窄,观念固化保守,缺乏善恶准则,比如,假如父亲原本是一个恶棍,一直“不改之政”,这个家庭还有希望?又比如父亲留下的家臣,原本就品行不端,继续留在家里,合适吗?所以,真正的仁孝,似乎孔子所论更合人性、更合扬善除恶,更有利家庭和家族的生存繁衍发展,尤其是“三年无改于父之道”的承传、发展、时变思想,更合仁本身。第十九章则是曾子以叙事的方式讲述怎样行善。曾子告诫将赴任司法官的弟子阳肤,希望他在“上失其道”的恶劣环境下,审案应以“如得其情,则哀矜而勿喜”为准则。这一准则表达两层含义:第一,作为司法官,主持正义、惩罚真正的犯罪,为民蒙冤昭雪,是其本职;第二,心存同情,行于悲悯,是做人的基本善,也是为官的基本仁。以此可观,相对其孝的主张的狭隘言,曾子的仁爱格局要阔大得多。

五

子贡曰:“纣之不善,不如是之甚也。是以君子恶居下流,天下之恶皆归焉。”(第20章)

子贡曰:“君子之过也,如日月之食焉。过也,人皆见之;更也,人皆仰之。”(第21章)

卫公孙朝问于子贡曰:“仲尼焉学?”子贡曰:“文武之道,未坠于地,在人。贤者识其大者,不贤者识其小者,莫不有文武之道焉。夫子焉不学?而亦何常师之有?”(第22章)

叔孙武叔语大夫于朝曰:“子贡贤于仲尼。”子服景伯以告子贡。子贡曰:“譬之宫墙。赐之墙也及肩,窥见室家之好。夫子之墙数仞,不得其门而入,不见宗庙之美,百官之富。得其门者或寡矣。夫子之云,不亦宜乎?”(第23章)

叔孙武叔毁仲尼。子贡曰:“无以为也。仲尼,不可毁也。他人之贤者,丘陵也,犹可踰也。仲尼,日月也,无得而踰焉。人虽欲自绝,其

何伤于日月乎？多见其不知量也。”(第24章)

陈子禽谓子贡曰:“子为恭也,仲尼岂贤与子乎?”子贡曰:“君子一言以为知,一言以为不知,言不可不慎也。夫子之不可及也,犹天之不可阶而升也。夫子之得邦家者,所谓立之斯立,道之斯行,绥之斯来,动之斯和。其生也荣,其死也哀。如之何其可及也?”(第25章)

本篇第一、二、三章子张论执德、信道之高标;第四至第十三章,子夏论知、学;第十四、十五章子游论礼、仁;第十六至第十九章,曾子论孝、善。接下来集中介绍子贡如何对待和发展孔子的思想。

第二十章,首先介绍子贡的历史观,突出子贡的**理性主义精神**和**慎思独见能力**。在这一章中,子贡从历史入手,以为纣王去污名为主题,指出如何客观看待有错的历史和有错的甚至有罪的历史人物。第二十一章承“是以君子恶居下流,天下之恶皆归焉”而审视现实生活,以日月相喻,讨论人应该如何对待生活中的过错,以及有了过错如何能够自省改正之。这就涉及学,提升学问的整体水平是其基本方式。第二十二章从根本上讨论学问,揭示**学问的本质是思想,学问的价值在于思想**。言论对人的有用性以及有用性的大小,仍然是思想使然。

第二十二章论学,以孔子为主角,陈述孔子学从何来?贤从何来?第二十三章继之讲述孔子之学之贤之学德,世间人所不及。联系地看,第二十二章是子贡为夫子**正学**,第二十三章是子贡为夫子**正名**。第二十四章继之,正面阐述时人对孔子的诽谤是徒劳的。这是因为第一,孔子是诽谤不了的,因为孔子乃当世天下奇贤:世上有不少贤人,但这些贤人与孔子相比,不过是丘陵与日月的差别。第二,孔子是不能诽谤的。孔子一生致力于培养君子,他首先是君子中的君子,是大君子,如果说君子是日月的光辉,君子犯过错,如同日月之食遮蔽了日月的光辉,那么,孔子就是日月本身,因为他才放射出光辉,给大地以光明和温暖;因为他才赋予君子以光辉,给世界以治与安的智慧和力量。这样的人,能诽谤得了吗?第三,有如日月的孔子,既不能诽谤,也诽谤不得。诽谤孔子是天地不容,如果强为之,也只能自寻死路。

从第二十一章到二十四章,围绕孔子之贤不及子贡,子贡以此不断申辩，为孔子正名。第二十四章以日月喻孔子，言孔子不能毁和不可毁，第二十五章论孔子的伟大，是以天喻孔子，言常人永不可及，反证孔子的伟大和孔子的思想学说永恒。

20. 尧曰第二十内容主题

对《尧曰》篇，历来有不同看法，其中，以为后人窜入和是为《论语》"后序"者，看似相矛盾，实可同时并存。

> 《论语》编集孔子言行，至《微子》篇已讫。《子张》篇记门弟子之言，而以子贡之称道孔子四章殿其后，《论语》之书，可谓至此已竟。本篇历叙尧、舜、禹、汤、武王所以治天下之大端，而又以孔子之言继之，自谨权量审法度以下，汉儒即以为是孔子之言，陈后王之法，因说此篇乃《论语》之后序，犹《孟子》之书亦以历叙尧、舜、汤、文、孔子之相承作全书之后序也。然此章全无著子曰字，是否孔子语，尚不可知。或谓此乃孔子常常讽道之辞，殊无证……若此章远溯上古，历叙尧、舜、禹、汤、武王而承以孔子自陈后王之法，则若孔子之意，乃以王者自任，此恐自战国晚年荀卿之徒，始有此等想象。孟子已言王天下，然尚不以孔子当王者。《论语》只言"用我者我其为东周乎"。又曰"郁郁乎文哉吾从周"。可见孔子生时，其心中仅欲复兴周道，未尝有继尧、舜、禹、汤、文、武以新王自任之意。其弟子门人，亦从未以王者视孔子，此证之《论语》而可知。故疑此章乃战国末年人意见。上承荀子尊孔子为后王而来，又慕效《孟子》书末章而以己意附此于《论语》之末。或疑此章多有脱佚，似亦不然。盖此章既非孔子之言，又非其门弟子之语，而自尧、舜、禹、汤而至于武王，终以孔子，其次序有条不紊，其为全书后序而出于编订者某一人或某几人之手，殆可无疑。（钱穆《论语新解》）

从整体观，钱穆先生所论似更合史实。具体论，从孔子思想视域及内涵结构和发展脉络观，本篇第一章内容属于后附，但从本篇宣扬王道主义及其谱系，并赋孔子"素王"角色这一主题观，似不属于战国末期或"荀卿之徒"所为，更有可能是汉儒之作，即以其"后序"明王道谱系为尊孔子

“圣”张目。

基于如此目的，本篇三章内容虽然“自尧、舜、禹、汤而至于武王，终以孔子，其次序“有条不紊”，但第一章似属“后序”者创作，第二、三章**可能原本属于《子张》篇两末章内容**，被“后序者”剥离出来置于第一章之后组成本篇“有条不紊”的结构。《子张》篇以子张倡“四要”始，孔子教子张“崇五美，屏四恶”终，形成此篇之**自洽逻辑结构**。《子张》篇作为《论语》末篇，肩负统摄和照应全书的功能，因而，“子曰：‘不知命，无以为君子也；不知礼，无以立也；不知言，无以知人也。’”既在整体上突出了孔子君子理论主题，又在内容上照应了“以仁入礼”，更在结构上应合《学而》开篇之“学而时习之，不亦说乎？有朋自远方来，不亦乐乎？人不知而不愠，不亦君子乎？”当将《子张》两末章内容剥离出来置于《尧曰》中，虽然使后两个方面的照应功能得到了保持，但却改变了《子张》的内在结构，同时也破坏了《论语》全篇的主旨，即强行栽上了一个**孔子道统论**和**孔子圣王论**的主题，使《论语》被迫蒙上不真不实的阴影。

一

> 尧曰：“咨，尔舜！天之历数在尔躬，允执其中。四海困穷，天禄永终。”舜亦以命禹。曰：“予小子履，敢用玄牡，敢昭告于皇皇后帝，有罪不敢赦，帝臣不蔽，简在帝心。朕躬有罪，无以万方，万方有罪，罪在朕躬。”周有大赉，善人是富。“虽有周亲，不如仁人。百姓有过，在予一人。”谨权量，审法度，修废官，四方之政行焉。兴灭国，继绝世，举逸民，天下之民归心焉。所重：民、食、丧、祭。宽则得众，信则民任焉，敏则有功，公则说。（第1章）

《尧曰》第一章可视为是上古王道治政简史，简述尧舜禹和夏商周三代宽简仁政如何承传，重心陈述其承传不息的宽简仁政要点：**承天**、**自律**、**担责**、**民本**、**中正**、**公道**。如上内容均附着在王道仁政这一主题上。而且这一王道仁政主题的展开，清晰地勾勒出王道主义传道统绪，由此使本章构成最早的道统谱系。但这一王道谱系思想并不属于孔子本人的思想，因为孔子本人没有形成如此思想。

二

子张问于孔子曰:“何如斯可以从政矣?”子曰:“尊五美,屏四恶,斯可以从政矣。”子张曰:“何谓五美?”曰:“君子惠而不费,劳而不怨,欲而不贪,泰而不骄,威而不猛。”子张曰:“何谓惠而不费?”子曰:“因民之所利而利之,斯不亦惠而不费乎?择可劳而劳之,又谁怨?欲仁而得仁,又焉贪?君子无众寡、无小大、无敢慢,斯不亦泰而不骄乎?君子正其衣冠,尊其瞻视,俨然人望而畏之,斯不亦威而不猛乎?”子张曰:“何谓四恶?”子曰:“不教而杀谓之虐,不戒视成谓之暴,慢令致期谓之贼,犹之与人也,出纳之吝谓之有司。”(第2章)

第一章追溯上古历史,勾勒出王道仁政蓝图和道统谱系,以此为参照框架,第二章论现实。或者,第一章梳理尧、舜、禹、夏、商、周五代大义,揭示“天下为公”的政治文明应该为当世所崇奉,因为它可成为解决礼崩乐坏重建当世文明的依据和指南。第二章则通过子张之问,讨论如何才能重建起“天下为公”的政治文明。从具体内容观,第一章讲五代大义,最后落实为政所重的“民、食、丧、祭”。为要很好地解决“民、食、丧、祭”问题,必须从宽、信、敏、公四个方面努力。这为第二章论何以可能为政提供了路径:它以子张与孔子问答,从正反两个方面讨论何以为政,方式是正面论仁政,反面论恶政。重建“天下为公”的政治文明,即是去恶政而扬仁政;扬仁政,必须续接五代重民的宽、信、敏、公传统。

三

子曰:“不知命,无以为君子;不知礼,无以立也;不知言,无以知人也。”(第3章)

第二章讲具备怎样的资质和条件才有资格从政治国。孔子开出“尊五美,屏四恶”的清单,但其核心内容却是恭、宽、信、敏、惠。由是形成与第三章的内在联系:恭、宽、信、敏、惠,是人的主体性建构内容,唯有自我建构起恭、宽、信、敏、惠的德性,具备“惠而不费,劳而不怨,欲而不贪,泰而不骄,威而不猛”的能力,才有资格成为从政治国的人;但要达到此,其起步必须是

“知”,成为有“知”的人。这就是“知命”“知礼”“知言”,但核心或者说关键是“知人”。

孔子论“不知命,无以为君子;不知礼,无以立也;不知言,无以知人也”是《论语》最后一章,意在强调觉悟知言是获得知人之智的根本前提。何也? 言,涉及到名,名涉及到位,位涉及到立,立却涉及到存在的大地和头顶的天空。人者,要立,必须站立在自然的和历史的双重大地之上,才可真正明确其位;要明确其位,须正其位;正其位,须通过言来实现,即只有通过言来命名和正名。所以,知其言,构成了对人的全面认知、全面了解、全面确立的必须思想基础、智慧基础和方法基础。“不知言,无以知人也”,讲的是知人须知言,知言即知人;不仅如此,知言还既是正名的过程,也是立人的过程。这个过程恰恰是人与己的互动;正是这个互动过程,才生成出主体间性的交流方法,对话理解方法,它落实到教学上来,就是教学相长。在这种对话理解过程中,无论人还是己,所获得的不仅是知识视野的开阔,情感的唤醒,德性的提升,更是乐的达成,所以,“有朋自远方来,不亦乐乎”蕴含了对“兴于诗,立于礼,成于乐”的生成性。

第 4 篇

《论语》精读示释

第10章 自然主义的"人性"思想

内容提要 孔子思想的原点是其人性论，它蕴含存在论意义的"性相近"、生存论意义的"习相远"和实践论意义的人性重塑。孔子努力于后者，创建起以"持礼成乐"为生活目的，以"以仁入礼"为基本进路，以"博学内省"和"修德进业"为内外双修原则和以"齐""治"为践行方式的道德人性论。孔子之人性论思想为后世开辟出多种可能性：《中庸》以此为出发点，为后世开出致思人性的形上学先风；告子从生生、本能、自律入手弘扬了孔子的天赋人性观；孟子和荀子却发展了孔子实践论意义上的道德人性论思想，分别创建起性本善和性本恶理论，为血缘宗法政治之可以德治和必须德治提供了截然不同的人性依据。

孔子是影响中华文化方向的大思想家，有关孔子思想的研究可谓汗牛充栋。然而，最真实的孔子思想的完整面貌至今没有得到很好的呈现。出现这种状况与我们没有真正把握其思想生成敞开的逻辑起点直接相关。休谟认为："一切科学对于人性总是或多或少地有些关系，任何学科不论似乎与人性离得多远，它们总是会通过这样或那样的途径回到人性。即使数学，自然哲学和自然宗教，也都是在某种程度上依靠于人的科学；因为这些科学是在人类的认识范围之内，并且是根据他的能力和官能而被判断的。"①休谟告诫我们：讨论和思考任何问题，都不要忽视人性，尤其是像研究孔子这

① [英]休谟：《人性论》，关文运译，商务印书馆，1983年，第6－7页。

样的大思想家的思想时，更需要从其对人性的体认出发。

《论语》是集中呈现孔子思想的第一手材料，但一部《论语》，谈到“人性”的地方只有两处。这就导致人们在面对孔子的“人性”问题时，要么沉默；要么持子贡之论；要么将孔子的人性思想简化为道德思想。本章力图避开这三种简单粗暴的认知模式，生态整体地考察孔子人性思想的生成与敞开进路，以求还原孔子人性论的整体状貌，为更为客观地研究孔子及其思想确立的本原性逻辑起点。

1. 孔子思想生成的人性假设

对于一位古代思想家而言，其对人性的思考与认知，并不在于他说出了多少，而在于他是否从人性本身出发来思考值得他思考的全部问题，是否以人性为依据并以人性的再造为目的追问需要他追问的所有问题。雅斯贝尔斯在《大哲学家》中将耶稣、佛陀、苏格拉底、孔子归为创建人类“思想范式”的思想家。[①] 耶稣和佛陀，他们各自创建起分领东西方理想存在（即彼岸存在）的思想范式；苏格拉底和孔子，他们亦各自创建起分领东西方现实存在（即此岸存在）的思想范式。

苏格拉底和孔子，大致生活在同一时代的东西方，虽然信息不通，但其思想认知生成的宏观理路却呈同构性：首先，他们的思想都是以人的世界为疆界，而不涉及自然世界；其次，他们对人的思考，都是围绕如何认识做人的道理、并过有德的生活而展开，并由此分别创造出一种开启未来的认知范式和道德哲学；第三，他们思考人及其生活，都是从人性出发并以再造人性为终身不倦的追求目的。

具体地讲，苏格拉底是沿着前人所开创的**自然人**的路子来致思人和人的生活，其致思的基本主题是“人如何才成为人”，它表述为两个具体问题：“什么样的生活才是人的生活”和“怎样才能过上人的生活”。致思前者所得出的结论是：有德性（即美德）的生活，才是人的生活；致思后者所得出的结论是：惟有通过认知自己，才能获得做人的智慧和生活的美德。苏格拉底

① ［德］卡尔·雅斯贝尔斯：《大哲学家》，李雪涛主译，社会科学文献出版社，2006 年，第 44－137 页。

从这两个结论中提炼出两个心灵的原则，即“认知你自己”的知识生成原则和“知识就是德性”的生活践行原则。从致思“人如何才成为人”，到总结提炼出两个心灵原则的全过程，贯穿了苏格拉底对人性的独特假设，即人是无意作恶的，人作恶，是出于无知。这个人性假设包含一种深刻的人性论主张：人的本性是善。对人来讲，原本善的本性的迷失或异化，均源于无知所造成。因而，求知，有知识，之所以是美德；求知，有知识，之所以是人过上人的生活的必备，最终在于求知、有知识，可能使人能保持本性之善。或曰，只有当人通过求知而保持善的本性，才可在生活中自制、勇敢、友爱、虔敬，才可追求理性和维护正义。

与此有所不同，孔子却是沿着前人开创的**社会人**的路子来致思人和人的生活，其基本主题是“人如何才成为君子”，它可具体表述为“什么样的生活才是君子的生活”和“怎样才能过上君子的生活”。致思前者所得出的结论是：只有有德性的生活，才是君子的生活；致思后者所得出的结论是：惟有通过不倦的“学-习”，才能获得做人的智慧和生活的德性。孔子亦从自己所得出的如上结论中提炼出两个心灵的原则，即“博学内省”的知识生成原则和“修德进业”的生活践行原则。从整体观，孔子致思“人如何才成为君子”的全过程，同样贯穿了只属于他所发现的人性假设，即人的善或恶均源于后天所为。这一人性假设包含着一种深刻的人性论主张：人的本性是天赋的，它无善恶之分；使人性获得善恶朝向的，恰恰是后天的欲望和作为。因而，能够使天赋的人性朝向善的方向敞开的光明大道，就是博学内省、修德进业。博学内省，就是获得仁，即内生仁心、仁性、仁情、仁爱，它具体敞开为恭、宽、信、敏、惠；修德进业，就是言行守礼，即在日常生活中，敬慕贤人、孝敬父母、忠诚君主、信用朋友①和节用而制欲、勤勉而慎言②。从博学内省到修德进业，其所敞开的既是“以仁入礼”的进路，也是“仁德公道”的进路。前一种进路表述为“君子必自我成就德性”；后一种进路表述为“君子必运用自我成就的德性去进行家庭（或家族）治理（即“齐家”）和社会治理（即“治国

① “子夏曰：贤贤易色，事父母，能竭其力。事君，能致其身。与朋友交，言而有信。虽曰未学，吾必谓之学矣。”（《论语·学而》）

② “子曰：君子食无求饱，居无求安。敏于事而慎于言，就有道而正焉。”（《论语·学而》）

安邦”)。具体地讲,运用自我成就的德性去“齐家”,这是将仁德、公道施之于家庭、家族,家庭、家族就充满仁德和公道;运用自我成就的德性去“治国安邦”,就是将仁德、公道施之于社会,社会就成为仁德和公道的社会。惟有从这两个方面努力并做到了,亲亲之乐的世界就被创造出来。

2. 孔子人性思想的历史土壤

前孔子时代的原初人性体认取向 中国最早的文化典籍《尚书》虽无“人性”一词,却出现了五次“天性”“性”概念,除去其中三次出自伪古文《汤诰》《太甲上》《旅獒》的内容,其余两次摘录如下:

> 西伯既戡黎,祖伊恐,奔告于王曰:“天子!天既讫我殷命。格人元龟,罔敢知吉。非先王不相我后人,惟王淫戏用自绝。故天弃我,不有康食。不虞**天性**,不迪率典。”①
>
> 王先服殷御事,比介于我有周御事,节性惟日其迈。王敬作所,不可不敬德。②

第一段文字是纣大臣伊祖劝诫并批评纣王的天命观念时发表的议论:武王发动战争势如破竹,打败黎国,恰恰在于大王你不揣度上天的本性,不讲律法,淫荡嬉戏自绝于天,这是上天抛弃、惩罚我们的体现。其中,“不虞天性”的“性”,乃指恒常不变的本性。但第二段文字中的“性”,却做欲望讲:人的本性一旦落实在生存领域,就具体化为欲望。节性,只是由敬德而来的个人节欲。

透过其表面的符号语义,如上两段文字所论之“性”,却蕴含了潜在的深层语义:首先,性源于天赋,万物之性受之于天,上天之性即是德。其次,对人来讲,这一受之于天的本“性”向生存领域敞开,就生成为鲜活的欲望。第三,以欲望为基本内容的人“性”存在着一个“度”:在其度内就是生;超过其度就会走向自毁。这个“度”即是上天之性对人的要求,它表现在政治治理

① (清)阮元校刻:《十三经注疏》,中华书局,2008年,第177页。
② (清)阮元校刻:《十三经注疏》,中华书局,2008年,第213页。

上就是节欲敬德。第四，对以"节欲敬德"为指归的人"性"的觉悟，源于"民"的现实要求性，即权力争夺、王权更替的生存事实，迫使统治者们必须考虑如何稳定政权和怎样治民。这一思考最终要落实为对民性(即人性)的探索，以此寻求解释王权的最终依据。如上引文所展示的"人性"内容，均是为通过暴力和屠戮建立起来的野蛮政权寻求一个本质之善的解释依据，为武功之后的文治构建至高无上的道德依据。这一有关于人性的德治主义理路，在《诗经》和《左传》中有更清晰的展现：

> 伴奂尔游矣，优游尔休矣。岂弟君子，俾尔弥尔性，似先公酋矣。
> 尔土宇昄章，亦孔之厚矣。岂弟君子，俾尔弥尔性，百神尔主矣。
> 尔受命长矣，茀禄尔康矣。岂弟君子，俾尔弥尔性，纯嘏尔常矣。①
> 天生烝民，有物有则。民之秉彝，好是懿德。②

周王通过武功文治，建立起分封建制的庞大帝国。在这个疆域辽阔的帝国里，周王膺受天命，恩泽遍于海内，既长且久，福禄安康，样样齐备，因而能够尽情娱游，闲暇自得。这些称颂归结为"俾尔弥尔性"，即祝周王长命百岁，以成为百神的祭主，永远享受天赐洪福。一句话，君主之性即是生，生乃合德、扬德、泽德；惟有如此，民才能秉承常道。

《烝民》中的"彝"字，据古义乃法也，常也，周初时多作"常法"讲。"秉彝"就是"守常法"亦或"守常理"，这就是"礼"。③《毛传》释"秉彝"乃"执持常道"，并解"好事懿德"乃"莫为好有美德之人"。④ "有物有则"，乃指人与物皆由天所生：天生一物，必赋予该物以法则；天生人，同样赋予人以法则，这个法则就是人所执持的常道；这个常道就是人的本性。一旦以此为常道而执守之，就必然成为有美德的人。孟子曾以《烝民》来确证人性本善，徐复观先生认为这不切实际。其实是徐先生所思欠深度考虑，因为孟子以其性

① (清)阮元校刻：《十三经注疏》，中华书局，2008年，第545－546页。
② (清)阮元校刻：《十三经注疏》，中华书局，2008年，第568页。
③ 徐复观：《中国人性论史——先秦篇》，上海三联书店，2001年，第50页。
④ (清)阮元校刻：《十三经注疏》，中华书局，2008年，第568页。

善论思维来品味此诗，发现万物皆生于自身之法则，人亦然。孟子体察到了此诗所包含的伦理真义：人性是人受之于天、形之于地的自身生命法则，这一生命法则**内化于心**就是人性，**外化于行**就是人所应该日常执持之道。民惟有执持其常道，才可能成为善民；执掌朝政的君主执持其常道，才可敬德以爱民，常治而久安，恩威于四海。

> 天生民而立之君，使司牧之，**勿使失性**。有君而为之贰，使师保之，**勿使过度**。是故天子有公，诸侯有卿，卿置侧室，大夫有贰宗，士有朋友，庶人、工、商、皂、隶、牧、圉皆有亲昵，以相辅佐也。善则赏之，过则匡之，患则救之，失则革之。……天之爱民甚矣。岂其使一人肆于民上，以从其淫而弃天地之性？必不然矣。[①]

在发生于公元前558年的这件史事中，师旷对晋侯之论可谓意味深长：自夏而商，由商而周，周衰而诸侯争霸所演绎出来的春秋，不外乎都是为王的胜者一方面打着“替天行道，拯救黎民百姓于水火”的杏黄旗，为自己野蛮和残暴的血腥屠戮找理由、树根据、遮丑恶；另一方面又要为缓和与被压迫者之间的对立、笼络民心而寻求统治方略。此两方面的意向构建了一个天地具有爱民本性的神话：商汤灭夏，是因为爱民而不得不发动战争；周之武王同样因为爱民而不得不让血流成河，周公千方百计地劝诫周成王修德保权，同样是基于爱民。因为“天生烝民”，不仅要赋予民以存在的本性和必须遵循的生存法则，更要赋予民以生君、立君的功能，这就是民必须要有人来为他们当家作主，否则，就会民将不民。

这种德治主义人性论的实质是王道主义，它以王道为目的，以民道为手段，以天道为依据，并以人性论为统摄。然而，统摄王道、民道、天道使之一体的人性论，本质上是一种**上天本性论**：上天的本性孕育出万物的本性和人的本性，并支配、制约、引导、规范人的本性；并且，这种支配、制约、引导、规范必通过君主之德治才可实现，因为天生万民必立君：君与民的关系实

① (清)阮元校刻：《十三经注疏》，中华书局，2008年，第1958页。

质上是父母与子女的关系，其本质诉求是指令与服从。在这一指令与服从关系中，君对民的职责是全面的统治，勿使民“失性”；君对天的职责是全面地爱民，使自己在民面前勿“过度”。所以，“失性”与“过度”都是指人的本性：“勿使失性”，意即不要使民的本性丧失；“勿使过度”，意即不使君的本性膨胀超过其应有的限度。此种含义在“牧”字中表露无遗：“牧”之本义是“饲养牲畜”，引申为“治民”，即治民应该像饲养牲畜那样，既要给他们吃饱，又要使他们顺从。在这一治民方略下，民“失性”只源于两种情况：一是其基本需要和欲望得不到保证；二是其需要和欲望得不到规范或规范不到位。要从这两个方面“勿使失性”，其关键在于君之自我文饰和节制：“吾闻之，民受天地之中以生，所谓命也。是以有动作礼义威仪之则，以定命也。能者养以之福，不能者败以取祸。是故**君子勤礼，小人尽力。勤礼莫如致敬，尽力莫如敦笃。敬在养神，笃在守业。**国之大事，在祀与戎，祀有执膰，戎有受脤，神之大节也。今成子惰，弃其命矣，其不反乎？”①刘康公回答成公的这段对话，清楚地表述了春秋时代礼与性的关系。徐复观曾言，春秋时期促成“礼”的主要因素是“文饰”和“节制”：文饰讲铺张，节制求收敛。将方向相反的文饰与节制要求予以折衷，就形成了“中”：中则是礼所要达到的目的。礼作为人间道德的实现方式，既需要文饰和节制来展开自己，更需要折衷的方式实现自己。礼的这两个方面的自我规定与要求，却由天地之本性所规定：“夫礼，天之经也，地之义也，民之行也。天地之经，而民实则之。则天之明，因地之性，生其六气，用其五行。气为五味，发为五色，章为五声，淫为昏乱，民失其性。是故为礼以奉之。”②礼乃天地之性，性却由天所命，即定命而成性。君子定命成性在于勤礼致敬，勤礼致敬而养神；民定命成性在于尽力敦笃，尽力敦笃而守业。但君和民要分别达到“养神”和“守业”的道德状态，均须借助节制来实施文饰：民之节制是“勿使失性”，君子的节制即是“勿使过度”。

由是观之，夏、商、周三代所孕育初成的人性观，有四个方面的构成内

---

① (清)阮元校刻：《十三经注疏》，中华书局，2008 年，第 1911 页。

② (清)阮元校刻：《十三经注疏》，中华书局，2008 年，第 2107 页。

涵：(1)道德主义：礼即人性；(2)天命主义：人性是上天赋予所有存在物的本性，其生存论表达就是欲望；(3)民道主义：天赋民以本性；(4)君道主义：上天赋予君以引导民“勿使失性”和引导自己“勿使过度”的本性，由此两个方面形成**正德厚性**的思想观念。

> 夫人性，陵上者也，不可盖也。①
>
> 先王之于民也，懋**正其德而厚其性**，阜其财求而利其器用，明利害之乡，以文修之，使务利而避害，怀德而畏威，故能保世以滋大。②
>
> 利器明德，**以厚民性**。③
>
> 夫**膏粱之性**难正也，故使惇惠者教之，使文敏者导之，使果敢者谂之，使镇静者修之。④

《国语》所论及的人性，已荡尽天地之性的痕迹，表征为人所具有的基本欲求。对君主来讲，欲称王天下，必先安民；要安民，需顺民足性，民才可乐生。要做到此，需要王天下者必节制其本性之欲，“勿使过度”，其根本方法是“正其德而厚其性”。正其德的首要任务是自我修养，也是“勿使过度”的基本方法；其次是教化和规训民并使其淳正，其根本前提是厚其性，即顺民性、足民欲，只有如此，才可使民**生**且**生生不息**，这是君王之最大的和最根本的利。在“正其德厚其性”之治国方略中，正其德，是主体修养方法，亦即治国的前提方法；厚其性，是实施的行动方法，亦即治国的基本方法。对二者的整合运用，就是“利器明德，以厚民性”，这是治国的根本法宝。

概论之，在前孔子时代所初成的人性观中，《尚书》和《诗经》中所论之“性”，体现自然主义倾向；《左传》中所论之“性”，侧重宣扬天命主义；《国语》所论之“性”，却呈现民道主义价值取向。这种融自然、天命、民道于一体的人性论观念得以生成的根基是天命主义，它从天上降落于人间生活，形成自

① 徐元诰：《国语集解》，王树民，沈长云点校，中华书局，2002年，第75页。
② 徐元诰：《国语集解》，王树民，沈长云点校，中华书局，2002年，第2－3页。
③ 徐元诰：《国语集解》，王树民，沈长云点校，中华书局，2002年，第350页。
④ 徐元诰：《国语集解》，王树民，沈长云点校，中华书局，2002年，第407页。

然主义人性观。这种以天性主义、欲望主义、生机主义和适度主义为内涵构成和价值取向的自然主义人性观，为孔子的人性体认提供了思想土壤和认知视域。

3. 孔子人性思想的原发构成

理解孔子人性思想的路径 客观地讲，孔子对人性问题的体认虽然建基于传统，但却生发于现实境遇和生活经验。孔子所面对的现实存在境遇，主要表征为由“道术将为天下裂”[1]和“上下交征利”[2]构成，其最终推动力却是诸侯们不断膨胀的欲望和周室王权日趋衰落。对孔子来讲，存在境遇是时代性的，它促发其张扬人性体认的个性；生活经验却是历史性的，它激励其显发人性体认的普遍性。

> 叶公语孔子曰：“吾党有直躬者，其父攘羊，而子证之。”孔子曰：“吾党之直者异于是。父为子隐，子为父隐。直在其中矣。”（《子路》）
>
> 子曰：“富与贵，是人之所欲也，不以其道得之，不处也。贫与贱，是人之所恶也，不以其道得之，不去也。”（《里仁》）

孔子之如上类似的言论，在《论语》中俯拾即是。这些随处可拾的语录，不过是孔子对生活经验的通俗表述。然而，在通俗表达出来的这些生活经验中，却显发出一种普遍性的东西，并蕴含着共通的人性内容和人性取向。比如富与贵，乃人人所欲者；贫与贱，乃人人所恶者。这种为“人人所欲”和“人人所恶”的东西，不仅传达出共通的欲望主义激情，更显发出一种生机论。人作为个体生命，必要因生而活、为活而生且生生不息；然而，人要能够因生而活、为活而生且生生不息，既需要通过劳动来换取滋养生命的物质资源，使其充足而富有，更需要相应的身份、地位、权力来保障。所以，追求和向往富与贵，恰恰是人因生而活、为活而生且生生不息的人性在生存过程中所显发出来的具体内容；反之亦然。

---

① （清）王先谦：《荀子集解》，中华书局，1988年，第216页。
② （清）焦循：《孟子正义》，中华书局，2006年，第22页。

同样，有关于“直”的认知判断，孔子与叶公之不同在于，叶公之“直”源于理性判断，孔子之“直”源于经验判断：叶公之理性判断的依据是理、是公理；孔子之经验判断的依据是情，是血缘亲情。理、公理当然源于人性，但它却是间接的、普遍不变的抽象的人性，是体现公私论域之严格界线的人性；情、血缘亲情所表述的却是现实语境的、具体人事的和可变通的人性，是模糊公私论域或者说根本不存在公私之论域界线的人性，是人人发乎血缘亲情之欲望能够得到语境性满足的人性。所以，“父为子隐，子为父隐”的行为本身就是“直”，因为此一行为本身所显发的即是人人身上所涌动不息的本性要求。

由此不难发现，立足于孔子所生存其中的时代境遇，从历史性的生活经验出发，才是深入理解孔子人性思想的正确路径。

孔子人性思想内涵解读 在根深蒂固的习见中，人们多认为孔子缺乏人性论建树。这是因为《论语》中只有两处涉及人性问题：一处是孔子对人性问题的自道；一处是子贡对乃师不语人性与天道的判断。有关于“天道”问题，孔子确实没有涉及；但对于“人性”问题，孔子不仅有自己的思考，而且还为此而倾注了悲壮的一生努力。

然而，子贡之论并非主观臆断，因为子贡是孔子最得意的门徒，应该说是最了解孔子思想的人；并且，子贡既是夫子学问的真诚崇敬者，也是夫子学问的最坚决的捍卫者。以此察子贡“夫子不言性与天道”之论，应该缘于事实。但孔子又确实论及人性问题，并且其人性思考还构成了对前人的超越。面对子贡之论与孔子之实的矛盾，需要从时序入手寻求化解之道。子贡言“夫子之言性与天道，不可得而闻也”(《公冶长》)之前，夫子与门人的讨论交流中可能确实没有涉及人性与天道的问题，或者涉及到了，但慎思谨言的孔子因思虑不到位而暂时没有发表其看法。以此来看，孔子发人性思考的言论，可能是后来才发生的思想事件。或许还有一种可能，即如子贡这样的优秀门人迫切地想了解性与天道方面的知识，才促使孔子将人性作为专门的问题纳入时代性境遇和生活经验之中予以历史性审问，最后得出了划时代的人性论思想：“性相近也，习相远也。”(《阳货》)

表面看，孔子之人性认知没有具体的语义内涵，没有真知灼见的新意，但实际上却是先秦时代最深刻的人性认知，并在事实上获得了无法超越的思想高度。

首先，“性相近，习相远”清晰地表达了孔子对人性的基本主张：第一，人性既是普遍的，更是共通的。第二，孔子未说出“性相近”的原因与理由，是他认为没有必要说，因为有关于人性源于天赋的思想，自上古形成，至孔子时代，已成为一个常识。这是我们理解孔子人性论时所必须考虑到的，即应该将其省略了的内容补充出来(这是本章第二节内容得以展开的根本意图)：人性是天赋的，所以人人之“性相近”。

其次，孔子传述古人“性相近”之经验的努力，是探求如何弥合“习相远”的生存困境。

要理解孔子弥合人性“习相远”所带来的生存困境，须真正理解孔子“性相近”的丰富含义。孔子所传述的“性相近”这一历史经验至少蕴含三层含义：(1)人性乃天地所成，非人力所为。在《论语注疏》中，何晏注曰：“性者，人之所受以生也。”宋邢昺进一步疏道：“言人感自然而生，有贤愚吉凶，或仁或义，若天之付命遣使之然，其实自然天性，故云：‘性者，人之所受以生也。’”①(2)由天地所成的人性，是普遍的、共通的，《论语注疏》云：“性，谓人所禀受，以生而静者也，未为外物所感，则人皆相似，是近也。”②(3)由天地所成的人性，既不变也可变：人性的不变性，源于它是天地所成，与生俱来；人性的可变性，在于它必要接受环境的浸染，并为个体和社会所影响。

其三，人性的复杂性，根源于其环境侵染的可变性；人性的可变性，根源于人本身之“习”。

有关于“性相近，习相远”中之“习”字，人们往往以后人的观念来解读之，比如《性自命出》和《孟子》都将其理解为“习养”：“养性者，习也；长性者，道也。”③“存其心，养其性，所以事天也。”④但这些均属“习”之后起义，不符合孔子原意。

① (清)阮元校刻：《十三经注疏》，中华书局，2008年，第2524页。
② (清)阮元校刻：《十三经注疏》，中华书局，2008年，第2524页。
③ 李零：《郭店楚简校读记》，北京大学出版社，2002年，第118页。
④ (宋)朱熹：《四书章句集注》，中华书局，1983年，第349页。

子曰："学而时习之，不亦说乎？有朋自远方来，不亦乐乎？人不知而不愠，不亦君子乎？"(《学而》)

一部《论语》二十篇，以"学而"冠首，并以"学而时习之"开篇，其意味深长源于"学而且习"：学，意即对不知、未知的关注和探求；"习"，意在于对所学的东西的内在消化而后践行。因而，"习"首先是指"温故知新"，即将学得的东西内化为个性人格化的思维内容或认知、思想、理解、判断等能力；其次是指"传而习之"，即运用这种内在化的思维智慧和能力来指导其生活行动。在"学而时习之"中，**由学而习**的进程蕴含**存**与**用**的关系：温故知新，就是存；传而习之，就是用。由此存用关系显发出两层更深刻的含义：首先，学虽重要，但惟有通过学达向温故知新，才是真学所必经由的入门阶梯，这就是古人所讲"登高必自卑"的道理：学，是起步，为其所学而温故知新，就是登高。其次，习乃"学"之根本，朱熹将其理解为"晓得"，实为片面。结合"学而时习之"上下语境及整个《论语》看，"习"指涉**思**而且**行**两个方面：思，就是"温故知新""吾日三省吾身""内省不疚""内省无忧"等，其后之《中庸》将此"习"义概括为"审问""慎思""明辨"三步；行，就是以生命投入的方式去实做，所以《中庸》将其概括为"笃行"。

概论之，《论语》之"习"只能做内省和践行解。内省就是面对世界、事物、利害而内化体认；践行即是以内化体认而生成的思想和方法为武器来指导行动实做。由此不难看出，在孔子的思想世界里，"习"既是向内的省思与体验，也是向外的实做和践行。因而，天地所成的人性的可变性，最真实地来源于人的内省与践行之双重行为本身，或可说，人向内的身体体验和向外的身体行动，推动人性的生存论改变。

其四，无论向内省思或体验，还是向外实做与践行，都涉及利害。所以，天地所成的人性在向生存领域敞开自身的过程中所产生出来的巨大差异性，最终源于其生存的利害冲动或利害权衡。因为在实际的生存论域中，共通的人性总是要具体化为个体的生存需要和欲望，这一人性朝向生成的直接动力，恰恰是生命保存自身的资源需要冲动，即一切滋养个体生命的资源都是匮乏的，都需要人付出劳动和代价才能换取得来。所以，人性的敞开，必以需要和欲望的方式呈现;人的存在,必以利害权衡的方式敞开:获得滋养生命的资源,就是利;为滋养生命而付出劳动和代价,就是害。利与害的权衡与选择的多样性、复杂性,生成出人性的"习相远"。

其五,天地所成的人性在敞开自身生存进程中所表现出来的各种倾向,既可能符合人性本身,也可能不符合甚或违背人性本身,这种分离性情况一旦出现,就产生人性敞开的生存论困境。为此,孔子探索性构建"以仁入礼"和"修仁守礼"的方式来解决"习相远"的生存论困境,由此建构起由**仁学**和**礼论**为基本内容的道德哲学。

4. 孔子人性思想的整体蓝图

自然主义人性论,是人类早年对人性的最初意识和反省性体认所结出的共同智慧成果。无论东西方,哲人们在发现这种智慧成果的同时,亦发现了人性的欲望主义方向和由此欲望而生成的生存论困境。面对这一生存论困境,古希腊哲人开辟出**个人本位**的理性教化传统;中国先秦哲人却开辟出**人伦本位**的理性教化传统。这一人伦本位的理性教化传统虽然由诸子们共同努力形成,但最终让它华章永存的却是孔子及其所开创的道德哲学和君子学说,因为源于"性相近,习相远"的人性思想的奠基,孔子实现了对"以仁入礼"的道德哲学和血缘宗法伦理规范体系的构建。比较先秦诸子的各种自然主义人性思想,孔子之人性观的独特性,体现在他对天赋自然人性的动态生变取向的准确把握,这就是"性相近"之后的"习相远"。

在"性相近也,习相远也"判断中,前半句是孔子对历史上的自然主义人性论的个性化传述;后半句才是孔子对人性问题的**再发现**。正是这种再发现赋予"人性"概念以如下丰富的内容:

首先,"习相远"揭示了一个基本的人性事实:作为天赋的人性,既具有相对稳定的不变性,也是动态生变的。由此呈现人性的整体状貌:人性在不变中生变,并在变中保持不变。变中不变的人性,源于它的与生俱来性;不变中生变的人性,来源于人的存在本身的未完成、待完成和需要不断完成性。人的未完成、待完成和需要不断完成性,源于三个因素的合力:一是人的身体始终处于成长、变化的过程中,其生命不息,身体变化不止;二是人的心灵、情感、认知始终处于成长、变化的过程中,其生命不息,心灵、情感、认知变化不止；三是人的需要和欲望始终处于变化的过程中，同样是生命不息，需要和欲望不止。

其次，"习相远"的生存论事实告诉人们，天赋的人性从存在向生存领域敞开所表现出来的倾向性、价值诉求及其行为结果，有可能相去很远。孔子对此做了多元层次的描述：比如，"子曰：君子周而不比，小人比而不周。"(《学而》)又如，"子曰："赐也，尔爱其羊，我爱其礼。"(《八佾》)再如，"子曰：君子怀德，小人怀土。君子怀刑，小人怀惠。"(《里仁》)还如，"子曰：君子喻于义，小人喻于利。"(《里仁》)等等。

其三，孔子对"性相远"的深刻洞察，还隐含着一个未道出来的东西，即天赋相近的人性向生存领域释放自身的过程中，必然要接受利欲的习染。利欲对人性的习染，使原本"相近"的人性获得了不同价值取向的改变。

概括如上内容，孔子在个性化传述人性认知的历史经验的同时，发现并把握了人性向生存领域敞开的动态变化的复杂性。孔子的整个思想都是建立在他对动态变化的人性的深刻体认基础上的，首先，共通的人性事实可以在后天的习染中得到塑造这一经验事实，构成了孔子"以仁入礼"的君子教育思想和君子伦理-政治思想的奠基石；其次，孔子基于人性共通这一事实，寻求和构建引导人去重塑人性的道路、途径与方法，这是孔子终身求索"以仁入礼"的君子之道的根本动力。

在对君子思想和君子实践道路、途径、方法的探索中，孔子认为，要使"习相远"的人性重新回复其"性相近"的本原状态，应该从教育、伦理、政治等方面入手，对人进行"以仁入礼"的引导、规训，使之**成仁行礼**。从这一实践论角度看，孔子之人性论思想实际上是一种道德人性论思想。整体观之，孔子之人性论思想客观地具有存在论、生存论和实践论三维内涵：对孔子来讲，其存在论层面的人性内容是"性相近"，这是孔子对人性的原发性思考，它集中表达为对古代人性论思想精髓的个性化传述。在生存论层面，其人性内容就是"习相远"，即后天的人为和环境可以改变人性，但改变人性的强大力量却是永无可满足的需要和欲望，它源于人的荒原性存在事实和匮乏性生存处境。因而，"习相远"既表述着人的生存困境，也造就了社会的生存困境。面对这一双重的人性困境，必然引发孔子对人性的继发性思考，这一思考的重心就是如何面对“习相远”的人性困境而再造人性，使人性重新复归于其普遍、共通的本原性状态，这是从根本上解决因为人性分裂而带来的生存困境的根本途径与方式。所以对孔子来讲，其对人性的继发性思考，实质上是对人性的实践论思考，对这一实践论思考的实质性表述，就是为人性的复归设计再造人性的社会实施方案，即“博学内省→修德进业→以仁入礼→持礼成乐”：“博学内省”需要以“学而”为准则的教育；“修德进业”所构建的是血缘宗法伦理；“以仁入礼”开辟从仁德走向公道的政治治理道路；“持礼成乐”却是对如上三者所达成的整合性社会生存状态和个体人生境界的抽象表述。

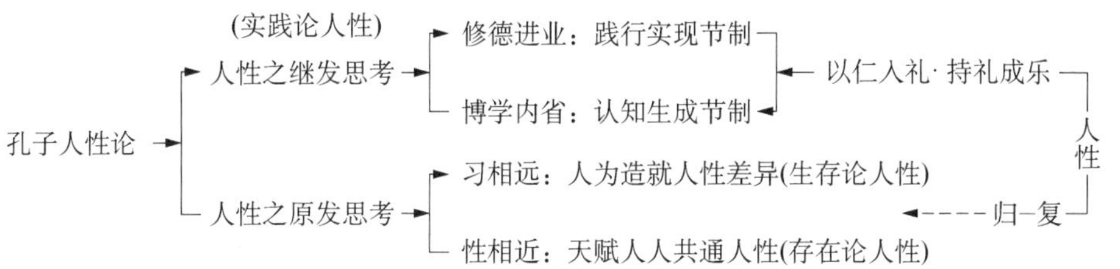

[10-1　孔子人性思想的构成维度]

孔子对人性的继发性思考所形成的道德人性论思想的具体内涵，就是“仁”与“礼”。在其道德人性论中，仁与礼的关系，既是手段-目的关系，也是行为规范与主体条件关系。前者表述为礼是仁所要达及的目的，仁是实现礼的途径与手段；后者表述为礼是行为的规范，仁是获得行为规范的主体能力。

孔子之“礼”是一种继周崇周的“别尊卑、明贵贱”的等级之礼，它具体表述为血缘宗法内部“不下庶人”的行为规范。在孔子的人伦世界里，“礼”是血缘宗法的纽带，也是君王权力与臣民关系的纽带。孔子把“礼”作为“继天立极”之道和“垂世立教”之本，并将其系统化，从而探求出一种万世长存的实践方式与途径，这就是以“忠”“恕”“孝”“悌”为**基本**内容的“仁”道：从治国角度讲，“仁”就是要“忠”“恕”；从齐家角度讲，“仁”实乃“孝”“悌”。孔子把家和国作为一个整体来把握：“齐家”和“治国安邦”是修仁以成礼的两个缺一不可且合二为一的人生责任，完成其人生责任的首要条件是“修身”，即以“礼”为目标而获得“仁”以达成“礼”。

孔子终其一生努力构建以“以仁入礼”为基本进路的道德人性论思想，是要为以血缘宗法为取向的君子（教育、伦理、政治）理论提供思想土壤并奠定认知基础，其最终目的是要引导人在血缘宗法等级下为仁，通过为仁而习礼，并成为守礼和乐礼者。孔子这一以“以仁入礼”为基本进路的道德人性论思想，不仅为孟子的性善论和荀子的性恶论提供了理论依据，也为他的以仁学和礼论为核心内容的君子理论在其身后**被拥戴为**统治意识形态，奠定了认知基石。

5. 孔子人性思想的敞开进路

概括上述，孔子对人性的存在论、生存论和实践论的多元致思，既为其以仁学和礼论为核心内容，以教育、伦理、政治为三维构架的道德哲学（其形下形态即君子理论）的原发性创建，奠定了最终的认知基石，也为后来的人性论探讨开辟了多元可能性。

首先，孔子“性相近，习相远”的人性论思想，为人性问题获得形而上学探讨开辟了道路。《中庸》是这方面最杰出的文本，它对人性与天命、人性与天道、人性与天理、人性与教化等关系予以了系统的形上讨论。正是这种形上讨论为后来者——比如以董仲舒为代表的经学和以程朱为代表的理学——进一步展开人性的形而上学拷问，打开了视野，奠定了基础，提供了方法。

其次，孔子关于人性源于天赋的自然主义人性观，为“兼治儒墨之道”的告子所进一步发挥而提出三个命题：一曰“生之谓性”；二是曰“食色，性也”；三曰“人性之无分于善不善也，犹水之无分于东西也。”①告子围绕这三个命题分别从生生、本能、自身规定性等维度考察了天赋人性的自身特征和非伦理诉求倾向。从整体论，告子的生生主义、本能主义、自律主义天赋人性观，对孔子“性相近”之人性论思想予以了时代性传承与发展。

其三，孔子“性相近，习相远”的人性论思想，为孟子的性善论和荀子的性恶论提供了认知的内在契机。

① （宋）朱熹：《四书章句集注》，中华书局，1983年，第325页。

天赋的人性在后天的利欲习染中，可能朝向善的方向敞开，因而人性就是善的。这种可能性由孟子来变成现实。孟子提出“仁义礼智根于心”，并以此将孔子的天赋人性论作了修正性推进：孔子将仁与礼视为天赋人性的实践论内容，是从血缘宗法角度推论出来的；孟子却突破了血缘宗法的狭隘，从区别于禽兽的人的良知良能角度来立论天赋道德人性论。不仅如此，孟子还对此予以心理学的求证，即仁义礼智之所以是人区别于禽兽的良知良能，是因为人人生而俱有恻隐之心、羞恶之心、辞让之心、是非之心等“善端”。①

孟子的道德人性论与孔子的道德人性论，在其思想认知方面主要体现出如下区别：第一，孟子将孔子之实践论层面“以仁入礼”的道德人性论观念，拓展为仁义礼智四维，并明确指出它们是“根于心”的良知良能。第二，孔子把“仁”“礼”赋予人性，使其构成人性的实践论内容；孟子则认为，作为天赋的“仁义礼智”仅仅是人性展开的四维朝向，真正的人性内容却是孕育、滋生仁义礼智的“四心”。在孟子那里，对人性的致思获得了心理主义路向，这一致思人性的心理主义路向为宋明道学——尤其是陆王心学——提供了最初的蓝图。但从最终意义讲，陆王心学的认知源头仍然是孔子“性相近，习相远”之人性论思想。第三，孟子从孔子的“性相近”和只有通过仁礼教化、规训才能回复“相近”的人性这一双重观念出发，提出了人本性善的主张，为此而必然要区分人性与人欲：人性是人区别禽兽的“善端”，它在任何时候都是善的；人欲却是人与禽兽共有的本性，即感官之欲②：欲既可是无善无恶，也是可善可恶，适度为善，过度则恶。第四，孔子的人性论思想囊括人的自然本性与道德本性于其中，二者混沌不分。但到了孟子那里，不仅对天赋人性予以了心理学的求证，而且还对人性做了自然本性和道德本性的区分：作为自然本性的人性，是与禽兽相同的③；作为道德本性的人性，它始终呈善的取向。

孔子之天赋人性论思想，是从历史经验和生活经验感悟得来，它蕴含人

① (宋)朱熹：《四书章句集注》，中华书局，1983年，第238页。
② (宋)朱熹：《四书章句集注》，中华书局，1983年，第369页。
③ (宋)朱熹：《四书章句集注》，中华书局，1983年，第293页。

本性善的种子，也潜伏人本性恶的倾向性。因而，对“性相近，习相远”之感悟，既为人本性善的道德人性论张了目，也为人本性恶的道德人性论提供了契机。仅前者论，人本性善的思想通过孟子的心理学打造，然后经过《大学》和《中庸》的形上阐发，建构起了具有坚实心理学基础和形上论依据的道德人性论蓝图。概括地讲，孟子的天赋道德人性论思想的生成，却得益于其超验的心理学求证。他的这种求证方式，开辟了后世的人性本善的广阔道路，王通、张栻、陆九渊、蔡沈、黄道周、陈确、黄宗羲、焦循等人的人性探索，都是沿着这一路子而展开，以道德来阐释人性。晚于孟子的荀子所构建起来的“性本恶”思想，则完全是立足于生活的历史与现实而予以经验的求证，这一求证方式即开辟出一条人性本恶的解释道路。在这条道路上，把人性本恶的道德人性论予以个性化发挥，使之构成完整的实践智慧的却是荀子的学生韩非子。

从心理求证和生活经验总结两个方面入手，无论是道德本性的人性，还是自然本性的人性，都是不学而能得的。这一思想在荀子那里得到全面阐发：

> 凡性者，天之就也，不可学，不可事。礼义者，圣人之所生也，人之所学而能，所事而成者也。不可学、不可事而在人者谓之性；可学而能、可事而成之在人者谓之伪。是性伪之分也。①
>
> 生之所以然者，谓之性。性之和所生，精合感应，不事而自然，谓之性。性之好恶喜怒哀乐，谓之情。情然而心为之择，谓之虑。心虑而能为之动，谓之伪。②
>
> 性者，本始材朴也；伪者，文理隆盛也。无性则伪之无所加，无伪则性不能自美。性伪合，然后成圣人之名一，天下之功于是就也。③

人性是一种天赋的能力，这种能力就是人的“本始材朴”。相反，仁义礼

---

① （清）王先谦：《荀子集解》，中华书局，1988年，第435－436页。

② （清）王先谦：《荀子集解》，中华书局，1988年，第412页。

③ （清）王先谦：《荀子集解》，中华书局，1988年，第437－438页。

智这些东西恰恰不属于"本始材朴"的范畴，因为这些内容不仅是后天形成的，还要通过学才能得到。更重要的是，人性与仁义礼智没有必然的关系，这是因为人性是人的自然本性本身，仁义礼智却是人的道德内容，它们来源于"圣人之伪"①。在荀子的认知世界里，人性没有道德本性和自然本性之分，人性就是人生而具有的自然本性。但在实践论层面，荀子却又坚持道德人性论，他不赞同孟子的人本性善和人本趋善的观点，主张人本性恶：人性作为人的自然本性，它就是利欲，利欲则来源于食色之欲。食色之欲何以为恶呢？因为人性是人的生命本性，人的生命要得以保存，就得顺其人性而张食色之欲；顺其人性而张食色之欲，就会生"争夺"，滋"疾恶"，张"声色"。顺其性而生争夺，辞让之心就会丧失，忠信之德就不复存在，礼义文理就会消解干净。在人的生存实践领域，人性不是善而是恶，并且人性与道德相对立：道德不过是抑制人性的一种手段。

在先秦，原儒的人性论思想由孔子发微，通过告子、孟子、荀子而形成一脉思想传统。孔子的"性相近，习相远"，为其后的儒家人性论确定了大体框架与整体取向：孔子关于"性相近"的看法，形成告子、孟子、荀子人性论思想的共同基础；孔子将"别尊卑、明贵贱"的"仁-礼"作为人性的实践论内容，这一做法开创了道德人性论的先河，从而使以孟子为代表的性善论和以荀子为代表的性恶论得以产生，并通过孟子对"人性本善"和荀子对"人性本恶"的理论建构，从正反两个方面推动道德人性论构成了中国人性论史上的主导性思想。孔子关于"习相远"的观念，以及由此而开辟的"博学内省、修德进业、以仁入礼、持礼成乐"的人性实践论（即道德人性论）路向，突出了德治主义的根本性和重要性。德治主义是儒家的根本政治主张，其认知基石是天赋人性论。孔子的人性论思想，为德治主义提供了整体框架，孟子的性善论和荀子的性恶论，则为德治主义提供了正反两个方面的依据和操作策略：孟子的性善论，为德治主义提供了**可以治**和**能够治**的依据，因为人天生具有善端，只要唤醒人心中的善端，道德治理顺理成章；荀子的性恶论，则为德治主义提供了**必须治**的依据和理由，因为人性本恶的实质内容是利欲，顺

① （清）王先谦：《荀子集解》，中华书局，1988 年，第 437 页。

其利欲虽是人性的必然，但却必生争夺、疾恶、声色，因而，只有进行德治，才可有善。

进一步看，孟子的性善论所引出的**可以德治**和荀子的性恶论所引出的**必须德治**，这两者相辅相成，把孔子的道德人性论和以此为基础的君子理论中的纵欲论和禁欲论予以了实践上的统一：孟子的性善论标榜人性是天赋于人的道德本性，任何人在任何情况下做任何事情，所表现出来的道德本性都是善的，孟子的这一主张事实上为人们可以干任何坏事消除了心理障碍，同时也为统治者对民进行德治提供了人本性善的依据。荀子的性恶论宣扬天赋的人性是趋恶的，人要获得善良，不仅需要运用仁义礼智来再造人性，使其合礼、合仁、合义、合智；而且更要采用刑赏的方法(亦律法治理的方式)来扼制利欲膨胀的人性。由此不难发现，孟子的性善论，坚守了孔子“以仁入礼”为进路的德治主义，由此形成汉以来以血缘宗法道德为取向的意识形态治理模式；荀子的性恶论，却为后世统治者提供了“礼法并举”的“权力-利益”治理模式。正是这一“权力-利益”治理模式为法治主义开辟出可能性路向。如果荀子的性恶论思想一旦获得生长的土壤，必然会构成法治社会的逻辑起点和导向力量，因为，真实的法治社会必须要建立在“把每个人都设想为无赖之徒”[①]这一政治原则基础上。

---

① [英]休谟：《休谟政治论文选》，张若衡、关文运译，商务印书馆，1933年，第27页。

第 11 章 “君子不器”的开放性学说

内容摘要 整体性探究孔学，需从形上和形下两个维度努力。着力前者，可提炼出孔学的道德哲学体系；注目后者，能勾勒出孔学的君子学说。相对前者，君子学说是孔学的实践论，它是孔子基于“天下将为道术裂”和“邪说暴行”横行的时代现实，以返本开新方式重建君子社会所作的一种“明知不可为而偏为之”的努力。正是因为此，孔子的“君子”话语虽有深厚的思想渊源，但却突破“有位者”和“以位取德”的传统观念，赋予“修德取位”和“以德正位”之时代新义，然后以此为准则，探究“人如何成为君子”的修为道路与方法。君子修为的内容是“仁、礼、乐”，展开逻辑是“以仁入礼达乐”，由此开辟“修仁-循礼-达乐”路径和“学而”方法。君子修为的目标是“修德取位”和“以德正位”：前者成己，总要求是“不器”，因而必须坚守“用无不周”和“以道事君”原则。后者成人，基本方式是修己以敬、修己以安人、修己以安百姓，为之必须遵循“惟道义”“不争”“安分守己”和“公道”四大准则。成己成人不可间断的人生进路是“学而”：学而修德，收获“恭宽信敏惠”五德；学而进业，具备“敬慕贤人、孝顺父母、忠诚事上、诚信朋友、节用而制欲、勤勉而慎言”六要。

雅斯贝尔斯在《大哲学家》中将孔子与苏格拉底、佛陀、耶稣并称为创造“思想范式”[①]的思想家。孔子对思想范式的创建，基于探求调理“个人内心

① [德]雅斯贝尔斯：《大哲学家》，李雪涛主译，社会科学文献出版社，2006 年，第 44－137 页。

生活”和重构“社会秩序”[1]而做返本开新的功夫，必然从认知和实践两个维度解决“人如何成为君子”的问题，构成了孔子学说（以下简称“孔学”）的内在主题。从根本论，孔学融通了人性论、正名论、仁学、礼论、“学而”理论和中庸道德，其理论形态是道德哲学，其实践形态是君子学说。因而，系统地呈现孔子的君子学说，成为整全地理解孔学及其思想真谛的入口。

> 依照传统的说法，儒学具有修己和治人的两个方面，而这两方面又是无法截然分开的。但无论是修己还是治人，儒学都以“君子的理想”为其枢纽的观念：修己即所以成为“君子”；治人则必须先成为“君子”。从这一角度说，儒学事实上便是“君子之学”。这一传统的“君子理想”在今天看来似乎带有浓厚的“精选分子”的意味（即所谓elitism）。[2]

余英时将“儒学”等同于“君子学”，可大而化之地如是说，但后世所讲的“儒学”，与孔子的君子学说是有区别的。就根本论，孔学是基于“道术将为天下裂”[3]的时代现实，以“人如何成为君子”为主题展开讨论，形成返本开新的“思想范式”[4]和哲学的知识谱系、价值系统。[5] 统观孔学，仁、礼、乐，是其核心范畴，从修仁出发，经由习礼最后达成作为个体主体的**成己之乐**和作为社会主体的**成人之乐**，构成基本的思维-认知路径。“以仁入礼达乐”这一思维-认知向上展开，就是道德哲学；向下展开，形成君子学说。孔子的君子学说（或曰“孔学实践论”）展开伦理和政治两个维度，形成君子伦理学和君子政治学。前者立足君子如何**成己**，形成以“君子人格”为主题的君子德性理论；后者着眼君子如何**成人**，形成以“修德取位”和“以德正位”为主题的君

---

① 韦政通：《中国思想史》，上册，上海书店出版社，2003年，第48页。

② 余英时：《现代儒学的回顾与展望》，生活、读书、新知三联书店，2013年，第271页。

③（清）朱文熊：《庄子新义》，华东师范大学出版社，2011年，第339页。

④［德］雅斯贝尔斯：《大哲学家》，李雪涛主译，社会科学文献出版社，2006年，第43、79－106页。

⑤ 唐代兴：《孔子哲学的知识谱系、价值系统与内在精神》，《江海学刊》2018年第1期。

子事功理论。有关于孔学的君子德性理论，将另做专论；本章侧重于孔学的君子事功理论，考察孔子如何以返本开新方式建构“修德取位”和“以德正位”的君子政治学说。

1. 从人到神的“自图天命”逻辑

孔子君子学说的核心概念是“君子”。“君子”一语之于孔子，所表述的当然是一种理想：“圣人，吾不得而见之矣，得见君子者斯可矣”(《述而》)；但首先是一种历史：“古者君子小人，为身份上对待语。”①冯友兰亦认为西周“当时的政治权力和经济权力是不分的。拥有采邑的诸侯，既是土地的领主，是经济的主人，又是采邑百姓的主人。他们被称为‘君子’，意思是‘国君之子’，这也成为封建诸侯的共同名称。”②胡适也认为“‘君子’本义为‘君之子’，乃是阶级社会中贵族一部分的通称。”③孔子所诉求的“君子”，曾历史地存在过，当然体现梁启超、胡适、冯友兰等人所说的阶级、阶层的特征或道德的意义，但它在本质上应该是政治的。或可说，从阶级、阶层、道德角度理解君子，所获得是其形态学定义；只有从政治角度考察，才可真正理解“君子”的本质定义。

> 君子者，治之原也。官人守数，君子养原；原清则流清，原浊则流浊。④
>
> 君子者，礼义之始也，为之，贯之，积重之，致好之者，君子之始也。故天地生君子，君子理天地；君子者，天地之参也，万物之摠也，民之父母也。无君子，则天地不理，礼义无统，上无君师，下无父子，夫是之谓至乱。⑤

荀子如是定义“君子”，虽有拔高之嫌，但却是对古代“君子”之本质内涵

---

① 梁启超：《先秦政治思想史》，天津古籍出版社，2004年，第57页。
② 冯友兰：《中国哲学简史》，新世界出版社，2005年，第33页。
③ 胡适：《中国哲学史大纲》，中华书局，2015年，第64页。
④ (清)王先谦：《荀子集解》，沈啸寰、王星贤点校，中华书局，1997年，第232页。
⑤ (清)王先谦：《荀子集解》，沈啸寰、王星贤点校，中华书局，1997年，第163页。

理解得最透彻，表述得最到位：君子本生于天地，自然要料理天地，并必然地构成治理之原和礼义之始。春秋之演绎出礼崩乐坏，直接原因是“天子失官，学在四夷”（《左传·昭公十七年》），但根源却是君子信仰的丧失、君子准则的解构、君子精神的堕落和君子风尚的消隐。其解救之道，只能是重建。在孔子看来，重建君子社会的可行路径，是“以仁入礼”；其根本方法，是返本开新地“损益”，因为“周监于二代，郁郁乎文哉，吾从周”（《八佾》）。周以夏商两代为镜，并借鉴两代礼法精华发展成昌盛的文明，它的载体是君子，它的创造主体是君子阶层（贵族），它所形成的文明风尚是君子社会。要重建君子社会，必须遵从返本开新的周道。

孔子所崇尚的君子社会，实际上是精英治国的社会。它的基本标志是：邦国天下的治理者必须是君子，其治理必须体现共同的君子信仰、君子精神、君子准则和君子风尚。信而好古的孔子坚信这样的社会在逝去不远的周代存在过。吴锐信其说，并断言它大约出现在西周末期到春秋前期，其理由是这个时期出现了鲁国名相季文子、郑国名相子产、齐国名相晏婴等人，他们以自己卓越的德才、言行和事功，树立起了君子典范，对中国的历史和思想产生了深远影响。[①] 吴锐之论与史实并不相合，根据社会尤其是思想、伦理、文化、信仰变迁的**渐进**逻辑，以位德兼具为取向的君子社会的形成应该更早。这是因为“周革殷命”成功，以分封方式建构起拱卫王权的等级社会，获得分封的贵族构成了君子集团，他们吸取殷商帝国灭亡的教训：夺取国家统治权靠暴力，维护统治政权和贵族地位的稳固与久远，却需要文治。基于这一基本认知，周公东征北伐南讨平乱站稳脚跟完成分封后，必有一个励精图治的时期。其励精图治的核心任务是以德治政，即**以德化淤**（消解殷商遗民的对立）和**以德化民**所形成的普遍效应，就是所谓的君子社会。在严格等级的封建框架下，这样的君子社会不可能长久维持，因为严格等级框架下的社会生存，是以权力和财富为尊卑荣辱的校准器，它必然因为权力和财富的激励而滋生野心、扩张、争斗，君子社会至于西周晚期必然衰落，进入春秋前期只成余音。《左传》《国语》大量记载位德兼具的君子言行，既是君子

① 吴锐：《中国思想的起源》，第三卷，山东教育出版社，2003年，第934页。

社会的回光返照，更是诸侯兼并进程中位德兼具者对急速消隐的君子信仰、君子精神、君子准则和君子风尚的艰难守护。

如上判断，源于孔子对历史的严肃考信：“周监于二代”所形成的“郁郁乎文”（文明）必然要通过创建君子社会来实现，唯有如此，才能完成从神治向人治的逻辑转换。

历史地看，“周监于二代”的前提，是伐纣灭商。武王伐纣灭商的成功理由是商王渎神灾民。

> 今商王受，弗敬上天，降灾下民。……商罪贯盈，天命诛之。予弗顺天，厥罪惟钧。（《周书·泰誓》上）
>
> 今商王受，狎侮五常，荒怠弗敬。自绝于天，结怨于民。（《周书·泰誓》下）

商王不敬神灵的行为，成为周趁机灭商的口实。但武王伐纣灭商的这一历史事件，并不仅仅是江山易主、王朝更迭那样简单，它从根本上展示了两个方面历史的必然：

首先，周之前是政教合一的神治时代，它始于“颛顼受之，乃命南正重司天以属神，命火正黎司地以属民，使复旧常，无相侵渎，是谓绝地天通。”（《国语·楚语下》）颛顼设计“绝地天通”并实施“神王独通”的方案，其本意是解决“民神杂糅”，即通过“天官分工”使“巫的职责专业化，此后平民再不能直接和上帝交通，王也不兼神的职务了”。①，但这种“天官分工”制度却导致了神权对王权的制约或控制，这种状况必然会因为文明的向前（尤其是人的认知能力进步）而发生变化，这就是王权争夺神权的运动。

> 帝武乙无道，为偶人，谓之天神，与之博，令人为行，天神不胜，乃缪辱之。为革囊，盛血，卬而射之，命曰“射天”。（《史记·殷本纪》）

---

① 杨向奎：《中国古代社会与古代思想研究》，上海人民出版社，1962年，第163页。

武乙是商第二十八代王，他在35年执政生涯中以如此暴烈方式反对神权控制，表明殷商后期王权对神权的争夺达到何等剧烈的程度。从武乙始，王权争夺神权的斗争主要从三个方面展开：一是王直接参与贞卜活动；二是摆脱"师保之尹"和神职官的控制，采取"圆梦"形式从社会下层选拔辅佐人才，以此削弱神权在朝堂的势力；三是"王作三师，右、中、左。"（《殷契粹编》第597片》）[①]这种王权向神权斗争的历史演进，必然构成殷商王朝的解体。以此看武王伐纣之所以能灭商的根本原因，却是王权与神权的争夺导致了"神王独通"的天人关系模式解体。因为在上古社会，天人观念既是所有价值的源泉，更是一切秩序的根源。当王权为从根本上解决"天官"在事实上造成对王权操控神权的障碍，不得不发动对神权的争夺战，必然亲手瓦解王权稳固的基石、根本框架和价值支撑及其整体信念力量，王朝灭亡成为必然命运。武王以商末期朝野"弗敬上天"以及殷王自为称"帝"的渎神行为为天经地义的理由伐纣灭商，不过是其历史向前的自然体现。

其次，周不过是商王朝治域下一边陲小邦，经过文王韬光养晦的经营最后一举灭商，则从另一个角度展示了历史向前所形成的对神治信仰的消解进程，恰恰是"实力说话"的进程。"周革殷命"的成功，并没有使周统治者盲目陶醉，而是更加清醒于两个方面的居安思危。

第一，明确"周虽旧邦，其命维新"（《大雅・文王》）。周初统治者们清醒地认识到：虽然以暴力抢夺了殷商天下，但其文化、根本制度、刑罚方法，以及基本格局、社会结构和经营方略等方面都只能在承续旧制的基础上谋求变革，惟有如此才得到发展，永享天祚。这就是孔子所为之总结的"周监于二代，郁郁乎文哉"。

第二，必须重建信仰体系。其所要重建的信仰体系之内在灵魂，不再是神，而是人。周初统治者明白，抢夺殷商天下，需要成为护"神"使者；但经营天下，只能靠人力对天意的谋合，这就是"殷人尊神，率民以事神"（《礼记・表记》）；周人尊己，率子孙崇祖以敬君子。

---

① 郭沫若：《殷契粹编》，科学出版社，1965年，第509页。

> 皇天无亲，惟德是辅。(《左传·僖公五年》)
>
> 皇天无亲，惟德是辅。民心无常，惟惠之怀。为善不同，同归于治，为恶不同，同归于乱。(《尚书·蔡仲之命》)

这两段文字明确地表达了周人何以要去神崇祖敬君子的根本理由：一是德可配天；二是天不亲人。“以德配天”的思想由周公提出，其认知前提是“天不亲人”，因而“天不可信”。《周书·君奭》记载周公对召公奭的答辞中明确提出“天不可信”的思想，主张应“时我”(“时”通“恃”，即“依靠”)、“唯人”。《墨子·非命》记载了召公奭“且！政哉，无天命！维予二人，而无造言，不自降天之哉得之”。其“不自降天”而“得之”的观点，道出周之“大命”不能靠天，只能靠人。周公在《无逸》中从不同角度阐述治理天下何以必须“无逸”，是因为“天不可信”：周之得来天下，靠的是“自图天命”；周要保住天下，亦必须禁止荒淫奢侈，时刻不松懈地“自图天命”。周之“天不可信”“自图天命”的思想，在《诗经》中也得到充分体现：

> 天方艰难，曰丧厥国。取譬不远，昊天不忒。(《大雅·抑》)
>
> 昊天不佣，降此鞠讻。昊天不惠，降此大戾。君子如届，俾民心阕。君子如夷，恶怒是违。
>
> 不吊昊天，乱靡有定。式月斯生，俾民不宁。忧心如酲，谁秉国成？不自为政，卒劳百姓。
>
> ……
>
> 昊天不平，我王不宁。不惩其心，覆怨其正。(《小雅·节南山》)

西周“皇天无亲，惟德是辅”的思想，首先揭示天人各为存在，天道和人道各不相属，这是“天不可信”的存在论根源，也是神治向人治转换的认知基础。其次揭示了天人在存在上的不平等性：天在上，人在下。这种存在的本原性结构决定了天人之间构成制与受制的现实关系，即天可以改变人，但人却只能顺从于天。将此做一抽象表述，就是天道制约人道，人道只能顺从天道。这是周人发出“昊天不忒”“昊天不平”“昊天不佣”的感叹之后，只能放弃对天的盲目崇拜而“不吊昊天”的根本理由。其三揭示了人顺从天、人道接受天道的唯一途径是“自图天命”。人“自图天命”的基本努力是修德修为，只有通过统治者将自己成就为君子来实现。

2. 郁郁乎周文明的“君子”诉求

中国最初的文字是甲骨卜辞，它大致产生于殷商中期。但检索甲骨卜辞，却没有“君子”这一文字，并且也不见于《虞书》《夏书》《商书》。“君子”一语始见于《周书》(共出现6次，其中3次出于《伪古文尚书》增加的篇目中)，其后在《诗》《左传》《国语》等典籍中大量出现。这一现象或许表明：“君子”一语，乃周人发明；君子观念，亦诞生于周并流行于周。

周人创造“君子”话语，时兴君子观念，并不是出于文化的“维新”，而是基于**政治的**“维新”，它是周人在政治治理上革除夏商神治观，重新创建一种“自图天命”的人治信仰、观念、思想和方法的努力。这种“自图天命”的人治努力，实质上是将统治者培养成为社会文化、思想、教养和作为方面的精英。这可从成文于西周初年的《酒诰》《召诰》和《无逸》三篇中窥见周初统治者的最初努力。

> 庶士有正，越庶伯君子，其尔典听朕教。(《酒诰》)
>
> 予小臣，敢以王之雠民百君子，越友民，保受王威命明德。王末有成命，王亦显。我非敢勤，惟恭奉币，用供王能祈天永命。(《召诰》)
>
> 周公曰：“呜呼！君子所，其无逸。先知稼穑之艰难，乃逸，则知小人之依。”(《无逸》)

《酒诰》是摄政的周公命令康叔在其封地卫国颁布禁酒的诰词。卫处于黄河与淇水之间，是殷人故居。周公担心官员酗酒误政，所以命令到封地就任的康叔向其邦国大小官员颁布禁酒令。《酒诰》反映了周公锐意改造恶俗的直接动机，是防止殷人再生反叛；但深层动机却是基于“自图天命”的精英治国思想，即通过禁酒将彪悍野性的贵族集团改造成理性节制和勤政的君子。《召诰》是周公还政成王后，召公奉命营建洛邑时所作，目的在于勉励亲政的成王施行德政，爱护百姓，发扬和光大文王、武王开创的事业。王国维认为，“此篇乃召公之言，而史佚书之以诰天下，文、武、周公所以治天下为精义大法，胥在于此。”[①]因为《召诰》集中阐发了“天命不常”的道理和唯自图天命的方式，就是王本人必须率先成为“疾敬德”的君子：“肆惟王其疾敬德。王其德之用，祈天永命”。《无逸》是周公告诫亲政的成王：要做一个合格的王，必须成为君子，首先应该“所其无逸。先知稼穑之艰难，乃逸，则知小人之依”，因为“自时厥后，立王生则逸；生则逸，不知稼穑之艰难，不闻小人之劳，惟耽乐之从”；其次必须“无淫于观、于逸、于游、于田”。

从成文于周初的三篇诰词可窥周初统治者“自图天命”的**人治精神**。周文明的蓝图设计和缔造者周公、召公，将这种“自图天命”的人治精神定格为“君子”：在周公、召公的设计与缔造中，君子治理天下，就是**敬德、节性、勤政、爱民、重行**。

周公、召公按照如上君子标准来塑造统治者，首要任务是教育和培养成王，教导成王不仅要修“无淫于观、于逸、于游、于田”的君子德性能力，更应该修有“惟成德之彦”“庶狱庶慎”等为君子的德行能力。正是在周公、召公的培养教育下，成王最终成为勤政施治的君子：“成王不敢康，夙夜基命宥密。”(《诗·周颂·昊天有成命》)其次培养贵族教育官员，使之意识明确地按君子要求努力使自己成为社会精英。《周书》中《康诰》《梓材》等篇从不同角度记载了周公对兄弟、诸侯及封国官员的告诫、规训和引导：比如要求为官者应“若德裕乃身”“用康保民”(《康诰》)和“无胥戕，无胥虐，至于敬寡，至于属妇。”(《梓材》)训诫诸侯应做到“君子不施其亲，不使大臣怨乎不以。故旧无大故，则不弃也。无求备于一人。”(《微子》)其三要求从天子到诸侯、大夫都能表率百姓(低级贵族)，教化民众，使其性与德“归厚”。其四是制礼作乐。《逸周书·明堂》和《尚书大传》等记载周公摄政六年“制礼作乐”的根本目的，是通过礼乐培养君王，驯化贵族、规范官员，引导百姓，培养起有教养、德性、担当的贵族阶层和官僚系统，这是文明风天下的前提、基础和动力。

周初统治者基于“自图天命”的理性要求设计和缔造以君子为导向的周文明的努力，所结出的最初硕果是成康之治。所谓成康之治，实际上是一个

---

① 王国维：《王国维手定观堂集林》，浙江教育出版社，2014年，第259页。

“自图天命”的精图励治过程，这个过程就是“昔武王克殷，成王靖四方，康王息民，并建母弟，以蕃屏周。”（《左传·昭公二十六年》）其根本成就是初步建成君子社会的信仰系统、价值系统和精神准则、行为方式。要言之，成康之治主要体现三个方面：一是勤政惠民；二是礼乐教化；三是明俊刑赏。勤政惠民，奠定起君子社会的基础；礼乐教化，培育起君子社会的土壤；明俊刑赏，建立起君子社会保障系统。由于成康之治初步实现了这三个方面，所以《诗·周颂·执竞》才如是称颂“不显成康，上帝是皇。自彼成康，奄有四方，斤斤其明”；《竹书纪年》才这般赞誉：“成康之际，天下安宁，刑措四十余年不用。”

成康之后，史学界认为周开始衰败，其论断可能相对成康之治的“天下安定”论。客观地看，周公、召公辅佐成康所创建起来的君子信仰、君子精神、君子准则和君子风尚，其后很长一段时期仍在发挥其动力功能，它构成昭、穆时代持续不衰的疆域扩张并强化对周边蛮夷族的统治力度的强劲社会动力。周之衰弱大致始于懿王（公元前899年-公元前892年在位）时代，由于懿王生性懦弱，造成朝臣乱权、诸侯自专，政治腐败，君子风尚衰微。后经历孝王、夷王而至于厉王，朝政全面腐败，才有召公（穆公虎）、周公（周定公）的共和与宣王复兴。其所共和与复兴的首先是君子精神、精英治国，然后才是恢复国力，对侵扰周朝的戎、狄和淮夷展开讨伐与征服。

> 之子于征，有闻无声。允矣君子，展也大成。（《小雅·车攻》）
>
> 如跻斯翼，如矢斯棘，如鸟斯革，如翚斯飞，君子攸跻。（《小雅·斯干》）
>
> 假乐君子，显显令德，宜民宜人。受禄于天，保右命之，自天申之。（《大雅·假乐》）
>
> 既醉以酒，既饱以德。君子万年，介尔景福。（《大雅·既醉》）
>
> 瞻仰昊天，有嘒其星。大夫君子，昭假无赢。（《大雅·云汉》）

如上各诗中的“君子”都指周宣王，通过从不同角度赞美周宣王的威仪、德与功，来渲染宣王复兴的新君子气象。

客观地看，召、周的共和以及其后宣王复兴的前提，是成康之治所奠定起来的“自图天命”的精英政治框架和君子精神，以及将此予以价值体系定型的礼乐制度。《诗》大量记载了西周精英政治中的君子信仰、君子精神、君子准则和君子风采。现存三百零五首《诗》中，有六十一首描绘君子，其“君子”一语出现达183次。除此之外，《诗》中还用一般人称代词“彼”和“其”来称代“君子”：其中，用“彼”指代“君子”者306次，用“其”指代“君子”者520次。在《诗》中，“君子”一语大多指天子、诸侯、贵族、大臣的勤政务、得民心、明是非、尽忠诚。比如《大雅》中《生民》《公刘》《绵》《皇矣》《大明》五篇，分别歌颂后稷、公刘、大王、王季、文王、武王的卓越贡献，总结周代替商的原因是“皇矣上帝，临下有赫。监视四方，求民之莫。维此二国，其政不获”。在《诗》中，还有不少诗篇并未出现“君子”一语，但仍然是在赞美君子，比如《大雅·板》中“老夫”忧国忧民的忠贞形象，实展现君子美德；《大雅·荡》借文王口吻斥责厉王暴戾贪婪，所体现出来的直言勇谏的无畏精神和“为主尽忠”的品质，从一个侧面展现了那个时代的君子形象。在《诗》中，即或如“窈窕淑女，君子好逑”（《关雎》）“乐只君子，福履绥之”（《樛木》）、“未见君子，惄如调饥”（《汝坟》）等表达男女之情的“君子”，仍然是记载年青贵族成员的君子修养、教养、德性和品质。

君子是周人去神治而立人治、弃“殷人尊神”而“崇祖敬君子”的信仰、精神、价值方式和社会再造方式。这里的“神治”是指以对神的信仰为治理社会的最终依据；这里的“人治”不是相对“法治”言，而是相对“神治”言，指精英治理社会。精英治理社会，是人类文明阶梯上任何正常的时代、正常的社会都需要的。正是因为如此，东周建立起来后，其君子信仰、君子精神、君子准则、君子价值观仍然构成其正常政治状态下的主导方式。比如，“国人皆咎公。公曰：‘君子不重伤，不禽二毛。古之为军也，不以阻隘也。寡人虽亡国之余，不鼓不成列。”（《左传·僖公二十二年》）宋襄公面对以恪守“君子”准则和行为方式而导致战事失败的结局，所表现出来的从容与自豪，从一个侧面展示了春秋前期精英主导政治的基本面貌；而郑庄公“君子不欲多上人，况敢陵天子乎！苟自救也，社稷无陨，多矣”（《左传·桓公五年》）的行事准则，则体现了君子的理性节制精神如何构成取舍利害的不变准则。

3. 返本开新的“君子”主义定位

日本学者高木智见在论《先秦社会与思想》时指出，“自图天命”的精英政治和君子文化构成了“原中国时代”的基本风貌，它“在观念上，一直束缚着传统中国人的生活和精神。”①从根本讲，生活于边陲的周人以臣反主、以弱小搏强大，最后以“血流漂杵”的强暴消灭了殷商而建立起周王朝，一方面真正窥视到“自图天命”的人间法而抛弃尊神而崇祖，另一方面又从“自图天命”的人间法中透悟出其潜在的危机，企图通过创建以君子信仰、君子精神、君子准则为灵魂的精英政治以及定型其精英政治的礼乐制度来消解这种危机。然而，无论其最初的缔造者还是后来的践履者，无不发现这套“自图天命”的精英政治体系和君子信仰、君子精神、君子准则及行为规范，始终不可一劳永逸地定型，它始终处于建构和解构相伴生的动态进程之中。由此使周染上了深深的忧患情结：“周初的忧患意识、敬、命、哲等观念，实奠定中国精神文化之基型，给后来文化发展以深远之影响”；并且，“在忧患意识跃动之下，人的信心的根据，渐由神而转移向自己本身行为的谨慎与努力。这种谨慎与努力，在周初是表现在‘敬’、‘敬德’、‘明德’等观念里面。尤其是一个敬字，实贯穿于周初的一切生活之中，这是直承忧患意识的警惕性而来的精神敛抑、集中及对事的谨慎、认真的心理状态。这是人在时时反省自己的行为，规整自己行为的心理状态。”②周人所建立起来的这种由“敬”所贯穿始终的“敬德”“明德”的君子世界观，构成了孔子以“损益”③为基本原则的返本开新思想进路。孔子以“损益”周之君子信仰、君子精神、君子准则及行为规范的方式来建构其君子事功理论的前提性工作，是明确定义“君子”，其方法是区分君子、士、小人、文人、圣人。

---

① [日]高木智见：《先秦社会与思想：试论中国文化的核心》，上海古籍出版社，2011 年，第 6 页。

② 徐复观：《中国人性论史》，华东师范大学出版社，2005 年，第 22、15 页。

③ 子张问：“十世可知也？”子曰：“殷因于夏礼，所损益，可知也。周因于殷礼，所损益，可知也。其或继周者，虽百世，可知也。”（《为政》）

(一) 君子与士

“士”应该产生于殷商。在殷商时代，士也有身居高位者：“迪简在王庭，尚尔事，有服在大僚。”(《尚书·多方》)西周社会，君子专指王公大臣和贵族。最初，虽然“士”也是贵族，但地位最低：“天子建国，诸侯立家，卿置侧室，大夫有贰宗，士有隶子弟，庶人、工、商，各有分亲，皆有等衰，是以民服事其上而下无觊觎。”(《左传·桓公二年》)分封将人划分为王、公、大夫、士、皂、舆、隶、僚、仆、台，形成“王臣公，公臣大夫，大夫臣士，士臣皂，皂臣舆，舆臣隶，隶臣僚，僚臣仆，仆臣台”(《左传·昭公七年》)十等，确立起宗法等级隶属关系，“士”也按血缘亲疏确立起大宗、小宗：士之大宗乃嫡长子，小宗是其庶子及旁支(《左传·襄公十四年》)，由此形成上士、中士、下士三个等级，不同等级的士其社会地位相差很大。

士作为低级贵族，要保持身份地位，一是要有权，春秋之前，士“大抵皆有职之人”①；二是要有财富，这主要靠分封得来土地和民。士作为低级贵族，向上，为大夫；向下，为庶人。士向上，可以通过个人努力而成功：“文王孙子，本支百世，凡周之士，不显亦世。……济济多士，文王以宁。”(《大雅·文王》)周王室世世代代繁荣昌盛，也使士得到恩泽繁衍，众多英俊的士生于繁荣昌盛的周王朝，成为周朝的栋梁，他们开辟出了“文王以宁”的政治局面：“天命匪解，桓桓武王。保有厥士，于以四方，克定厥家。于昭于天，皇以间之。”(《周颂·闵予小子之什·桓》)其后，周公东征诸侯、北伐猃狁、南征荆楚以及铲除“三监”叛乱，士阶层发挥了重要作用。总的来讲，战争时期士阶层获得发展的巨大空间。周公一路征伐，最终以完成分封宣告和平时代的到来，极大地限制了士阶层的发展，由此使士向上努力，并不能人人成功；即使能够做到向上努力成功，也不能与生育的自然力相竞赛。生育的繁衍、人口的增长，把更多的士引向了下行的道路，几代之后，越来越多的士滑向庶人。所谓庶人，是指有姓氏的人。上古时代，只有贵族才有姓氏。由殷而周，分封既造就了庞大的贵族阶层，也造就了贵族阶层的分化。西周第一次

---

① (清)顾炎武：《日知录集释》卷七，黄汝成集释，上海古籍出版社，2006年，第440页。

分封是文王时期，在王畿内推行分封制，以促进周人扩展土地和疆域。[1] 周克殷后，武王分封殷商贵胄，以为安抚。周公东征平叛，再度灭殷，诛武庚和“三监”，然后大肆分封姬性宗亲、功臣以及与姬性联姻的姻戚。虽然以此建立起了完备的血缘宗法制度，但同时也制造出了庶人这一类新民，包括再次被周公政权所消灭的殷商贵族，沦为了庶人。民从此形成两大类，无姓氏的民和有姓氏的民：前者是**本民**，后者是**新民**，亦称之为庶人、庶民。

平王东迁，社会阶层加速分化。至于春秋后期，仍然保持贵族身份和地位的士，已经很少了。越来越多的士沦为庶人，但又不甘于民的生活，于是，在周天子权威衰竭、诸侯争霸的自由社会舞台上，庶人们又开始重新向“士”进发。在孔子时代，士阶层中很大一部分是殷周两朝的没落贵族，还有一部分是读书人，主要来源本民阶层中的富裕家庭，这是教育由宫廷向民间扩张所形成。孔子所讲的“士”，是基于如此社会阶层分化，打破了固有的阶级、阶层划分，对来自于不同阶层的“修德取位”和“以德正位”者的称谓。

（二）君子与小人

在孔子时代，士阶层的社会化兴起与重组过程，也是自身的分化过程。孔子将其分化予以名分，重新定义并区分“士”之君子、小人。

首先，孔子重新区分了劳力者与劳心者：士向下行成为劳力者，不仅成为社会阶层意义上的小人，也沦为精神、道德意义上的小人。樊迟向夫子请教稼、圃之艺，孔子怒其不争为“小人”，理由是“上好礼，则民莫敢不敬；上好义，则民莫敢不服；上好信，则民莫敢不用情。夫如是，则四方之民襁负其子而至矣，焉用稼？”（《子路》）与此相反，士向上行，不仅在社会阶层意义上成为劳心者，也是精神、道德意义上的君子。因为士向上行，必然要肩负起重建社会秩序的责任和承传文明的使命而坚定不一地“弘毅”（《泰伯》）。

其次，孔子重新区分了“士”之德与不德、义或非义。在前孔子时代，君子和小人，象征身份并标志社会地位：“君子所履，小人所视。”（《诗经·谷风之什·大东》）孔颖达释：“此言君子、小人，在位与民庶相对。君子则引其道，小人则供其役。”（《诗经正义》）《国语·鲁语下》曰：“君子劳心，小人劳

[1] 傅筑夫：《中国经济史资料·先秦篇》，中国社会科学出版社，1990年，第2页。

力,先王之训也。”①更加明确其阶级、阶层区分。至于春秋,“君子”“小人”的语义指涉发生了变化,尤其在孔子那里,德和义构成区别君子、小人的根本尺度,哪怕身居高位,无德,或者放弃道义,都是小人。以德、义为尺度,孔子对如何衡量和判断君子、小人,给出六个方面的具体标准:(1)是否“守死善道”(《泰伯》),这个善道,就是中正之道,或曰以中正为导向的仁德-公道。(2)是否以道义为重:“君子喻于义,小人喻于利。”(《里仁》)(3)是否在修为上做到谦恭安泰:“君子泰而不骄,小人骄而不泰。”(《子路》)(4)是否做到通达:“子曰:‘君子不器。’”(《为政》)(5)是否做到对实利的超越:“君子矜而不争,群而不党。”(《卫灵公》)“君子不以言举人,不以人废言。”(《卫灵公》)(6)是否做到彬彬有礼和彬彬有理:“有君子之道四焉:其行己也恭,其事上也敬,其养民也惠,其使民也义。”(《公冶长》)“君子义以为质,礼以行之,孙以出之,信以成之。君子哉!”(《卫灵公》)

(三) 君子与文人

在孔子之前,“文”成为人而为君子的重要内容,有文的人,往往被尊崇为君子,但孔子却基于“以仁入礼”的文道救世理想要求,对君子与文人做了严格区分:“‘君子’的意思由原来没落世袭贵族中的一员,转而代表那些立志通过培养个人的美德和智慧为公众服务的人,也就是说,君子从**出身高贵的人**转变为**高尚的人**。”(引者加粗)②因为“孔子所指的君子才被塑造成崇高和富于自我牺牲精神的角色,也就是君子作为他人的领袖时应当具备的角色。即使君子身处贫困卑微的境地被认为有辱文人的尊严和高雅的品味,人们说君子仍然知足常乐(《雍也》9,《卫灵公》32,《微子》7),这种对君子的要求并不亚于牺牲生命(《卫灵公》8)。我们今天也许仍然把文人当作大家的楷模,学习他们在生活中那种平凡的处世方式和温文尔雅的生活。当然,这些也是君子的特征。但是,高尚的君子还不止于此,而且远远不止于此。对于任何一个可能在社会中扮演领袖角色的人来说,既然生活中需要承担更高的责任(《子张》7),那么,高尚的人才是他的榜样。孔子就是在文

---

① 徐元诰:《国语集解》,中华书局,2002年,第198页。

② [美]狄百瑞:《儒家的困境》,黄水婴译,北京大学出版社,2009年,第1页。

人和高尚的人这两重意义上说到君子的。”①

狄百瑞的分析和概括是为透彻：孔子所崇尚的君子是文人和高尚的人的有机结合。所谓文人，是指有良好教养和修养，处事温和，举止彬彬有礼和彬彬有理的那类人。与此相对，高尚的人却体现四个方面的生存取向和价值诉求：(1)注重个人行动的意义；(2)责任心，即“位高则任重”；(3)领袖努力，包括领袖意识、领袖德性和领袖责任；(4)守死善道，所以才知足常乐。君子就是具有如上教养和修养的文人坚定不移地朝这四方面努力的人。这是孔子为何感叹“圣人，吾不得而见之矣，得见君子者斯可矣”(《述而》)的真正理由。

(四) 君子与圣人

“圣人”观念，在孔子生活的当世已开始流行，并且也有人认为孔子可圣，但孔子却**严厉地拒绝**了圣，并以历史为依据从根本上否定了“圣人”的说法，以此匡正“君子”。

从词源看，“圣”的古体乃“聖”，最早出现于金文。许慎《说文》训“聖”为“通”(即“通达”)，段玉裁注曰：“凡一事精通，亦得谓之圣。”②朱骏声《说文通训定声》说得更清楚：“圣者，通也。从耳，呈声。按，耳顺之谓圣”；“春秋以前所谓圣人者，通人也。……战国以后所谓圣人，则尊崇之虚名也”③。圣乃“闻其末而达其本”(《韩诗外传》卷五)的那种特殊听觉能力，且蕴含了能通达本体的“智”。古代之“聪作谋，睿作圣”(《尚书·洪范》)和“人之有技，若已有之；人之彦圣，其心好之。”(《大学》)还有“帝德广运，乃圣乃神，乃武乃文”，孔安国注之曰“圣者，无所不通之谓也”(《尚书·大禹谟》)；以及《周礼·大司徒》郑注谓“圣，通而先识”等等，均突出“圣”是通达事理、知末达本、知往测来的超常智慧。要言之，所谓“圣人”，乃**通而先识**者。

春秋以来流行以德为导向的“圣人”观念，实乃时势所变造：西周灭亡而至于春秋，礼崩乐坏，“周监于二代”所形成的王道主义面临时代性再造，

---

① [美]狄百瑞：《儒家的困境》，黄水婴译，北京大学出版社，2009年，第34-35页。

② (清)段玉裁：《说文解字注》，上海古籍出版社，1981年，第592页。

③ 朱骏声：《说文通训定声》，中华书局，1984年，第880页。

不得不寻求法则的确立，这个能够引来共鸣、共识、共守的再造法则，就是“先王”。但要以“先王”(之言行)为法则，**必须对先王圣化**。因而，春秋所流行的“圣人”，不过是其“法先王”的隐晦表述。效法先王的圣人观念几乎贯穿诸子各家，哪怕是道家，走的也不过是再造王道主义的**天道主义**路子，将“道术将为天下裂”直接归因于“智慧”和“道德”，尝试提供一套“去圣绝智”“返璞归真”的重建方案，成为老庄哲学的实质性努力。即或是法家，早期也遵从效法先王的准则，比如管仲探求“以刑入礼”的治国方式，实质上由刑而德，所效法的仍然是先王之道。

概括上述，春秋之前的“圣人”，主要指通智者，强调的是才。春秋始至于战国，“圣人”由“通智”者提升为“完人”理想。在一般人看来，圣人与君子、圣人观与君子观，形成了本质内涵的同构和价值方向的一致性，所不同的是“圣人”和“君子”作为社会道德理想和人格境界，存在其**品级**上的差异性，秦以降的儒生崇孔子为圣人，也是基于这种认知。但对孔子来讲，圣人与君子有其根本区别，有关于这种区分，庄子“以天为宗，以德为本，以道为门，兆于变化，谓之圣人。以仁为恩，以义为理，以礼为行，以乐为和，薰然慈仁，谓之君子。”(《庄子·天下》)①或可为之做一小注：圣人必须向上行，领悟和掌握天地变化的规律和宇宙运行的大道，它与宇宙同行、与天地同体，自是完美化身，以为君子的目标和引领之大法。这就是“唯天为大，唯尧则之。”(《泰伯》)与此相反，君子则必须向下行，以为人间社会的指南和人生齐治的楷模。孔子反对别人将自己冠以圣人，并断言过去和未来都不可能出现圣人。这是信而好古的孔子基于三个方面的考信：第一，基于对天赋“相近”但“习相远”的人性的拷问，没有人可以成为完美无瑕的圣人，即使尧舜也是“犹病诸”(《雍也》)。第二，基于经验主义认知，孔子只关注以经验为起步而再造经验的人间法，不轻言甚至拒绝关注天道法则。其三，基于返本开新的文道救世理想和实施其理想的“以仁入礼”路径设定，孔子终身致力于如何培养修德取位和以德正位的君子，以为实施救世。由此三者，形成孔子“圣人，吾不得而见之矣，得见君子者斯可矣”(《述而》)的绝对诚实和对

① 陈鼓应：《庄子今注今译》，中华书局，1983年，第855页。

"圣人""君子"的理性考量，由此为何谓"君子"划出了最后一道定义的分界线。

4. 修为和躬行的"君子"理想

孔子从"士""小人""文人""圣人"四个维度入手，对何谓"君子"予以外延性定义，然后以此为出发点，来确立其返本开新的君子的事功内涵和价值取向。

考察孔子的君子事功内涵和价值取向，《论语》是最可信的文献。《论语》这本"语行录"论及"君子"者八十六章，出现频率达121次。如此高频出现的"君子"概念，出自"信而好古"和"述而不作"的孔子之口，自然是对"监于二代"的周代"君子"思想的承传，但对一直注重"损益"的孔子来讲，承传只是起步，鼎新才是目标。"孔子言君子，就《论语》所记观之，则有纯指地位者，有纯指品性者，有兼指地位与品性者。"①萧公概括比较客观和中肯："孔子所言君子之第一义完全因袭《诗》《书》，第二义殆出自创，其第三义则袭旧文而略变其旨。旧义倾向于就位以修德，孔子则重修德取位。"②萧公此论甚合孔子君子学说原意，也合孔子"君子"语义的历史承传史实。《论语》中，"君子"一语专指在位者甚少；位德兼具者亦少，大多表达"修德取位"新义，进而表述"以德正位"。所以，《论语》之"君子"，既意谓需要**不断修为**的一种道德理想，更意谓需要**终身躬行**的践履方式。

孔子倾心于"修德取位"之道德理想和"以德正位"之践履方式的君子，是基于"道术将为天下裂"的存在现实，以其"知其不可为而为之"的方式拯救"宗法世卿之衰"和"补周政尚文之弊"③所做的一种在当时看来于事无补的努力，即以返本开新方式重塑治国安邦的社会精英。"孔子所以袭用'君子'之旧名者，似欲在不显明违反传统制度之范围内，实行其改进政治之主张。以宗法身份之旧名，寓修德取位之新意。譬若移花接木，其操术至妙而用心良苦。"④究其实，孔子赋予"君子"概念以不断修为的道德理想和终身

① 萧公权：《中国政治思想史》，上册，商务印书馆，2013年，第74－75页。
② 萧公权：《中国政治思想史》，上册，商务印书馆，2013年，第75页。
③ 萧公权：《中国政治思想史》，上册，商务印书馆，2013年，第75页。
④ 萧公权：《中国政治思想史》上册，商务印书馆，2013年，第76页。

躬行的践履方式之新义，是为探求解决“礼崩乐坏”的救世方案。因为在孔子看来，礼崩乐坏源于君子社会的瓦解，其根源却是君子阶层的消隐，解救时弊的根本努力是重建君子社会。要重建君子社会，必须根据时变与因革的双重要求，以返本开新方式再造有社会道德理想和躬行能力的君子阶层。

基于如上定位，孔子“信而好古”和“述而不作”的全部努力都围绕“君子”展开：君子不仅构成孔子社会理想的基本方面，也构成孔学的整体面貌。要理解孔子的社会理想和孔学，必须从“君子”入手，理解他定义的“君子”概念所负载的基本语义与旧义的根本区别：旧义之君子，最初专指“有位者”，其后才对有位者提出“德”的要求，形成君子的“**以位修德**”诉求，即一旦居于高位、官位、权位，就要为此而修养德性，凡事依德而行。西周所形成的君子社会，实际上就是“**以位修德**”的社会。孔子的返本开新，首先体现在他将“君子”定义为“修德取位”：对于任何人，无论他身份地位如何，只要他意愿于修养德性、具备并践履德行，就可以迈向君子的行列；相反，哪怕身居高位而不修养德性和践履德行，都将只可能沦小人而远离君子。并且，对于愿意于从学的士人，只要通过**修养德性，具备践履德行**的能力，就应该去从政当官，肩负起治平社会的责任。其次体现在他还同时将“君子”定义为“**以德正位**”：通过修德而取位者，必须用德来约束权力和指导规训权力，使权力按照德的要求和规范行施，这个“德”的本质规定是中正，它要求仁与礼的统一。

孔子提出“为政以德”(《为政》)的主张，实际上是“修德取位”和“以德正位”的另一种表述：所谓“为政以德”，就是“取位必先修德”，并且“正位必先扬德”。以此观孔子“为政以德”的政治主张，强调了三个方面的内容：(1)为政的本质是正，即中正，或可表述为正直、堂正、公正：“政者，正也。子帅以正，孰敢不正?”(《颜渊》)(2)为政的本体是伦理的，而非智术的，所以为政就是实施伦理；(3)为政就是采用**己正**的方式去正人，亦或用**正己的方法**去正人、正社会。这一正己以正人和己正以正社会的治理方法，不仅体现了“修德取位”的君子德性，更体现了“以德正位”的君子德行。

“修德取位”和“以德正位”，既是孔子“君子”概念的基本含义，也是孔子“君子”理想的基本规范。基于这两个方面的体认，孔子从“君子不是什么”来定位君子。“君子不器”(《为政》)这一否定式判断，是对“君子是什么”做了五个维度的规定：(1)君子不是物，而是驭物者和用物者，更是驭人者和驭民者。(2)一切器皿都是模型化制造的成果，具有相同的形态、性质、结构和功能；君子却是自我塑造者，所以君子必须是个性的、主体的，由此必须具备主动性和创造性。(3)器皿因为用而被制造，被制造出来的器皿必须满足制造者所用，器皿与器皿使用者之间呈现不可剥离的隶属关系。与此相反，君子却自我塑造于天地之间，必须自由存在于天地之间，不受任何形式或性质的用与不用的规定性，一切都在于君子本身的使命和责任。所以，君子是自由的，并且君子必须自由，如果不自由，如果不有意识地追求自由，如果放弃或遗忘自由，如果不在自由中成就自己、不在自由中释放自己的才艺、实现自己的使命和责任，那就不是君子。孔子的这一"君子不器"的自由思想和自由精神，构成他特别强调君臣之间不是隶属关系，不是服从关系，而是"君使臣以礼，臣事君以忠"(《八佾》)的道义关系的认知基础。(4)君子只有一个准则，那就是遵照道义行事，除此，没有任何硬性规定和要求："君子之于天下也，无适也，无莫也，义之与比。"(《里仁》)换言之，对于君子，既不能规定他必须做什么，更不能规定他必须不做什么，做与不做，完全以道为准则、以义为尺度，这是孔子政治学思想的精髓，也是其政治实践理论即孔子君子事功理论的灵魂，更是我们理解孔子"君臣道义"观的正确入口。(5)人要成为君子，不仅要突破器物观，也要超越"一才一艺"技能观，走向整体、融通而成其大者：所以，大哉，君子！

5. 仁·礼·乐：君子整体要求

"君子"虽是旧词，但孔子赋予其时代新意：君子是有理想、有责任担当、有使命意识的人，但首先必须成为"博学于文，约之以礼"(《雍也》)的人。由此两个方面，君子的整体要求是"文质彬彬"，因为"质胜文则野，文胜质则史，文质彬彬，然后君子"(《雍也》)。品质与文采的均衡，实质上是教养与修养的兼备，将此二者落于实处，就是"一以贯之"的大道和完美修养的有机统一，其主体性表达，就是学、思、畏的统一；其实践理性探索，就是言行的一致，或者"先行其言而后从之"(《为政》)。整合观之，君子之主体性建构，得于内修仁；君子之实践理性探索，必外习礼。其内修外习均须"博学于文"为之启动，通过"为政"得到实现。

在孔子世界中，君子就是“仁、礼、乐”的统一，实践其统一的基本路径，是“以仁入礼达乐”，亦可表述为**修仁、循礼、达乐**。

首先，仁是君子的基本品质。“仁”是对君子的主体性定位，这一定位使“仁”在孔子君子学说中获得独特地位。要理解这一独特地位，须先理解“仁”的生成背景。

周灭殷商，建立封臣制度，这是以农牧生产方式和血缘为社群基础所构筑起来的宗族体系，它承载着其血缘宗法的价值共享和情感共享。周的衰微，恰恰是其血缘宗法信用价值及其情感的丧失。因为孔子所生活的时代，已出现以“由霸而王”和“刑赏治国”的社会格局，由管仲开辟的“以刑入礼”的治世强国方式在其追随者即法家的推动下，官僚化统治形成不断扩张之势，实利理智的和不讲人情的社会规则得到建立和认同，已经丧失鲜活创发力的宗族体系由此受到全面腐蚀，开始了内部瓦解甚至在某些地方、某些领域遭受整体性丧失。比如，诸侯坐大，弑君弑父行为不断发生，以及僭越礼仪制度等等，已呈普遍态势，并逐渐被世人所接受。正是在这种背景下，孔子重新定义传统的核心价值体系，以及如何实现重新定义的传统核心价值体系，就显得特别重要和根本。在孔子的重新定义中，传统的核心价值体系应该由“礼”让位给“仁”来统摄，这就是“以仁入礼”，实现这一重新定义传统价值体系的基本路径，是“修仁循礼达乐”。这个由“修”“循”“达”所构成的路径，需要通过“学而”来促成。“在这样一种变化中，孔子在重新定义传统价值方面做出的贡献就集中在‘仁’上。他虽然仍然把德行说成‘德’，但是代表完美德行的‘仁’才是整部《论语》里最重要的主题。它出现的频率远远超过了其他的概念。因此，‘仁’与礼结合在一起成为《论语》中最关键的个人美德。同时，‘仁’作为一种品质最能说明孔子如何重新把君子理解为高尚之人。”①在孔子学说中，“仁”是一个最具开放性的概念，它促成君子对仁的要求和仁对君子的规定性，同样呈现开放性姿态：

己所不欲，勿施于人。在邦无怨，在家无怨。（《颜渊》）

---

① [美]狄百瑞：《儒家的困境》，黄水婴译，北京大学出版社，2010年，第37页。

> 夫仁者，己欲立而立人，己欲达而达人。能近取譬，可谓仁之方也已。(《雍也》)
>
> 子张问仁于孔子。孔子曰："能行五者于天下为仁矣。"请问之。曰："恭，宽，信，敏，惠。恭则不侮，宽则得众，信则人任焉，敏则有功，惠则足以使人。"(《阳货》)

仁，既是一种品质，也是一种情感，更是一种能力。

仁作为一种品质，就是恭、宽、信、敏、惠。

仁作为一种情感，既表现共享性，更体现共通的人性。在《论语》中，自然的人性通过"修"才能保持共通性，这个"修"的内容就是仁，所以，仁成为共通人性的表征。

仁作为一种能力，必然要达向生存领域，通过生存行动呈现：一方面是对礼的运用和维护；另一方面是"为政以德"，即己正以正人、己正以正社会。

"仁"始终相对意欲将自己成就为君子的人而论，所以"修仁"成为"仁"的首要问题：只有修仁方可成仁，只有持续不断地修仁，才能把自己成就为仁人。由此要求，修仁的基本方式是"学而时习之"(《学而》)。孔子主张修仁必学，不仅是读经典，比如《诗》《书》，更重要的是观察和聆听。孔子强调修仁必习，首先指内省和反思，然后指身体力行。仅内省和反思论，首先是指将阅读、观察或聆听来的东西予以在内在化审问、慎思、明辨；其次指通过学-习的推动或启发而反观自己，将自己作为审问、慎思、明辨的对象。这一反思性体认或领悟方式，恰恰构成同情心与相互性的基础：修仁就是内生同情心和养成相互性。孔子将这种通过"修"而内生的同情心和相互性提炼成为"仁"的两个原则，即为仁的"己所不欲，勿施于人"(《颜渊》)原则和"己欲立而立人，己欲达而成人"(《雍也》)原则，前者可称之为同情心原则，后者可称之为相互性原则。比较地看，同情心原则，主要通过内省和反思修得；相互性原则，主要通过观察、聆听和践行修得。

其次，礼构成君子的自我规范。根据"以仁入礼达乐"的基本进路，君子修仁的实质指向是行仁：惟有行仁，才可入礼；也惟有行仁，才可达乐。行仁的必然要求是循礼：只有循礼而行，方可成为仁人。

从根本讲，修仁，是训练君子的起步；循礼，却是训练君子的落脚点。这是因为：(1)仁是礼的主体条件，也是礼的道德基础；礼是仁的行为展开，也是乐的实现方式。这是孔子"人而不仁，如礼何？人而不仁，如乐何？"(《八佾》)的内在逻辑。(2)礼既是对仁的运用，也是对仁的检验，是为仁所必须要达到的行为效果，就是"和"："礼之用，和为贵"(《学而》)。(3)仁是君子得立的主体前提，礼是君子得立的行为体现："不知礼，无以立也。"(《尧曰》)

再次，乐是君子生活的常态。人成为仁人的最终指向是乐，所以只有修仁、循礼而达于乐，人才成为真实的仁人："不仁者不可以久处约，不可以长处乐"(《里仁》)修仁循礼的目的，就是成为生活的乐者："知之者不如好之者，好之者不如乐之者。"(《雍也》)。因为只有乐者才知足，也只有乐者无忧。

在孔子看来，人只有成为仁人，才可称得上君子。仁人只能是修为的体现。修为之于仁人，呈现三重境界，这就是"兴于《诗》，立于礼，成于乐"(《泰伯》)。第一重境界是修仁，它始于学，成于习，其根本课程是《诗》，其根本内容是"诗"，因为"《诗》三百，一言以蔽之，曰思无邪"(《为政》)；第二重境界是循礼，它立于行；第三重境界是行乐，它是日用常行的生活状态，既表现"知者乐水，仁者乐山。知者动，仁者静。知者乐，仁者寿"(《雍也》)；也敞开"饭疏食，饮水，曲肱而枕之，乐亦在其中矣。不义而富且贵，于我如浮云"(《述而》)；更成为"其为人也，发愤忘食，乐以忘忧，不知老之将至云尔。"(《述而》)

6. 修德取位：君子成己的目标

孔子赋"君子"以时代新义，是要从根本上解决"礼崩乐坏"和"道术分裂"的时代状况，设计拯救行动方案提供一个社会目标，这个社会目标就是君子社会，这是他"复周"的真正的理想，也是其返本开新的目的。

在孔子看来，君子社会必须是精英社会，并且，君子社会必然是德法并举的社会。然而，无论德还是法，前提却是人："郁郁乎"周代文明的衰微，"道术分裂""礼崩乐坏"的实质是人性败坏，人心堕落，社会精英死亡。具体讲，就是君子不存，其具体表现是社会精英阶层有位者无求修德，并且有位者往往无德："孔子谓季氏：'八佾舞于庭，是可忍也，孰不可忍也？'""三家者以《雍》彻。子曰:‘相维辟公,天子穆穆’,奚取于三家之堂?”(《八佾》)基于这一时代状况,孔子重建君子社会的根本努力,不是让有位者或在位者必修德,而是锐意引导、培养人修德取位。在孔子看来,真正的君子社会一定是:只有修德,才可取位;并且,只有不断地修德,才可正位。所以,“修德”是人成为君子的必备前提:人,无论有位无位,或在位不在位,要成为君子,必先修德。

首先是**修德目的**。孔子认为修德的根本目的是心铭成为君子的根本规范:“君子怀德,小人怀土。君子怀刑,小人怀惠。”(《里仁》)这个规范就是心铭其德与刑:心铭其德,就是敬,敬德;心铭其刑,就是畏,畏刑。敬德和畏刑,才可激励或规范“君子喻于义”(《里仁》),即通晓道义,并以信义为生活指南。

敬德之道在于“戒”。惟戒,方敬。戒之内容有三,“君子有三戒:少之时,血气未定,戒之在色;及其壮也,血气方刚,戒之在斗;及其老也,血气既衰,戒之在得。”(《季氏》)畏刑之道在于“惧”。惟惧,才有限度和边界。所惧者三,“畏天命,畏大人,畏圣人之言。小人不知天命而不畏也,狎大人,侮圣人之言。”(《季氏》)在孔子的人伦存在的世界里,天命是最高的法则,圣人携法则向人间布道,大人是遵守法则的榜样。因而,畏与不畏、惧与不惧,构成了君子与小人的根本区别。

其次是**修德境界**。基于敬和畏之双重规范,君子修德必须达到的境界,就是同时具备“仁”“知”“勇”三德,即“知者不惑,仁者不忧,勇者不惧。”(《子罕》)

第一,只有修己以得仁并修己以成仁,才可去忧、无忧。

第二,只有修己以达到“知之为知之,不知为不知,是知也”(《为政》)的境界,才可真正知。因为人之困惑、迷惑不仅源于思维-认知本身,更源于利欲的鼓动,所以真正的去困惑、迷惑,就是真正的去利欲。从根本上去掉私欲,才是真正的知,也是真正的智。使人不惑的核心之“知”,就是知命、知礼和知言,因为“不知命,无以为君子也。不知礼,无以立也。不知言,无以知人也”(《尧曰》)。“知命”观,即是天命观,落实在生存现实中,就是边界观,限度观;体现在修德取位和以德正位方面,就是什么事该做,什么事不该做。知礼,是在知道了什么该做、什么不该做的前提下,知道不该做的事应该以怎样的方式不作为;该做的事必须以什么方式作为才可做得最好。知言,有两个方面的要求:一是指什么该说和什么不该说;二是指该说的应该说,该说多少,说轻说重应该怎样权衡。

第三,只有通过修己以内生勇敢的品质、勇敢的精神,获得勇敢的力量时,才无所畏惧。自我塑造无所畏惧之勇的前提,却是知耻。

> 子曰:“士志于道,而耻恶衣恶食者,未足与议也。”(《里仁》)
>
> 子曰:“笃信好学,守死善道。危邦不入,乱邦不居,天下有道则见,无道则隐。邦有道,贫且贱焉,耻也。邦无道,富且贵焉,耻也。”(《泰伯》)
>
> 宪问耻。子曰:“邦有道,穀;邦无道,穀,耻也。”(《宪问》)
>
> 子曰:“君子耻其言而过其行。”(《宪问》)

孔子认为,君子有三耻:一耻以追求和享受物质财富为志向、为目标;二耻缺乏“一以贯之”的大道,随波逐流,放弃对善道的坚守而追逐名利;三耻言行不一、言过其实。反之,君子首先是“志于道”者。其次既应该是为人正道的坚守者,更要成为邦国正道的捍卫者。其三是言行一致者,在任何时候都自觉做到“先行其言而后从之”。(《为政》)

第三是**修德原则**。君子必是大者,其“大哉”君子体现两个方面的要求:君子不能关心“鄙事”,更不能热衷于“一才一艺”,因为“那些太专注于小事的人通常会变得对大事无能。”①君子必须是“成德之士,体无不具”者,“故用无不周,非特为一才一艺而已。”②

君子修德,就是修养自己使之“不器”。“君子不器”蕴含“用无不周”和“以道事君”两个原则。

“用无不周”是君子的日常生活原则。“周”,本义指圆,意谓边界、限度、规范;“不周”,意即没有边界,没有规范,没有限度。用无不周原则即是无限

---

① [法]罗什福科:《道德箴言录》,何怀宏译,生活·读书·新知三联书店,1987年,第9页。

② (宋)朱熹:《四书集注》,岳麓书社,1995年,第80页。

度原则，遵循这一原则，首先是“修己以敬”(《宪问》)无限度，即既指修己以敬德的范围无限度，因为修己以敬涉及“学而时习之”的所有方面；更指修己以敬德的过程无限度，它贯穿整个人生，夫子“吾十有五而志于学，三十而立，四十而不惑，五十而知天命，六十而耳顺，七十而从心所欲，不逾矩”(《为政》)，表明修己以敬必须贯穿人生全过程。其次是修己以正位无限度，一是在齐、治、平领域无限度地发挥君子功能；二是在“修己以安人”和“修己以安百姓”(《宪问》)方面无限度发挥君子作用；三是在“行己也恭，其事上也敬，其养民也惠，其使民也义”(《公冶长》)方面无限发挥君子的榜样作用。

“以道事君”是君子的政治服务原则，或曰君子的事功原则。它既构成“君子”内涵的本质规定，也是君子理想指向政治实践的根本准则。此一原则将“君子”“修德取位”和“以德正位”统一起来形成德性与德行的统一、仁与礼的统一。只有当德性与德行、仁与礼真正统一，才成为君子。

“以道事君”原则首先规定君子之“道”的内涵：“有君子之道四焉：其行己也恭，其事上也敬，其养民也惠，其使民也义。”(《公冶长》)行为谦恭、事上庄敬、育民慈惠、使民信义，此四者乃君子必遵之道。概言之，君子之道乃为人之道和为事之道的简称。待人谦恭乃为人之道，事上庄敬、育民慈惠、使民信义即为事之道。但行君子之道，需要基本的社会前提，就是“邦有道”。在孔学世界里，邦有道的实质表述是“君君，臣臣，父父，子子”(《颜渊》)。如果父子相逆，君臣离心，一定是君无德。君无德源于君无道，必然导致“邦无道”。所以，邦有道，不仅构成以道事君的根本前提，也成为以道事君的根本准则：“邦有道，穀；邦无道，穀，耻也。”(《宪问》)依其准则，生活在无道的社会里，君子必须做到三个方面：一是不食嗟来之食：“虽有粟，吾得而食诸？”(《颜渊》)二是刚正面对不退缩：“邦有道，如矢；邦无道，如矢。”(《卫灵公》)三是从官场急流勇退不自污：“邦有道，则仕；邦无道，则可卷而怀之。”(《卫灵公》)同时做到此三者，就遵循了“以道事君”原则，成为“坦荡荡”(《述而》)的君子。

第四是**修德范围**。君子要肩负起以返本开新方式再造君子社会和承传文明的重任，修德更要贯穿生活各个领域，形成“日用常行”。以“日用常行”方式修德，必须从九个方面努力：“君子有九思：视思明，听思聪，色思温，貌思恭，言思忠，事思敬，疑思问，忿思难，见得思义。”（《季氏》）概括此九者，就是君子言行须一致、行事必谨慎、喜怒有节制、利义两相顾。君子也求利，但君子求利必有道，无道之利决不可求：“富而可求也，虽执鞭之士，吾亦为之。如不可求，从吾所好。”（《述而》）并且，君子求利必循大道，无大道或违大道之利断不可求，否则，就是君子之耻：“笃信好学，守死善道。危邦不入，乱邦不居，天下有道则见，无道则隐。邦有道，贫且贱焉，耻也。邦无道，富且贵焉，耻也。”（《泰伯》）

7. 以德正位：君子成人的方式

以德正位的前提 君子修德可取位，但并不必然如是，因为君子取位存在不可或缺的条件规定：首先必须有治平理想，只有当有德者心存治平理想时，才有可能成为君子。如果缺乏治平理想，即使有德有学，也仅是没有站立长大的小人。这是理解孔子斥责樊迟是“小人”的根本缘由。其次必须执守如下取位准则。

首先是**道义准则**。君子的道义准则有二：一是求道准则，首先必以求道为人生志向，“士志于道，而耻恶衣恶食者，未足与议也。”（《里仁》）其次必须将求道作为生活意义的源泉和人生努力的目的，“朝闻道，夕死可矣。”（《里仁》）这一求道准则落实在日常生活中，就是“君子谋道不谋食。耕也，馁在其中矣；学也，禄在其中矣。君子忧道不忧贫”（《卫灵公》）。二是卫道准则，它构成人生入与出、见与隐、富与穷的分界线：“危邦不入，乱邦不居，天下有道则见，无道则隐。邦有道，贫且贱焉，耻也。邦无道，富且贵焉，耻也。”（《泰伯》）对所求得之道予以生存化坚守，就形成“一以贯之”。孔子抱着济世的强烈动机，颠沛流离，周游列国，不是无人识其才，也不是无人赏其用，而是识赏他才干的国君们不合他的治平理想，所以宁愿终身固穷，也不舍道求富贵。

求道、卫道准则落实为权衡和取舍利义的依据、尺度，这就是“君子喻于义，小人喻于利”（《里仁》）。由此，君子的道义准则获得了三个方面的内涵规定：首先，君子必通晓道义（小人只通晓利禄）。其次，君子必以探求、弘扬、捍卫道义为人生理想和责任，并做到“一以贯之”。第三，凡符合道义，就实行，并必须坚守；凡不符合道义，就中止，且必须抛弃。哪怕抛弃的是富贵，哪怕坚守的是贫困，也义无反顾："富与贵，是人之所欲也。不以其道得之，不处也。贫与贱，是人之所恶也。不以其道得之，不去也。"(《里仁》)

其次是**不争准则**。君子以求道、卫道为使命，以晓义、扬义为责任，在功名利禄面前不争，惟不争，才君子。然而，君子无争只相对利禄功名论，相对礼仪谦让、爱人育民等方面，惟争才成为君子。"君子无所争。必也射乎！揖让而升，下而饮，其争也君子。"(《八佾》)

求争，迫使人始终向外可谋得许多利禄功名方面的好处，但也远离了君子。惟有不争，才可将自己成就为君子。君子要肩负起道义使命和责任，外争无济于事，必须回归自己，努力于自我强大。君子自我强大的必为之路，是"学而"，这是求诸己的方法。所以，遵循不争准则，"君子求诸己，小人求诸人。"(《卫灵公》)

君子信守不争准则，首先必须群而不党："君子周而不比，小人比而不周"(《为政》)、"君子矜而不争，群而不党"(《卫灵公》)。君子必须适群、合群，但绝不拉帮结派，攻乎异端。其次必须持己自重。群而不党，是君子基于道义走向治平道路，必须做到公道仁爱；持己自重，是因为君子独立自足，无须依附且凡事虔敬。

其三是**安分守己准则**。"安分守己"的基本语义有三：首先指安于自己的本分，谨慎而勤奋地坚守自己的职责，这是君子作为的基本准则。这一准则要求君子必须脚踏实地，言行一致。其次指安于本分做好本职时才可守住自己，不使自己迷失。守住自己就是守护自己和守正自己，前提是脚踏实地做好自己必做和该做之事。

基于如上语义规范，安分守己准则落实到日常的思、言、行方面，形成三个具体的准则：(1)"权责一致"，这就是"不在其位，不谋其政"(《泰伯》)和"君子思不出其位"(《宪问》)；(2)行先言后准则："先行其言而后从之"(《为政》)，因为"有德者必有言，有言者不必有德"(《宪问》)：先做后言，是保证言而有德的根本方法；(3)言行一致准则，孔子将其概括为"君子耻其言而过其行"(《宪问》)。

其四是**公道准则**。孔子之谓公道，近似于当今的公正："君子不以言举人，不以人废言。"(《卫灵公》)怎样才是"不以言举人，不以人废言"？孔子举了两个历史事件，对形成该历史事件的三个历史人物的评价可说明此：

城濮之战，晋文公为获得霸主地位而酿发这场战争。为引动楚国参战，先“诡谲”讨伐卫国，因为卫乃楚之盟友，楚出兵相救，晋文公又演绎了一场“退避三舍”的把戏，最后大捷，国威大增，然后在郑国境内筑高台如周天子“会盟”。对此历史事件，孔子评价“晋文公谲而不正”(《宪问》)。齐桓公伐楚(《左传·僖公四年》)，是仗义执言，所以孔子评价“齐桓公正而不谲”(《宪问》)。行事堂堂正正，不耍阴谋诡计，当然是仁。齐桓公之功，全赖管仲之智力。在孔子看来，管仲之仁，除了行事公开堂正外，还有就是国家大义、天下大公，这才是最根本的仁。所以，当子路和子贡分别质疑管仲之仁时，孔子却连用“如其仁，如其仁”予以辩护，这是因为“管仲九合诸侯，不以兵车”(《宪问》)，更因为“管仲相桓公，霸诸侯，一匡天下，民到于今受其赐。微管仲，吾其披发左衽矣。”(《宪问》)

管仲应和时势，设计并实施“以霸称王”的治平方策，与孔子所坚守的正统王道路径根本不同：前者开辟“以刑入礼”的变通王道路子，后者开辟“以仁入礼”的正统王道路子。孔子并不欣赏管仲“以霸称王”治平方策和“以刑入礼”治平方式，但管仲努力所取得的推动社会发展和文明前进的功绩，他却能客观公正地看待和评价，当有人怀疑或否定管仲之功时，他却为之辩护，这恰恰展示了孔子所倡导的君子理想和君子人格的公正品质和胸襟。

以德正位的目标 君子以德正位，就是实现君子理想。孔子从社会和个人两个方面对君子理想提出了要求。

首先，孔子对君子以德正位的社会理想做了如下概括：

> 子路问君子。子曰：“修己以敬。”曰：“如斯而已乎？”曰：“修己以安人。”曰：“如斯而已乎？”曰：“修己以安百姓。修己以安百姓，尧舜其犹病诸！”(《宪问》)

在孔子看来，以德正位必须在治平实践中修己，即修己以敬、修己以安人和修己以安百姓：修己以敬，是指以日用常行的修己方式，养成谦恭、虔敬的品质，在任何时候对任何人都保持敬意。修己以安人，是指以日用常行的修己方式，做到事上既要忠诚，更要保持庄敬，只有如此才会使上者放心——君子就是使人放心的人。修己以安百姓，就是以日用常行的修己方式，获得治平的德行，使所有的庶人都安其居、乐其业。

其次，孔子认为以德正位的个人理想，就是通过如上"三修"实现成贤。如果说修己以敬、修己以安人、修己以安百姓，是君子以德正位的事功理想；成贤则构成君子以德正位的伦理理想。君子成贤，必须通过修己以敬、修己以安人和修己以安百姓而实现；但"博施于民而能济众"(《雍也》)，却是君子成圣的终极理想和完美境界，它很难达到，哪怕尧舜，孔子认为他们也未必做到了圣人："子曰：'何事于仁，必也圣乎！尧舜其犹病诸！夫仁者，己欲立而立人，己欲达而达人。能近取譬，可谓仁之方也已。'"(《雍也》)正是因为如此，孔子才公开承认自己没有见到圣人，而且也不认为自己做到了君子，只是说自己见到了君子："圣人，吾不得而见之矣，得见君子者，斯可矣。"(《述而》)

8. 博学内省·修德进业的进路

在孔子看来，人成为君子，不过是知与为的互进体现。知乃认知，为即实做。认知与实做的关系，是规范与行动、指南与操作的关系：任何能收到最大成效的实做，都需要正确认知的引导和规范。所以，实做虽然比认知重要，但认知却比实做更根本。

有关于认知，自古有先天后天之分。孔子认为，人的认知产生于生而知之、学而知之和困而学之三种形式，并客观地存在着等级构成性："生而知之者，上也；学而知之者，次也；困而学之，又其次也；困而不学，民斯为下矣。"(《季氏》)孔子本人倾向于学而知之，"我非生而知之者，好古，敏以求之者也。"(《述而》)孔子对学而知之的强调，开出了君子修为的基本进路：**学而**。

君子修为的"学而"进路　学而是君子修为的实践路径，并且只有通过学而，才开出修德取位和以德正位的道路。

> 子曰："学而时习之，不亦说乎？有朋自远方来，不亦乐乎？人不知而不愠，不亦君子乎？"(《学而》)

朱熹认为“学而”篇“所记多务本之意，乃入道之门，积德之基”①，因为“学而”是**学**而且**习**的简要表述。孔子论“学”，意谓对不知、未知的吸收，包括主动谋求之意；孔子论“习”，意指在学的基础上**消化**然后**践行**。因而，所谓“习”，首先指内化，可理解为“温故知新”，就是将所学到的共性知识内容消化为个体人格化的思维-认知内容和智慧能量；然后指运用，亦或曾子所体会到的“传不习乎”，就是启动内化生成的思想和智慧来指导生活行动。

孔子“学而”为君子的范围，包括从学和习两个环节求知识、求知己、求知人和求知“为己待人”的根本方式和方法。所以由学而习所开启的修德进路，蕴含双重知-行关系：学，就是求知；习，则是行。但“行”本身展开内省与践行两个维度，所以“习”亦蕴含知-行关系：对所学到的内容予以内省，是知；运用内省得到的智慧和方法指导生活，是行。

概括上述，孔子学而修德的进路，构成最真实的知行合一关系。学与习，构成君子修德的外在知-行关系，这就是个人的行正与博学的关系：见多才能识广，博学方可力行；以博学为起步之“习”，又构成君子修德的内在知-行关系：只有深思才可力行；惟有思之确确，才可行之坦坦。在学而修德所开辟的这内外表里双重生存关系中，知是行的绝对前提，但行比知更重要，因为，惟有力行，才可达向真知；也惟有力行，才可实现真知。

孔子之所以将学而作为君子修德的基本进路，并特别注重“习”，强调内省和笃行构成君子修德“入门登高”的必须阶梯，是因为君子修德，才是根本的学：孔子之学，不是为人的学，而是成己的学：“古之学者为己，今之学者为人。”(《宪问》)一切真正的学，必是为己之学。由于学必为己，所以学而必博，并且学而必须审问、慎思、明辨，必须笃行。因为学之于君子，始终是手段；入道积德、进德修业，才是君子为己成己的目的。孔子这一以“入道积德”“进德修业”为基本指向的“学而”思想，**被后人归纳为**“内圣外王”：入道积德，是修仁德将自己成就为“内圣”；进德修业，是践行公道将自己成就为“外王”。② 但这种“内圣外王”的观念，已不属于孔子的思想。

---

① (宋)朱熹：《四书集注》，岳麓书社，1995年，第65页。

② 金纲：《〈论语〉鼓吹》，天津人民出版社，2007年，第1页。

君子的博学内省之道 学而之于君子，是以成己为起步，实现成人。成己的方式是修德，即自我修炼“恭、宽、信、敏、惠”五德，因为“恭则不侮，宽则得众，信则人任焉，敏则有功，惠则足以使人”（《阳货》）；成人的方式是习礼，即敬慕贤人、孝顺父母、忠诚事上、诚信朋友、节用而制欲、勤勉而慎言（《学而》第5—6章）六要。概言之，成己成人需要做到五德六要：五德成己，六要成人。五德成己，必须博学内省；六要成人，既要遵循“己所不欲，勿施于人”（《卫灵公》）。道德原则，更要践行“己欲立而立人，己欲达而达人”（《雍也》）美德原则。

> 君子达到的是一种境界，而不是一个处所，是一个从容中道的境界。他达到身心安宁、平静无纷扰的状态（tranquil state），这种状态来自于对求道或行道的深切体会，并且认识到求道或行道本身就具有终极和绝对的价值。①
>
> 每一个人都可以循道而行，无论他个人的发展与技能处于道的什么层次，也无论他的学问处于什么水平。因为对于那些还不够完善的求道者来说，只要全心全意致力于学道，怀抱着对于道的坚定信念，这本身就是道。然而，虽然学习者也许是为学习而求道，但他不能停顿下来半途而废；由于他现在还只是个学徒，离大师、仁者、完美地践行“礼”的人（圣贤）、真正高贵的人（君子）还很远，因此，他任重而道远。②

赫伯特·芬格莱特对孔子“君子”理想的把握相当准确。确实，孔子设计的“君子”，构成消解礼崩乐坏、弥合天下道术、重建社会秩序的核心方案，君子区别小人的根本方面，就是有道，五德成己和六要成人，都需要道的贯穿。道，是五德成己的灵魂，也是六要成人的指南。

修五德成己和习六要成人，需要探求博学内省之道，这既是修五德成己

① ［美］赫伯特·芬格莱特：《孔子：即凡而圣》，彭国翔、张华译，江苏人民出版社，2002年，第19－20页。

② ［美］赫伯特·芬格莱特：《孔子：即凡而圣》，彭国翔、张华译，江苏人民出版社，2002年，第20页。

的方式，也是修六要成人的过程。敞开这个过程，习得这种方式，需要以《诗》《书》为范本。学-习高雅、淳厚的《诗》《书》，既可以养成君子才华文采和温文尔雅的性格，更可以净化心灵，养成质朴淳厚品格："《诗》三百篇，一言以蔽之，曰：'思无邪。'"（《为政》）这是因为《诗》《书》是训练人"以仁入礼达乐"的经典内容："兴于《诗》，立于礼，成于乐。"（《泰伯》）更包含了为学和为政的根本智慧和方法："《诗》，可以兴，可以观，可以群，可以怨。迩之事父，远之事君。多识于鸟兽草木之名。"（《阳货》）"诵《诗》三百，授之以政，不达，使于四方，不能专对；虽多，亦奚以为？"（《子路》）更重要的是，《诗》《书》既是思想的宝库，更是历史的智慧，深入领会《诗》《书》，可以"告诸往而知来者"（《学而》）。

孔子博学内省的行为之道，就是"周而不比"（《为政》）和"群而不党"（《卫灵公》），这是因为"君子学道则爱人，小人学道则易使也。"（《阳货》）

孔子博学内省的思想之道，就是"攻乎异端，斯害也已"（《为政》）。"攻乎异端，斯害也已"之道，其实是君子何以成为君子的容忍之道，它从正反两个方面展开：从正面讲，君子博学必**慎取**，即面对任何新的东西，都不要盲目轻信，要有客观冷静的理解、判断、选择、取舍；从反面讲，君子博学应**广纳**，面对任何东西，都不盲目排斥，应以"大海般浩瀚"和"天空般广阔"的胸襟容纳。（详述见第14章）

概言之，孔子博学内省之道的敞开方式是慎取与广纳，但慎取与广纳的依据却是"为政以德"。为政以德的构成内容，是体现共同人性的"仁"和"礼"；为政以德所必须遵循的原则，是同情心原则和相互性原则；其实施路径，是"以仁入礼"，其目的方向是通过"以仁入礼"的践行，实现个人**正己**的仁德和**正人**的公道。以"仁德-公道"为目标，以"以仁入礼"为路径，就是孔子终身不渝坚守和播扬的"善道"。

君子的进德修业之道　君子成己要修炼五德，成人必践行六要。践行六要，就是进德修业。进德，意指在具备恭、宽、信、敏、惠五德基础上进一步习礼。以诚修五德为前提的习礼，必须遵循"人而不仁，如礼何？人而不仁，如乐何"（《八佾》）的逻辑进路。

习礼，既是建构君子修业的指南，更是获得君子修业的规范和依据，因为“礼”既是为人之道，也是为政之道。具有如上内涵规定的“礼”，既构成君子为与不为的依据：“邦有道，贫且贱焉，耻也。邦无道，富且贵焉，耻也。”(《泰伯》)“邦有道则仕，邦无道则可卷而怀之。”(《卫灵公》)又成为君子为政的两个准则：一是君臣有责和君臣有德：“齐景公问政于孔子。孔子对曰：‘君君，臣臣，父父，子子。’”(《颜渊》)二是君臣唯义和君臣有礼：“定公问：‘君使臣，臣事君，如之何？’孔子对曰：‘君使臣以礼，臣事君以忠。’”(《八佾》)

在更狭窄的意义上，进德修业之道就是“为政以德”之道。根据孔子的君子政治学说的内在逻辑与精神指向，不能将其“为政以德”粗暴地理解为以德治国，因为“以德治国”，是指用道德治国，其前提是对刑赏治国的排斥或否定。孔子所主张的“为政以德”，是指治国者必须要不断进德，只有不断地进德，才会正己，才能真正做到正己以为政，这是“政者，正也。子帅以正，孰敢不正”(《颜渊》)的本质含义：在孔子的思想世界里，“政”的本质是“正”，意指为人正直，站立得直，行走得端正，处事公正，让人信服，使人遵从。所以，“正”是“为政”的首要条件，必须通过正己来正人、正事，才是真正意义的为政。

从根本论，孔子的“为政以德”之道，强调了君子为政必须正确认知、准确定位和方法得当。首先，政治必须是伦理的，为政也必须是伦理的，所以为政必须求善为政就是创建善业。孔子的这一思想与亚里士多德的城邦善业观同：“一切社会团体的建立，其目的总是为了完成某些善业——所有人类的每一种作为，在他们自己看来，其本意总是在求取某一善果。既然一切社会团体都以善业为目的，那么我们也可说社会团体中最高而包含最广的一种，它所求的善业也一定是最高而最广的：这种至高而广涵的社会团体就是所谓‘城邦’(πόλις)，即政治社团(城市社团)。”[①]其次，政治的本质是正，为政必须求正，公正、公道构成为政的基本准则。掌握公正的准则，心存主持公道的意识和要求，构成君子为政的基本政治道德。其三，君子为政的基本方法，只能是“自正正他”方法，具体讲，就是正己以正人、正己以正事、

① [古希腊]亚里士多德：《政治学》，吴寿彭译，商务印书馆，1983年，第3页。

正己以正国。

遵循为政以德之道,君子为政的基本手段,应该是刑赏规范与道德引导并举:“君子怀德,小人怀土。君子怀刑,小人怀惠。”(《里仁》)君子为政,不仅要进德不止,更要自觉“怀刑”:“怀德”与“怀刑”,这是君子成己的两个基本要求,也是君子为政的两种基本工具:“邦有道,不废;邦无道,免于刑戮。”(《公冶长》)君子修德习礼,就是养成很强的规范意识,为人行事守规矩。对于群化生存的社会来讲,最大的规矩就是礼与刑:前者是柔性的一般规矩,后者是硬性的重要规矩。君子修德习礼,必须“怀德”和“怀刑”:怀德的行为体现,是守礼;怀刑的行为体现,是免于刑戮。所以,君子守礼的前提,是必须免于刑戮;免于刑戮的基本前提,是自觉“怀刑”此其一也;其二,君子为政,首先必须运用刑赏,否则,民不可治。其次必须适度运用刑赏,如果“刑罚不中”,就会造成“民无所措手足”(《子路》)。其三,君子运用礼与刑这两个基本工具为政,必须做到以礼为引导,以刑为规范。否则,单纯以礼为政或片面以刑为政,最终都会导致“礼乐不兴”和“刑罚不中”的乱治或无治局面。

第12章 “中庸之德”的中正思想

内容摘要 雅斯贝尔斯在《大哲学家》中将孔子定位为“思想范式”的创造者。孔子的思想范式是“以仁入礼”，其理论形态是由中庸贯通学而、仁学、礼论形成的君子学说。孔子论中庸，首先定义“中庸之德”，然后赋予其“中正”和“不损”双重规范：由于中正，“中庸之德”应普遍遵循；因为“不损”，“中庸之德”不可逾越。从修习讲，持守“中庸之德”，是调节个人利害和生活，达到心正，涵养仁德；从践行论，持守“中庸之德”，做到行正，实现公道，维护社会秩序。“中庸之德”既是“中正之道”，亦是“不损之德”。其“不损”的行为原则，只是“己所不欲，勿施于人”；其“中正”的功能发挥，就是日用伦常。

孔子是一位返本开新的道德哲学家，研究孔子道德及道德哲学思想的文献相当丰富，但大都围绕“仁”“礼”展开，鲜有从“中庸”入手者。出现这种情况，或许与“中庸”一语只在《论语》中出现一次有关，也可能与后来的《中庸》将“中庸”予以形而上学和心学定格有关。本章尝试从“中庸”切入，讨论孔子的道德及道德哲学思想，以求呈现孔子本原意义的道德学说。

1. “中庸”的孔学位置和功能

在第一组里的人物是通过他们的现存在和人类存在的本质来确定历史的，没有任何其他人能够像他们一样。这些人被证明了千余年来一直不断地在发挥着影响，直到今天。他们是苏格拉底、佛陀、孔子、耶

> 稣。好像我们不可能再举出第五个人的名字，没有谁能有跟他们相同的历史影响力，也没有谁有像他们那样的高度。我们考虑的是，是否可以将他们作为哲学家看待。但是他们对所有的哲学都产生过特别重要的意义。他们没有留下任何著作（孔子除外），但他们却成为**强大的哲学思想运动的基石**。我们称他们四人为**思想范式**的创造者。①

“范式”（*paradigm*）概念由托马斯·库恩提出，意指特定时代科学界共同约定的一套探索世界的思维认知方式、原则与方法。从人文角度审视，所谓“范式”，不过是指创建学说的坐标。雅斯贝尔斯所说的“思想范式”，是指思想创造的坐标，它“成为强大哲学思想运动的基石”。创造思想范式，就是对人类社会基本境况的体验和对人类自救使命的澄清，构建起一种**普遍性的**意义蓝图、价值坐标、原则体系。雅斯贝尔斯之所以将孔子归为人类“思想范式的创造者”，是因为孔子生活于“道术将为天下裂”（《庄子·天下》）和“邪说暴行”（《孟子·滕文公下》）横天下的当世，为重建“个人内心生活调理”方式和“社会秩序”设计出一套产生永久性影响的意义蓝图、价值坐标和原则体系。

> 孔子以前的文化与思想像旷野的奔流，浩荡又壮丽，它是古中国政治、社会、信仰的支柱。到了春秋时代这支柱本身起了变化，引起变化的主要原因，外部的是由于政治权力的分化，内在的是因信仰重心的坠落。二者互为因果，又使这两种趋势日益增强。前一趋势导致不断的战争和暴乱，于是交通开辟，商业亦渐兴起；后一趋势导致宗教的转化和人文思想种子的散布。这就是孔子崛起前社会文化的概略景象。在这个时代有两项重大的要求：**一是社会秩序的重建，其中包括政治领导中心的重振和社会的贫富问题；二是个人内心生活的调理，其中包括道德规范的确立和社会秩序在人性中的基础问题。**孔子前或和他同时富有人文思想的政治人物已开始面对这些问题，稍晚兴起的诸子

① [德]雅斯贝尔斯：《大哲学家》，李雪涛等译，社会科学文献出版社，2006年，第13页。

> 仍然是或多或少、或深或浅，在这个时代内外双重的问题的挑战下发展出他们自己的思想。孔子是在他前后的人物中最具代表性的一个，因为他对当时的问题认识很深，在处理个别的问题上，他不一定能对每一个问题都处理得比别人好，比别人更有效，**但没有一个人能像他关心全面性的问题**。晚于他的诸子，不论是赞成他或反对他，也没有一个不受他的影响。认同和责难，都把焦点集中于孔子，适足以证明他已开始居于思想史的中心地位和文化思想的代表。①

孔子认为，人间邪说和暴行横行、礼崩乐坏，源于维系社会的道、术分裂；造成这种状况的直接原因是人心失律，根本原因是天赋人性的丧失。人性丧失和人心失律的社会方式，就是对**日用伦常**的解构。要谋求永久性解决的基本方案，是做返本开新的功夫，即"将流传下来的文献转变成有意识的根本思想，实际上是产生了一种与古老的融而为一的新哲学。"②这就是"对于古代的自我尊崇，阻止了傲慢自大，可以从渺小的自我之中提出很高的要求"③的道德哲学，它以"君子理想"为动力。

> 依照传统的说法，儒学具有修己和治人的两个方面，而这两个方面又是无法截然分开的。但无论是修己还是治人，儒学都以"君子的理想"为其枢纽的观念：修己即所以成为"君子"；治人则必须先成为"君子"。从这一角度说，儒学事实上便是"君子之学"。这一传统的"君子理想"在今天看来似乎带有浓厚的"精选分子"的意味。④

孔子的道德哲学，是拷问"人如何成为君子"所形成的"**为己成人**"的新哲学，它以经验为基石，考信历史提炼继往开来之"礼"，拷问"性相近，习相远"的人性开辟"仁"的光明大道。将二者融铸成"普遍性的基础"的却是其

---

① 韦政通：《中国思想史》上册，上海书店出版社，2003 年，第 48 页。

② [德]雅斯贝尔斯：《大哲学家》，李雪涛等译，社会科学文献出版社，2006 年，第 79 页。

③ [德]雅斯贝尔斯：《大哲学家》，李雪涛等译，社会科学文献出版社，2006 年，第 79 页。

④ 余英时：《现代儒学的回顾与展望》，生活·读书·新知三联书店，2003 年，第 271 页。

君子理想。从宏观论，表述“人如何成为君子”的核心概念，是“学而”“仁”“礼”“正名”“乐”。孔子通过与弟子们的日常交谈与切磋，阐发这五个核心概念的义理，形成相对完整的君子理想（及君子理论）。孔子对君子理想的具体展开，形成以“学而”为主题的教育理论，以“正名”为主题的知识论，以“仁”为主题的伦理学，以“礼”为主题的政治学，以“乐”为主题的人生哲学。统摄如上五者使之形成学说整体的是“中庸之德”（《雍也》）。“中庸”之于孔子学说，本义指以仁为导向、以礼为规范的道德，然后才成为**伦理社会学**方法。正是“中庸之德”的方法功能，使孔子道德哲学生活化成为可能，因为它将生活、学-习、伦理、政治统摄贯通起来，开辟出修治（修养和作为）的基本进路。

2. “中庸”概念的词源学语义

现存文献记载孔子正面论中庸，只见于《雍也》第二十九章。并且，“中庸之为德也，其至矣乎”这句话，本来浅显明白。但由于时代远久，加之后人诠释失当，反而造成理解的陌生化。要理解孔子中庸的本原性思想，需要从词源入手。

“中庸”是一复合词，把握其本原语义，须做分拆性理解。

“庸”之形态学与本体论释义 关于“中庸之德”之“庸”，后世注疏多解，但主要者有三：一谓“常”，比如何晏注“庸，常也。中和可常行之德也。”[①]邢昺疏曰：“庸，常也。”[②]朱熹沿之而注“庸，平常也”[③]。二谓“不易”，比如程颐认为“不偏之谓中，不易之谓庸”[④]。三谓“用”，依据是《说文》解：“庸，用也。从用从庚，庚更事也。易曰：先庚三日。”[⑤]联系《说文》释“庸”的完整语义观，以“用”释“庸”者，实欠当。苗夔在《说文声订》中谓“庸字从用，用亦声”。苗氏的解释符合《说文》本义：“用”形“庸”声，表“庸”之义乃“庚”。《易·巽·九五》：“先庚三日，后更三日，吉。”高亨注：“先庚三日为丁日，后更三日

① （三国）何晏集解，［南朝］皇侃义疏：《论语集解义疏》，中华书局，1985年，第82页。
② （宋）邢昺：《论语注疏》，北京大学出版社，1999年，第83页。
③ （宋）朱熹：《四书集注》，岳麓书社，1995年，第25页。
④ （宋）朱熹：《四书集注》，岳麓书社，1995年，第130页。
⑤ （汉）许慎：《说文解字》，岳麓书社，2006年，第70页。

为癸日。丁癸二日则吉。”①甲骨“庸”字、、，象（占卜所用之）器物。后亦指涉（祭祀或庆典）所用的器物或乐器。郭沫若认为“庚”乃有耳可摇的**乐器**（《甲骨文研究·释干支》）。陈初生由此推测“‘庸’之本义恐也是一种乐器，很有可能就是‘镛’字的初文”②。陈之推测有其旁证：《诗经·商颂·那》曰“庸鼓有斁，万舞有奕”。《经典释文》释“庸，依字作镛，大钟也。”《尔雅·释乐》曰：“大钟谓之镛。”毛传亦曰“大钟曰镛”。由此可初步推定，“庸”之本义乃（占卜、祭祀、庆典所用的）**日用器物**，“用”“常”乃“庸”字引申义，是对“庸”的功能发挥描述。

“用”“常”既然是“庸”之引申义，朱熹再将“常”释为“平常”，离其“日用器物”本义更远了。或许正是基于如此语义直观，刘宝楠才不同意朱熹之说，认为“古训以庸为常，非平常之谓也”③。在刘宝楠看来，“常”字更切近“庸”之本义，“平常”更远离“庸”之本义。从词源论，“庸”字虽像“占卜、祭祀或庆典”之器物，但所表征的不是具体性的物，而是整体指涉意义上的精神性、神秘性的“东西”。以此观之，“庸”既蕴含超越性、神圣性的“不易”：不仅难以轻易达到，也难以任意驾驭，更难以随便利用；同时还呈现普通性、普遍性倾向；并且，由于这些表征精神性、神秘性的器物作为日用之物（占卜工具、祭祀器皿、庆典乐器）而与人的吉凶祸福、喜怒哀乐相联系，所以它又是“常”，即自为地具有不变性、恒存性。要言之，作为象形日常（占卜、祭祀、庆典）器物之“庸”，本身会通了超越性、神圣性、普通性、普遍性和不变性、恒存性而成为“常”。所以，古人“训以庸为常”，是直观领悟到了以“庸”所象形的那种可用作（占卜、祭祀、庆典）的日常器物本身发散出三个方面的特征及价值倾向：一是超然的神圣性；二是恒存的不变性；三是广涉的普遍性。杜维明认为这是“庸”字的基本义。④ 或许正是在这个意义上，安乐哲、郝大维才

---

① 陈初生：《金文字典编纂的继承与发展》，载于曾宪通主编：《古文字与汉语史论集》，中山大学出版社，2012年，第34页。

② 陈初生：《金文字典编纂的继承与发展》，载于曾宪通主编：《古文字与汉语史论集》，中山大学出版社，2012年，第152页。

③ （清）刘宝楠：《论语正义》，上海古籍出版社，1993年，第89页。

④ ［美］杜维明：《〈中庸〉洞见》，段德智、林同奇译，人民出版社，2008年，第19页。

将“庸”释为体现“和谐与平衡”的“日用伦常”①。蕴含超然的神圣性、恒存的不变性和广涉的普遍性之“庸”一旦接受“中”之内涵充实和本质定位，必然获得日用伦常的功能。

“中”之构成论与本质论定位 概括上述，“中庸”之“庸”，应该是孔子对德的**功能**定位；“中庸”之“中”，应该是孔子对德的**性质**定位。

> **中庸——这是孔子的最高道德标准**，“中”，折中，无过，也无不及，调和；“庸”，平常。孔子拈出这两个字，就表示他的**最高道德标准**，其实就是折中的和平常的东西。后代的儒家又根据这两个字作了一篇题为“中庸”的文章，西汉人戴圣收入《礼记》，南宋人朱熹又取入《四书》。司马迁说是子思所作，未必可靠。从其文字和内容看，可能是战国至秦的作品，难免不和孔子的“中庸”有相当距离。②

杨伯峻认为“中庸”一语表示的“**是孔子的最高道德标准**”，杨伯峻如此判断源于对“中”和“庸”的理解：杨伯峻释“庸”，复述了朱熹的观点；杨伯峻释“中”，既抛弃了何晏、邢昺之“中和”说，也抛弃了程、朱“不偏之谓中，……中者天下之正道”③论，将“中”定义为“折中，无过，也无不及，调和”。

杨伯峻如此释“中”义，表面看没有什么问题，但仔细推究，就会发现“折中”“调和”与“无过，也无不及”所表达出来的语义倾向以及所蕴含的价值诉求有根本不同：“折中”“调和”两词蕴含有无原则或逾越原则的语义取向；与此相反，“无过，也无不及”却体现“持中”的原则性。将“中”释为“无过，也无不及”，接近“中庸之德”的本义；反之，释“中”为“折中”“调和”，则有违“中庸之德”本义，如果这样的话，孔子“中庸之德”的“德”，就蕴含折中的、调和的“和稀泥”取向。

杨伯峻将“中”释为“折中”“调和”，虽广为当世学者认同，并使之成为常

---

① [美]安乐哲、郝大维：《〈中庸〉的新诠与新译》，彭国翔译，中国社会科学出版社，2011年，第105页。

② 杨伯峻：《论语译注》，中华书局，1980年，第64页。

③ (宋)朱熹：《四书集注》，岳麓书社，1995年，第130页。

识“真理”，但却不合“中”本义。《说文》释“中”为“内也。从□、|，上下通也。”意为巫通于天人。王筠在《文字蒙求》中解“中，以|象四方，以□界其中央。”唐兰认为“中”乃为氏族社会中的徽帜：在氏族社会，凡遇大事则建“中”以集众(《殷虚文字记》)。

甲骨“中”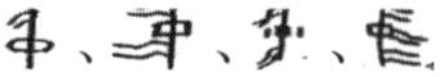，乃独体象物字，其“‘□’标示中间。本义是旗帜，借为中，方位名词。”其卜辞义主要有二：“1. 中日，表时间中午。‘……中日至郭兮启’(甲 547)。2. 借用作商第十一位王名，中丁。‘癸丑卜，贞：王宾中丁爽妣癸，中亡尤。’”[①]胡念耕根据河南汲县山彪镇战国墓出土的水陆攻战纹铜鉴上所铸的旗鼓形状，以证实《殷虚书契前编》六、二、三中所摹甲骨“中”字，乃古战场中王公将帅用以指挥作战的旗鼓合体物之象形：“古时每逢大事，君王必建旗击鼓致民，而君王必立‘中’位以号令指挥，久而久之，推而广之，‘中’就表示一切之中，就象征君位所在。”[②]所以，“中”，表中间、位中、正中、中正、正等义。

从文字形态结构观，“中”字如同“庸”字，亦象物之形，本义指物(旗帜)，但同样既表方位、取向，也表抽象的精神、力量、信念，包括地位、权力，象征至高无上。但无论表征什么，其本质语义却是**正**，即**正处中央**(中间)的**正位、正中、中正**。《论语》“尔舜，天之历数在尔躬，允执其中”(《尧曰》)和“政者正也，子帅以正，孰敢不正”(《颜渊》)，应该是孔子对“中庸之德”之“中”**正**的最好诠释。而“允执厥中”(《尚书·大禹谟》)、“中听狱之两辞”(《尚书·吕刑》)、“王来绍上帝，自服于土中”(《尚书·召诰》)，其“中”俱为“正”，并构成“中庸”的思想来源。

3. “中庸之为德”的社会分析

子曰：“中庸之为德也，其至矣乎！民鲜久矣。”(《雍也》)

一部《论语》，记载孔子直接论“中庸”的文字，只此一处。所以，“中庸之

---

① 马如森：《殷墟甲骨文实用字典》，上海大学出版社，2008年，第20页。

② 胡念耕：《孔子“中庸”新解》，《社会科学战线》1997年第2期，第106页。

德”成为孔子正面思考和阐发“中庸”道德的绝唱。虽然,但却不能以此判断孔子生平只论过一次中庸问题。联系上下文,中庸既然成为“至矣乎”之“德”,对于祈望通过以调理“人的内心生活”来实现“社会秩序重建”为己任的孔子来讲,道德成为他思考中最紧要的问题,并且有可能成为与弟子交流最频繁、最深刻的问题。以此推测,“中庸之德”一章内容,可能是孔子与弟子们反复研讨、论辩“中庸”问题所形成的成熟思想的提炼性总结和简要概括。弟子们记下夫子充满深邃和冷静、批判与失望的道德判断,或可成为后世理解孔子道德哲学和伦理世界的真正入口,这是因为它从三个层面阐述了人间道德的基本问题:

(1) 定义:中庸之为德。
(2) 判断:中庸之德蕴含至高要求。
(3) 评价:中庸之德被遗忘很久了。

下面将依次分析其定义、判断、评价,以还原孔子“中庸之为德”的基本思想。

中庸之德 “中庸”一章,共三句话,第一句“中庸之为德也”,是孔子对“中庸”的定义。孔子用“德”定义中庸,实现了对两个正相关问题的解决。首先解决了“中庸是什么”的问题:中庸属于“德”的范畴,既可理解为“中庸是德的”,也可理解为“中庸作为德”;其次解答了“德是什么”的问题:德也应该是中庸的,或者,**德应以中庸为准则**,这或许是杨伯峻将“中庸”理解为“是孔子的最高道德标准”的理由,也可能是黄克剑等人将“中庸之为德”译成“中庸作为一种道德准则”①的考虑。

首先,“中庸作为德”是最切近“中庸之为德”本意的正面表述:

先生说:“中庸之德,可算是至极了!”②

---

① 黄克剑:《论语疏解》,中国人民大学出版社,2014年,第122页。
② 钱穆:《论语新解》,生活·读书·新知三联书店,2012年,第149页。

孔子说："中庸作为仁德，是最高的了。"①

钱穆、李泽厚两位先生对"中庸之德"的翻译，切近孔子原意。比较言之，钱先生的翻译最大程度地保持了原意，正确理解"中庸之德"有三个关节点：一是"中庸"概念的语义定位；二是"之"的理解；三是"德"的定义。有关于"中庸"概念的本原含义及引申语义，前面已做讨论，而"之"字，在古汉语中兼有助词和代词功能。在"中庸之德"中，"之"显然不是助词，而应该是代词，并特殊地指代系动词"是"。为避免引来歧义，钱先生不译"之"，显出委婉和典雅。李先生将"之"译为"作为"，比译成"是"更柔和。将"之"译为"是"，则更直截了当地使语义明朗。但就实质言，钱、李二先生翻译，都译出了**"中庸是德"**的本原语义。

钱先生新解《论语》，深得孔子思想精微，故对"中庸之为德也"以不译的方式译为"中庸之德"。因为孔子之"德"内涵博大精深，既包括以"仁"为内核的德性，更指以"礼"为规范的德行，还包括以"礼"为规范的德行施之于家所形成的"孝弟"和以"礼"为规范的德行施之于社会的"公道"。所以，以不译"德"义的方式保持了"中庸之为德"之"德"的**完整**内涵。比较言之，李先生将"德"译为"仁德"，却缩小了"中庸之德"中"德"的含义，因为孔子之"德"，是以修仁为起步并以成仁为归宿："子曰：'克己复礼为仁。一日克己复礼，天下归仁焉。'"(《颜渊》)李先生将"德"译为"仁德"，是强调德的本质规定。

其次，"德应以中庸为准则"是最切近"中庸之为德"本意的反面表述。要理解此，须从德本身入手。

仅范围论，孔子之"德"包含道德和美德两个方面，并分别为其确立"己所不欲，勿施于人"(《颜渊》)的道德原则和"己欲立而立人，己欲达而达人"(《雍也》)的美德原则。相对他者言，美德是**助益**(他者)，所以讲舍利执爱；道德是**不损**(他者)，所以讲权责对等。比如乘公交，排队上车，依序选座，有则坐之，无则站之，是道德的；拥挤上车抢座，是不道德行为。将座位让给需要帮助的人，是美德；不让座者，可能不是美德，但不能说其无道德。道德和

① 李泽厚：《论语今读》，生活·读书·新知三联书店，2012年，第149页。

美德都相对与他者构成的“具体情景生活关系”言，美德以**关爱**为取向，道德以**规矩**为准则。所以，美德**不求**持中，道德**必求**持中。以此观之，孔子“中庸之德”的“德”，实指道德。

仅一般论，人们看待或讨论道德，往往着眼功能。从功能入手审视道德，或可从三个方面揭示道德是什么。首先，道德是（体现利害取向的行为及结果的）评价尺度、标准、准则（可简括为“道德标准”）；其次，道德是理性（权衡与选择利害取向）的行为或方式；其三，道德是（行为结果所体现出来的）价值事实。

如上功能取向的道德观，既可能生成良德，也可能造就恶德。正是基于这种两可性，孔子才认为，天下有道无道，并不取决于道[①]，而在于德。因为“德”是人“为道”或“不为道”的分水岭。良德，可以引导人追随道、持守道；恶德，却刺激人抛弃道、远离道。孔子思考当世之所以“邦无道”，是因为滋生或纵容“邪说暴行”的恶德主导其道。基于这一判断，孔子认为在“天下将为道术裂”（《庄子・天下》）、礼崩乐坏的当世，重建社会秩序并调理“个人内心生活”的根本前提，是重建良德，驱逐恶德。这就必须正视“性相近也，习相远也”（《阳货》）的人性和“周监于二代，郁郁乎文哉”（《八佾》）的传统，即以人性为依据再造传统。基于这一质朴认知，孔子考信古代文明发展演变的历史，认为再造传统的必然道路是“以仁入礼”：用当世所需之“仁”再造传统之“礼”，其依据和准则只能是体现不变的恒存性和普遍性的**正**。以不变的恒存性和普遍性的正为依据和准则，培育当世之仁去再造传统之礼，就形成（能够调节个人内心生活和重建社会秩序的）道德。从本质论，这种道德就是**中正**的道德；从历史观，这种道德就是**君子**道德；从普遍性讲，这种道德就是**日用伦常**。因而，“中庸之德”亦可做如下正反翻译：

正面翻译：（任何形式的）中正（言行都）是（良）德。简言之：**中正是道德**。

反面翻译：（任何具体形式和言行的良）德都体现中正。简言之，

① 孔子此一观点，后来为《中庸》所阐发，即“道不远人，人之为道而远人，不可以为道”。

道德必中正。

中庸之德蕴含至高要求性 从逻辑论，“中正是道德”和“道德必中正”之从正反两个方面构成“中庸之德”的本质语义，是因为“中庸之德”是一**全称**判断。这一全称判断蕴含两个方面的语义内涵：首先，中庸作为一种道德，既体现可普遍性，也体现恒常性；其次，中庸应贯通于一切形式的道德之中，或者，所有形式或领域的道德，应以中庸为准则。以此观之，“中庸之德”应该是孔子以此表达他自己的道德理想。首先，只有真正体现普遍性、恒常性的道德，才是重建当世社会秩序所需要的道德(即良德)：中庸体现了普遍性和恒常性，所以中庸可以作为一种道德(即良德)。其次，体现普遍性和恒常性的道德，呈现其至高要求性：中庸体现了普遍性和恒常性，所以中庸亦蕴含至高要求性。

“中庸蕴含至高要求性”，这是孔子的本意吗?《说文》解：“至，鸟飞从高下至地也。从一，一犹地也。象形。不上去而至下来也。”意为“从……到……地方”，蕴含极限、边界。甲骨“至”、、，乃合体象形字。从矢、从一，“一”乃矢中之目标，“矢”字象箭射中之形。“至”之卜辞本义是“到”，比如“王至丧”(“丧”乃地名)[①]甲骨解“至”为“到”，蕴含“极”“最”，具有边界、极致等义。综合上述，所谓“至”，就是**到达目的，抵达边界**，或**达到极境，不可逾越**；一旦逾越，就沦为反面。这是“中庸之德也，其至矣乎!”之“至”蕴含“至高”语义内涵的词源依据：“中庸”之为日用伦常，是持中，持正；并且，蕴含**中正**之内在规定性的中庸，一旦运用于日常生活，必然呈现为一种**不损**的行为规则。以中正之内在规定和不损之行为准则为双重规范的中庸，之于人的日常生活是既不可违背，也不可逾越；一旦违背或逾越，就沦为反面，成为不道德或反道德。

在“中庸之为德矣，其至矣乎”中，孔子做了两个精彩而严谨的普世性判断：

第一个普世性判断：(体现普遍性诉求的)道德具有不可轻慢、不可违

① (东汉)许慎：《说文解字》，岳麓书社，2006年，第253页。

背、不可逾越，更不可侵犯的至高要求性。反之，一旦这种要求性被消解或被取消，人就可能轻慢或违背它而变得轻浮，也可能逾越或侵犯它而行为无德，如果这类行为无阻碍地扩张开去，社会就会无序，文明就会被解构。

要理解这一普世性判断，需要解决一个隐含性问题，即孔子为什么认为道德之于人（以及社会）具有至高要求呢？这需要从功能和性质两个方面对道德做整全理解。

从性质入手，能够调整个人生活和建构维护社会秩序的道德，只能是体现以共同人性要求和普遍自由限度为内在规定的道德，只有这种性质的道德，才成为日用伦常。从功能入手，所谓道德，就是对充满利害取向的人际关系予以权衡和选择的判断尺度、行为方式及价值事实。将性质和功能予以整合，就形成整全性的三维意义指向，这就是作为品质、作为规范、作为行为敞开状态及结果的道德。在孔子的道德世界里，作为品质的道德可用“仁”（或“仁德”）来统摄；作为规范的道德，则用“礼”（或“礼法规范”）来统摄；作为行为敞开及结果的道德，则用“公”（即“公道”）来指称。在孔子看来，完整的道德，就是三者的统一。使此三者统一的那个东西就是“中庸”，其**中正**的内在规定性和**不损**的外在行为准则，使它获得了统摄和贯穿“仁“礼”“公”的功能。所以，“中庸”成为统摄“仁”“礼”“公”的伦理概念，因为心中有仁而行为缺乏规范，很难有德；反之，心中无仁则根本不可能有对礼的要求和行为的自我约束。所以，**修仁习礼**才是道德的前提；并且，修仁习礼必落实到行为上来，做事为人正（方正、中正）才是道德的实现。概言之，“中庸之德”之所以具有其至高要求性，是因为它是**修**、**习**、**行**的真正统一。

第二个普世性判断：人人必须遵守并人人愿意遵守的道德，必然是具有普遍性功能的道德。凡体现普遍性功能的道德，既要接受中正的内在规定，更要以不损为行为准则，这是中庸何以对道德提出了至高要求性的另一缘由。

中庸之德的遗忘历史与现实 “中庸之德”是日用伦常，它的功用有二：一是调节个人生活。二是构建或维护社会秩序。

就个人言，其生活敞开为个人心灵-情感性生活和个人劳作-功利性生活，中庸对个人心灵-情感性生活的调节，重在于**心正**；中庸对劳作-功利性生活的调节，重在于**行正**。但无论心正还是行正，都必须心中有人。心中有人，就是仁；心中有人，既是明性情有限度，也是讲利义有德性。

仅社会论，其秩序建构主要涉及社会规范和社会精神两个领域，中庸可为其提供彬彬有礼和彬彬有理的规训引导，一是家庭血缘孝弟：“其为人也孝弟，而好犯上者，鲜矣。不好犯上，而好作乱者，未之有也。君子务本，本立而道生。孝弟也者，其为仁之本与”（《学而》）。二是国家治政规范：“季康子问政于孔子。孔子对曰：‘政者正也，子帅以正，孰敢不正。’”（《颜渊》）“齐景公问政于孔子。孔子对曰：‘君君，臣臣，父父，子子。’”（《颜渊》）。三是人际交往准则：“恭、宽、信、敏、惠。恭则不侮，宽则得众，信则人任焉，敏则有功，惠则足以使人。”（《阳货》）四是对民的规范：“中庸之人，平常人也。中庸之道，为中庸之人所易行。中庸之德，为中庸之人所易具。故**中庸之德，乃民德**。其所以为至者，言其**至广至大，至平至易**，至可宝贵，而非至高难能。而今之民则鲜有此德久矣，此孔子叹风俗之败坏。”（黑体引者加）①

作为日用伦常的中庸，调节个人生活和建构、维护社会秩序，是实现人伦世界不可或缺的两个方面，维持并强化这两个方面，使之互为护卫的内在造血机制及凝聚力量，就是正（方正、中正）之道德准则。如上两个方面中任一方面出现问题，都会影响另一方面，并促使它发生改变；并且，任一方面出现问题，都可能是作为日用伦常的“中庸之德”丧失其“正”和“不损”之内外准则所致。

这就涉及一个更为根本的问题，即人人遵守的日用伦常为什么必须以“正”和“不损”为准则？对这个问题的正视，必然将最隐秘的道德本质从“中庸”中凸显出来，这就是**利害**。“利害”思想不仅贯穿于孔子“以仁入礼”的思考中，也构成孔子“爱有差等”的伦理原理和“己所不欲，勿施于人”的道德原则的内在规定性。然而，无论是“以仁入礼”的探索进路，还是“爱有差等”原理和“己所不欲，勿施于人”原则，其得以生成建构的思想依据却是“中庸”，因为道德不是产生于个人的自足存在，而是产生于个人对群体性、社会性生存的需要：首先，人是来源他者的弱小个体，其要得存在和生存，必须与他人互助智、力。“为了自保，为了享受幸福，与一些具有与他同样的欲望、同样厌恶的人同住在社会中。因为道德学将向他指明，为了使自己幸福，就必

---

① 钱穆：《论语新解》，生活·读书·新知三联书店，2012年，第148－149页。

须为自己的幸福所需要的别人的幸福而工作；它将向他证明，在所有的东西中，人最需要的东西乃是人。”(霍尔巴赫)[①]其次，人是需要资源滋养才能存活的个体生命，但所需要的资源只能靠劳动才可获得，劳动却需要付出，所以人人几乎本能地渴望少付出多获得或不付出而获得，由此必然产生争夺。第三，这种性质的争夺激发人们对平等地、不伤害地、尊严地生活的需要比物质资源的需要更根本，更迫切。为解决这三个方面的生存需要，人类通过艰难试误而被迫抛弃自然状态下人人“有权如此”的丛林法则，尝试建构并遵从人人“只能如此”的人文法则。在孔子看来，这一人文法则的成熟形式就是以正为本质规定的“中庸之德”，它展示了孔子对道德本质的深刻理解和定位：**道德的本质是利害**。正是基于利害，孔子才提出做人必须“先事后得”(《颜渊》)；为政必须“不在其位，不谋其政”(《宪问》)。无论民还是君主、士大夫、贵族，其日常生活有道德的行为要求是对具体利害关系的权衡与取舍，其权衡和取舍的依据，是中庸；其权衡和取舍的准则，是体现共同人性要求和普遍自由限度的**正**和**不损**。中庸成为日用伦常，既是其**自正的**准则，同时也是**不损他的**准则：中庸，本义是正，即方正、中正，引伸为中道、适中。在日常生活中，面对具体的利害持守中庸，就是**以正为准则**建构己他利害的最佳平衡，即既不损人也不损己的平衡，或既利己也利他的平衡，实现己他两利最大化或己他两害最小化，这是人人的本能渴望，也是人人乐意实现的。

以此观之，日用伦常的道德，就是日常生活持守(即运用)“中”道。在日常生活中持守“中”道，是人人必须做到的，亦是人人不能违反的，这是人之为人的底线(即最低要求)，但又是神圣不可侵犯的至高规训。然而，人，始终是个体生存者；并且，权力和财富相对个体生存者言，始终呈(实际的或想象的)匮乏取向。由此两个方面一旦形成合力，人人必守的日用伦常必然遭受严峻挑战。孔子所生活的当世，人人必为的“中”道在“邪说”和“暴行”横行中遭受了解构，所以孔子为此叹惜：虽然“中庸之为德也，其至矣乎”，但却“民鲜久矣”。

孔子所陈述的“中庸之德”“民鲜久矣”这一事实的形成或许具有两可性：或者长久以来，民大都缺乏“持守中正”的日用伦常意识和能力；或者民

① 周辅成：《西方伦理学名著选辑》下册，商务印书馆，1996年，第89页。

丧失“持守中正”的日用伦常已经很久了。但根据孔子对“尧”的崇敬，以及终身返本开新以“从周”志愿和“克己复礼”努力等方面看，后者更符合孔子对此问题思考所得出“民鲜久矣”的判断。

民何以会很久以前就丧失了“持守正中”的日用伦常？这是孔子终身求解的问题。他面对频仍的争夺及“邪说”“暴行”，首先发现礼崩乐坏，其次发现造成礼崩乐坏的原因是人心被利欲所绑架然后追溯“性相近也，习相远也”(《阳货》)的人性根源，不得不正视天赋人性并不能自然地成善，它一旦为利欲所虏掠，必然成为礼崩乐坏的最终动因。基于此一质朴体认，孔子对人性向善持一种**谨慎**的怀疑。在他看来，能够使人性向善的光明大道是**学而修仁**，这一过程就是将天赋人人的“中正”**意愿**变成日常生活的“中道”规范(即礼)，其行为表征，就是中庸的日用伦常化。

4. “中庸之为德”的思想体系

在孔子道德学说中，其“中庸之德”根源于中正之道，其中正之道表征为中庸之德。孔子之“中庸”是德与道的统一，这种统一落实在对社会秩序重建的方案设计上，就是以仁入礼达乐，或者由仁(仁德)而礼为公(公道)。

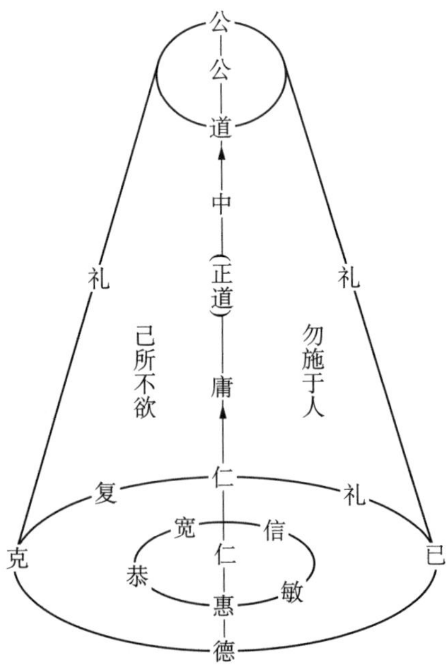

[12-1 孔子“中庸”道德体系]

清代黄以恭在《爱经居杂著》中说：夫子之论仁，不外中庸。黄氏斯言，甚合孔子本意。道德始终属人，是人对他者（人和物）的需要而建构的个人准则、行为规范及达到“合意”与“共赢”的价值事实、意义状态。这里的“合意”，从哲学论，指“目的的合目的性”；从心理学论，指目的对动机的吻合，或曰动机指向目的的实现；从主体观，指合个人准则。这里的“共赢”相对己他言有正反两个方面要求：从反面讲，是不损，即既不损己，也不损人；从正面论，是互惠，即在具体生活情境关系中，己他共利或己他互利。道德就是在具体生活情境中己与他必然发生（直接或间接）关联时，行为主体必须追求“合意”并实现“共赢”。所以，在具体生活情境关系中，道德既关联起点与目标、动机与目的，更关联主体与客体。在孔子“中庸之德”的世界里，道德所关联的主体，必须据仁并表现为仁德；道德指向客体达成目的，必然实现其公而张扬公道。

孔子的“中庸”思想，是以“仁”为逻辑起点指向“公”，讨论孔子“中庸之德”，必须在解决“中庸之德”的自身定位基础上，首先考察“仁”。

孔子论仁，从三个层面展开：首先讨论仁是什么？孔子对此予以概括：“子张问仁于孔子，孔子曰：‘能行五者于天下，为仁矣。’请问之。曰：‘恭、宽、信、敏、惠。恭则不侮，宽则得众，信则人任焉，敏则有功，惠则足以使人。’”（《阳货》）恭、宽、信、敏、惠之足以使人成人，因为此五者构筑起人作为道德主体的内在品德、德性。其次，从不同角度入手探讨仁的主体性展开及日常表现：“颜渊问仁。子曰：‘克己复礼为仁’。”（《颜渊》）“樊迟问仁。子曰：‘爱人’。”（《颜渊》）“樊迟问仁。子曰：‘居处恭，执事敬，与人忠，虽之夷狄，不可弃也。’”（《子路》）“子曰：‘人之过也，各于其党。观过，斯知仁矣！’”（《里仁》）“子曰：‘富与贵，是人之所欲也，不以其道得之，不处也。贫与贱，是人之所恶也，不以其道得之，不去也。君子去仁，恶乎成名？君子无终食之间违仁，造次必于是，颠沛必于是。’”（《里仁》）其三，讨论仁的形成。孔子认为虽然“性相近”，但仁只能是后天修为所成，所以孔子特别强调“学而时习之，不亦说乎？有朋自远方来，不亦乐乎？人不知而不愠，不亦君子乎？”（《学而》）

概言之，孔子仁学由三部分构成：一是品德或德性，它通过定义仁及构成而形成：仁即人的品德、德性，其基本构成是恭、宽、信、敏、惠；二是修仁，只有发自内心需要地"学而"，才可涵养品德和德性，或曰，只有通过学而且习，才是修养仁性、仁心、仁情、仁爱而生成中庸品德、德性；三是成仁，即日常生活"温、良、恭、俭、让"(《学而》)，具体言之，就是克己、爱人、慎言、谦恭、观过、以义取利。

在孔子仁学中，修仁是"仁"的主体性建构，是个人作为道德主体的品德的养成，德性的具备；成仁是"仁"的行为展开，是个体作为道德主体践行仁的成功体现，这就是仁德：仁德是对仁的实现。所以，学而、品德、仁德，此三者既构成孔子仁学的基本框架，亦构成孔子之"仁"动态生成敞开的三维。

进一步论，孔子论仁，是在论道德的主体性建构。在孔子看来，作为日用伦常的道德主体性建构，是一个动态敞开的生成过程，并且还是一个从**修仁**(知德)到**成仁**(行德)的社会化过程，个人通过自我修养德性、内生品德到外化践行生成仁德，必然指向他者，实现公，产生公道，形成良性的社会性影响，又回返自身构成"学而"向前、修行不止的外在推动力量。

对个体言，"学而"修仁得仁，这是品德、德性的养成，人由此成为道德主体。人"学而"修仁得仁的真正意义，是使自己有资质和能力释放成人本性，这就是行仁。行仁的实质体现是**成仁**，即自我节制、以义取利，方向明确地成就仁性、仁心、仁情、仁爱。以自制行为去践行仁性、仁心、仁情、仁爱的努力所结下的果实，对个人言是实现了仁德，对社会言则达成了公道。进一步论，作为道德主体践行仁、实现仁德、达成公道的抽象表述，就是"**成己达人**"的修治，它的前提条件是克己。孔子认为，克己必须复礼(《颜渊》)，只有通过克制野性利欲来恢复良好社会秩序和安心生活所需要的礼仪(即规范)，德性才可养成，行为才体现仁德；如果人人意愿于这样做并人人能如此做到，自然公道天下。

孔子之仁必然指向礼，于是修德性、行仁德、达公道，需要克己复礼。"克己复礼"是孔子"以仁入礼"的必为方式，它从根本上解决个人修德性、行仁德、达公道的"中庸之德"和"中正之道"统一何以可能的主体机制和社会机制，这个将个体和社会融为一体的道德机制，是礼，即以恢复社会良秩和安顿个人内心生活所需要的共守规范，做到凡是不符合共守规范的色、乐、观念、利欲“勿视”“勿听”“勿言”“勿动”，就是仁；做到凡是符合共守规范的一切人事，都努力为之并产生良好效果，就是仁德。

“克己复礼”一语一直为今人病诟，是因为今人以曲解方式将自为的观念强加于孔子，认为孔子所倡导的“克己复礼”之礼就是原封不动的周礼，这种曲解的依据是孔子自道“述而不作，信而好古”(《述而》)和“周监于二代，郁郁乎文哉，吾从周。”(《八佾》)回归历史语境，孔子自谓“述而不作”，实属自谦，一部《论语》是最好的证明。孔子虽然没有亲手写出著作，但他却创造出了思想和彪炳千古的“思想范式”。“信而好古”，不是今人所认为的复古主义，而是严肃地考信历史，辨别真伪，这是孔子返本开新的客观态度、严谨方式和必须方法。正是基于对历史的严肃考信，孔子才得出两个基本的史学结论：第一，历史是连续性的，文明是承传发展的，这是规律。由于这一规律，社会的变革，比如“殷革夏命”和“周革殷命”，虽然所有破坏，但本质上却推动了历史进步、文明承传。第二，由夏而商至周，这是一个文明发展的过程，在这一过程中，周以继承夏商全部优秀文明成果为奠基，实现了更高水准的发展，这就是“周监于二代”；相对夏商及以前整个文明史言，周文明是最高文明，所以返本开新必须从周文明起步，这就是孔子之“吾从周”。

孔子从周文明始，并不是照搬周文明，而是要做返本开新的功夫。对孔子来讲，返本开新的基本准则是损益：“殷因于夏礼，所损益，可知也。周因于殷礼，所损益，可知也。其或继周者，虽百世，可知也。”(《为政》)“损益”之“损”，就是革除，抛弃；“损益”之“益”，就是保留、运用、发挥、发展。损益就是因革，这是历史、传统、文明得以承传发展的根本法则：发展必须以承传为基础，承传必须以发展为准则。或曰，只有能够促进发展的历史内容，才是可承传和必承传的；反之，凡是阻碍发展的历史内容，就是需要抛弃并且必须抛弃的。孔子认为，只有掌握了这一历史法则，既可以反观历史的经验与教训，也可以瞻望和预知未来，更可以准确地把握现实。

然而，如何才能辨别和判断所因革的历史内容是真正需要损益的内容呢？或者，能够正确地运用“因革”法则的依据是什么呢？孔子认为，这个依据就是中庸：只有**中正**之道才有资格构成因革法则的内在依据；也只有体现中正之道的传统、文明，才是需要承传和创新的历史内容。这是因为它经历了历史的检验，真正构成了“周监于二代，郁郁乎文哉”的内在灵魂和原动力机制：

> 汤执中，立贤无方。(《孟子·离娄下》)
>
> 汝分猷念以相从，各设中于乃心。(《商书·盘庚中》)
>
> 浚哲文明，温恭允塞，玄德升闻，乃命以位。(《虞书·舜典》)
>
> 皋陶曰：“宽而栗，柔而立，愿而恭，乱而敬，扰而毅，直而温，简而廉，刚而塞，强而义。彰厥有常，吉哉！”(《虞书·皋陶谟》)
>
> 曰若稽古，帝尧曰放勋，钦、明、文、思、安安，允恭克让，光被四表，格于上下。克明俊德，以亲九族。九族既睦，平章百姓。百姓昭明，协和万邦。黎民于变时雍。(《虞书·尧典》)

中正之道是“中庸之德”的本质规定，是生成“中庸之德”思想并建构“中庸之德”理论的原动力机制，也是“中庸之德”思想及理论指导个人生活和重建社会秩序的规范原则。更具体地讲，“中庸之德”蕴含个人和社会“克己复礼归仁”的行为规范原则，这就是“己所不欲，勿施于人”(《颜渊》)：这一行为规范原则的内在规定是“中正”；这一行为规范原则的外在规范是“不损”。

第 13 章 “民可，使由之”的民本理论

内容摘要 自古以来，民本思想乃治国的统治思想，它的根本标志是民、人两分。在孔子的思想世界里，“人”意指上位者、君子或小人、下人；“百姓”即贵族、百官；以耕种和商贾为营生的劳动者，就是民。在这一严格的正名观念规范下，孔子的民本思想其实是对夏商周三代“民惟邦本”治政经验的返本开新，它以安民固邦为目的，以敬民、信民、宽民为指南，以养民为实务，其根本方式是富民和教民：富民的根本举措是“因民之所利而利之”“敛从其薄”和“使民以时”；教民的基本任务是训练民“敬”“忠”“信”“义”。富民和教民并举的实效，就是“民归其厚”。

民本思想与人本思想的根本不同主要表现在三方面：首先，民本思想是一种**统治**的思想，人本思想是一种**共和的**思想。其次，民本思想呈现多元性，表现为等级主义、上智与下愚，以及统治和被统治、主人与工具等方面不可逾越的两极性；人本思想却呈一元性，表现为普遍平等、学与非学、付出与获得的动态差异性。以此观之，中国古代思想史上，真正统帅民本思想的是王权主义，但民本思想又构成统治者政德的一个标准，一把自我衡量的尺子。正是后者，才构成中国古代民本思想难以向人本思想转换的根本原因，也是孔子民本思想局限形成的真正根源。

1. 孔子之“民”的指涉范围

直到今日，作为世界四大“思想范式的创造者”之一的孔子①，其民本思想并没有引来真切的关注。不仅哲学史、思想史，即使专门研究孔子思想的著作，也是要么忽视不论，要么简单一笔带过。即使在论及孔子的民本思想时，往往浅表地将其与“人”或“百姓”混为一谈。这种想当然的解读方式，离孔子的民本思想相去甚远。跳出这种思维方式来重新审视孔子的民本思想，需要先厘清《论语》中孔子关于“民”“人”“百姓”三个各自分明的概念的不同使用范围。

“民”与“人”的区分 人们论孔子的民本思想时，总要涉及“樊迟问仁。子曰：‘爱人’”（《颜渊》），由此断定孔子的民本思想就是“仁者爱人”。比如，CNKI 数据库中仅有 27 篇论及孔子民本思想的文献，都持这种看法。更有甚者，将“仁者爱人”看成是孔子对“人”的发现。以上两种做法实属将现代观念强行赋予古人思想的武断之举。

客观地看，在《论语》中，“人”是与“民”**相对**的概念，它们之间形成“上”与“下”、“知”与“愚”、“教”与“被教”、“使”与“易使”的关系。

> 子曰：“唯上知与下愚不移。”（《阳货》）
>
> 子曰：道千乘之国，敬事而信，节用而**爱人**，**使民**以时。（《学而》）
>
> 季康子问：“使民敬、忠以劝，如之何？”子曰：“临之以庄，则敬；孝慈，则忠；举善而教不能，则劝。”（《为政》）
>
> 子曰：“善**人**教**民**七年，亦可以即戎矣。”（《子路》）
>
> 子曰：“以不教民战，是谓弃之。”（《子路》）
>
> 子曰：“**小人**哉，樊须也。上好礼，则**民**莫敢不敬；上好义，则**民**莫敢不服；上好信，则**民**莫敢不用情。夫如是，则四方之**民**襁负其子而至矣，焉用稼？”（《子路》）

在《论语》中，“人”一语共出现了 114 次，它意指上位者、君子。上位者

① [德]雅斯贝尔斯：《大哲学家》，李雪涛主译，社会科学文献出版社，2006 年，第 13 页。

包括君王和士大夫、贵族;“君子”主要指修德取位者:“孔子言君子,就《论语》所记观之,则有纯指地位者,有纯指品性者,有兼指地位与品性者。”[1]萧公所言甚是,“孔子所言君子之第一义完全因袭《诗》《书》,其第二义殆出自创,其第三义则袭旧文而略变其旨。旧义倾向于就位以修德,孔子则重修德以取位。”[2]

概言之,孔子之论“人”,专指“民”之外的在位者、君子或小人、下人。具体地讲,孔子将生活世界中有别于“民”的“人”划分为三类:第一类是君子,包括大人君子和贤人君子,前者指在位有德者或在位修德者;后者指修德取位者,比如“人不知而不愠,不亦君子乎?”(《学而》)、“不患人之不己知,患不知人也”(《学而》)即是。第二类是“小人”,包括修德不取位者和在位不修德者,前者如热心于学稼圃的樊迟,就被孔子称之为“小人”;后者主要指“怀土”“怀惠”“喻于利”(《里仁》)之类的“人”。第三类是下人,即不从事耕种或商贾而专以伺候人为营生的那类人,比如“厩焚,子退朝,曰:‘伤人乎?’不问马”(《乡党》)中的“人”,就是孔子府中的下人。

与“人”相对的“民”,是指以从事耕种和商贾为营生者。这类人往往缺乏“智”,本质上是“愚”。从词源论,“民”有“泯”“惛”“瞑”等同源字,意为“迷蒙和混乱”。西周文字中的“民”是指瞎了眼睛没有瞳子的人。段玉裁认为“《说文》把‘民’定义为‘众萌’,特别使用了‘萌’字以表示精神上的黑暗和无知。‘萌’字的第二个意思是‘发芽’,这和董仲舒把‘民说成可以唤醒沉睡着的人是一致的。”[3]

> 民之号,取之瞑也,使性而已善,则何故以瞑为号?以瞑者言,弗扶将,则颠陷猖狂,安能善?性有似目,目卧幽而瞑,待觉而后见。当其未觉,可谓有见质,而不可谓见。今万民之性,有其质而未能觉,譬如瞑者待觉,教之然后善。当其未觉,可谓有善质,而不可谓善,与目之瞑而觉,一概之比也。静心徐察之,其言可见矣。性而瞑之未觉,天所为也。

① 萧公权:《中国政治思想史》,上册,商务印书馆,2013年,第75页。

② 萧公权:《中国政治思想史》,上册,商务印书馆,2013年,第75页。

③ [美]郝大维、安乐哲:《哲学思微》,蒋弋为、李志林译,江苏人民出版社,2012年,第101页。

效天所为,为之起号,故谓之民。民之为言,固犹瞑也,随其名号,以入其理,则得之矣。①

董仲舒从正名角度,总结了历史上何以对民这一群体名之以“民”的理由和依据,揭示民有知的天性,却缺乏知的能力,故而是看不见的“瞑”者,同时也潜伏着“教之然后善”的可能性。董仲舒的教民然后使之善的思想,不过是对孔子的“善人教民”(《子路》)思想的重复性发挥而已。

“民”与“百姓”的区分 一部《论语》,讨论“民”的内容共37章,其中,“民”字出现了47次;涉及“百姓”的有三章内容,并在其中出现了5次。今人讨论孔子民本思想时,总是要以孔子之曰“百姓足,君孰与不足?百姓不足,君孰与足?”(《颜渊》)和“修己以安百姓”(《宪问》)为理据。这种将“民”与“百姓”等义的用法,至少在秦汉以降才流行。在先秦,“民”与“百姓”是对完全不同的两个阶层的命名:“民”者,处于生活最底层的劳动者;“百姓”,乃贵族、百官。

“百姓”的原初语义是指一百个氏族。据史书记载:在四千多年前氏族联合的部落时代,生活在黄河流域的一百多个氏族为抗击入侵者而组织起来形成炎黄部落,打败了南来的九黎族,被战败的九黎族成为奴隶,被名之为“黎民”(这是“民”的最早称谓);获得统治权的炎黄联盟组织,分别赋予组成该部落联盟的这一百多个氏族以姓氏,以为(与“黎民”相)区别和称谓,由此就形成“百姓”。所谓百姓,即是统治黎民的贵族。②

国家诞生后,只有贵族才有资格进出朝堂,所以,百姓又称为“百官”。“百姓”作为“贵族”“百官”的含义一直沿用到战国中后期才开始发生语义变迁,逐渐获得“民”的语义指涉。范文澜在《中国通史》中写道:自夏建国以来,“百姓是贵族”,与此相对的“民”,却是供养“百姓”的社会底层人群。③范文澜还认为,作为指称贵族、百官的“百姓”,其获得“平民”语义的时间,可

① (汉)董仲舒:《春秋繁露》,中华书局,2016年,第378页。

② 谭文森:《“黎民”“百姓”考》,《语文知识》1988年第2期。

③ 范文澜:《中国通史》,第1册,人民出版社,1978年,第46-47页。

能发生在春秋末期。[①] 徐朝华在《上古汉语词汇史》中也认为，“从表示等级地位来说，词义变化最大的是‘百姓’。在奴隶制社会里，只有奴隶主贵族才有姓，只有有姓的人才能担任官职，所以在春秋中期以前，‘百姓’是奴隶主贵族的通称，多指百官。春秋中期以后，在社会大变革中，阶级分化急剧地进行，姓已不能再作为贵族身份的标志，而只有别的作用了。所以从春秋后期起，‘百姓’开始转变为表示民众的意思。”[②]两位史家的如上判断，有其文献依据。首先，金文中出现的“百姓”概念，正是表义“百官”“贵族”。[③] 其次，在《尚书》《诗经》中，“百姓”亦为百官、贵族义。比如《尚书·尧典》中的“平章百姓”，就是指百官，孔安国传曰：“百姓，百官也。”[④]《诗·小雅·天保》之“群黎百姓，遍为尔德”中的“百姓”，毛传亦释为“百姓，百官族姓也”[⑤]。在商周时代，生活于底层的劳动者，均用“民”来指称，如“黎民”“庶民”“万民”或“王民”等等即是：“中原有菽，庶民采之”(《诗·小雅·小宛》)、“弃，黎民阻饥”(《虞书·尧典》)、“质尔人民，谨尔侯度，用戒不虞。……子孙绳绳，万民靡不承。”(《诗·大雅·抑》)上古汉语中，“人民”的原意是“人君之民”，即“王民”。

“百姓”概念指称“民”，应该是战国以降的事。因为战国时代，“百姓”一语主要还是用于指称百官、贵族。这可在子书中找到依据：“百姓”一语出现于《老子》4次、《墨子》89次、《孟子》19次、《庄子》9次、《荀子》92次、《韩非子》33次。如上各子书中出现的“百姓”一语，都表示“百官”之义。不仅如此，在战国形成成熟形态的医学典籍《黄帝内经》中所出现的“百姓”，亦指百官。比如“黄帝问于岐伯曰：余子**万民**，养**百姓**而收其租税。”(《灵枢·九针十二原》)中的“百姓”意指“百官”，即“我虽以万民为子，但为养(协助我治天下的)百官，而不得不(向万民)收税”。再比如“黄帝曰：余闻先师，有所心藏，弗着于方，余愿而藏之，则而行之，上以治民，下以治身，使百姓无病……

---

① 范文澜：《中国通史》，第1册，人民出版社，1978年，第46-47页。

② 徐朝华：《上古汉语词汇史》，商务印书馆，2003年，第84页。

③ 陈初生：《金文常用字典》，陕西人民出版社，2004年，第420页。

④ (清)阮元校刻：《十三经注疏·尚书正义》，中华书局，2008年，第119页。

⑤ (清)阮元校刻：《十三经注疏·尚书正义》，中华书局，2008年，第420页。

岐伯曰：远乎哉问也！夫治民与自治，治彼与治此，治小与治大，治国与治家，未有逆而能治之也，夫惟顺而已矣。顺者非独阴阳脉，论气之逆顺也，百姓人民皆欲顺其志也。"（《灵枢·师传》）这段文字中出现了两个"百姓"，一者出于黄帝之问，一者出于岐伯之答。将"百姓"与"人民"对举，并在"百姓人民"后面用一"皆"字，以表明"顺其志"者非为一类人，而是百官、贵族和民两类人，都应该顺其志。

由此可以看出，范文澜和徐朝华两位史家之论，只讲对了一半，即自夏建国以至春秋，"百姓"概念表意"贵族""百官"，乃一脉相承，即使进入战国时代，"百姓"一语仍然指涉"百官""贵族"。"百姓"作为与"民"同义的概念得到普遍使用，应该是战国以后的事。

2. 孔子"民本"思想的渊源

孔子自谓"述而不作，信而好古"（《述而》）者，其"信而好古"的目的，应是以"损益"的方式恢复盛大的周文传统和德治的王道社会秩序。所以，孔子选择"信而好古"并"述而不作"，其根本努力是做**返本开新**的功夫，创造一种扎根于传统但又超越传统的"思想范式"。① 杜威曾说过："创造和责任从两个方面看问题，一是朝过去看，一是向将来看。"②创造既可以向过去看的方式展开，也可以向将来看的方式展开，孔子的"述"既是面向过去又是面向未来，他将向过去看和向将来看统一在"述"中，将过去的智慧提炼出来为开辟将来提供思想的力量和方法的武器。这是我们回归孔子本身来理解孔子思想的正确方式，也是客观地理解孔子民本思想的基本方式。

以此来审视孔子的民本思想，它依然呈现为返本开新的努力过程。返本，是指孔子的民本思想并不是他的独创，而是对古代政治经验的传承；开新，是指孔子的民本思想在其传承中赋予了创造性的新意。

中国上古社会，由氏族联盟向血缘宗法方向发展形成国家，社会的基本体制结构是血缘宗法，社会的基本权力结构和基本精神结构合二为一，就形成王道主义，即"以王道为目的，以民道为手段，以天道为依据"。

---

① ［德］雅斯贝尔斯：《大哲学家》，李雪涛主译，社会科学文献出版社，2006年，第13页。

② ［美］杜威：《经验和自然》，纽约多弗出版社，1958年，第223页。

> 无偏无陂,遵王之义;无有作好,遵王之道;无有作恶,尊王之路;无偏无党,王道荡荡;无党无偏,王道平平;无反无侧,王道正直。……凡厥庶民,极之敷言,是训是行,以近天子之光。曰:天子作民父母,以为天下王。(《尚书·洪范》)
>
> 皇祖有训,民可近,不可下,民惟邦本,本固邦宁。(《尚书·五子之歌》)
>
> 皋陶曰:“都!在知人,在安民。”禹曰:“吁!咸若时,惟帝其难之。知人则哲,能官人。安民则惠,黎民怀之。能哲而惠,何忧乎驩兜?”(《尚书·皋陶谟》)
>
> 天聪明,自我民聪明。天明畏,自我民明威。达于上下,敬哉有土。(《尚书·皋陶谟》)
>
> 亶聪明,作元后,元后作民父母。……天矜于民,民之所欲,天必从之。(《尚书·泰誓上》)
>
> 惟天惠民,惟辟奉天。……天视自我民视,天听自我民听。(《尚书·泰誓中》)
>
> 今商王受,狎侮五常,荒怠弗敬。自绝于天,结怨于民。(《尚书·泰誓下》)

民与王的关系,是目的与手段的关系:王之为王,虽然被虚构为“昊天其子之”(《诗经·周颂·时迈》),而做民父母,但也必须爱民如子——“岂弟君子,民之父母”(《诗经·小雅·泂酌》),否则,“皇天上帝,改厥元子”(《尚书·召诰》)。正是因为如此,盘庚才提出“施实德于民”(《尚书·盘庚上》),即以抚民政绩作为考察百官的标准,“文王视民如伤”(《孟子·离娄章句下》),周公才在集远古民本思想大成的基础上,根据时势指向未来的需要而提出“惟乃丕显考文王,克**明德慎罚**”(《尚书·康诰》)的执政理念,这一执政理念的核心是“明德”,即敬民、孝主、保民,它构成其后血缘宗法主义王道治政传统。比如,周大夫富辰在谏襄王时提出“夫义所以生利也,祥所以事神也,仁所以保民也”(《国语·周语·富辰谏襄王以翟伐郑及以翟女为后》),晋大夫无忌提出“恤民为德,正直为正,正曲为直,参和为仁”(《左传·襄公七年》)，郑大夫子产问政然明，然明提出“视民如子，见不仁者诛之，如鹰鹯之逐鸟雀也”(《左传·襄公二十五年》)等主张，从不同角度阐述了敬民保民爱民对保持政权、弘扬王道的根本性。而《诗经》“天生烝民，有物有则。民之秉彝，好是懿德”(《大雅·荡之什·烝民》)进一步表达了周人将恭顺上天和下民看成是**“不降自天，自我得之”**(《墨子·非命》)的根本方法，因为在周人看来，由于“天生烝民”，恭顺下民本质上是实现“天生烝民”的本原性爱。所以，恭顺上天的日常作为，就是恭顺下民。进一步讲，周人自图天命的唯一人间通道，就是以民为本，恭顺下民。这是周人“皇天无亲，惟德是辅。民心无常，惟惠之怀”(《周书·蔡仲之命》)的本体论诠释，也是周公“以德配天”的“天人”思想的本质论表达。

自夏而商再到周，其三代统治者经营王道主义，使民本思想获得雏形，但并未成体系。这既是周之最终衰微的内在根源，也成为孔子返本开新的思想契机和时代动力。

然而，王道主义一旦建构起基本的权力结构和精神结构，就成为不可弃置的政治思想传统，这一传统并不因为周的衰微而消亡，只能以此为蓝本予以重建。春秋至于战国，诸子们自觉或不自觉地卷进了这样一个探索重建方案设计的进程中各彰其能：老子及其以后的大道学派和黄老别支，他们从自然主义出发，提出了“去欲”“静心”“无为”的方案来解决“道术将为天下裂”，并设计实施此一方案的具体操作路径，即“贵生”“养生”“长生”。稍后一点的孔子及其后来者如孟、荀等，则沿着承续正统的路子，提出了“以仁入礼”的人伦主义方案来解决“道术将为天下裂”的时代问题，其具体操作路径是以“尊尊”和“亲亲”为准则的“仁人”主义教化。墨子及墨学一派颇有现代人类理想主义色彩的和平主义，他们提供一套反战主义方案来解决“道术将为天下裂”的时代状况，其具体的操作路径是“兼爱”“非攻”“尚同”“非乐”。管仲所实践的霸王思想以及其后的霸王学派(即法家)之不同于前三者的地方，就在于他们以政治思想家和政治实践家的敏锐和深邃，正视人性和权力的双重现实，提出解决“道术将为天下裂”的行动方案，这就是“以刑入礼”的刑赏主义。这一具有极强时势操作特征的行动方案，既是对“先王之道”的王霸精神最实在的“因”，又是对“先王之道”中一切不利于承传与弘扬王霸之业的那些东西的“革命”。孔子之前,可确信的、并且获得巨大实践成功的,是管仲辅助齐桓公治齐所体现出来的民本主义思想,就是顺民、畜民、牧民、富民思想:“欲为其国者,必重用其民。欲为民者,必重尽其民力。无以畜之,则往而不可止也;无以牧之,则处而不可使也。”(《管子·权修》)这是因为“凡治国之道,必先富民,民富则易治也,民贫则以难治也。”(《管子·治国》)富民的必须前提是顺民心:“政之所兴,在顺民心;政之所废,在逆民心。”(《管仲·牧民》)要顺民心,必须推行“与俗同好恶”的治政方针,做到“俗之所欲,因而予之,俗之所否,因而去之”(《史记·管晏列传》)。

管仲“顺民心、足民欲”的民本思想逻辑是:以“先王之道”为指归,要重新弥合处于分裂中的天下道术,只能走以霸称王的道路;要实施以霸权称王,必须强兵;要强其兵,必先富国;要富其国,必先富民;要富其民,必须与民俗同好恶,顺民心、足民欲。管仲以民为本的成功治齐经验,为孔子大为赞赏,并构成孔子返本开新其民本思想的经验来源:

> 子路曰:“桓公杀公子纠,召忽死之,管仲不死。曰:未仁乎?”子曰:“桓公九合诸侯,不以兵车,管仲之力也。如其仁,如其仁!”(《宪问》)
>
> 子贡曰:“管仲非仁者与?桓公杀公子纠,不能死,又相之。”子曰:“管仲相桓公,霸诸侯,一匡天下,民到于今受其赐。微管仲,吾其被发左衽矣。岂若匹夫匹妇之为谅也,自经于沟渎而莫之知也。”(《宪问》)

3. 孔子民本思想的基本内容

孔子的民本思想内容丰富,择其主要者有五,即敬民、信民、宽民、富民、教民。

敬民 余英时认为,“依照传统的说法,儒学具有修己和治人的两个方面,而这两个方面又是无法截然分开。但无论修己还是治人,儒学都以‘君子的理想’为其枢纽的观念:修己即所以成为‘君子’;治人则必须先成为‘君子’。从这一角度说,儒学事实上便是‘君子之学’。”①余氏之论甚是。

① 余英时:《现代儒学的回顾与展望》,生活·读书·新知三联书店,2013年,第271页。

孔子的学说确可概括为君子学说，它由其人性论、正名理论、仁学、礼论、教育理论、中庸道德等内容组成，但将此六者贯穿起来形成整体的，却是“以仁入礼成乐”这根红线。在孔子的思想世界中，仁是社会结构及其精神基础，礼是社会行为规范，乐是主体性境界状态。由于仁是根本，所以当冉雍问什么是仁时，孔子则告诉他：“出门如见大宾，使民如承大祭，己所不欲，勿施于人，在邦无怨，在家无怨。”（《颜渊》）这是孔子对“仁”的原则性概括：一是要敬民；二是要循礼。在孔子看来，只有做到凡事敬民和凡事循礼，就可以成仁了。但比较而论，敬民比循礼更重要并且更根本：

> 斯民也，三代之所以直道而行也。（《卫灵公》）
> 兴灭国，继绝世，举逸民，天下之民归心焉。（《尧舜》）

首先，民是国家的根本，只有敬民，国家才有秩序，天下才得安宁。并且，“民惟邦本，本固邦宁”（《尚书·五子之歌》），是经历了夏商周三代实践积累起来的历史经验，是夏商周三代治国安邦的大道理、大法则、大智慧。

其次，只有真正的敬民，民心才归依于君。民心归依于君，天下才得治，社会才久安。

信民　以民为邦本，其敬民的实质是信民。所谓“信民”，就是对民守信诺。只有守信诺于民，才得到民的信任。一旦得到民的信任，国家的长治久安就有了基石，礼乐秩序才可真正建立，君民百姓就各安其位，各尽其责，亲亲之乐必然为人人共享。所以，当“子贡问政，子曰：‘足食，足兵，民信之矣。’子贡曰：‘必不得已而去，于斯三者何先？’曰：‘去兵’。子贡曰：‘必不得而已去，于斯二者何先？’曰：‘去食。自古皆有死，民无信不立。’”（《颜渊》）丰衣足食、强大的军队、黎民的信任，此乃国家强盛的三大条件。但信民却是立国的基石，即使食不足、兵不强，也不能失去取信于民。如果失信于民，哪怕丰衣足食了，或者兵强马壮了，国家也不会强大，这是因为失信于民，就会民心涣散，国必衰弱。

民心涣散，根源于君王（包括官）失信于民：“君子信而后劳其民，未信，则以为厉己也；信而后谏，未信，则以为谤己也。”（《子张》）君失信于民的根本原因，却是君失其道：“上失其道，民散久矣。”（《子张》）包括君失为君之道和君失治国敬民之道，因为“上好礼，则民莫敢不敬；上好义，则民莫敢不服；上好信，则民莫敢不用情。夫如是，则四方之民襁负其子而至矣，焉用稼？”（《子路》）

宽民 敬民必信，信则必宽。所谓宽民，就是谦让、宽大和容忍。

“子曰：‘泰伯，其可谓至德也已矣。三以天下让，民无得而称焉。’”（《泰伯》）在孔子看来，谦让乃最高的君子之德，它是民心归依的根本方法。

君子之谦让德性源于其宽广博大的视野和胸襟，其宽广博大的视野和胸襟源于亲民，“君子笃于亲，则民兴于仁；故旧不遗，则民不偷。”（《泰伯》）亲民不仅要取信于民，更要对民信任。在孔子看来，这种对民的取信和信任集中体现在：

> 民可，使由之；不可，使知之。（《泰伯》）

《论语》的各种版本，将孔子这句话句读为“民可使由之，不可使知之”，甚至朱熹的《四书集注》也是如此，由此误导人们认为孔子是在宣扬愚民思想。其实，这是后人句读的错误并由此造成对孔子民本思想的曲解。根据孔子的整个民本思想语境，此语应作如下句读才符合孔子本意：“民可，使由之；不可，使知之。”这是孔子民本思想的核心精神：民为邦本的根本，就是宽民，即善待民，使民有自由自在的存在空间和生存环境。这里的“可”与“不可”，相对礼仪文明或者说善行而言，即当民懂得礼仪文明，知道善行，可撒手不管，任其自由。“由之”，即（君主或百官）的居敬行简：“民可，使由之”，意为一旦民懂得礼仪文明、知道善行，为君为官者，就居敬行简，任民自由。反之，当民不懂礼仪文明、不会善行时，君主（和百官）就有责任教化他们，使其能知然后行善。所以，“民可，使由之；不可，使知之”，体现了对民的真诚的敬、信和亲，更体现了对民的无知无礼的容忍，因为“民”本身虽有知的天性和善的资质，但却处于待觉醒的“瞑”状态，教民以知，使之明礼知义行善，是君王（及百官）的天职，亦是“天子作民父母以为天下王”（《尚书·洪范》）的本质含义。

富民　以敬、信、宽为指南，其实质性努力是养民。养民的根本方式是富民和教民。

富民是上古民本思想的核心内容，《尚书·盘庚下》曰："朕不肩好货，敢恭生生，鞠人谋人之保居，叙钦。……无总于货宝，生生自庸。式敷民德，永肩一心。"盘庚将发展生产、富裕黎民生活作为德施于民的基本方式，也是将鼓励生产、使民丰衣足食作为衡量政德的基本标准。殷商的这一富民思想被周所继承，并通过周公等王公大臣的努力予以进一步发挥："小子惟一妹土，嗣尔股肱，纯其艺黍稷，奔走事厥考厥长。肇牵车牛，远服贾用，孝养厥父母。"(《尚书·酒诰》)"禹平水土，主名山川；稷降播种，农殖嘉谷。三后成功，惟殷于民。"(《尚书·吕刑》)春秋时期的太子晋将"民生有财用，而死有所葬"和"无夭、昏、札、瘥之忧，而无饥、寒、乏、匮之患"看作是"故上下能相固"(《国语·周语·太子晋谏灵王壅谷水》)的根本条件。管仲以"凡治国之道，必先富民"(《管子·治国》)为治齐的指导思想，提出"仓廪实而知礼节，衣食足而知荣辱"(《管子·牧民》)的政德理论，以及殷周"藏富于民"的治国思想和成功经验，为"信而好古"的孔子所领悟并予以时代性再发展。

首先，富民是固邦强国的基本条件："百姓足，君孰与不足？百姓不足，君孰与足？"(《颜渊》)君王(亦或国家)的贫富与否，取决于辅助君王治国的贵族、百官的贫富；贵族、百官的贫富，取决于民的贫富：只有民富足了，百姓才富，君王才富，邦国才固和强。

其次，富民的基本方式是"因民之所利而利之，斯不亦惠而不费乎？择可劳而劳之，又谁怨？"(《尧曰》)

其三，富民的根本方法是"敛从其薄"。孔子明确提出"薄赋敛则民富"(《说苑·政理》)的主张。当季氏"欲以田赋"增加税收时，孔子起而反对说："君子之行也，度于礼，施取其厚，事举其中，敛从其薄。如是则以丘亦足矣。"向民敛赋，"若不度于礼，而贪冒无厌，则虽以田赋，将又不足。"(《左传·哀公十一年》)孔子认为，表面上看，对民"敛从其薄"，确实使国库收入相当有限；但从根本讲，却是"守无穷之府，用无穷之财"(《全上古三代秦汉三国六朝文》)之根本富强国策。

其四，富民的根本保障是"节用而爱人，使民以时"(《学而》)。"节用"，是对统治者的要求：无论君王还是百官、贵族，都必须节约用度，减少浪费和消费，因为浪费、奢侈必须造成对民的横征暴敛。“使民以时”同样是对统治者的要求：首先应少向民摊派徭役，民才有更多的时间生产劳动创造财富；其次摊派徭役必须做到不务农时，即在生产、收割季节不能向民摊派徭役。

教民 孔子将其安邦固国的民本思想概括为“**其养民也惠，其使民也义**。”（《公冶长》）其中，“养民也惠”蕴含滋养富民的原则，即只有滋养民，民才可真正富起来。滋养富民的基本方法就是“惠”；“因民之所利而利之”“敛从其薄”和“使民以时”这三大措施，就是“惠民以养”的具体方法。

在孔子民本思想中，其“养民也惠”是开启“使民也义”的手段，“使民也义”是“养民也惠”所努力的目的。以此观之，不能望文生义地将“使民也义”理解为“使唤民要讲道义”，而是指在民富基础上“使民懂得礼仪文明和善行的德性，应该通过教化来实现”。因而，“使民也义”蕴含文明教化原则，即欲使民富而文明，必须教化，使其知礼明义行善。

17 世纪捷克斯洛伐克教育家扬·阿姆斯·夸美纽斯认为，“人是一个‘可教的动物’，这是一个不坏的定义。实际上，只有受过恰当的教育之后，人才能成为一个人。”①孔子却在二千多年前就提出了这一命题：民虽瞑顽，但却具有知明的天性，因而是可教化的。在孔子看来，教民就是养民，是养民的另一种方法。具体地讲，就是使民的情感、精神、能力达及富裕的方法。对此，孔子以战事能力为例指出，“以不教民战，是谓弃之”（《子路》），只要“善人教民七年，亦可以即戎矣。”（《子路》）

将民纳入教的范畴，打破了学只在官府，教仅限于贵族子弟的特权垄断，既开辟出“学而优则仕”的道路，也开启了“有教无类”的新纪元。

在孔子的民本思想中，教民首先是一个政治学问题，它构成了君王治国的基本任务，也是衡量百官政德的重要指标：“道之以政，齐之以刑，民免而无耻。道之以德，齐之以礼，有耻且格。”（《为政》）

教民的首要任务是育民德，使民品德中正、为人宽厚：“中庸之为德也，

① [捷克]夸美纽斯：《大教学论》，傅任敢译，人民教育出版社，1984 年，第 39 页。

其至矣乎！民鲜久矣。”(《雍也》)中正宽厚就是道德，并且体现至高要求性，尤其面对“礼崩乐坏”的时代现实，教民养成中正宽厚之德，尤为迫切。

育民德，实际上是使民敬、忠、信、义。“季康子问：‘使民敬、忠以劝，如之何?’子曰：‘临之以庄，则敬；孝慈，则忠；举善而教不能，则劝。’”(《为政》)教民以敬，就是训练其举止端庄，凡事敬畏：首先应教民“敬鬼神而远之”，因为只有使民“敬鬼神而远之，可谓知矣。”(《雍也》)其次应教民“慎终追远”，惟有如此，才可使“民德归厚矣”(《学而》)。教民以忠，就是培育民学会孝顺和慈爱。孝顺和慈爱，是血缘道德，是最基本的人伦：孝顺父母，慈爱子女，这是家庭和睦、六畜兴旺的前提条件。选用贤良来培养那些自制力差和训练那些能力弱的民，使之学会相互劝勉。同时要教民以信，因为“民无信不立”(《颜渊》)：民生之立有二，即立身立家，但其基础却是信。信的本质是诚，教民以信的实质，是培养民待人行事以诚的品质。诚者必义；惟有富而且义，其生才贵。所以“主忠信，徙义，崇德也。爱之欲其生，恶之欲其死。既欲其生又欲其死，是惑也。诚不以富，亦祇以异”(《颜渊》)。

综上，孔子民本思想的精要是养民。养民的根本任务是富民和教民。富民的三大举措是“因民之所利而利之”“敛从其薄”和“使民以时”；教民的基本任务是培养民“敬”“忠”“信”“义”。二者并举之实效，就是“民归其厚”。

第14章 “攻乎异端”的认知辨正

内容摘要 孔子之“异端”论思想，历来众说纷纭，但这些不同说法都存在主观臆想之错误。采取语境还原方法，发现孔子之论“异端”，意在于引导弟子如何学会“多闻阙疑”和“多见阙殆”的政治学智慧；其匠心所在，却是培养弟子们的道德容忍智慧。这一道德容忍智慧从正面讲，就是慎取；从反面论，就是广纳，即面对来自各方面的不同政治见解、观点、主张、思想、理论、方法，须具备“有容乃大”的胸襟、“君子不器”的整合融通能力、“周而不比”的人格力量和持守正道的君子大法。

自秦汉以降，异端被认为是与正统相对的邪说。因而，自谓正统者往往把不同的认知、思想、观点或行为视为不共戴天的东西，于是就有了“攻乎异端”的极端解释，并构成汉以来主导中国思想、文化和意识形态的儒家传统。这种传统不仅体现独尊的儒学对外的基本姿态，也在其内部展开连绵不断的“正统”之争，比如古文经学与今文经学之争、朱熹与陆九渊之争、王阳明与朱熹之争，均属于此。从整体观之，汉以来的儒学史几乎成为狭隘的**外斗内争**之学。但这种外斗内争的性格和品质，与原儒之孔学思想和精神却相去甚远。虽然这种外斗内争之“攻乎异端”的思想渊源总是要追溯到孔子那里，但孔子之论“攻乎异端，斯害也已”（《为政》），却与后世儒学的外斗内争之学没有关系。本章以此判断为出发点，尝试以语境还原方法来重新考察孔子“攻乎异端，斯害也已”的本义及其所体现出来的道德容忍度思想。

1. 语境排斥与望文生义取向

孔子之论“攻乎异端，斯害也已”，并不属于即兴偶发，而是其深思熟虑之基本思想内容。或许正因为如此，《四库全书》中征引此论的著作竟多达170余部。在现存的著作中，诠释孔子此论的古代著作就有40余部，其中，宋代之前有2部，宋17部，元1部，明10部，清7部；且清以降则又有崔适、程树德、钱穆、杨伯峻、李泽厚等名家对此论再做解析。纵观古往今来的众多解释，其分歧多产生对“攻”和“异端”两个概念的不同释义。

首先看“异端”，其主要语义诠释有如下五种：**一是将“异端”训为“他技”**。东汉经学家何休和郑玄、南北朝文学家颜之推、清代经学家宋翔凤、近代训诂学家崔适均持此论。比如宋翔凤在《论语发微》指出：“公羊文十二年传：‘唯一介断断焉无他技。’何休注：‘断断，诚一之貌也；他技，奇巧异端也。孔子曰：‘攻乎异端，斯害也已。’疏云：“郑注《大学》云：‘断断，诚一之貌也。他技，异端之技也。’是与此合。”**二是将“异端”理解为“小道”**。魏晋何晏在《论语集解》中采取“以孔解孔”的方法，将《论语》中子夏曰：“虽小道，必有可观者也焉。致远恐泥，是以君子不为也。”用来注释“异端”，指出孔子所讲之“异端”即乃子夏所肯定的“小道之学”，虽有其可观之处，但却不能为君子之学。三是**将“异端”释为“异己”**。何晏首先在《论语集解》中注孔子之“异端，不同归也”。其后，南朝经学家皇侃、北宋经学家邢昺分别在《论语义疏》和《论语注疏》中进一步发挥此论。四是**将“异端”释为“邪说”**。此论始发于朱熹。朱熹的“异端”“邪说”论，远指杨墨，近指佛学：“异端非圣人之道，而别为一端，如杨墨是也。其衰天下至于无父无君，专治而欲精之，为害甚矣。程子曰：佛氏之言比之杨墨尤为近理，所以其害为尤甚，学者当如淫声美色以远之，不而，则骎骎然入于其中矣。”（朱熹《论语集注》）朱熹的“异端”“邪说”论，是上承韩愈之排佛思想，下启李恭、黄震、孙奕、蔡节、罗泌等，其影响广泛。五是**将“异端”释为“两端”**。此论是一种“以孔释孔”的释义方法，也是一种词源学解释方法。作为前者，它源于《论语·子罕》“有鄙夫问于我，空空如也。我叩其两端而竭焉”，作为后者，它始于清人刘宝楠和戴震：刘宝楠在《论语正义》中认为“端”之本义乃“直”“本”“首”，“异端”即事物的“两端”；戴震在《东原集》中亦认为“端，头也。凡事有两头谓之异端”。近人钱穆在《论语新解》中从此论，并做更详细的解释：“异端，一事必有两头，如一线必有两端，由此达彼。若专就此端言，则彼端成为异端，从彼端视此端亦然……可见本章异端，乃指孔子教人为学，不当专向一偏，戒人勿专在对反之两端坚执其一。”概观之，“两端”论被今人认同者众。

如上五种“异端”解释，自然形成对“攻”字的三种理解：一是做“治”讲；二是做攻击、围剿讲；三是做把握、把持讲。当对这三种“攻”字和五种“异端”语义予以各其所需要的组合，就形成对“攻乎异端”的三种解释：即专攻异端；攻击或围剿异端；把握两端。

以此三者解释为导向，形成对孔子的“攻乎异端，斯害也已”思想的如下四种理解：

A. 攻学他技或小道，是有害的。

B. 专攻其他学说和思想，是有害的。

C. 看待事物或求知偏执一端，是有害的。

D. 攻击、围剿异己的邪说，就可终止其祸害。

对孔子之“攻乎异端，斯害也已”思想的如上理解，既各有其理据和认同者，也各有其反证和反对者。形成这种多元的歧义性理解状况的根据、原因，是如上各种解释和理解都是在抽掉了孔子此论的语境之后所做的**一般的**猜测性功夫，而且这种猜测性的理解功夫又是建基于自己的认知视野和前理解结构上的①，所以如上各种理解都存在着对孔子本意的偏离。

客观地看，孔子之“攻乎异端，斯害也已”本身就构成一个具体的语境：这是一个由**评述其事**的方式所构成的语境。也就是说，孔子此论的语境是**教学**，即孔子以“异端”为专题展开教学，首先陈述了两件已经发生的事实或正在进行的事件：第一个已经发生的事实或正在进行的事件就是“攻乎异端”；第二个已经发生的事实或正在进行的事件，就是其“攻乎异端”的行为已经产生或即将产生的危害。然后孔子对其所陈述的事实或事件予以**评价判断**，即**“攻乎异端”的行为和做法，是极其有害的**。这里的“攻”，不是作“治”讲，也不作“把握”讲，而是作“攻击”“排斥”讲；这里的“异端”，既不是指

① [德]伽达默尔：《真理与方法》，洪汉鼎译，商务印书馆，2007年，第261页。

“他技”“小道”，也不是指“邪说”，更不是指“两端”，而是指与己（相持的东西）“不同”（的东西）。所以，“攻乎异端，斯害也已”，是**指（粗暴地）排斥、攻击不同的学说、观点、思想、主张的做法，是有害（于己学的守正）的**。以此来看，历史上对“攻乎异端，斯害也已”的各种解释都存在对孔子本意的曲解和偏离，因而均体现其理解的错误。因为，孔子所论**并不排斥**攻学他技、他学、他种思想，**更不排斥**对“小道”的了解，因为在孔子看来，学习他技、他学、他种思想以及了解小道，恰恰构成**持守**正道和大道的必为之事，只有盲目地拒绝和排斥对他技、他学、他种思想的学习或对小道的了解的态度和做法，才是有害的。并且，孔子此论的主题并不是如何全面、正确地认知事物，**根本没有**批评偏执一端看待事物或求知的方式方法“是有害的”这一意思；更没有鼓动弟子们去“攻击邪说、终止祸害”的意愿和要求。

2. 回归返本开新的守正教导

陈寅恪在《论语疏证》中主张：“儒教经典必用史学考据，即实事求是之法治之。”[①]陈寅恪所倡导的这种研究儒学经典的史学考据方法确实可取，但却客观地存在着困难，因为史学考据方法客观地存在着**前证式、同证式、自证式**和**后证**式四种形式。比如对《论语》内容的义理阐释，采用“前证式”考据方法，就是从《论语》之前的经典中找证据；采用“同证式”的考据方法，就是从与孔子同时代的其他著作中找证据；采用“自证式”的考据方法，就是从《论语》(《孔子家语》等书乃疑为汉代所作）中找证据；采取“后证式”的考据方法，则是从《论语》之后的各种著作中找证据。从实际情况看，对《论语》内容进行义理阐释，前三种证据很少，因而大多都采用“后证式”的考据方法，而这种做法的最大问题在于后人们所形成的证据，往往更多地**合己意**，而非合被证经典本身之意。比如汉以降至清所形成的各种经典，对《论语》的注疏解释，往往更多地体现注疏者本人之意愿或思考，从理性角度讲，这种后证式的证据，并不能完全地构成正确理解《论语》内容之理据。所以相对《论语》这样的文字简约的经典来讲，其义理理解尚不能太多地依赖于（这种后证式的）历史考据，更应该注重于探索其**语境还原**方法。

---

① 杨树达：《论语疏证》，科学出版社，1955 年，第 11 页。

运用语境还原方法来理解孔子之“攻乎异端，斯害也已”所表达的真实思想，首先需要还原其思想生成的时代背景和理论框架。

孔子之“攻乎异端，斯害也已”思想生成的背景语境 白居易在《与元九书》中提出“文章合为时而著，歌诗合为事而作”的思想，应该成为我们客观地理解任何思想家的思想所必要遵从的认知智慧。理解孔子“攻乎异端，斯害也已”的思想，也须如此：孔子之所以提出“异端”论，仍然有其特定的思想背景和时代背景。

孔子(公元前551年—公元前479)所生活的时代，是周天子王权衰微、诸侯争霸、并由此导致“道术将为天下裂”的时代。[①] 面对这一时代现实，各种思想涌起，诸多思想家诞生，并由此形成前后相续的“诸子争鸣”学术盛世。比如，先于孔子的管仲(公元前723—公元前645年)、略早于孔子的子产(? —公元前522年)、老子(约公元前571年—公元471年)，后于孔子的墨子、杨朱、李悝、吴起、商鞅、韩非、申不害等等思想家，都围绕如何将分裂的道术予以重新再造与统一的问题而展开其思想探索。

理解“道术将为天下裂”的时代背景，需要弄清楚什么是当时的“道术”？所谓“道术”就是治理天下**使之一统**的根本法则和方法，具体地讲就是诸子们所共言的“先王之道”，即王道主义，它经历夏的播种、商的培育，至周达于成熟，形成维系天下一统的内在凝聚力和外在操作智慧，即礼乐制度，并使中国上古历史迎来了西周周公召公之治的王道盛世。但自公元前770年平王东迁始，维系大一统的王道主义开始衰微，由此表现为周室王权下移，诸侯争霸；诸侯争霸又加速了以王道主义为灵魂的礼乐制度的崩坏，这就是孔子及其前后的思想家们所面对的时代现实。

先秦诸子们陆续粉墨登场，有一个共同目标，那就是重建王道主义的大一统世界，为此而必须重新设计“重新收拾旧山河”的社会拯救方案。虽然目标相同，但他们各自为实践其目标所确立思考的时代出发点不一样，其看待天下道术分裂的视野与态度各有所异，因而解决此一根本性时代问题的方法与途径也截然不同：由管仲所开创的霸王学派(即法家)，他们以政治

---

① 郭庆蕃：《庄子集释》，中华书局，2004年，第1069页。

思想家和政治实践家的敏锐和深邃，正视人性和权力的双重现实，提出了切实可行的解决天下“道术分裂”的行动方案，即“以刑入礼”的刑赏主义行动方案；老子所开创的大道学派却从自然主义出发，提出了“去欲”“静心”“无为”的方案来解决天下“道术分裂”的时代困境，并设计出实施此一方案的具体操作路径却是“贵生”“养生”“长生”。后于孔子的墨子所开创的墨学一派，却设计出一套反战主义方案来解决天下“道术分裂”的时代困境，其具体操作路径是“兼爱”“非攻”“尚同”“非乐”。由孔子所开创的仁学，则**持守正统**，沿着血缘亲亲的老路子提出了“以仁入礼”的人伦主义方案来解决天下“道术分裂”的时代问题，其具体操作路径是以“尊尊”和“亲亲”为准则的“仁人”主义教化，即修仁弘礼居乐。

从整体观，夏、商、周三代所构建起来的王道主义在遭受解构的同时迎来了重构，这种重构运动造就了诸子盛世。王道主义是一个相对完整的思想体系、价值体系和方法体系，它以王道为目的，以天道依据、以民道为手段。诸子学说中，墨学发展了王道主义中的民道思想；老子学派发展了王道主义中的天道思想；法家学派和孔子学派则分别发展了王道主义中的王道思想。只是法家和儒家重建王道大统的思路和方法不同：管仲所开创出来的法家顺应时势要求探索一条“由霸而王”的路子，其社会行动的路径是“**以刑入礼**”；孔子所开创出来的仁学却坚持守护正统的路子，其社会行动的路径是“**以仁入礼**”。

理解这一背景，才可真正区分孔子时代的“异端”与“邪说”：异端，是指基于共同的王道主义“道术”理想而形成的不同的认知视野、不同的思想方法、不同的探索路径；与此相反，邪说，是指从根本上反王道主义“道术”的一切认知、思想。相对孔子上任大司寇七天杀少正卯后世所为之罗列的理由可以表明“异端”与“邪说”的根本区分：《说苑·武指》记载“孔子为鲁司寇，七日而诛少正卯于东观之下。门人闻之，趋而进，至者不言，其意皆一也。子贡后至，趋而进曰：‘夫少正卯者，鲁国之闻人矣，夫子始为政，何以先诛之?’孔子曰：‘赐也，非尔所及也。夫王者之诛有五，而盗窃不与焉：一曰心辨而险，二曰言伪而辩，三曰行辟而坚，四曰志愚而博，五曰顺非而泽。此五者，皆有辨知聪达之名而非其真也，苟行以伪，则其知足以移众，强足以独立，此奸人之雄也，不可不诛。夫有五者之一则不免于诛，今少正卯兼之，是以先诛之也。昔者汤诛沐，太公诛潘，管仲诛史附里，子产诛邓析，此四子未有不诛也，所谓诛之者，非谓其昼则攻盗、暮则穿窬也，皆倾覆之徒也。此固君子之所疑，愚者之所惑也。'《诗》云：'忧心悄悄，愠于群小。'此之谓也。”①

孔子之“攻乎异端，斯害也已”思想生成的理论语境 孔子曾自我画像是“述而不作，信而好古”。面对孔子之自我画像，我们既不可全信，也不可不信。

不可不信的是后半句，即孔子确实是“信而好古”，但绝不能以此而认为孔子是纯粹的守旧主义，也不能以此将孔子视为是复古主义者，尽管他还说了“克己复礼”之类的话。因为孔子“克己复礼”的“礼”学即是西周之学，西周之学之于孔子来讲，只是**今学**而不是古学。古学之于孔子来讲是**殷商之学**和**前殷商之学**，理解这一点异常重要。孔子理论的核心内容是仁学和礼学，孔子仁学和礼学的思想资源，就分别来源于周学和殷商之学。萧公权在《中国政治思想史》中指出，孔子仁学的思想资源主要是后者，因为“今存比较可信之古籍记载周政者，鲜为仁义之言，如《诗》雅、颂称周先王之德，绝无'仁'字。《尚书》'今文'诸篇亦不言仁。'古文'篇中间或有之，而亦不过三五见。若就《周书》、《周礼》等观之，则周人所注重而擅长者为官制、礼乐、刑法、农业、教育诸事。封建天下之典章文物，至周始粲然大备。”②孔子仁学的思想资源更多地来源于殷商，因为殷商政治崇尚宽简：《尚书·舜典》记载殷之先祖契为舜的司徒“敬敷五教，在宽”；微子之命亦谓“乃祖成汤”，“抚民以宽”。《史记·殷本纪》记载：“汤出，见野张网四面，祝曰：'自天下四方皆入吾网。'汤曰：'嘻，尽之矣！'乃去其三面，祝曰：'欲左，左。欲右，右。不用命，乃入吾网。'诸侯闻之，曰'汤德至矣，及禽兽。'”③殷商之“仁”不仅施于人，也惠及禽兽的宽厚政德里所张扬的恰恰是仁与爱。这种体现仁爱的宽厚殷政，对于好古敏求的孔子来，必然深晓。“周政尚文，制度虽备，而究不能久远维持，至春秋而有瓦解之势，孔子或深睹徒法不能自行之理，又有

① 裴传永：《论语外编》，济南出版社，1995 年，第 360－361 页。
② 萧公权：《中国政治思想史》，商务印书馆，2013 年，第 67－68 页。
③ （汉）司马迁：《史记》，岳麓书社，1988 年，第 15 页。

取于周之完密而思有以补救之。故于殷政宽简之中发明一仁爱之原则，乃以合之周礼，而成一体用兼备具之系统，于是从周之主张始得一深远之意义，而孔子全部政治思想之最后归宿与目的，亦于是成立。此最后目的之仁，即由孔子述其所自得于殷道而创设，故仁言始盛于孔门。"①萧公权对孔子仁学思想的渊源梳理清晰：仁爱思想源于殷政，但"仁"概念却是孔子体悟殷政之精华而提出，并由此形成了孔子的仁学。

不可全信的是前半句，即"述而不作"是孔子的自谦。从形式上讲，孔子没有系统地把自己的思想和理想写成书，但孔子却以言传身教和口耳相传的方式实现了自己的思想，完成了自己的理论体系。具体地讲，孔子传述古代的经验和智慧，是返本：返本即是寻求时代性重建的历史依据和生活依据，这种历史依据和生活依据中蕴含着天道法则和智慧，更蕴含着深刻的人性法则和智慧。但孔子传述古代经验和智慧仅仅是其起步，其所追求的却是开新。所以，返本开新，构成孔子的人生目标；返本开新，也构成孔子之道德哲学构建的基本路径。

具体地讲，孔子返本开新中的"本"，就是传统，即经历代的努力而形成的王道主义思想及其系统表述它的礼仪精神和礼仪制度；其所需要开创的"新"，在孔子看来，就是既能使传统新生，更能使时代新生的那个"仁"。因而，孔子的返本开新必要以礼为指南、以"仁"为下手功夫，这就形成了孔子"返本开新"的特有路径必是"**以仁入礼**"。

"返本开新"的基本诉求和"以仁入礼"的实施路径，形成了孔子学说的思想特征，即"它不是以打倒现实，去改造现实；而是想攒入到现实之中，采用脱胎换骨的方法去改造现实。这用儒家自己的术语说，即所谓潜移默化。因此，儒家是在封建制度的形式中，注入新的精神，以改造封建制度。"②也就是说，由夏商周三代而形成的相对完备的王道主义及其礼仪制度，通过注入其修"仁"的精神内涵而获得了脱胎换骨。比如，"君子"本是封建社会的贵族称谓，但孔子赋予它"学而时习之"等丰富的修"仁"内涵和精神，就焕然

① 萧公权：《中国政治思想史》，商务印书馆，2013年，第68－69页。

② 徐复观：《中国学术精神》，华东师范大学出版社，2004年，第74页。

一新了。

孔子返本开新所构建起来的道德哲学体现两个特点：一是探讨主题的特殊性。雅斯贝尔斯在《大哲学家》中将孔子和苏格拉底都称之为创造生存“思想范式”的人，但二人的路径完全不同：苏格拉底是从**自然人**出发来探讨“人如何成为人”，他将此体现其**普遍性**的人的问题概括为两个具体的生存问题，即“什么样的生活才是人的生活”和“怎样才能过上人的生活”？孔子却是从**人伦关系**出发来考察“人如何成为君子”，他将此体现其**特殊性**的人伦问题概括为两个具体的生存问题，即“什么样的生活才是君子的生活”和“怎样才能过上君子的生活”？二是指涉范围的广含性。近代英国大学里的道德哲学，包含伦理学、经济学、政治学、法学、神学等众多人文学社会科学，而成为一门综合性学科；孔子的道德哲学也与此有些类似，它实际上涉及到人性论、正名知识论、伦理学、政治学、教育学、方法论。具体地讲，孔子的道德哲学指向践履就是君子理论，它以人如何成为君子为主题，以正名（即知识论）、礼乐（即政治学和人生哲学）、仁爱（伦理学和情感论）、中庸（道德和方法论）、学而（教育学）、人性（心灵学）等为基本内容而构建起其君子理论。在其中，正名是认知方式，礼乐是目标指南，仁爱是实践路径，中庸是方法论导向，学而是起步与奠基，人性是土壤和依据。

在孔子看来，只有修仁才可成礼，只有成仁才可行礼，只有以礼而生活，才可生乐。然而，修仁成仁的基本路子却是“学而时习之”：“学”就是求知，求知必要广博，即只有“博学于文”，才可“约之以礼”（《雍也》）。“习”既是内省也是践行，前者意即“内省无忧”“内省无惧”和“温故知新”；后者乃指“吾日三省乎吾身，为人谋而不忠乎？与朋友交而不信乎？传不习乎？”（《学而》）更重要的是，修仁成仁的最好方法就是中庸：中庸方法之于意欲修仁成仁的君子来讲，既应该“不愠”：“人不知而不愠，不亦君子乎？”（《学而》）更不能“过”或“不及”（《先进》）；因为无论是认知、思考、判断、抉择，还是为人处事，过或不及，都是浅见、狭隘、偏私之体现。当人满足一得之浅见、形成狭隘、偏私之陋习时，才产生专断与蛮横，才盲目地排斥不同的意见、看法和认识，才攻击异己之思想和观点。这就是孔子为何将“攻乎异端”视为妨碍人把自己成就为真正的君子之大害的根本理由，因为它**既违背博学内省的**

学而之道，更违背持守正途的中庸之道。

3. 还原君子思想的三维语境

“攻乎异端，斯害也已”，既是孔子“学而时习之”的方法论思想，也是孔子“为政以德”的政治哲学的基本认知论。要很好地理解此两个方面，需要还原“攻乎异端”的主题语境、篇章语境和交流语境。

孔子之“攻乎异端，斯害也已”思想生成的主题语境　《论语》是一本语录体著作，它是“孔子应答弟子时人及弟子相与言而接闻于夫子之语也。当时弟子各有所记。夫子既卒，门人相与辑而论纂，故谓之《论语》。”(《汉书·文艺志》)《论语》编辑整理者不仅真正理解孔子返本开新的道德哲学思想，而且也能在整体上把握孔子返本开新的君子理论体系。今天为我们所阅读的《论语》版本，虽然经历了许多代学者的努力编辑、整理、注疏，但其基本内容、篇章顺序结构却一直没有大的改变。

《论语》共20篇，但前四篇至为重要，它不仅浓缩了孔子的基本思想，也是孔子君子理论(即道德哲学)的基本框架。孔子所生活的时代，是一个“道术将为天下裂”的时代，孔子将这种社会状况出现的最终根源归结为人欲泛滥，即贪婪与野心才导致礼崩乐坏，而不是制度本身。基于此种认知，孔子寻求解救的根本方案就是“克己复礼”。实施这一解救方案的主题是如何使人成为君子，它具体展开为两个维度：一是“什么样的生活才是君子的生活”？二是“怎样才能过上君子的生活”？致思前者：只有有德性和德行的生活，才是君子的生活；追问后者：惟有通过不倦地“学而时习之”，才能获得做人的智慧和生活的德性与德行。孔子从如上体认中提炼出两个心灵的原则：即“博学内省”的知识生成原则和“修德进业”的生活践行原则。这两个心灵原则却贯穿着一个人性假设：即“性相近，习相远”(《阳货》)。在孔子看来，人的本性是天赋的，它无善恶之分，使人性获得善恶朝向的却是人的后天欲望和作为。换言之，本无善恶的人性，因为后天性的利欲挟持而获得了或善或恶的多种可能性，孔子本人对人性本善却持怀疑的态度，他认为能使人性向善的唯一光明大道，就是博学内省、修德进业。博学内省，就是获得仁，即内生仁性、仁心、仁情、仁爱，它具体敞开为恭、宽、信、敏、惠；修德进业，就是言行守礼，即在日常生活中做到孝弟、忠恕，具体地讲，就是敬慕贤人、孝敬父母、忠诚君主、信用朋友和节用而制欲、勤勉而慎言(《学而》)。从博学内省到修德进业，其所敞开的既是“以仁入礼”的进路，也是“仁德公道”的进路。前一种进路表述为君子必自我成就德性；后一种进路表述为君子必运用自我成就的德性去齐家治国安邦。运用自我成就的德性去“齐家”，这是将仁德、公道施之于家庭、家族，家庭、家族就充满仁德和公道；运用自我成就的德性去“治国安邦”，就是将仁德、公道施之于社会，社会就成为仁德和公道的社会。惟有从这两个方面努力并做到，亲亲之乐的世界就会被创造出来。

《论语》第一篇总论“人要成为君子”并“过上君子生活”，必须“学而”，即必须“博学内省”和“修德进业”；第二篇紧随第一篇，讨论君子之“学而”目标是**为己达人**：为己达人的具体所指，就是“为政以德”。围绕这一为己达人的目标，君子之学必须从两个方面展开：一是“学而时习”其“礼”(第三篇“八佾”)；二是“学而时习”其“仁”(第四篇“里仁”)。学而时习其礼，就是训练德行；学而时习其仁，就是养成德性。德性与德行的统一，就是君子；德性与德行的统一，才可真正实现“为政以德”。

在孔子看来，一个人只有成为真正的君子才可担当起“为政以德”的重任；一个人要成为真正的君子，必须在“学而”不辍的人生过程中并修德性和德行：人并修德性和德行，既需要“博学而笃志”(《子张》)的高远和“君子不器”(《为政》)的视野，还需要“不患人之不己知，患不知人也。”(《学而》)的态度和“君子无所争”(《八佾》)和拒绝“各于其党”(《里仁》)的胸襟。以此来看，孔子之学是“有容乃大”之学，而“有容乃大之学”，绝不是排斥他技或小道之学，也不是攻击不同思想、见解、观点、主张之学，而是辨别真伪、去粗取精之学。所以，孔子论“攻乎异端，斯害也已”，不是在向弟子们灌输偏激、片面的观念，而是在向弟子传授方法，即引导弟子学习如何辨别与取舍的思想方法、认知方法。

孔子之“攻乎异端，斯害也已”思想生成的篇章语境　“攻乎异端，斯害也已”出自《为政》篇。《为政》篇的主题是“为政以德”。有关于“为政以德”，人们习惯于将其理解为以德治国，这种理解虽然没有错，但很片面。因为在孔子的政治世界里，“为政”之“政”的首要含义不是政治，而是伦理意义上的

“正”，即正直、端正、坦荡、堂正、公正，即“政者正也，子帅以正，孰敢不正。”（《颜渊》）在孔子看来，“政”就是“正”，即通过**正己来正人**。为政，就是指为人正直，站立得直，行走得端正，处事公正，让人信服，使人遵从。换句讲，只有为人处事正直、端正、正派、公正、公道，才有德；有德，才使人信服。“为正”才是“为政”的本意。在驻守其本意基础上，“政”才获得“政治”的含义，即政治本身应该是德性的，德性构成政治的本质规定与行为之价值诉求。所以，为政的前提必须是德性；为政的行为展开，必须体现德性、光华德性。这就是“为政以德”的基本含义，也是“为政以德”的基本规定。具体地讲，“为政以德”是孔子的基本政治主张，它包含了三个方面：首先，政治是伦理的，为政必须是伦理的，善的；其次，政治的本质是正，为政必须求正；其三，为政的基本方法是正己以正人、正己以正事、正己以正国。因而，正己以正人、正己以正事、正己以正国，才是真实的以德治国。如上三个方面构成了《为政》篇的基本内容。

《为政》篇的主题是孔子培养、引导、训练弟子如何学习为政，全篇 24 章，大致可以分成三部分内容：第一部分是第 1－8 章，讨论“为政以德”基本问题，这些基本问题有三：一是“为政”的伦理本质（第 1 章）；二是“为政”的本体方法及其主体要求（第 2－4 章）；三是为政的核心任务（第 5－8 章）。第二部分是第 9－17 章，讨论为政者的自身要求和主体条件：首先讨论为政者必须具备“为政”的一般方法（第 9－10 章）；其次讨论为政者必须具备“为政”的主体条件，这就是**温故固本**的政治理想（第 11 章）、通才的为政视野（第 12 章）、“先行后言”或“行而要言”的为政品格（第 13 章）、“周而不比”的人格力量（第 14 章）、学知互动的为政习惯（第 15 章）、辨别守正的为政能力（第 16－17 章）。第三部分内容是第 18－24 章，主要讨论为政的实践要点与根本策略。

由此可知，《为政》篇的每一章内容都是围绕“为政以德”这一主题而展开的。第 16 章“攻乎异端，斯害也已”也不能例外：孔子论异端，不是在一般的认知论层面展开，而是相对为政者如何具备其主体条件而论。此其一，其二，孔子论为政，不是一般的理论致思或系统思想的阐发，而是在实际的教学活动中展开的，即孔子将“为政”作为君子之必学课程予以教授。他教导弟子们：君子的人生理想应该是治平，这是时代赋予每个君子的使命。君子能为政并为好政，首先必须认知为政的道德本质和掌握为政的本体方法。在此基础上，要具备为政的主体能力和熟悉为政的实践策略及其要点。相对地讲，如上三者中最根本的是为政的主体能力，因为为政就是实行，实行要达到良好的效果，必须是为政之德性与德行的有机统一。对于君子为政的主体能力问题，孔子认为最重要的有六个方面，即为政方法、为政理想、为政视野、为政品格、人格力量、学而能力、辨正能力。孔子将这六个方面的问题分别作为专题讲解，弟子们听后将这六个专题用简要的语言记载了下来，就形成现在的文本形态。孔子将君子为政必具备客观辨正的能力作为最后一个专题时，又将其分成两个具体专题来讲授，可见其辨正能力对于有德为政的重要。

孔子引导弟子训练为政能力，其理路是从具体到抽象：首先传授为政实践的一般方法，包括主体认知方法和主体实践方法，然后讨论为政的理想、视野、品格、人格力量，意在于揭示为政实践的一般方法如何形成、怎样掌握和提升，最终必须以具有温故固本的为政理想、有容乃大的为政视野、“周而不比”的为政品格、“先行其言而后从之”的为政人格为前提条件。然而，这四大前提条件的具备，以及要得到不断提升，必须学会并具备很强的学而不息和辨正守正的能力。

在孔子的君子世界中，“学而”就是学与思、学与行的统一。但学与行的统一是建立在学与思的统一这一基础上的。学与思既是为了“敏于事而慎于言”，更是为了“先行其言而后从之”。因而，君子修德必学而且思的关键，却是对所学所思的辨别、辨析、辨正，并通过这种对所学所思的辨别、辨析、辨正的持久不息的训练，才可坚固其守正“为政以德”的政治理想和实践精神。

孔子“攻乎异端，斯害也已”思想生成的交流语境　围绕“为政”之主题语境并联系上下章的语境来看，“攻乎异端，斯害也已”是孔子围绕君子如何修养为政之德性和德行问题，教导弟子们怎样才能学会“在学中思，在思中学”守正“为政以德”的君子理想及实践精神，孔子告诫弟子，要守正“为政以德”的君子理想，必须在学与思的方法论修习与掌握上下功夫。学与思的方法论，就是辨别、辨析正确与错误的能力，就是辨正方向和守正基本思想的能力，这种能力对于君子来讲，既是一种为政的内在德性，更是一种为政的基本德行。

孔子为何要教导弟子辨别、辨析，并通过其辨别、辨析来辨正方向、守正思想？这是因为孔子所生活的时代，是一个“道术将为天下裂”的时代，在这样的时代现实中，各种思想、学说风起云涌，各种弥合业已分裂的“天下道术”的社会拯救方案，频繁产生；更重要的是，在这样一个众说纷纭的时代，要持守正道或者说“守死善道”是难的，尤其是对于心怀施治雄心的英才们，则是更难。然而，这仅仅是时代的一般状况，具体地讲，各家学说、各种社会拯救方案、各种施政思想、进路与方法，已经广为传播了。这无疑已在事实上对孔子“复周”的信念和“为政以德”的政治理想和实践方案的实施产生了很大的阻碍。更重要的是，这种种不利的环境和各种政治主张与行动方案，已经事实上对孔门弟子形成诱惑，可能有些弟子已经在悄悄地或明目张胆地学-习其他拯救方案、其他施治主张，比如，子夏就是孔门中一位喜习异端和致力创新的人，这不能不引起孔子的警觉，也不能不引起孔子的忧虑。因而，正面的引导弟子学会辨别、辨析不同的政治理想、政治主张、施政方案，使弟子们守正“为政以德”的王道理想和治国平天下的实践精神及其德性能力，成为衡量君子与小人的根本分水岭。

正是基于如上的时代语境、“为政”学说、君子理论的生存处境，孔子才将“攻乎异端”作为教学内容，对弟子进行专题讲解，以此引导弟子们守正君子学说的王道理想、“为政以德”的政治主张、“导之以德，齐之以礼”的施政方向和以君子之身体力行方式去治民、治人的治国路径。为此，孔子必须向弟子们讲清楚流行于那个时代的各种不同的政治理想、政治主张、政治行动方案，教给弟子们辨别、辨析其不同政治理想、政治主张、政治行动方案的根本方法，这是形成思想认知免疫能力、守正已学、探索正道、实践为政理想的主体性前提，如果不具备这种主体性前提或者说思想认知的免疫能力，不知所以地拒斥一切“异端”或胡乱地、任性地甚至不加任何理性反思地接受这些“异端”，就会产生实际的危害。这就是孔子对他的弟子发出“攻乎异端，其害也已”的谆谆教导之本原语义：**凡是不加思索、不加辨别地攻习不同政治主张或不加思索、不予辨别地攻击不同政治主张的行为或做法，对于任何**

要想成为“为政以德”的君子来讲，都是有害的。

4. 从广纳到慎取的君子胸襟

当我们尝试运用语境还原方法，对“攻乎异端，斯害也已”作了以上五个层面的义理诠释，再回过头来整体观之，亦可作如下概括。

首先，无论从整体讲，还是从具体的篇章语境论，孔子之“异端”论，与后人们所讲的“小道”“邪说”没有关系。“邪说”一语出自荀子，他在《非十二子》中将“不法先王，不是礼义”的法家、墨家等学说都称之为“邪说”[①]。荀子的“邪说”论为秦汉以来的“党同异伐”论提供了依据，也为后世把“异端”与“邪说”相提并论、并将孔子的“异端”说理解成“邪说”论，提供了顺理成章的路径和方法。自汉以降，儒家学说的外斗内争在每一个时期都排练出正统与邪说的势不两立，其实都根源于荀子之“邪说”论，这种“邪说”论与孔子之“异端”论没有任何联系。后人在注疏或讨论孔子之“异端”论时，总是将其“邪说”“小道”“他技”之类拉扯在一起，实在是人们主观臆想之体现。

其次，孔子之“异端”说，有其明确的指涉对象范围的规定性，即它仅限定在“为政”领域，而不涉及一般认知、一般学说。更具体地讲，孔子之“异端”，实指相对“为政以德”之君子学说而论的不同政治立场所形成的不同政治见解、政治观点、政治理想、政治思想以及不同政治实践方案。

其三，孔子的“异端”论，不是为政治见解、政治观点、政治理想、政治思想以及政治实践方案划定界限，不是区别什么是正统与非正统，也不是区别正确与邪说，而是将当时出现的不同政治见解、政治主张、政治理想、政治思想作为教学内容，针对性引导和训练弟子学会辨别和认知，学会判断和选择，学会冷静和客观，教导弟子们对待各种不同的政治主张、不同的政治学说、不同的拯救时代的社会方案，都不能盲目或轻信。孔子告诫弟子们，在这个“道术将为天下裂”的大变革时代，任何盲目和轻信都是有害的，因为，在这样的大变革时期，任何形式、任何方式的盲目和轻信，都将有可能消解正道，丧失自己，使之误入时代性的歧途。

同时，孔子还告诫弟子，在这个风云变幻的特殊时代，任何意欲要投身

① (清)王先谦：《荀子集解》，中华书局，1997年，第94页。

于“为政”洪流的君子来讲，不可逃避地要面对来自于各个方面的不同政见、不同社会主张、不同“重新收拾旧山河”的拯救方案，因而，在其面对时，决不能不问青红皂白地排斥、否定、拒绝，必须具备一种“有容乃大”的胸襟、“君子不器”的整合融通能力和“周而不比”的人格力量。只有这样，才不会凡事盲目轻信或凡事排斥否定。孔子告诫弟子，凡事盲目轻信，这是丧失自己；凡事排斥否定，就是自以为是，固步自封，最终形成“各于其党”的偏执与愚妄，君子之德性将会荡然无存。孔子告诫弟子们：“人之过也，各于其党。观过，斯知仁矣！”（《里仁》）人在成就自己为君子的人生过程中，最大的错误或者说根本性的罪过，就是以自己为绝对尺度，以自己为是非标准，排斥一切、否定一切，“各于其党”。孔子认为，这种“各于其党”的狭隘胸襟、愚狂人格和浅薄认知，根源于唯我独尊的“意”“必”“固”“我”陋习。所以，孔子警示弟子们：要想成为真君子的人，必须杜绝“各于其党”的陋习，其根本方式就是“毋意，毋必，毋固，毋我”（《子罕》），因为人一旦自我愚狂地“意”“必”“固”“我”，就根本不可能将自己造就成有真仁心、真仁德的君子，这样的人为政，只能祸害社会。

由此不难发现，孔子的“异端”论，既不是盲目愚昧的偏信论，也不是霸道愚狂的否定论，而是“多闻阙疑”论和“多见阙殆”论（《为政》）。因为无论是盲目愚昧的偏信论，还是霸道愚狂的否定论，都是丧失自己、抛弃正道的愚昧做法。只有“多闻阙疑”的兼听论和“多见阙殆”的兼观论，才是提升自己、持守正道的君子大法，也是升华自己、“守死善道”的为政大法。只有在这个意义上，我们才能理解孔子之“攻乎异端，斯害也已”的真正政治学含义。

孔子的政治学亦是其道德学，将道德的智慧和政治的智慧融为一体而形成对为政者的要求，或者说形成对弟子的培养引导思想，就是孔子的君子理论。从这个角度来审视“攻乎异端，斯害也已”，其所表达的表层语义，是“多闻阙疑”和“多见阙殆”的政治学智慧；其所表达的深层语义，却是最深刻的伦理智慧：蕴含在“攻乎异端，斯害也已”之中的至为深刻的伦理智慧，却是道德容忍的智慧。

所谓道德容忍，是指对不同意见、不同看法、不同观点、不同思想、不同做法甚至是反对、排斥、否定自己的做法或行为，持一种广纳和宽厚的态度。

对孔子来讲，道德容忍是一种胸襟，也是一种气度，更是一种认知和思想，一种主见和正道。概括地讲，道德容忍既是一种君子德性，也是一种君子德行。在孔子的君子世界里，道德容忍构成其君子理论——具体地讲是他的政治学理论和伦理学理论——的基本主题，因为其道德容忍思想才把他的政治理论和伦理理论统一起来形成自成一体的君子理论，并且也通过其道德容忍思想才把“学而”“为政”“德行”有机地统一起来，真正打通“以仁入礼”的通道，将“仁德”“公道”“中庸”统一于“修身、齐家、治国”的践行之中。

孔子之“攻乎异端，斯害也已”所体现出来的道德容忍，并不是无限度的容忍，也不是无原则的容忍，而是相反，“攻乎异端，斯害也已”所主张的道德容忍，始终是有限度、有原则的。孔子“攻乎异端，斯害也已”所蕴含的道德容忍度从正反两个方面体现出来：从正面讲，就是**慎取**，即面对任何新颖的、刺激的、甚至是有感觉的、充满诱惑或魅力的新说、新见、新观点、新主张、新思想、新理论，都不能盲目轻信，要保持客观和冷静的理解、判断、选择、取舍；从反面讲，就是广纳，即一切形式的小道、他技或来自各方面的不同见解、观点、主张、思想、理论、方法，都需以“大海般浩瀚”和“天空般广阔”的胸襟容纳，而不盲目排斥，不任性否定，不凭好恶而主观拒绝。

广纳和慎取构成孔子道德容忍度的两个扇面，但形成广纳和慎取这两个扇面的内在依据，却是“为政以德”之道。这个**道**就是共同的人性，对它的具体表达就是“仁”和“礼”。对仁与礼予以为政实践的路径，就是“以仁入礼”；通过“以仁入礼”的践行而实现个人的仁德（即**正己**）和社会的公道（即**正人**）。以“仁德”和“公道”为目标，以“以仁入礼”为路径，这就是孔子的儒学正道；对其正道的守正并始终不懈，这就是孔子所讲的“守死善道”。所以，“攻乎异端，斯害也已”所体现出来的道德容忍度之“度”，就是这以“仁德”和“公道”为双重目标、以“以仁入礼”为基本进路、以“中庸”为方法论的儒学正道。对这一正道的至死不渝的守正，就构成了孔子之道德容忍度思想。

进一步讲，孔子之道德容忍度思想的完整构成要素有五：一是依据，即以“仁德”为个体目标并以“公道”为社会目标、以“以仁入礼”为基本进路和以“中庸”为方法论的正道；二是姿态，这就是必须具备“人不知而不愠”（《学而》）之宽容、豁达、严诚的姿态；三是具备“有容乃大”的广纳胸襟和气度；四是具备“君子不器”的整合融通的慎取能力；五是方法，即既要“多闻阙疑”，又能“多闻阙殆”，还要“敏于事而慎于言”和“先行其言而后从之”。在孔子看来，只有具备了如上内涵要求的道德容忍度，才可真正发现和辨别“攻乎异端”的危害性；也只有具备了避免“攻乎异端”的能力，才可成为真君子，具备为政的德性和施政的德行，为政以德的拯救道路才可得以真正地开辟。

参考文献

(清)阮元校刻:《十三经注疏》,中华书局 2008 年版。
国学整理社:《诸子集成》,中华书局 2012 年版。
杜泽逊主编:《尚书注疏汇校》,中华书局 2018 年版。
(汉)何休注,(唐)徐彦疏:《春秋公羊传注疏》,上海古籍出版社 2014 年版。
(晋)范宁注,(唐)杨士勋疏:《春秋谷梁传》,上海古籍出版社 1990 年版。
(战国)左丘明著,[三国]韦昭注:《国语》,上海古籍出版社 2015 年版。
黄怀信等:《逸周书汇校集注》,李学勤审定,上海古籍出版社 2007 年版。
方诗铭、王修龄:《古本竹书纪年辑证》,上海古籍出版社 2005 年版。
徐元诰:《国语集解》,王树民、沈长云点校,中华书局 2002 年版。
黎翔凤、梁运华:《管子校注》,中华书局 2004 年版。
(清)王先谦:《荀子集解》,中华书局 1988 年版。
(清)焦循:《孟子正义》,中华书局 2006 年版。
(清)朱文熊:《庄子新义》,华东师范大学出版社 2011 年版。
陈鼓应:《庄子今注今译》,中华书局 1983 年版。
(清)王先慎:《韩非子集解》,中华书局 2006 年版。
孙希旦:《礼记集解》,中华书局 1983 年版。
(汉)董仲舒:《春秋繁露》,中华书局 2016 年版。
(汉)韩婴:《韩诗外传》,许维遹校释,中华书局 1980 年版。
(清)顾栋高:《春秋大事表》,吴树平注,中华书局 1993 年版。
姚彦渠:《春秋会要》,中华书局 1955 年版。
童书业:《春秋史》,上海古籍出版社 2003 年版。
(汉)司马迁:《史记》,岳麓书社 1988 年版。
(汉)班固:《汉书》,颜师古注,中华书局 1962 年版。
钱穆:《先秦诸子系年》,商务印书馆 2001 年版。
李启谦等编:《孔子资料汇编》,山东友谊书社 1991 年版。
李启谦等编:《孔子弟子资料汇编》,山东友谊书社 1991 年版。
(三国)何晏注,(宋)邢昺疏:《论语注疏》,上海古籍出版社 1990 年版。

(三国)何晏集解,(南朝)皇侃义疏:《论语集解义疏》,中华书局1985年版。
(梁)皇侃:《论语义疏》,高尚榘整理,中华书局2013年版。
(宋)朱熹集注:《四书集注》,岳麓书社1995年版。
(宋)郑汝谐:《论语意原》,商务印书馆民国26年版。
(宋)江声:《论语竢质》,商务印书馆民国26年版。
(宋)赵良猷:《论语注参》,商务印书馆民国26年版。
(宋)周梦溪:《质孔说》,商务印书馆民国25年版。
(元)程复心编:《孔子论语年谱》,商务印书馆1960年版。
(清)刘宝楠:《论语正义》,上海古籍出版社1993年版。
(清)冯登府:《论语异文考证》,上海古籍出版社1996年版。
程树德:《论语集释》,程俊英、蒋见元点校,中华书局2013年版。
钱穆:《论语新解》,生活、读书、新知三联书店2012年版。
王靖之:《论语通议》,三民书局股份有限公司1987年版。
杨伯峻:《论语译注》,中华书局1980年版。
杨树达:《论语疏证》,科学出版社1955年版。
李泽厚:《论语今读〉,生活·读书·新知三联书店2012年版。
李零:《丧家狗:我读〈论语〉》,山西人民出版社2011年版。
黄克剑:《论语疏解》,中国人民大学出版社2014年版。
杨义:《论语还原》,中华书局2016年版。
金钢:《〈论语〉鼓吹》,天津人民出版社2007年版。
裴传永:《论语外编》,济南出版社1995年版。
唐明贵:《论语学史》,中国社会科学出版社2009年版。
单承彬:《论语源流考述》,吉林人民出版社2002年版。
蒋鸿青:《汉代至北宋〈论语〉学史考论》,社会科学文献出版社2017年版。
阎春新:《魏晋南北朝论语学研究》,中国社会科学出版社2012年版。
宋钢:《六朝论语学研究》,中华书局2007年版。
廖云仙:《元代论语学考述》,台湾新文丰出版公司2005年版。
朱华忠:《清代论语学》,巴蜀书社2008年版。
张清泉:《清代〈论语〉学》,台湾花木兰文化出版社2008年版。
(宋)程颐、程颢:《二程集》,中华书局2006年版。
(宋)朱熹:《朱子语类》,中华书局1986年版。
(清)崔述:《洙泗考信录》,中华书局1985年版。
(清)顾炎武:《日知录集释》,黄汝成集释,上海古籍出版社2006年版。
吴锐:《中国思想的起源》,山东教育出版社2003年版。
侯外庐、赵纪彬、杜国庠:《中国思想通史》,人民出版社2004年版。
萧公权:《中国政治思想史》,商务印书馆2013年版。
梁启超:《先秦政治思想史》,天津古籍出版社2003年版。
韦政通:《中国思想史》,上海书店出版社2003年版。

徐复观：《中国人性论史——先秦篇》，上海三联书店 2001 年版。
徐复观：《中国学术精神》，华东师范大学出版社 2004 年版。
顾颉刚：《古史辨》第 1 册，上海古籍出版社 1982 年版。
余英时：《现代危机与思想人物》，生活・读书・新知三联书店 2013 年版。
余英时：《士与中国文化》，上海人民出版社 2014 年版。
成中英：《中国文化的现代化与世界化》，中国和平出版社 1988 年版。
梁漱溟：《东西文化及其哲学》，商务印书馆 2004 年版。
唐君毅：《中国文化之精神价值》，广西师范大学出版社 2005 年版。
张岱年：《中国伦理思想研究》，江苏教育出版社 2009 年版。
曾宪通主编：《古文字与汉语史论集》，中山大学出版社 2012 年版。
段玉裁：《说文解字注》，上海古籍出版社 1981 年影印版。
朱骏声：《说文通训定声》，中华书局 1984 年版。
马如森：《殷墟甲骨文实用字典》，上海大学出版社 2008 年版。
徐朝华：《上古汉语词汇史》，商务印书馆 2003 年版。
陈初生：《金文常用字典》，陕西人民出版社 2004 年版。
周辅成：《西方伦理学名著选辑》，商务印书馆 1996 年版。
[英]安东尼・肯尼：《牛津西方哲学史：第一卷・古代哲学》，王柯平译，吉林出版集团有限责任公司 2012 年版。
[意]贝奈戴托・克罗齐：《历史学的理论和实际》，傅任敢译，商务印书馆 1986 年版。
[德]黑格尔：《哲学史演讲录》，贺麟、王太庆译，商务印书馆 1983 年版。
[古希腊]亚里士多德：《政治学》，吴寿彭译，商务印书馆 1983 年版。
[古希腊]亚里士多德：《尼各马科伦理学》，苗力田译，中国社会科学出版社 1999 年版。
[古希腊]色诺芬：《回忆苏格拉底》，吴永泉译，商务印书馆 2007 年版。
[英]阿克顿：《自由与权力》，侯健、范亚峰译，商务印书馆 2001 年版。
[英]休谟：《人性论》，关文运译，商务印书馆 1983 年版。
[英]休谟：《休谟政治论文选》，张若衡、关文运译，商务印书馆 1933 年版。
[法]罗什福科：《道德箴言录》，何怀宏译，生活・读书・新知三联书店 1987 年版。
[德]伽达默尔：《真理与方法》，洪汉鼎译，商务印书馆 2007 年版。
[英]怀特海：《科学与近代世界》，何钦译，商务印书馆 1989 年版。
[英]柏克：《自由与传统：柏克政治论文选》，蒋庆等译，商务印书馆 2001 年版。
[美]E. 希尔斯：《论传统》，上海人民出版社 1991 年版。
[美]大卫・格里芬：《后现代精神》，王成兵译，中央编译出版社 1988 年版，
[德]雅斯贝尔斯：《大哲学家》，李雪涛主译，社会科学文献出版社 2006 年版。
[美]本杰明・史华兹：《古代中国的思想世界》，程钢译，江苏人民出版社 2014 年版。
[美]赫伯特・芬格莱特：《孔子：即凡而圣》，彭国翔、张华译，江苏人民出版社 2002 年版。
[美]郝大维、安乐哲：《通过孔子而思》，何金俐译，北京大学出版社 2005 年版。
[美]郝大维、安乐哲：《孔子哲学思微》，蒋弋为、李志林译，江苏人民出版社 2004 年版。

[美]郝大维、安乐哲:《先贤的民主:杜威、孔子与中国民主之希望》,何刚强译,江苏人民出版社 2004 年版。
[美]顾立雅:《孔子与中国之道》,高专诚译,大象出版社 2000 年版。
[美]狄百瑞:《儒家的困境》,黄水婴译,北京大学出版社 2009 年版。
[美]卫德著,[美]万白安编:《儒家之道:中国哲学之探讨》,周炽成译,江苏人民出版社 2006 年版。
[美]孟旦:《中国早期人的观念》,丁栋、张光东译,北京大学出版社 2009 年版。
[美]牟复礼:《中国思想之渊源》,王立刚译,北京大学出版社 2009 年版。
[美]杜维明:《〈中庸〉洞见》,段德智、林同奇译,人民出版社 2008 年版。
[美]安乐哲、郝大维:《〈中庸〉的新诠与新译》,彭国翔译,中国社会科学出版社 2011 年版。
(清)方玉润:《诗经原始》,中华书局 1986 年版。
[日]家井真:《〈诗经〉原意研究》,陆越译,江苏人民出版社 2012 年版。
张丰乾:《〈诗经〉与先秦哲学》,北京大学出版社 2009 年版。

索 引

后　记

德国存在主义哲学家雅斯贝尔斯在《大哲学家》中将孔子定义为创造"思想范式"的思想家。孔子创造了怎样一种"思想范式"并又如何创造的这种"思想范式"？这是一个没有引来重视的问题。本书尝试对这一问题予以正视。

本书实际上是一本论文集，虽有宏观的结构，但并不严谨。并且，其中一部分(第1、3、5、10、13、14章)内容已以论文形式在《哲学研究》《中国社会科学院研究学院学报》《江海学刊》等杂志上发表。第八、九两章约九万余字，是对《论语》各篇的主题内容、观念、主张、思想、学说的概述，也包括对从"学而"到"尧曰"二十篇之间的语义生成及逻辑关联的梳理，这种概括性梳理是以已完成的《＜论语＞思想会通诠释》(约126万字)初稿为基础。

感谢杜鹃女士为此小书能有品位地出版所付出的一切智慧和辛劳！

谨以此著献给苦乐与共的夫人万德珍女士，祝她今天六十五周岁寿辰快乐！

世道衰变，岁月苍茫，惟生养斯人的这块贫瘠土地依然，更为依然。

唐代兴于狮山之巅

二零一九年五月十八日书

图书在版编目(CIP)数据

《论语》思想学说导论/唐代兴,唐梵凌著.—上海:上海三联书店,2019.10
ISBN 978-7-5426-6758-8

Ⅰ.①论… Ⅱ.①唐…②唐… Ⅲ.①儒家②《论语》-研究
Ⅳ.①B222.25

中国版本图书馆CIP数据核字(2019)第185087号

《论语》思想学说导论

著　　者/唐代兴　唐梵凌

责任编辑/杜　鹃
装帧设计/一本好书
监　　制/姚　军
责任校对/张大伟

出版发行/上海三联书店
　　　　(200030)中国上海市漕溪北路331号A座6楼
邮购电话/021-22895540
印　　刷/常熟市文化印刷有限公司

版　　次/2019年10月第1版
印　　次/2019年10月第1次印刷
开　　本/710×1000　1/16
字　　数/430千字
印　　张/26.75
书　　号/ISBN 978-7-5426-6758-8/B·649
定　　价/89.00元

敬启读者,如发现本书有印装质量问题,请与印刷厂联系 0512-52219025